ISBN 978-0-428-61374-7
PIBN 10667722

This book is a reproduction of an important historical work. Forgotten Books uses
state-of-the-art technology to digitally reconstruct the work, preserving the original format
whilst repairing imperfections present in the aged copy. In rare cases, an imperfection in
the original, such as a blemish or missing page, may be replicated in our edition. We do,
however, repair the vast majority of imperfections successfully; any imperfections that
remain are intentionally left to preserve the state of such historical works.

ANNUAIRE

HISTORIQUE

POUR L'ANNÉE 1862

PUBLIÉ PAR LA SOCIÉTÉ

DE

L'HISTOIRE DE FRANCE

26ᵉ ANNÉE

A PARIS

CHEZ Mᵐᵉ Vᵉᵘᵛᵉ JULES RENOUARD

LIBRAIRE DE LA SOCIÉTÉ DE L'HISTOIRE DE FRANCE

RUE DE TOURNON, Nº 6

1861

119843

ANNÉE 1862.

Fêtes mobiles.

Septuagésime, 16 février.
Cendres, 5 mars.
Pâques, 20 avril.
Rogations, 26, 27 et 28 mai.
Ascension, 29 mai.

Pentecôte, 8 juin.
Trinité, 15 juin.
Fête-Dieu, 19 juin.
1er Dim. de l'Avent, 30 novembre.

Quatre-Temps.

Mars..... 12, 14 et 15.
Juin..... 11, 13 et 14.

Septembre..... 17, 19 et 20.
Décembre...... 17, 19 et 20.

Commencement des Saisons.

Printemps, le 20 mars à 8 heures 53 m. du soir.
Été, le 21 juin à 5 heures 30 m. du soir.
Automne, le 23 septembre à 7 heures 36 m. du mat.
Hiver, le 21 décembre à 1 heure 29 m. du matin.

} Temps moyen de Paris.

Éclipses en 1862.

12 juin, éclipse totale de lune, invisible à Paris. Commencement de l'éclipse totale à 5 h. 59 m. du matin. Fin à 8 h. 8 m.

27 juin, éclipse partielle de soleil, invisible à Paris. Commencement de l'éclipse générale à 4 h. 33 m. du matin. Fin de l'éclipse générale à 9 h. 10 m. du matin.

21 novembre, éclipse partielle de soleil, invisible à Paris. Commencement de l'éclipse générale à 6 h. 6 m. du soir. Fin de l'éclipse générale à 7 h. 11 m. du soir.

6 décembre, éclipse totale de lune, en partie visible à Paris. Commencement de l'éclipse à 5 h. 54 m. du matin. Fin de l'éclipse à 9 h. 44 m.

21 décembre, éclipse partielle de soleil, invisible à Paris. Commencement de l'éclipse générale à 3 h. 18 m. du matin. Fin de l'éclipse générale à 6 h. 46 m. du matin.

Phases de la lune en 1862.

Janvier.

P. Q. le 7 à 10 h. 56 m. du s.
P. L. le 16 à 2   4   du mat.
D. Q. le 23 à 6   45   du mat.
N. L. le 30 à 2   59   du mat.

Février.

P. Q. le 6 à 8 h. 20 m. du s.
P. L. le 14 à 5   15   du s.
D. Q. le 21 à 2   26   du s.
N. L. le 28 à 4   59   du s.

Mars.

P. Q. le 8 à 5 h. 30 m. du s.
P. L. le 16 à 5   26   du mat.
D. Q. le 22 à 10   0   du s.
N. L. le 30 à 7   55   du s.

Avril.

P. Q. le 7 à 0 h. 23 m. du s.
P. L. le 14 à 3   7   du s.
D. Q. le 21 à 6   12   du mat.
N. L. le 28 à 11   36   du s.

Mai.

P. Q. le 7 à 3   33   du mat.
P. L. le 13 à 11   8   du s.
D. Q. le 20 à 3   47   du s.
N. L. le 28 à 3   35   du s.

Juin.

P. Q. le 5 à 2 h. 52 m. du s.
P. L. le 12 à 6   26   du mat.
D. Q. le 19 à 3   20   du mat.
N. L. le 27 à 7   3   du mat.

Juillet.

P. Q. le 4 à 11 h. 0 m. du s.
P. L. le 11 à 1   48   du s.
D. Q. le 18 à 5   22   du s.
N. L. le 26 à 9   14   du s.

Août.

P. Q. le 3 à 5 h. 5 m. du mat.
P. L. le 9 à 10   2   du s.
D. Q. le 17 à 9   57   du mat.
N. L. le 25 à 9   49   du mat.

Septembre.

P. Q. le 1 à 10 h. 28 m. du mat.
P. L. le 8 à 8   6   du mat.
D. Q. le 16 à 4   31   du mat.
N. L. le 23 à 9   6   du s.
P. Q. le 30 à 4   18   du s.

Octobre.

P. L. le 7 à 8 h. 54 m. du s.
D. Q. le 15 à 11   51   du s.
N. L. le 23 à 7   45   du mat.
P. Q. le 29 à 11   53   du s.

Novembre.

P. L. le 6 à 0 h. 58 m. du s.
D. Q. le 14 à 6   19   du s.
N. L. le 21 à 6   23   du s.
P. Q. le 28 à 10   11   du mat.

Décembre.

P. L. le 6 à 7   47   du mat.
D. Q. le 14 à 10   41   du mat.
N. L. le 21 à 5   13   du mat.
P. Q. le 27 à 11   53   du s.

Tableau des plus grandes marées de l'année 1862.

Jours et heures de la Syzygie.						Haut. de la marée.
Janvier.	P. L. Le 16	à 2 h.	4 m.	du matin.		0ᵐ,85
	N. L. Le 30	à 2	59	du matin.		0 ,97
Février.	P. L. Le 14	à 5	15	du soir.		0 ,99
	N. L. Le 28	à 4	59	du soir.		0 ,96
Mars.	P. L. Le 1	à 5	26	du matin.		1 ,08
	N. L. Le 3	à 7	55	du matin.		0 ,90
Avril.	P. L. Le 14	à 3	7	du soir.		1 ,07
	N. L. Le 28	à 11	36	du soir.		0 ,80
Mai.	P. L. Le 1	à 11	8	du soir.		1 ,04
	N. L. Le 2	à 3	35	du soir.		0 ,73
Juin.	P. L. Le 1	à 6	26	du matin.		0 ,97
	N. L. Le 2	à 7	3	du matin.		0 ,74
Juillet.	P. L. Le 11	à 1	48	du soir.		0 ,98
	N. L. Le 28	à 9	14	du soir.		0 ,83
Août.	P. L. Le 9	à 10	2	du soir.		1 ,01
	N. L. Le 2	à 9	49	du matin.		0 ,95
Septembre.	P. L. Le	à 8	6	du matin.		1 ,00
	N. L. Le 2	à 9	6	du soir.		1 ,03
Octobre.	P. L. Le	à 8	51	du soir.		0 ,00
	N. L. Le 2	à 7	45	du matin.		1 ,00
Novembre.	P. L. Le	à 0	58	du soir.		0 ,82
	N. L. Le 2	à 6	23	du soir.		1 ,01
Décembre.	P. L. Le	à 7	47	du matin.		0 ,76
	N. L. Le 2.	à 5	13	du matin.		1 ,01

Quantièmes.	JOURS de la semaine.	JANVIER 1862. Fêtes du Martyrologe romain.	LEVER du Soleil.	COUCHER du Soleil.	Temps moyen à midi vrai.
			H. M.	H. M.	H. M. S.
1	Mercredi.	CIRCONCISION.	7.56	4.12	0. 3.54
2	Jeudi.	S. Basile.	7.56	4.13	0. 4.20
3	Vendredi.	Ste Geneviève.	7.56	4.14	0. 4.47
4	Samedi.	S. Siméon.	7.56	4.15	0. 5.15
5	Dim.	Ste Amélie.	7.56	4.16	0. 5.42
6	Lundi.	ÉPIPHANIE.	7.55	4.17	0. 6. 9
7	Mardi	S. Theau.	7.55	4.18	0. 6.35
8	Mercredi.	S. Lucien.	7.55	4.20	0. 7. 0
9	Jeudi.	S. Julien.	7.54	4.21	0. 7.26
10	Vendredi.	S. Guillaume.	7.54	4.22	0. 7.50
11	Samedi.	S. Hygin.	7.53	4.24	0. 8.14
12	Dim.	1er ap. l'Ép.S.Césaire.	7.53	4.25	0. 8.37
13	Lundi.	S. Hilaire.	7.52	4.26	0. 9. 0
14	Mardi.	S. Félix, pr.	7.52	4.28	0. 9.22
15	Mercredi.	S. Maur.	7.51	4.29	0. 9.43
16	Jeudi.	S. Marcel.	7.50	4.30	0.10. 4
17	Vendredi.	S. Antoine, abbé.	7.49	4.32	0.10.24
18	Samedi.	Chaire de S.Pierre à R.	7.48	4.33	0.10.43
19	Dim.	IIe ap. l'Ép.Ste Germ.	7.48	4.35	0.11. 2
20	Lundi.	S. Fabien.	7.47	4.36	0.11.19
21	Mardi.	Ste Agnès, v.	7.46	4.38	0.11.37
22	Mercredi.	S. Vincent.	7.45	4.40	0.11.53
23	Jeudi.	S. Ildephonse.	7.44	4.41	0.12. 8
24	Vendredi.	S. Timothée.	7.43	4.43	0.12.23
25	Samedi.	Conv. de S. Paul.	7.42	4.44	0.12.37
26	Dim.	IIIe ap. l'Ép.S.Gabriel	7.40	4.46	0.12.50
27	Lundi.	S. Julien.	7.39	4.47	0 13. 3
28	Mardi.	S. Charlemagne.	7.38	4.49	0.13.15
29	Mercredi.	S.François. de Sales.	7.37	4.51	0.13.25
30	Jeudi.	Ste Bathilde.	7.35	4.52	0.13.35
31	Vendredi.	Ste Eudoxie.	7.34	4.54	0.13.45

Quantièmes.	JOURS de la semaine.	FÉVRIER 1862. Fêtes du Martyrologe romain.	LEVER du Soleil.	COUCHER du Soleil.	Temps moyen au midi vrai.
			H. M.	H. M.	H. M. S.
1	Samedi.	S. Ignace.	7. 30	4. 56	0. 13. 58
2	Dim.	IVᵉ ap. l'Ép. Purific.	3	4. 57	. 14
3	Lundi.	S. Blaise.	3	4. 59	. 14
4	Mardi.	S. Gilbert.	2	5. 1	14. 1
5	Mercredi.	Ste Agathe.	. 2	5. 2	14. 1
6	Jeudi.	Ste Dorothée.	7. 26	5. 4	0. 14. 22
7	Vendredi.	S. Richard.	7. 28	5. 6	0. 14. 20
8	Samedi.	S. Victor, év.	.	. 7	. 4
9	Dim.	Vᵉ ap. l'Ép. Ste Apoll.	.	. 9	. 1
10	Lundi.	Ste Scolastique.	.	. 11	1 .
11	Mardi.	S. Saturnin.	7. 18	5. 12	0. 14. 31
12	Mercredi.	Ste Eulalie.	7. 16	5. 15	0. 14. 30
13	Jeudi.	S. Grégoire.	.	.	1 .
14	Vendredi.	S. Valentin.	.	.	. 1 .
15	Samedi.	S. Faustin.	.	.	1
16	Dim.	Septuag. S. Julienne.	7. 9	5. 20	0. 14. 20
17	Lundi.	Ste M.	7. 2	5. 25	0. 13. 10
18	Mardi.	S. Siméon, év.	.	.	. 1
19	Mercredi.	S. Gabin.	.	.	. 1
20	Jeudi.	S. Eucher.	.	.	. 1 . 5
21	Vendredi.	Ste Angèle.	7. 0	5. 29	0. 13. 52
22	Samedi.	Ste Isabelle.	6. 58	5. 30	0. 13. 44
23	Dim.	Sexag. Ste Marthe.	6. 56	5. 32	0. 13. 36
24	Lundi.	S. Mathias.	6. 54	5. 33	0. 13. 27
25	Mardi.	S. Césaire.	6. 52	5. 35	0. 13. 18
26	Mercredi.	S. Fortunat.	6. 50	5. 37	0. 13. 8
27	Jeudi.	S. Léandre.	6. 48	5. 38	0. 12. 57
28	Vendredi.	S. Osvald.	6. 47	5. 40	0. 12. 46

Quantièmes.	Jours de la semaine.	MARS 1862. Fêtes du Martyrologe romain.	LEVER du Soleil.	COUCHER du Soleil.	Temps moyen au midi vrai.
			H. M.	H. M.	H. M. S.
1	Samedi.	S. Aubin.	6.45	5.41	0.12.34
2	Dim.	*Quinq.* S. Jovin, m.	6.43	5.43	0.12.22
3	Lundi.	Ste.C.	6.41	5.45	0 12.10
4	Mardi.	S. Casimir.	6.39	5.46	0.11.57
5	Mercredi.	*Cendres.*	6.37	5.48	0.11.43
6	Jeudi.	Ste Colette.	6.34	5.49	0.11.29
7	Vendredi.	Ste Perpét.,S. Félic.	6 32	5.51	0.11.15
8	Samedi.	Ste Rose.	6.30	5.52	0.11. 0
9	Dim.	Iᵉʳ *de C.* Ste Franç. v.	6.28	5 54	0 10.45
10	Lundi.	S. Alexandre.	6.26	5.56	0. 10.29
11	Mardi.	S. Héracle.	6.24	5.57	0.10.13
12	Mercredi.	S. Grégoire, pape.	6.22	5.59	0. 9.57
13	Jeudi.	Ste Euphrasie.	6.20	6. 0	0. 9.40
14	Vendredi.	Ste Mathilde.	6.18	6. 2	0. 9.23
15	Samedi.	S. Zacharie, pape.	6.16	6. 3	0. 9. 6
16	Dim.	IIᵉ *de Car.* Ste Strat.	6.14	6. 5	0. 8.49
17	Lundi.	Ste Gertrude.	6.12	6. 6	0. 8 31
18	Mardi.	S. Alexandre, év.	6.10	6. 8	0. 8.14
19	Mercredi.	S. Joseph.	6. 8	6. 9	0. 7.56
20	Jeudi.	S. Joachim.	6. 5	6.11	0. 7.38
21	Vendredi.	S. Benoît.	6. 3	6.12	0. 7.20
22	Samedi.	S. Octavien.	6. 1	6.14	0. 7. 1
23	Dim.	IIIᵉ *de Car.* S. Vict.	5.5	6.15	0. 6.43
24	Lundi.	S. Romain.	5.59	6.17	0. 6.25
25	Mardi.	*Annonciation.*	5.58	6.18	0. 5. 6
26	Mercredi.	S. Ludger.	5.53	6 20	0. 5.48
27	Jeudi.	Ste Lydie.	5.51	6 21	0. 5.29
28	Vendredi.	S. Prisque..	5.49	6.23	0. 5.11
29	Samedi.	S. Ludolf.	5 46	6.24	0. 4.52
30	Dim.	IVᵉ *de C* S. Amédée.	5 44	6.26	0. 4.34
31	Lundi.	S. Benjamin.	5.42	6.27	0. 4.16

Quantièmes.	JOURS de la semaine.	AVRIL 1862. Fêtes du Martyrologe romain.	LEVER du Soleil.	COUCHER du Soleil.	Temps moyen au midi vrai.
			H. M.	H. M.	H. M. S.
1	Mardi.	Ste Théodore.	5.40	6.29	0. 3.58
2	Mercredi.	S. Fr. de Paule.	5.38	6.30	0. 3.40
3	Jeudi.	S. Richard , év.	5.36	6.32	0. 3.22
4	Vendredi.	S. Ambroise, év.	5.34	6.33	0. 3.04
5	Samedi.	Ste Irène.	5.32	6.35	0. 2.46
6	Dim.	*Passion,* S. Am.	5.30	6.36	0. 2.29
7	Lundi.	S. Hég.	5.28	6.38	0. 2.11
8	Mardi.	S. Gauthier.	5.26	6.39	0. 1.54
9	Mercredi.	S. Hugues.	5 24	6.41	0. 1.37
10	Jeudi.	S. Fulbert.	5.22	6.42	0. 1.21
11	Vendredi.	S. Léon le Gr., p.	5.20	6.44	0. 1. 4
12	Samedi.	S. Jules.	5.18	6.45	0. 0.48
13	Dim.	*Rameaux,* S. Ida.	5.16	6.46	0. 0.32
14	Lundi.	S. Christophe.	5.14	6.48	0. 0.17
15	Mardi.	Ste Basilisse.	5.12	6.49	0. 0. 2
16	Mercredi.	S. Calliste.	5.10	6.51	11.59.47
17	Jeudi.	S. Anicet.	5. 8	6.52	11.59.32
18	Vendredi.	Ste Aye.	5.	6.	11 59 8
19	Samedi.	S. Simon.	5.	6.	11. 9. 5
20	Dim.	PAQUES.	5.	6.	11. .52
21	Lundi.	S. Anselme.	5. 0	6.58	11.58.39
22	Mardi.	Ste Opportune.	4.58	7. 0	11.58.27
23	Mercredi.	S. Georges.	4.56	7. 1	11.58.15
24	Jeudi.	S. Gaston de B.	4 54	7. 3	11.58. 3
25	Vendredi.	S. Marc, évang.	4.53	7. 4	11.57.53
26	Samedi.	Ste Espérance.	4.51	7. 6	11.57.42
27	Dim.	1er ap. P. V. Fréd.	4.49	7. 7	11.57.32
28	Lundi.	S. Aimé.	4.47	7. 9	11.57 23
29	Mardi.	S. Robert.	4.45	7.10	11.57.14
30	Mercredi.	S. Eutrope.	4.44	7.11	11.56.58

Quantièmes.	JOURS de la semaine.	MAI 1862. Fêtes du Martyrologe romain.	LEVER du Soleil.	COUCHER du Soleil.	Temps moyen au midi vrai.
			H. M.	H. M.	H. M. S.
1	Jeudi.	S. Philippe.	4.42	7.13	11.56.58
2	Vendredi.	S. Athanase.	4.40	7.14	11.56.51
3	Samedi.	*Inv. de la Ste-Croix*	4.39	7.16	11.56.44
4	Dim.	II⁰ ap. P. Ste Mon.	4.37	7.17	11.56.38
5	Lundi.	S. Sylvain.	4.35	7.19	11.56.32
6	Mardi.	S. Jean Porte-lat.	4.34	7.20	11.56.27
7	Mercredi.	S. Stanislas	4.32	7.21	11.56.22
8	Jeudi.	S. Désiré.	4.31	7.23	11.56.18
9	Vendredi.	S. Grégoire de Naz.	4.29	7.24	11.56.15
10	Samedi.	S. Pacôme.	4.28	7.26	11.56.12
11	Dim.	III⁰ ap. P. S. Mam.	4.26	7.27	11.56.10
12	Lundi.	S. Pancrace.	4.25	7.28	11.56. 8
13	Mardi.	S. Servais.	4.23	7.30	11.56. 7
14	Mercredi.	S. Boniface.	4.22	7.31	11.56. 6
15	Jeudi.	Ste Denise.	4.21	7.32	11.56. 6
16	Vendredi.	S. Honoré.	4.19	7.34	11.56. 7
17	Samedi.	Ste Restitue.	4.18	7.35	11.56. 8
18	Dim.	IV⁰ ap. P. Ste Euph.	4.17	7.36	11.56. 9
19	Lundi.	S. Célestin.	4.16	7.38	11.56.12
20	Mardi.	S. Bernardin de V.	4.14	7.39	11.56.14
21	Mercredi.	S. Polyeucte.	4.13	7.40	11.56.18
22	Jeudi.	St. Loup.	4.12	7.41	11.56.22
23	Vendredi.	S. Didier, év.	4.11	7.43	11.56.26
24	Samedi.	S. Donatien.	4.10	7.44	11.56.31
25	Dim.	v⁰ ap. P. S. Urbain.	4. 9	7.45	11.56.37
26	Lundi.	*Rogations.*	4. 8	7.46	11.56.43
27	Mardi.	S. Olivier.	4. 7	7.47	11.56.49
28	Mercr.	S. Germain de Paris	4. 6	7.48	11.56.56
29	Jeudi.	ASCENSION.	4. 5	7.49	11.57. 4
30	Vendredi.	S. Maximin.	4. 5	7.50	11.57.12
31	Samedi.	S. Angèle.	4. 4	7.51	11.57.20

Quantièmes.	Jours de la semaine.	JUIN 1862. Fêtes du Martyrologe romain.	LEVER du Soleil. H. M.	COUCHER du Soleil. H. M.	Temps moyen au midi vrai. H. M. S.
1	Dim.	vr*ap. P. Ste Laure.	4. 3	7. 52	11. 57. 29
2	Lundi.	Ste Emilie.	4. 2	7. 53	11. 57. 38
3	Mardi.	Ste Clothilde reine.	4. 2	7. 54	11. 57. 48
4	Mercredi.	Ste Berthe.	4. 1	7. 55	11. 57. 58
5	Jeudi.	Ste Zoé.	4. 1	7. 56	11. 58. 8
6	Vendredi.	S. Claude.	4. 0	7. 57	11. 58. 18
7	Samedi.	Ste Sébastienne.	4. 0	7. 58	11. 58. 29
8	Dim.	PENTECOTE.	3. 59	7. 58	11. 58. 40
9	Lundi.	Ste Pélagie.	3. 59	7. 59	11. 58. 52
10	Mardi.	S. Landry.	3. 59	8. 0	11. 59. 3
11	Mercredi.	S. Barnabé.	3. 58	8. 0	11. 59. 15
12	Jeudi.	S. Olympe.	3. 58	8. 1	11. 59. 27
13	Vendredi.	S. Eugène.	3. 58	8. 2	11. 59. 39
14	Samedi.	S. Basile, év.	3. 58	8. 2	11. 59. 52
15	Dim.	1er ap. la P. S. Guy.	3. 58	8. 3	0. 0. 4
16	Lundi.	S. Cyr.	3. 58	8. 3	0. 0. 17
17	Mardi.	S. Avit.	3. 58	8. 3	0. 0. 30
18	Mercredi.	Ste Marine.	3. 58	8. 4	0. 0. 43
19	Jeudi.	Fête-Dieu.	3. 58	8. 4	0. 0. 56
20	Vendredi.	S. Sylvère.	3. 58	8. 4	0. 1. 9
21	Samedi.	S. Raymond.	3. 58	8. 5	0. 1. 22
22	Dim.	11e ap. la P. S. Paul.	3. 58	8. 5	0. 1. 35
23	Lundi.	S. Audry.	3. 58	8. 5	0. 1. 48
24	Mardi.	Nativ. de S. J.-Bapt.	3. 59	8. 5	0. 2. 1
25	Mercredi.	S. Prosper.	3. 59	8. 5	0. 2. 14
26	Jeudi.	Oct. de la F.-Dieu.	3. 59	8. 5	. 2. 26
27	Vendredi.	S. Ladislas.	4. 0	8. 5	2. 39
28	Samedi.	S. Irénée.	4. 0	8. 5	. 2. 52
29	Dim.	111e ap. la P. S. P. S. P	4. 1	8. 5	0. 3. 4
30	Lundi.	S. Martial.	4. 1	8. 5	0. 3. 16

Quantièmes.	JOURS de la semaine.	JUILLET 1862, Fêtes du Martyrologe romain.	LEVER du Soleil.	COUCHER du Soleil.	Temps moyen au midi vrai.
			H. M.	H. M.	H. M. S.
1	Mardi.	S. Thierry.	4. 2	8. 5	0. 3.28
2	Mercredi.	*Visit. de la Vierge.*	4. 3	8. 4	0. 3.39
3	Jeudi.	S. Anatole.	4. 3	8. 4	0. 3.51
4	Vendredi.	Ste Berthe.	4. 6	8. 4	0. 4. 1
5	Samedi.	Ste Zoé.	4. 5	8. 3	0. 4.12
6	Dim.	iv° ap. la P. S. Tran.	4. 6	8. 3	0. 4.22
7	Lundi.	S. Thom.	4. 6	8. 2	0. 4.32
8	Mardi.	S. Procope.	4. 7	8. 2	0. 4.42
9	Mercredi.	S. Cyrille.	4. 8	8. 1	0. 4.51
10	Jeudi.	Ste Félicité.	4. 9	8. 1	0. 5. 0
11	Vendredi.	S Pie.	4.10	8. 0	0. 5. 8
12	Samedi.	Ste Antonine.	4.11	7.59	0. 5.16
13	Dim.	v° ap. la P. S. Eug.	4.12	7.58	0. 5.23
14	Lundi.	S. Bon.	4.13	7.58	0. 5.30
15	Mardi.	S. Henri.	4.14	7.57	0. 5.36
16	Mercredi.	S. Valentin.	4.15	7.56	0. 5.42
17	Jeudi.	S. Alexis.	4.16	7.55	0. 5.48
18	Vendredi.	S. Clair.	4.17	7.54	0. 5.53
19	Samedi.	S. Vinc. de Paule.	4.18	7.53	0. 5.57
20	Dim.	vi° ap. la P. Ste M.	4.19	7.52	0. 6. 1
21	Lundi.	S. Victor.	4.20	7.51	0. 6. 4
22	Mardi.	Ste Marie-Madelain.	4.22	7.50	0. 6. 7
23	Mercredi.	S. Apollinaire.	4.23	7.49	0. 6. 9
24	Jeudi.	Ste Christine.	4.24	7.48	0. 6.11
25	Vendredi.	S. Jacques le Min.	4.25	7.46	0. 6.12
26	Samedi.	S. Joachim.	4.26	7.45	0. 6.13
27	Dim.	vii° ap. la P. S. G.	4.28	7.44	0. 6.13
28	Lundi.	Ste Anne.	4.29	7 43	0. 6.12
29	Mardi.	S. Marthe.	4.30	7.41	0. 6.11
30	Mercredi.	S. Ours.	4.32	7.40	0. 6. 9
31	Jeudi.	S. Germ. l'Auxerr.	4.33	7.38	0. 6. 6

Quantièmes.	JOURS de la semaine.	AOUT 1852. Fêtes du Martyrologe romain.	LEVER du soleil.	COUCHER du Soleil.	Temps moyen au midi vrai.
			H. M.	H. M.	H. M. S.
1	Vendredi.	S. S. Mabé.	4.34	7.37	0. 6. 3
2	Samedi.	S Etiénne, pape.	4.35	7.36	0. 6. 0
3	Dim.	vme ap. la P. Ste Ly	4.37	7.34	0. 5.55
4	Lundi.	S. Dominique.	4.38	7.33	0. 5.50
5	Mardi.	S. Yvon.	4.40	7.31	0. 5.45
6	Mercredi.	*Transfig. de N. S.*	4.41	7.29	0. 5.38
7	Jeudi.	S. Gaétan.	4.42	7.28	0. 5.32
8	Vendredi.	S. Justin.	4.44	7.26	0. 5.24
9	Samedi.	S. Spire.	4.45	7.25	0. 5.16
10	Dim.	ixe ap. la P. S. Lau.	4.46	7.23	0. 5. 8
11	Lundi.	Ste Suzanne.	4.48	7.21	0. 4.59
12	Mardi.	St. Macaire.	4.49	7 20	0. 4.49
13	Mercredi.	S. Hippolyte.	4.51	7.18	0. 4.39
14	Jeudi.	S Eusèbe.	4 52	7.16	0. 4.28
15	Vendredi.	ASSOMPTION.	4.53	7.14	0. 4.16
16	Samedi.	S. Roch.	4.55	7.12	0. 4. 5
17	Dim.	xe ap. la P. S. Carl.	4.56	7.11	0. 3.52
18	Lundi.	Ste Hélène.	4.58	7. 9	0. 3.40
19	Mardi.	S Jules.	4.59	7. 7	0. 3.26
20	Mercredi.	S. Bernard.	5. 1	7. 5	0. 3. 2
21	Jeudi.	S. Privat.	5. 2	7. 3	0. 2.58
22	Vendredi.	S. Antoine.	5. 3	7. 1	0. 2.44
23	Samedi.	S. Sidoine.	5. 5	6.59	0. 2.28
24	Dim.	xre ap. la P. S. B.	5 6	6.57	0. 2.13
25	Lundi.	S. Louis.	5. 8	6.55	0. 1 57
26	Mardi.	S Zéphyrin.	5. 9	6.53	0. 1.41
27	Mercredi.	S. Césaire.	5.11	6.51	0. 1.24
28	Jeudi.	S. Augustin.	5.12	6.49	0 1. 7
29	Vendredi.	S. Médério.	5.13	6.47	0. 0.49
30	Samedi.	S. Fiacre.	5.15	6.45	0. 0.31
31	Dim.	xiie ap. la P. S. Ari.	5 16	C 43	0. 0.13

Quantièmes.	JOURS de la semaine.	SEPTEMBRE 1842 Fêtes du Martyrologe romain.	LEVER du Soleil.	COUCHER du Soleil.	Temps moyen au midi vrai.
			H. M.	H. M.	H. M. S.
1	Lundi.	S. Leu.	5.18	6.41	11.59.54
2	Mardi.	S. Gilles.	5.19	6.39	11.59.35
3	Mercredi.	S. Grégoire le Gr.	5.20	6.37	11.59.16
4	Jeudi.	Ste Rosalie.	5.22	6.36	11.58.57
5	Vendredi.	S. Bertin.	5.23	6.33	11.58.37
6	Samedi.	S. Humbert.	5.25	6.31	11.58.17
7	Dim.	xiii°ap. la P. S. Cl.	5.26	6.29	11.57.57
8	Lundi.	Nativité de la V.	5.27	6.27	11.57.37
9	Mardi.	S. Omer.	5.29	6.25	11.57.16
10	Mercredi.	Ste Pulchérie.	5.30	6.23	11.56.55
11	Jeudi.	S. Hyacinthe.	5.32	6.21	11.56.35
12	Vendredi.	S. Raphaël.	5.33	6.18	11.56.14
13	Samedi.	S. Amé.	5.34	6.16	11.55.53
14	Dim.	xiv° ap. la P. Exalt	5.36	6.14	11.55.32
15	Lundi.	S. Nicodème.	5.37	6.12	11.55.10
16	Mardi.	Ste Edithe.	5.39	6.10	11.54.49
17	Mercredi.	S. Lambert.	5.40	6. 8	11.54.28
18	Jeudi.	S. Jean Chrysost.	5.42	6. 6	11.54. 7
19	Vendredi.	S. Janvier.	5.43	6. 4	11.53.46
20	Samedi.	S. Eustache.	5.44	6. 2	11.53.25
21	Dim.	xv°ap. la P.S. Mat.	5.46	5.59	11.53. 4
22	Lundi.	Ste Tècle.	5.47	5.57	11.52.43
23	Mardi.	S. Maurice.	5.49	5.55	11.52.22
24	Mercredi.	S. Andoche.	5.50	5.53	11.52. 2
25	Jeudi.	S. Firmin.	5.52	5.51	11.51.41
26	Vendredi.	Ste Justine.	5.53	5.49	11.51.21
27	Samedi.	S. Côme, S. Dam.	5.55	5.47	11.51. 1
28	Dim.	xvi°ap. la P.S. Cér.	5.56	5.44	11.50.41
29	Lundi.	S. Michel.	5.57	5.42	11.50.21
30	Mardi.	S. Jérôme.	5.59	5.40	11.50. 2

Quantièmes.	JOURS de la semaine.	OCTOBRE 1843. Fêtes du Martyrologe romain.	LEVER du Soleil.	COUCHER du Soleil.	Temps moyen au midi vrai.
			H. M.	H. M.	H. M. S.
1	Mercredi.	S. Rémi.	6. 0	5.38	11.49.42
2	Jeudi.	SS. Anges gardiens.	6. 2	5.36	11.49.24
3	Vendredi.	S. Candide.	6. 3	5.34	11.49. 5
4	Samedi.	Ste Aure.	6. 5	5.32	11.48.46
5	Dim.	xvii⁰ ap. la P.S. M.	6. 6	5.30	11.48.28
6	Lundi.	S. Bruno.	6. 8	5.28	11.48.11
7	Mardi.	S. Serge.	6. 9	5.26	11.47.54
8	Mercredi.	Ste Brigitte.	6.12	5.24	11.47.37
9	Jeudi.	S. Denis, év.	6.12	5.22	11.47.20
10	Vendredi.	S. Paulin.	6.14	5.20	11.47. 4
11	Samedi.	S. Nicaise.	6.15	5.18	11.46.49
12	Dim.	xviii⁰ ap. la P.S.W.	6.17	5.15	11.46.34
13	Lundi.	S. Théophile.	6.18	5.13	11.46.19
14	Mardi.	Ste Menehould.	6.20	5.12	11.46. 5
15	Mercredi.	Ste Thérèse.	6.21	5.10	11.45.52
16	Jeudi.	S. Gal.	6.23	5. 8	11.45.39
17	Vendredi.	Ste Marthe.	6.25	5. 6	11.45.27
18	Samedi.	S. Luc, évang.	6.26	5. 4	11.45.15
19	Dim.	xix⁰ ap. la Pent. S. S.	6.28	5. 2	11.45. 4
20	Lundi.	Ste Clothilde.	6.29	5. 0	11.44.54
21	Mardi.	Ste Ursule.	6.31	4.58	11.44.44
22	Mercredi.	S. Mellon.	6.32	4.56	11.44.35
23	Jeudi.	S. Romain.	6.34	4.54	11.44.27
24	Vendredi.	S. Magloire.	6.35	4.52	11.44.19
25	Samedi.	S. Crépin.	6 37	4.51	11.44.12
26	Dim.	xx⁰ ap. la P.S. Év.	6.39	4.49	11.44. 6
27	Lundi.	S. Frumence.	6.40	4.47	11.44. 0
28	Mardi.	S. Simon.	6.42	4.45	11.43.55
29	Mercredi.	S. Narcisse.	6.43	4.44	11.43.54
30	Jeudi.	S. Lucain.	6.45	4.42	11.43.48
31	Vendredi.	S. Quentin.	6.47	4.40	11.43.46

Quantièmes.	Jours de la semaine.	NOVEMBRE 1862. Fêtes du Martyrologe romain.	LEVER du Soleil.	COUCHER du Soleil.	Temps moyen au midi vrai.
			H. M.	H. M.	H. M. S.
1	Samedi.	TOUSSAINT.	6.48	4.39	11.43.44
2	Dim.	xxie ap. la P. Les M.	6.50	4.37	11.43 43
3	Lundi.	S. Marcel.	6.51	4.35	11.43.42
4	Mardi.	S. Charles.	6.53	4.34	11.43.43
5	Mercredi.	S. Zacharie.	6.55	4.32	11.43.45
6	Jeudi.	S. Léonard.	6.56	4 31	11.43.47
7	Vendredi	S. Florent.	6.58	4.29	11.43.50
8	Samedi.	S. Godefroy.	7. 0	4.28	11.43.54
9	Dim.	xxiie ap. la P.S. M.	7. 1	4.26	11.43.59
10	Lundi	S. Léon.	7. 3	4.25	11.44. 4
11	Mardi.	S. Martin.	7. 4	4.23	11.44.11
12	Mercredi.	S. René.	7. 6	4.22	11.44.18
13	Jeudi.	S. Brice.	7. 7	4.21	11.44.26
14	Vendredi.	S. Sérapion.	7. 9	4.20	11.44.35
15	Samedi.	S. Eugène.	7.11	4.18	11.44.45
16	Dim.	xxiiie ap. la P. S. E.	7.12	4.17	11.44.56
17	Lundi.	S. Agnan.	7.14	4.16	11.45. 8
18	Mardi.	S. Odes.	7.15	4.15	11.45.20
19	Mercredi.	Ste Élisabeth.	7.17	4.14	11 45.33
20	Jeudi.	S. Edmond.	7.18	4.13	11.45.48
21	Vendredi.	Présentat. de la V.	7.20	4.12	11.46. 3
22	Samedi.	Ste Cécile.	7 21	4.11	11.46 18
23	Dim.	xxive ap. la P.S. Cl.	7.23	4.10	11 46 35
24	Lundi.	S. Séverin.	7.24	4. 9	11.46.53
25	Mardi.	Ste Catherine.	7.26	4. 8	11.47.10
26	Mercredi.	Ste Delphine.	7.27	4. 7	11.47.29
27	Jeudi.	S. Virgile, év	7.29	4. 7	11.47.49
28	Vendredi.	S. Sosthène.	7.30	4. 6	11.48. 9
29	Samedi.	S. Saturnin.	7.31	4. 5	11.48 30
30	Dim.	1er dé l'A. S. André.	7.33	4. 5	11.48.52

Quantièmes.	JOURS de la semaine.	DÉCEMBRE 1862. Fêtes du Martyrologe romain.	LEVER du Soleil.	COUCHER du Soleil.	Temps moyen au midi vrai.
			H. M.	H. M.	H. M. S.
1	Lundi.	S. Éloi.	7.34	4. 4	11.49.14
2	Mardi.	Ste Aurélie.	7.35	4. 4	11.49.37
3	Mercredi.	S. Fulgence.	7.37	4. 3	11.50. 0
4	Jeudi	Ste Barbe.	7.38	4. 3	11.50.24
5	Vendredi.	S. Géraud.	7.39	4. 2	11.50.49
6	Samedi.	S. Nicolas.	7.40	4. 2	11.51.14
7	Dim.	IIe de l'A. S. Amb.	7 41	4. 2	11.51.40
8	Lundi.	CONCEPTION.	7.42	4. 2	11.52. 6
9	Mardi.	Ste Léocadie.	7.43	4. 1	11.52.33
10	Mercredi.	Ste Valère.	7.44	4. 1	11.53. 0
11	Jeudi.	S. Savin.	7.45	4. 1	11.53.28
12	Vendredi.	S. Gédéon.	7.46	4. 1	11.53.55
13	Samedi.	Ste Odille.	7.47	4. 1	11.54.24
14	Dim.	IIIe de l'A. S. Spirid	7.48	4. 1	11.54.52
15	Lundi.	S. Mesmin.	7.49	4. 2	11.55.21
16	Mardi.	Ste Albine.	7.50	4. 2	11.55.51
17	Mercredi.	S. Lazare.	7.51	4. 2	11.56.20
18	Jeudi.	S. Victor	7.51	4. 2	11.56.50
19	Vendredi.	S. Timoléon.	7.52	4. 3	11.57.20
20	Samedi.	S. Zéphyrin, pape.	7.53	4. 3	11.57.49
21	Dim.	IVe de l'A. S. Thom.	7.53	4. 4	11.58.20
22	Lundi.	S. Honorat.	7.54	4. 4	11.58.50
23	Mardi.	Ste Victoire.	7.54	4. 5	11.59.20
24	Mercredi.	Ste Irmine.	7.54	4. 5	11.59.50
25	Jeudi.	NOEL.	7.55	4. 6	0. 0.20
26	Vendredi.	S. Étienne.	7.55	4. 7	0. 0.50
27	Samedi.	S. Jean, ap.	7.55	4. 7	0. 1.19
28	Dim.	SS. Innocents.	7.56	4. 8	0. 1.49
29	Lundi.	S. David.	7.56	4. 9	0. 2.18
30	Mardi.	S. Sabin.	7.56	4.10	0. 2.47
31	Mercredi.	S. Sylvestre.	7.56	4.11	0 3 16

DÉCRET

RECONNAISSANT

LA SOCIÉTÉ DE L'HISTOIRE DE FRANCE.

COMME ÉTABLISSEMENT D'UTILITÉ PUBLIQUE.

RÉPUBLIQUE FRANÇAISE.

Liberté, Égalité, Fraternité.

AU NOM DU PEUPLE FRANÇAIS.

Le Président de la République,

Sur le rapport du Ministre de l'instruction publique et des cultes,

Le Conseil d'État entendu,

Décrète :

ARTICLE PREMIER.

La *Société de l'Histoire de France*, établie à Paris, est reconnue comme ÉTABLISSEMENT D'UTILITÉ PUBLIQUE.

Son règlement est approuvé tel qu'il est et demeure ci-annexé. Il ne pourra y être apporté de modification qu'en vertu d'une nouvelle autorisation donnée dans la même forme.

ART. II.

Le Ministre de l'instruction publique et des cultes est chargé de l'exécution du présent décret, qui sera inséré au Bulletin des lois.

Fait à l'Élysée-National, le 31 juillet 1851,

Signé : L. N. BONAPARTE.

Le Ministre de l'instruction publique et des cultes.

Signé : DE CROUSEILHES

RÈGLEMENT

ET

LISTE

RÈGLEMENT

LA SOCIÉTÉ DE L'HISTOIRE DE FRANCE.

TITRE PREMIER.

But de la Société.

ART. 1er. Une société littéraire est instituée sous le nom de SOCIÉTÉ DE L'HISTOIRE DE FRANCE.

ART. 2. Elle se propose de publier :

1° Les documents originaux relatifs à l'histoire de France, pour les temps antérieurs aux états généraux de 1789 ;

2° Des traductions de ces mêmes documents, lorsque le Conseil le jugera utile ;

3° Un compte rendu annuel de ses travaux et de sa situation ;

4° Un annuaire.

ART. 3. Toutes les publications de la Société sont délivrées gratis à ses membres.

ART. 4. Elle entretient des relations avec les savants qui se livrent à des travaux analogues aux siens; elle nomme des associés correspondants parmi les étrangers.

TITRE II.

Organisation de la Société.

Art. 5. Le nombre des membres de la Société est illimité. On en fait partie après avoir été admis par le Conseil, sur la présentation faite par un des sociétaires.

Art. 6. Chaque sociétaire paye une cotisation annuelle de TRENTE FRANCS.

Art. 7. Les sociétaires sont convoqués au moins une fois l'an, au mois de mai, pour entendre un rapport sur les travaux de la Société et sur l'emploi de ses fonds, ainsi que pour le renouvellement des membres du Conseil.

TITRE III.

Organisation du Conseil.

Art. 8. Le Conseil se compose de quarante membres, parmi lesquels sont choisis :

Un président,
Un président honoraire,
Deux vice-présidents,
Un secrétaire,
Un secrétaire adjoint,
Un archiviste,
Un trésorier.

Art. 9. Les membres du Conseil, à l'exception du président honoraire, sont renouvelés par quart, à tour de rôle, chaque année. Le sort désignera, les premières années, ceux qui devront sortir ; les membres sortants peuvent être réélus. Le secrétaire continuera ses fonctions pendant quatre ans.

ART. 10. L'élection des membres du Conseil a lieu à la majorité absolue des suffrages des membres présents.

ART. 11. Le Conseil nomme chaque année un comité des fonds, composé de quatre de ses membres.

Il nomme aussi des commissions spéciales.

Les nominations sont faites au scrutin. La présidence appartient à celui qui réunit le plus de suffrages.

ART. 12. L'assemblée générale nomme chaque année deux censeurs chargés de vérifier les comptes et de lui en faire un rapport.

ART. 13. Le Conseil est chargé de la direction des travaux qui entrent dans le plan de la Société, ainsi que de l'administration des fonds.

Les décisions du Conseil pour l'emploi des fonds ne pourront être prises qu'en présence de onze membres au moins, et à la majorité des suffrages.

ART. 14. Le Conseil désigne les ouvrages à publier, et choisit les personnes les plus capables d'en préparer et d'en suivre la publication.

Il nomme, pour chaque ouvrage à publier, un commissaire responsable, chargé d'en surveiller l'exécution.

Le nom de l'éditeur sera placé à la tête de chaque volume.

Aucun volume ne pourra paraître sous le nom de la Société sans l'autorisation du Conseil, et s'il n'est accompagné d'une déclaration du commissaire responsable, portant que le travail lui a paru mériter d'être publié.

ART. 15. Le Conseil règle les rétributions à accorder à chaque éditeur.

Le commissaire responsable aura droit à cinq exemplaires de l'ouvrage à la publication duquel il aura concouru.

ART. 16. Tous les volumes porteront l'empreinte du sceau de la Société. Après la distribution gratuite faite aux membres de la Société (art. 3), les exemplaires restants seront mis dans le commerce aux prix fixés par le Conseil.

ART. 17. Le Conseil se réunit en séance ordinaire au moins une fois par mois.

Tous les sociétaires sont admis à ses séances.

ART. 18 Nulle dépense ne peut avoir lieu qu'en vertu d'une délibération du Conseil.

ART. 19. Les délibérations du Conseil portant autorisation d'une dépense sont immédiatement transmises au comité des fonds par un extrait signé du secrétaire de la Société.

ART. 20. Le comité des fonds tient un registre dans lequel sont énoncées au fur et à mesure les dépenses ainsi autorisées, avec indication de l'époque à laquelle leur payement est présumé devoir s'effectuer.

Le comité des fonds tient un registre dans lequel sont inscrits tous ses arrêtés portant mandat de payement.

ART. 21. Le Conseil se fera rendre compte tous les trois mois au moins de l'état des impressions, ainsi que des autres travaux de la Société.

ART. 22. Le comité devra se faire remettre, dans le cours du mois qui précédera la séance où il doit faire son rapport, tous les renseignements qui lui seront nécessaires.

ART. 23. Les dépenses seront acquittées par le trésorier sur un mandat du président du comité des fonds, accompagné des pièces de dépense dûment visées par lui; ces mandats rappellent les délibérations du Conseil par lesquelles les dépenses ont été autorisées.

Le trésorier n'acquitte aucune dépense si elle n'a été préalablement autorisée par le Conseil, et ordonnancée par le comité des fonds.

ART. 24. Le comité des fonds et le trésorier s'assemblent une fois par mois.

ART. 25. Tous les six mois, en septembre et en mars, le comité des fonds fait, d'office, connaître la situation réelle de la caisse, en indiquant les sommes qui s'y trouvent et celles dont elle est grevée.

Le même comité présentera au Conseil, dans les premiers mois de l'année, l'inventaire des exemplaires des ouvrages imprimés existant dans le fonds de la Société.

ART. 26. A la fin de l'année, le trésorier présente son compte au comité des fonds, qui, après l'avoir vérifié, le soumet à l'assemblée générale, pour être arrêté et approuvé par elle.

La délibération de l'assemblée générale sert de décharge au trésorier.

LISTE DES MEMBRES

DE

LA SOCIÉTÉ DE L'HISTOIRE DE FRANCE.

NOVEMBRE 1861.

MM.

AFFRY DE LA MONNOYE (Alfred D'), [325], ✳, rue Vineuse, n° 12, à Passy.

ANDRÉ (Alfred) [1170], rue de Londres, n° 27.

ANDRIEUX (Jules), [878], rue Joubert, n° 35.

ANISSON-DUPERRON, [831], rue de Matignon, n° 18.

ARBAUMONT (vicomte Jules d'), [1154], aux Argentières, près Dijon, cor. M. Eug. Picamelot, rue de Lille, n° 39.

ARCHIVES DE L'EMPIRE (Bibliothèque des), [1147], représentée par M. le comte de Laborde; corresp., Mme veuve J. Renouard, rue de Tournon, n° 6.

ARNAUD (l'abbé), [496], rue de Beaujon, n° 20.

ARTH (Louis), [519], avocat, à Saverne (Bas-Rhin); corresp., M. Derache, libraire, rue du Bouloy, n° 7.

ASHBURTON (lord), [899], à Londres; corresp. à Paris, M. Dumont, employé à la Bibliothèque de l'Institut.

ASSELINE, [1164], avocat, propriétaire au Maine-Blanc, par Montlieu (Charente-Inférieure), corresp., M. Laurens, place Danphine, n° 9.

AUBRY (Auguste), [1175], libraire, rue Dauphine, n° 16.

AUCOC, [1030], auditeur (1re classe) au Conseil d'État, rue Louis-le-Grand, n° 29.

AUDENET, [310], banquier, rue du Faubourg-Poissonnière, n° 25.

AUMALE (duc D'), [961], à Twickenham (Middlessex), Angleterre; corresp., M. Cuvillier-Fleury, rue du Bac, n° 34.

AVOCATS (bibliothèque de l'ordre des), [720], représentée, par M. B. Hauréau, au Palais de Justice.

BACHOD, [1107], procureur impérial à Lons-le-Saunier; corresp., M. Boulatignier, rue de Clichy, n° 49.

BAER (Gustave DE), [808], ingénieur civil, rue de Toutille, n° 8, à Belleville.

BAILLON (comte DE), [857], rue Roquépine, n° 4.

BARANTE (baron DE), [4], G. C. ✳, membre de l'Institut, à Barante, près Thiers (Puy-de-Dôme); corresp., M. Bellaguet, rue Cassette, n° 23.

BARBEREY (Maurice DE), [751], place François Iᵉʳ, rue Jean-Goujon, n° 17.

BARBIÉ DU BOCAGE, [893], rue de la Chaussée-d'Antin, n° 58 bis.

BARBIER (Louis), [595 à 599], ✳, conservateur de la bibliothèque du Louvre, pour les bibliothèques de la couronne.

BAROCHE (Ernest), [931], ✳, maître des requêtes au Conseil d État, rue de Varennes, n° 78.

BARRÉ, [1140], inspecteur des contributions indirectes, rue des Capucins, à Reims; corresp., M. Boulatignier, rue de Clichy, n° 49.

BARTHÉLEMY (Édouard DE), [848], secrétaire du Conseil du Sceau, auditeur au Conseil d'État, rue Casimir-Périer, n° 3.

BELLANGER (Charles), [861], rue Taitbout, n° 44.

BELLENAVE (marquis DE), [412], au château de Bellenave (Allier); corresp., M. Vaton, libraire, rue du
Bac, n° 50.

BELLEVAL (Réné comte DE), [1182], rue de la Victoire,
n° 90.

BELLIER DE LA CHAVIGNERIE (F.-Philippe), [916], juge
d'instruction à Rambouillet, (Seine-et-Oise), corresp.
à Paris, M. Louvrier de Lajolais, quai Bourbon,
n° 19.

BÉRENGER (marquis DE), [820], à Sassenage (Isère); à
Paris, place du Palais-Bourbon, n° 4.

BERGE [1085], notaire, rue Saint-Martin, n° 333.

BERGER (Amédée), [998], ✳, conseiller référendaire à
la Cour des comptes, chef du cabinet de S. Exc. le
ministre des finances, rue du Luxembourg, n° 24.

BERRYER (P. Ant.), [1130], avocat, membre de l'Académie française, rue Neuve-des-Petits-Champs, n° 64.

BERTHAULD, [1070], professeur à la Faculté de droit de
Caen; corresp., M. Boulatignier, rue de Clichy, n° 49.

BÉTHIZY (le marquis DE), [846], rue de l'Université,
n° 53.

BEUGNOT (comte Arthur), [7], O. ✳, membre de l'Institut, rue de Miromesnil, n° 16.

BIANCHI (Marius), [1171], rue d'Aumale, n° 21.

BIRON (comte DE), [887]; avenue Montaigne, n° 77.

BLACAS (comte DE), [1120], rue de Varennes, n° 52 bis.

BLANCHARD, [1113], notaire à Condé-sur-Noireau.

BLANCHE (Alfred), [936], ✳, conseiller d'État, cité Ma-
lesherbe, rue de Laval, n° 12.

BLANCHE (Antoine), [1062], ✳, avocat général à la Cour
de cassation, rue de Marbeuf, n° 73.

BARTHÈS (Pierre) et Cie, [526], libraires à Londres et à Paris, rue de Verneuil, n° 5.

BARTHOLONY (Fernand), [1013], auditeur au Conseil d'État, rue de Larochefoucauld, n° 12.

BATAILLARD (Charles), [339], avocat, rue de Vaugirard, n° 9.

BATBIE, [1092] ancien auditeur au Conseil d'État, professeur à la Faculté de Droit, rue Jacob, n° 20.

BAUCHART (Ernest), [1031], maître des requêtes de 2me classe au Conseil d'État, rue de Bellechasse, n° 62.

BAUFFREMONT (prince DE), [1015], rue de Matignon, n° 10.

BAULNY (Ogier DE), [1004], chez M. Perrin de Boislaville, rue de Grenelle-Saint-Germain, n° 66.

BAYARD, [849], ✳, auditeur de 1re classe au Conseil d'État, rue Montholon, n° 21.

BEAUCOURT (G. DU FRESNE DE), [921], au château de Morainville, par Blangy (Calvados), rue de Bellechasse, n° 44.

BEAUNE (Henri), [992], substitut du procureur impérial, à Chaumont (Haute-Marne); corresp., M. Albert Gigot, avocat, rue Neuve-de-l'Université, n° 5.

BEAUTEMPS-BEAUPRÉ, [749], procureur impérial près le tribunal de première instance de Mantes (Seine-et-Oise); corresp., M. Aug. Durand, libraire, rue des Grès, n° 7.

BEAUVILLÉ (Victor DE), [1011], à Montdidier; corresp. à Paris, M. de Beauvillé, rue de Berlin, n° 8.

BELBEUF (comte GODARD DE), [933], auditeur de 1re classe au Conseil d'État, rue de Lille, n° 79.

BELLAGUET, [316], ✳, chef de bureau au ministère de l'Instruction publique et des Cultes, rue Cassette, n° 23.

BLANCHE (le dr Émile), [1044], ✻, quai de Paris, à Passy.

BLOSSEVILLE (marquis DE), [213], ✻, député au Corps législatif et membre du Conseil général du département de l'Eure, à Anfreville-la-Campagne (Eure).

BOINVILLIERS (Ernest), [1110], avocat à la Cour impériale, rue de Choiseul, n° 3.

BOISTEL, [723], professeur au collége Rollin, rue Neuve-Sainte-Geneviève, n° 22.

BOITEAU (Paul), [1177], avenue de l'Observatoire, n° 15.

BONDY (Émile, comte DE TAILLEPIED DE), [462], ✻, premier secrétaire d'ambassade près S. M. Catholique, rue de Verneuil, n° 23.

BONNE (DE), [311], avocat à Bruxelles ; correspondant, M. Benjamin Duprat, libraire, cloître Saint-Benoît, n° 7.

BORDIER (Léonard), [823], rue Joubert, n° 21.

BORDIER (Henri), [381], rue Joubert, n° 21.

BOSSANGE (Hector), [979], quai Voltaire, n° 25.

BOUCHERET, [977], avoué à Neufchâtel (Seine-Inférieure); corresp., M. de Roissy, rue de Bellechasse, n° 64.

BOUIS (DE), [760], rue du Faubourg-St-Honoré, n° 168.

BOULATIGNIER, [904], O. ✻, conseiller d'État, rue de Clichy, n° 49.

BOULENGER, [762]; à Neufchâtel (Seine-Inférieure); corresp., M. de Roissy, rue de Bellechasse, n° 64.

BOUQUET, [997], professeur au Lycée impérial et à l'École municipale de Rouen ; corresp., M. Boulatignier, rue de Clichy, n° 49.

BOURGON, [1180], président honoraire de la Cour impériale de Besançon ; corresp. M. Saint-Jorre, libraire, rue Richelieu; n° 91.

BOURGUIGNON, [706], architecte du département de

l'Eure, à Évreux; corresp., M. Allouard, libraire, rue
Pavée Saint-André-des-Arts, n° 3.

BOURQUELOT (Félix), [1135], ✳, professeur adjoint à
l'École des Chartes, rue du Helder, n° 12.

BOUVIER (Amédée), [260], secrétaire de l'administration de la Bibliothèque impériale, rue Crussol, n° 5.

BRIÈRE, [1112], ancien président du tribunal de commerce, à Condé-sur-Noireau.

BROELMANN (Georges], [1187], propriétaire, rue de la
Ville-l'Évêque, n° 5.

BROGLIE (Victor, duc DE), [491], G. C. ✳, membre de
l'Institut, rue de l'Université, n° 94.

BRUNET DE PRESLES (Wladimir), [781], ✳, membre de
l'Institut, rue des Saints-Pères, n° 61.

BUFFET (Aimé), [1115], ✳, ingénieur des ponts et chaussées, rue Bonaparte, n° 30.

BURIN DESROZIERS, [1105], ✳, avocat général près la
Cour de Chambéry; corresp., M. Ant. Blanche, rue
de Marbeuf, n° 73.

BUSSEROLLES (Charles), [581], juge au tribunal de première instance du département de la Seine, rue Lavoi-
sier, n° 13.

BUSSIERRE (Edmond, baron DE), [607], G. O. ✳, ancien
ambassadeur, rue de Lille, n° 84.

BUSSIERRE (Léon, baron DE), [1021], ✳, conseiller
d'État, rue de la Ville-l'Évêque, n° 52.

CABANY aîné (Marie-Thomas-Joachim), [287], ancien
magistrat, avocat à la Cour impériale de Paris, rue
Duphot, n° 10.

CABARRUS, [935], sous-préfet à Argentan (Orne); corresp., M. Radiguet, rue de Tivoli, n° 22.

CAEN (le maire de), [1015], *pour la bibliothèque de la ville.*

CAILLEBETTE (l'abbé), [1162], rue de la Villette-Belle-ville, n° 3.

CAILLEUX (Alphonse DE), [464], O. ✻, rue Laffitte n° 49.

CAMPAN (C. A.), [1000], secrétaire de la Société pour la publication des mémoires relatifs à l'histoire de la Bel-gique, à Bruxelles, place de l'Industrie, n° 20, quar-tier Léopold ; corresp., Mme veuve J. Renouard, rue de Tournon, n° 6.

CAMUS, [1065], ancien recteur de l'Université, rue Bayard, n° 9.

CANDIA (Mario DE), [658], rue Neuve-des-Mathurins, n° 17; corresp., M. Martini, à Batignolles, rue Trezel, n° 14.

CANEL (A.), [293], à Pont-Audemer (Eure); correspond., M. Lebrument, libraire.

CARLIER (Jean-Joseph), [944], ancien agent de change à Dunkerque, à Paris, rue des Martyrs, n° 47.

CARMES (école des), [802], représentée par M. l'abbé Hugonin, supérieur de l'école, rue de Vaugirard, n. 76.

CARTWRIGT (William), [951], rue....

CASENAVE, [666], ✻, conseiller à la Cour impériale de Paris, rue de Bellechasse, n° 11.

CASTRIES (duc DE), [890], rue de Varennes, n° 72.

CAUCHY (Eugène), [794], O. ✻, ancien garde des Archives de la Chambre des pairs, rue de Tournon, n° 12.

CAUMELS (comte DE), [1185], rue Neuve-de-l'Université, n. 44.

CAUMONT (DE), [132], O. ✻, correspondant de l'Institut,

secrétaire honoraire de la Société des Antiquaires de Normandie, à Caen (Calvados).

CERCLE (le) DE LA RUE NEUVE, [969], à Grenoble (Isère); corresp., M. Gustave Réal, rue Neuve-des-Mathurins, n° 44.

CHABRILLAN (Charles-Fortuné-Jules GUIGUES DE MORETON, comte DE), [252], ✳, chef d'escadron, rue de la Pépinière, n° 63.

CHABRILLAN (Alfred-Philibert-Victor GUIGUES DE MORETON, marquis DE), [356], rue de l'Université, n° 73.

CHAMPAGNY (Franz, comte DE), [691], quai Malaquais, n° 19.

CHANTÉRAC (marquis DE), [908], rue de Bellechasse, n° 17.

CHASLES (Ad.), [469], ✳, ancien maire de Chartres, membre du conseil général du département d'Eure-et-Loir; à Paris, rue de Londres, n° 54.

CHAUFFOUR (Ignace), [374], avocat à Colmar (Haut-Rhin), rue des Blés.

CHAULIEU (baron DE), [1128], ancien membre de l'Assemblée législative; à Vire (Calvados); correspondant, M. Dufresne de Beaucourt.

CHAZELLES (Léon DE), [197], député au Corps législatif, maire de Clermont-Ferrand (Puy-de-Dôme); correspondant, M. Léon Laguerre, docteur en droit, rue de Monceau, n° 17.

CHEDEAU, [771], avoué à Saumur (Maine-et-Loire); corresp., M. Dumoulin, libraire, quai des Augustins, n° 18.

CHÉREST (Aimé), [968], membre du Conseil général de l'Yonne, à Auxerre; corresp., M. Achille Poulin, rue Jacob, n° 41.

HÉRUEL (A.), [786], ✳, inspecteur général de l'ensei-

gnement secondaire pour l'ordre des lettres, rue
Royer-Collard, n° 24.

CHEVILLARD (Léon), [1106], ancien magistrat, à Lons-le-
Saunier; corresp., M. Boulatignier, rue de Clichy,
n° 49.

CHEVREUL (Henri), [819], ancien magistrat, rue Cuvier,
n° 57.

CHOISEUL (comtesse DE), [888], rue de l'Université,
n° 59.

CHOPIN (Albert), [1156], avocat au Conseil d'État et à
la Cour de cassation, rue Neuve-de-l'Université, n°10.

CHRISTOPHLE, [1104], avocat au Conseil d'État et à la
Cour de cassation, rue des Beaux-Arts, n° 8.

CASTRIA (prince DE), [1191], rue Saint-Dominique,
n° 104.

CLÉMENT (baron), [906], ✳, ancien préfet, rue Bonaparte, n° 29.

CLERMONT-TONNERRE (vicomtesse DE), [919], rue de
Lille, n° 119.

COBIANCHI (le chevalier G.), [564], attaché à l'ambassade
de Sardaigne, place de la Madeleine, n° 13.

COCHIN (Augustin), [1034], ✳, membre du Conseil municipal de Paris et du Conseil général de la Seine, rue
Saint-Guillaume, n° 25.

COHEN (Félix), [1111], auditeur au Conseil d'État, rue
d'Aumale, n° 12.

COLLART, [1142], O. ✳, chef d'escadron d'artillerie à
Pesselières, par Sancerre (Cher); corresp., M. Boulatignier, rue de Clichy, n° 49.

COLMET D'AAGE (Henri), [1158], conseiller référendaire
à la Cour des comptes, rue Neuve-des-Petits-Champs,
n° 26.

CONSEIL D'ÉTAT (*bibliothèque du*), [934], représentée par M. Théobald Fix.

CONTENCIN (DE), [536], O. ✹, conseiller d'État, directeur des cultes au ministère de l'Instruction publique et des Cultes, rue de Las Cases, n° 8.

CONTREGLISE (DE), [1181], propriétaire, à Besançon (Doubs); corresp., à Paris, M. Saint-Jorre, libraire, rue Richelieu, n° 91.

CONTI, [929], ✹, conseiller d'État, rue du Colysée, n° 19.

CORNUDET (Alfred, vicomte), [837], O. ✹, membre du Conseil général de la Creuse; à Paris, rue de Grenelle-Saint-Germain, n° 88.

COSNAC (Jules, comte DE), [717], rue de Grenelle-Saint-Germain, n° 71.

COSTE (Alphonse), [1149], juge au tribunal de première instance de Schelestadt (Bas-Rhin).

COURCEL (Valentin CHODRON DE), [1068], rue de Vaugirard, n° 20.

COURCY (Alfred DE), [697], rue Richelieu, n° 85.

COUSSEMAKER (DE), [867], ✹, juge au tribunal de première instance de Lille, membre du Conseil général du département du Nord, à Dunkerque, corresp. de l'Institut; corresp., M. Carlier, rue des Martyrs, n° 47.

CRANBORNE (vicomte), [1153], 20, Arlington street, à Londres.

CRAPELET (Charles), [899], boulevard Maillot, n° 74, à Neuilly-sur-Seine.

CROZE (Gustave, baron DE), [863], rue du Cherche-Midi, n° 15.

CROZE (Charles DE), [793], rue du Cherche-Midi, n° 15.

CUNIN-GRIDAINE (Charles), [154], G. O. ✹, manufacturier, à Sedan (Ardennes).

d

CORMER (L.), [1005], rue de Richelieu, n° 47.

DANSIN [1061], professeur à la Faculté des lettres de Caen ; corresp., M. le Dr Deschamps, rue Vivienne, n° 10.

DARD (baron), [653], ✳, chef de bureau au Ministère d'État, rue Saint-Lazare, n° 108.

DARESTE, [1098], avocat au Conseil d'État et à la Cour de cassation, quai Malaquais, n° 9.

DARRAS (l'abbé), [1064], rue de Varennes, n° 59.

DARRICAU, [993], G. O. ✳, conseiller d'État, intendant général, inspecteur, directeur de l'administration générale de la guerre, rue de Grenelle-Saint-Germain, n° 67.

DARU (Charles, baron), [941], rue Neuve-des-Bons-Enfants, n° 25.

DAVID (Edmond), [985], auditeur au Conseil d'État, rue de l'Université, n° 29.

DAVIEL (Ernest). [1132], avocat à la Cour impériale de Rouen ; correspondant, M. Boulatignier, rue de Clichy, n° 49.

DE BURE (Charles-Philippe-Albert), [668], adjoint du maire de la ville de Moulins (Allier); corresp.; M. Dumoulin, libraire, quai des Augustins, n° 13.

DEFRÉMERY (Ch.), [866], ✳, professeur suppléant au collége de France, rue de Tournon, n° 14.

DELABORDE, [1096], ✳, avocat au Conseil d'État et à la Cour de cassation, ancien président de l'ordre, rue de la Chaussée-d'Antin, n° 5.

DELAISTRE (Gustave), [974] propriétaire, rue Beauvoisine, à Rouen; corresp., M. Boulatignier, rue de Clichy, n° 49.

DELALAIN (Jules), [702], ✳, imprimeur-libraire de

l'Université, rue des Mathurins – Saint - Jacques, n° 5.

DELAROQUE, [879], libraire, quai Voltaire, n° 21.

DELÉCLUZE (Étienne-Jean), [524], ✳, rue Chabanais, n° 1.

DELESSERT (François), [277], O. ✳, rue Montmartre, n° 172.

DELISLE (Léopold), [816], membre de l'Institut, boulevard Magenta, n° 96.

DELOYE, [645], conservateur du Musée et de la Bibliothèque d'Avignon (Vaucluse); corresp., M. A. Allouard, rue Pavée Saint-André-des-Arts, n° 3.

DEMAY (Ernest), [1103], avocat au Conseil d'État et à la Cour de cassation, rue Neuve-de-Bréda, n° 16.

DENIÈRE, [1035], ✳, membre du Conseil municipal de Paris et du Conseil général de la Seine, rue Rougemont, n° 4.

DENIS, [1061], avocat, adjoint au maire, à Saint-Lô (Manche) ; corresp., M. Allouard, libraire, rue Pavée Saint-André-des-Arts, n° 3.

DENJOY (Henri), [845], juge de paix à Fleurance (Gers); corresp., Mme veuve J. Renouard, rue de Tournon, n° 6.

DES CHAPELLES, [1116], rue Godot-de-Mauroy, n° 7.

DES MELOIZES (Eugène), [638], ✳, conservateur des eaux et forêts, à Bourges (Cher); corresp., M. de La Villegille, rue de Seine, n° 31.

DESNOYERS (Jules), [23], ✳, bibliothécaire du Muséum d'Histoire naturelle, au Jardin des plantes, rue Cuvier, n° 57.

DES ROYS (Ernest, vicomte), [1186], auditeur au Conseil d'État, place Vendôme, n° 6.

DEULLIN (Eugène), [1173], banquier, à Épernay (Marne).

DIBON (Paul), [362], à Louviers (Eure); corresp., M. de La Villegille, rue de Seine, n° 31.

DINAUX (Arthur), [769], ✳, à Montataire (Oise); correspondant, M. Thévenin, boulevard Montmartre, n° 19.

DIONIS DU SÉJOUR, [874], ✳, juge de paix du cinquième arrondissement de Paris, rue Servandoni, n° 22.

DORIA (le vicomte Armand), [818]; correspondant, M. Le Gras, libraire, boulevard des Capucines, n° 27.

DOVERGNE fils, [369], bibliothécaire honoraire de la ville, à Hesdin (Pas-de-Calais).

DRAGICSEVICS (Auguste), [940], professeur d'histoire, rue de Grenelle-Saint-Germain, n° 92.

DREYSS (Ch.), [852], professeur au lycée Napoléon, rue Bonaparte, n° 31.

DRION (Charles), [958], président du tribunal de première instance de Schelestadt (Bas-Rhin); corresp., MM. Jung-Treuttel, rue de Lille, n° 19.

DUBOIS (comte Eugène), [1020], O. ✳, conseiller d'État, rue Neuve-des-Mathurins, n° 89.

DUBOIS, [777], professeur au collége Rollin, place de l'Estrapade, n° 17.

DUBOIS DE L'ESTANG (Gustave), [1066], conseiller référendaire à la Cour des comptes, rue Saint-Nicolas-d'Antin, n° 58.

DUCHATEL (le comte Tanneguy), [959], G. C. ✳, membre de l'Institut, rue de Varennes, n° 69.

DU CHATEL (vicomte), ✳ [1199], capitaine d'ordonnance de S. Ex. le grand chancelier de la Légion d'honneur, rue d'Artois, n° 9.

DUFAURE (J.), [840], ✳, avocat, ancien ministre, rue Le Peletier, n° 20.

DUFOUR (Gabriel), [1097], avocat au Conseil d'État et à la Cour de cassation, président de l'ordre, rue de Gaillon, n° 12.

DU MÉRIL (Édelestand), [872], rue Jacob, n° 21.

DUMESNIL (Jules), [725], avocat, rue Pigalle, n° 8.

DUMOULIN, [636], libraire, quai des Augustins, n° 13.

DUPLÈS-AGIER (Henri), [698], archiviste-paléographe, rue Saint-Dominique, n° 28.

DUPONT (Edmond), [817], archiviste aux archives de l'Empire, rue de Ménilmontant, n° 28.

DURAND (Auguste), [689], libraire, rue des Grès, n° 7.

DURAND DE LANÇON père, [313], ancien receveur des finances, à Heugnes par Écueillé (Indre); corresp., M. Duprat, libraire, cloître Saint-Benoît, n° 7.

DURAND DE LANÇON fils (Alphonse), [826], propriétaire à Heugnes, par Écueillé (Indre); corresp., M. Duprat, libraire, cloître Saint-Benoît, n° 7.

DURIEZ DE VERNINAC, [927], attaché de légation, rue de la Madeleine, n° 5.

DURUY (Victor), [1081], ✳, professeur d'histoire au lycée Napoléon, quai de Béthune, n° 14.

DUTENS (Albert), [55], O. ✳, ancien député, rue Chauveau-Lagarde, n° 6.

DUTREIL, [1141], ancien député, à Laval (Mayenne); correspondant, M. Germain Tribert, rue de la Pépinière, n° 19.

DUVERDY (Charles), [748], avocat à la Cour impériale, place Boïeldieu, n° 1.

DUVERGIER (J. B.), [1022], O. ✳, conseiller d'État, rue des Saints-Pères, n° 9.

DUVERGIER DE HAURANNE, [1126], ancien député, rue de Tivoli, n° 5.

EGGER, [586], ✳, membre de l'Institut, agrégé de la Faculté des lettres, rue Madame, n° 48.

ELIE, [1072], adjoint au maire à Saint-Lô.

ESTAINTOT (Robert, vicomte D'), [975], avocat, rue de la Cigogne, n° 5, à Rouen (Seine-Inférieure); corresp., M. Boulatignier, rue de Clichy, n° 49.

ÉTHIOU-PÉRON, [953], représentant de la maison veuve J. Renouard, rue de Tournon, n° 6.

FABRE (Adolphe), [939], président du tribunal de première instance de Chambéry (Savoie); corresp. à Paris, M. Aug. Durand, rue des Grès, n° 7.

FALAISE (*bibliothèque de la ville de* [1069], représentée par M Choisy, *bibliothécaire;* corresp., M. Le Doyen, libraire au Palais-Royal.

FARÉ, [1029], maître des requêtes au Conseil d'État, rue de la Pépinière, n° 11.

FEILLET (A.), [1138], rue Pavée St-André-des-Arts, n° 18.

FÉRET (P. J.), [1054], conservateur de la bibliothèque de Dieppe, *pour la bibliothèque;* corresp., M. Julien, libraire, rue de l'Éperon, n° 9.

FEZENSAC (DE MONTESQUIOU, duc DE), [572], G. C. ✳, rue d'Astorg, n° 31.

FILLASSIER, [836], docteur en médecine, rue des Fossés-Montmartre, n° 16.

FIRINO, [1109], anc. receveur général, rue Chaillot, n° 70.

FIX (Théobald), [934], ✳, pour la *bibliothèque du Conseil dÉtat.*

FLANDIN [930], ✳, conseiller d'État, rue du Havre, n° 5.

FLEURY (Édouard), [1179], président de la Société académique de Laon; corresp., M. Saint-Jorre, libraire, rue Richelieu, n° 91.

FLOQUET, [622], ✳, avocat, correspondant de l'Institut, rue d'Anjou-Saint-Honoré, n° 52.

FORCADE LA ROQUETTE (DE), C. ✳, [1078], sénateur, passage du Coq, rue Saint-Lazare, n° 99.

FOUCHÉ (Lucien), [224], à Évreux (Eure); corresp., M. A. Allouard, libraire, rue Pavée Saint-André-des-Arts, n° 3.

FOUQUE (Victor), [785], à Châlon-sur-Saône (Saône-et-Loire); correspondant du ministère de l'Instruction publique et des Cultes, pour les travaux historiques, chez M. Allouard, libraire, rue Pavée Saint-André-des-Arts, n° 3.

FOURNÈS (marquis DE), [1010], au château de Vaussieux, à Saint-Léger-Carigny, près Bayeux; à Paris, place Vendôme, n° 5.

FOURNIER, [858], à Bordeaux (Gironde), rue Gobineau, n° 1; corresp., MM. Rey et Belhatte, libraires, quai des Augustins, n° 45.

FOURNIER (Gabriel), [1084], sous-préfet de l'arrondissement d'Alais; correspondant, M. Alfred Blanche, rue de la Pépinière, n° 97.

FRANÇOIS (A.), [868], ✳, maître des requêtes au Conseil d'État, rue Bleue, n° 11.

FRANCK, [671], libraire, rue Richelieu, n° 69.

FREMY, [722], C. ✳, conseiller d'État, gouverneur du Crédit foncier de France, rue Neuve-des-Capucines, n° 17.

FRESNE (Marcellin DE), [388], rue Gaillon, n° 8.

FRETEAU DE PENY (Hérode-René-Jean-Baptiste-Emmanuel, baron DE), [709], référendaire à la Cour des comptes, rue de Londres, n° 40.

GALOPIN (Auguste), [1095], avocat au conseil d'État et

à la Cour de cassation, rue de Seine-Saint-Germain, n° 95.

GARIEL, [948], pour la *bibliothèque de la ville de Grenoble* (Isère); corresp., M. Arthus Bertrand, libr., rue Hautefeuille, n° 21.

GAUCHERAUD (Hippolyte), [56], rue de Grenelle-Saint-Germain, n° 91.

GÉRARD (Charles), [1148], ancien représentant, avocat à Colmar, Haut-Rhin).

GÉRARDIN, (Alfred), [902], professeur agrégé d'histoire au lycée de Saint-Louis, rue de Vaugirard, n° 31,

GERBIDON (Émile-Victor), [810] ͵ rue de la Pépinière, n° 120.

GESBERT (Arthur), [1123], substitut du procureur impérial à Bourges (Cher); correspondant, M. Boulatignier, rue de Clichy, n° 49.

GILBERT (D. L.), [1124], rue de Courcelles, n° 18.

GILLET, [647], juge d'instruction au tribunal civil de Nancy (Meurthe); corresp., M. Magin-Marrens, rue de la Visitation, n° 12.

GINGINS-LA-SARRA (F., baron DE), [240], à Lausanne; correspondant, M. Cherbuliez, rue de la Monnaie, n° 10.

GIRAUD (Paul-Émile), [569], ✳, à Romans (Drôme).

GLANVILLE (Léonce DE), [626], au château de Vauville, près Pont-l'Évêque (Calvados); corresp., M. Alfred de Roissy, rue Jacob, n° 21.

GODARD (Léon), [991], rue de Rivoli, n° 194. •

GODEFROY-MÉNILGLAISE (le marquis DE), [223], ✳, à Lille; à Paris, rue de Grenelle-Saint-Germain, n° 73.

GOMEL, [1025], ✳, conseiller d'État, rue des Moulins, n° 12.

GOSSE (Hippolyte), de Genève, [963]; à Paris, rue des Beaux-Arts, n° 10.

GOUPIL DE PRÉFELN (Anatole), [928], rue Louis-le-Grand, n° 28.

GOUPIL (Édouard), [57], ✳, maître des requêtes au Conseil d'État, rue Laffitte, n° 47.

GRAFENRIED-VILLARS (baronne DE), [870], place Vendôme, n° 10.

GRANDIDIER (Ernest), [1094], auditeur au Conseil d'État, rue du Faubourg-Saint-Honoré, n° 75.

GRANGIER DE LA MARINIÈRE (L.), [798], membre de la Société des Bibliophiles français, rue d'Amsterdam, n° 46.

GRASSET (Ernest), [591], conseiller à la Cour impériale de Dijon (Côte-d'Or); à Paris, chez M. Poiré, square d'Orléans, n° 6; rue Taitbout, n° 80.

GUADET, [228], chef de l'enseignement à l'Institution impériale des Jeunes-Aveugles, boulevard des Invalides, n° 56.

GUERARD (Mme veuve François), [967], à Amiens (Somme); correspondant, M. Delorme, rue Férou, n° 6.

GUESSARD (François), [349], ✳, professeur à l'École des Chartes, à Passy, Grande-Rue, n° 83.

GUIBAL, [1150], professeur d'histoire au lycée de Versailles; correspondant, M. Chéruel, rue Royer-Collard, n° 25.

GUILLAUME (Eugène), [1087], docteur en droit, rédacteur principal au bureau du contentieux des communes au ministère de l'intérieur, rue Soufflot, n° 1.

GUIZOT, [1], G. C. ✳, membre de l'Institut, rue du Faub.-Saint-Honoré, n° 52.

HACHETTE, [885], ✳, rue Pierre-Sarrazin, n° 14.

HAIGNERÉ (l'abbé D.), [901], archiviste de la ville de Boulogne-sur-mer (Pas-de-Calais); corresp., M. J. Lecoffre, libraire, rue du Vieux-Colombier, n° 29.

HALEVY (Ludovic), [1045], chef de bureau au ministère de l'Algérie et des colonies, rue du Faubourg-Saint-Honoré, 96.

HALLAYS-DABOT, [871], ancien chef d'institution, rue Saint-Jacques, n° 187.

HALLOY, [1159], conseiller référendaire à la Cour des comptes, rue de Buffon, n° 23.

HALPHEN (Eugène), [900], rue de la Chaussée-d'Antin, n° 47.

HAMELIN D'ECTOT (Hilaire), [1060], docteur en droit à Saint-Vaast-la-Hougue (Manche); corresp., M. Boulatignier, rue de Clichy, n° 49.

HANNOYE (Félix), [943], membre de la Société archéologique de l'arrondissement d'Avesnes (Nord); correspondant à Paris, M. Henri Martin, rue du Mont-Parnasse, n° 36.

HANQUEZ (Rodolphe), [990], avocat, rue de Verneuil, n° 33.

HARCOURT (Eugène-Gabriel, duc D'), [606], O. ✳, rue Vanneau, n° 11.

HART (William-Henry), [897], Folkestone-House, Roupell-Park, Streatham, Surrey, Angleterre; corresp., MM. H. Bossange et fils, quai Voltaire, n° 25.

HASE, [26], C. ✳, membre de l'Institut, conservateur de la Bibliothèque impériale, département des manuscrits, rue Colbert, n° 12.

HATZFELD (comtesse DE), [855], rue d'Astorg, n° 6.

HAUTPOUL (comte D'), [925], place du Palais-Bourbon, n° 7.

HAVRE (*la bibliothèque du*), [1193], représentée par
M. Morlent, corr., M. Boulatignier, rue de Clichy, n° 49.

HÉLY-D'OISSEL [1089], ✳, ancien conseiller d'État, rue
de Chaillot, n° 70.

HENNIN, [503], O. ✳, rue des Martyrs, n° 23.

HÉRICOURT (Achmet, comte D'), [635], à Arras (Pas-
de-Calais), rue Rouville; corresp., M. Dumoulin, libraire, quai des Augustins, n° 13.

HIMLY, [1007], professeur suppléant à la Faculté des lettres de Paris, rue de l'Ouest, n° 76.

HUBARD, [601], ✳, juge de paix à Rouen (Seine-Inférieure); corresp., M. Guillemot, libraire, quai des
Grands-Augustins, n° 19.

HUSSON (Armand), [1039], O. ✳, directeur de l'administration générale de l'assistance publique, avenue
Victoria.

JAMESON [1167], rue de Londres, n° 23.

JEANNIN (baron), [971], O. ✳, préfet du département de
la Moselle, à Metz; corresp., M. Le Tellier de La Fosse,
rue Neuve-des-Capucines, n° 19.

JOBEZ (Alphonse), [323], rue Tronchet, n° 25.

JOURDAIN, [834], ✳, chef de division au ministère de
l'Instruction publique et des Cultes, rue Neuve-du-
Luxembourg, n° 21.

KERDREL (AUDREN DE), [340], rue Beaurepaire, n° 2, à
Rennes (Ille-et-Vilaine); à Paris, chez M. de Courcy,
rue Richelieu, n° 85.

KERSAINT (vicomte DE), [892], rue de la Ville-l'Évêque,
n° 26.

KERVYN DE LETTENHOVE, (baron), [799], ✳, à Bruges
(Belgique).

LABORDE (Léon, comte DE), [301], O. ✳, membre de l'Institut, directeur général des Archives de l'Empire, rue de Paradis du Temple, nº 20.

LA BORDERIE (Arthur DE), [1198], archiviste-paléographe, à Vitré (Ille-et-Vilaine); corresp., M. Léopold Delisle, boulevard Magenta, nº 96.

LABOULAYE (Édouard), [445], ✳, avocat, membre de l'Institut, professeur au collége de France, rue Taitbout, nº 34.

LABROUSTE (Alexandre), [973], ✳, directeur du collége Sainte-Barbe, place du Panthéon.

LACABANE (Léon), [64], ✳, conservateur adjoint au département des manuscrits de la Bibliothèque impériale, directeur de l'École impériale des Chartes, avenue des Ternes, nº 81.

LA CAZE (Pèdre, baron), [839], ✳, rue Saint-Dominique Saint-Germain, nº 93.

LA CISTERNE (Emmanuel, prince DE), [72], rue Saint-Florentin, nº 2; corresp., M. Durand jeune, libraire, rue Louis-le-Grand, nº 11.

LACOMBE-TERNANT (Théodore), [917], banquier, à Clermont-Ferrand (Puy-de-Dôme), rue Blaise-Pascal; corresp. à Paris, M. Paret, rue des Postes, nº 42.

LACORDAIRE, [981], ancien directeur de la manufacture des Gobelins, rue Chérubini, nº 1.

LA COUR (E. DE), [724], C. ✳, ministre plénipotentiaire, conseiller d'État, rue Saint-Honoré, nº 368.

LACUISINE (DE), [1160], président de la Cour impériale de Dijon; corresp., M. Aug. Durand, libraire, rue des Grès, nº 7.

LA FERRIÈRE-PERCY (comte DE), [1080], député au Corps législatif, rue de la Chaussée-d'Antin, nº 50.

LA FERTÉ-MEUN (marquise DE), [907], rue du Bac, nº 46.

LA FAULOTTE (Ernest DE), [1053], rue Caumartin, n° 60.

LAGRANGE (Édouard, marquis DE), [331], O. ✳, sénateur, membre de l'Institut, rue de Grenelle-Saint-Germain, n° 113.

LAGUERRE (Léon), [790], docteur en droit, rue de Monceau, n° 17.

LAHURE (Charles), [279], ✳, rue de Fleurus, n° 9.

LALANNE (Ludovic), [822], attaché aux travaux historiques du ministère de l'Instruction publique, rue de Condé, n° 20.

LALLEMAND (Auguste), [938], ✳ archiviste, rue Culture-Sainte-Catherine, n° 27.

LALOY (Louis-Henri), [827], docteur en médecine, rue de Paris, n° 169, à Belleville.

LANGLE (Augustin DE), [742], au château du Rocher, commune de Mesanger, près Évron (Mayenne); corresp., Mme veuve J. Renouard, rue de Tournon, n° 6.

LA ROCHEFOUCAULD (duchesse DE), [843], rue de Varennes, n° 72.

LASCOUX (Jean-Baptiste), [130], C. ✳, conseiller d'État, secrétaire général du ministère de la Justice, rue de Luxembourg, n° 36.

LASSUS (Marc, baron DE), {1195], rue de la Madeleine, n° 57.

LA TOUR DU PIN (marquise DE), [414], rue de la Pépinière, n° 63.

LA TRIMOUILLE (duc DE), [1196], rue de Las Cases, n° 3, rue de Monceau, n° 17.

LA VILLEGILLE (Arthur DE), [239], ✳, secrétaire du Comité des travaux historiques et des sociétés savantes, rue de Seine, n° 31.

LEBIGRE-BEAUREPAIRE, [714], notaire à Lille (Nord),

e

rue Nationale; corresp., M. Allouard, libraire, rue
Pavée Saint-André-des-Arts, n° 3.

LEBLANC (Paul), [814], à Brioude (Haute-Loire); correspondant, M. Dumoulin, libraire, quai des Augustins, n° 13.

LEBRUMENT, [637], libraire, à Rouen (Seine-Inférieure);
corresp., Mme veuve Jules Renouard et Cie, rue de
Tournon, n° 6.

LE BRUN, [157], juge de paix à Avise, près Épernay
(Marne); corresp., M. Laguerre, docteur en droit,
rue de Monceau, n° 17.

LECLERC (Alexandre), [809], O. ✳, ancien négociant, à
Auteuil, Grande-Rue, n° 4.

LE CLERC (Victor), [396], C. ✳, membre de l'Institut,
doyen de la Faculté des lettres, à la Sorbonne.

LECOMTE, [1163], chef d'institution, rue du Pré-Belle-
ville, n° 42.

LEFÈVRE-PONTALIS (Antonin), [803], docteur en droit,
auditeur au Conseil d'État, rue de Rivoli, n° 238.

LEGENTIL (Raymond), [1059], conseiller à la Cour impériale de Rouen; correspondant, M. Alfred Blanche,
rue de la Pépinière, n° 97.

LE GLAY, [74], ✳ et de l'ordre de Léopold, conservateur
général des Archives du département du Nord, à Lille;
correspondant, M. Allouard, libraire, rue Pavée Saint-
André-des-Arts, n° 3.

LEMAIRE (P. Aug.), [75], ✳, ancien professeur de rhéto-
rique aux lycées Louis-le-Grand et Bonaparte, rue
des Quatre-Fils, n° 16.

LE MENNICIER, [1100], propriétaire à Saint-Lô (Manche);
corr., M. Allouard, libraire, rue Pavée Saint-André-
des-Arts, n° 3.

LEMERCIER (Anatole, vicomte), [756], député au Corps législatif, quai Voltaire, n° 25.

LENORMANT (François), [1063], rue du Dragon, n° 15.

LEROUX (Alphonse), [754], notaire honoraire, rue Laffitte, n° 5.

LE ROUX DE LINCY, [76], ✳, rue du Bac, passage Sainte-Marie, n° 11 bis.

LESCURE (DE), [1119], rue d'Astorg, n° 32.

LESTANG (Gustave DE), [911], ✳, ancien officier de marine, rue Taitbout, n° 8.

LE TELLIER DE LA FOSSE, [972], ✳, secrétaire général du Crédit foncier, rue Neuve-des-Capucines, n° 11.

LEVESQUE, [752], ancien notaire, maire de Mantes (Seine-et-Oise); corr., à Paris, M. de Roissy, rue Jacob, n° 21.

LEVIEZ, [982], ✳, maître des requêtes au Conseil d'État, sous-gouverneur du Crédit foncier, rue du Luxembourg, n° 21.

LHOPITAL, [1028], ✳, maître des requêtes, commissaire du gouvernement, près le Conseil d'État, rue Louis-le-Grand, n° 18.

LIZOT (Gustave), [1074], substitut du procureur impérial à Rouen; correspondant, M. Boulatignier, rue de Clichy, n° 49.

LORIN (Ant.), [886], rue du Bac, n° 77.

LOT (Henri-Ernest), [1189], avocat à la Cour impériale, archiviste auxiliaire aux Archives de l'Empire, rue de l'Odéon, n° 9.

LOUVAIN (université de), [812], représentée par M. Reusens, bibliothécaire; corresp., M. Aug. Durand, libraire, rue des Grès, n° 7.

LOUVANCOUR [894], ancien notaire à Chartres (Eure-et-Loir); corresp., M. Albert Huet, rue Saint-Roch, n° 25.

LOUVRIER DE LAJOLAIS (A.), [859], quai de Bourbon, u° 19.

LOYSEL, [1040], ✳, doyen du Conseil de préfecture du département de la Seine, rue Neuve-Saint-Augustin, n° 69.

LUYNES (D'ALBÉRT, duc DE), [413], ✳, membre de l'Institut, rue Saint-Dominique, n° 31.

LUZARCHE (Victor), [675], conservateur honoraire de la bibliothèque de Tours (Indre-et-Loire); corresp., M. Potier, libraire, quai Malaquais, n° 9.

MACÉ (Antonin), [712], professeur d'histoire à la Faculté des lettres de Grenoble (Isère).

MACON (*Académie de*), [1154], représentée par M. Ch. Pellorce, son secrétaire perpétuel; corresp., à Paris, M. Ch. Colombart, rue de Castiglione, n° 14.

MACKENSIE (John-Whiteford), [332], esq. à Édimbourg, 19, Scotland-street; corresp., MM. Pierre Barthès et Cie, libraires, rue de Verneuil, n° 5.

MAGIN-MARRENS (Alfred), [390], ✳, recteur de l'Académie de Rennes; corresp., M. Bellaguet, rue Cassette, n° 23.

MAGNIN (Charles), [28], O. ✳, membre de l'Institut, conservateur de la Bibliothèque impériale, département des imprimés, rue de Richelieu, n° 47.

MAIGNE (Ed.), [1019], ✳, conseiller d'État, rue de Castiglione, n° 10.

MAILLÉ (duc DE), [914], rue de Lille, n° 119.

MAILLY (comte DE), [500], rue de l'Université, n° 53; corresp., M. Dosseur, rue Taranne, n° 21.

MALEISTYE (comte DE), [1073], à Falaise, correspondant, M. Le Doyen, libraire au Palais-Royal.

MALEVILLE (Léon DE), [492], ✳, à Saint-Maurin, par Grenade (Landes); corresp., M. Caritan, rue d'Enghien, n° 22.

MARCEL (Léopold), [964], ✳, notaire honoraire à Louviers (Eure); corresp., M. Julien, libraire, rue de l'Éperon, n° 9.

MARCHEGAY (Paul), [448], aux Roches-Baritaud, par Chantonnay(Vendée); corresp., M. Thomas Arnauldet, rue des Saints-Pères, n° 3.

MARCILLY (DE), [774], juge suppléant au tribunal de première instance de Bar-sur-Aube (Aube); corresp., M. Simon, rue de Mulhouse, n° 9.

MARCOU, [1139], docteur ès lettres, professeur au collége Stanislas, rue de Sèvres, n° 4.

MARGUERIE, [937], ✳, chef du contentieux des communes, au ministère de l'Intérieur, rue de Lille, n° 37.

MARGUERIN, [1042], ✳ directeur de l'École municipale Turgot, rue du Vertbois, n° 17.

MARIN-DARBEL, [265], rue Blanche, n° 40.

MARINE (bibliothèque centrale de la), [1102], représentée par M. de Courtière, bibliothécaire du ministère de la marine; corresp., M. Dumaine, libraire, rue Dauphine, n° 30.

MARION, [456], place de la Madeleine, n° 17.

MARSEILLE (le maire de), [1144, 1145], à Marseille (Bouches-du-Rhône).

MARTIN (Henri), [457], rue du Mont-Parnasse, n° 36.

MARTIN-FORTRIS (Paul), [854], propriétaire à Authon (Eure-et-Loir); corresp., M. J. Desnoyers, rue Cuvier, n° 57.

MARTROY (vicomte DE), [1023], ✳, conseiller d'État, quai Voltaire, n° 25.

MARTY-LAVEAUX (Charles), [780], licencié ès lettres

ancien élève de l'École des Chartes, rue Sainte-Anne,
n° 49.

MASCRÉ, [912], quai des Célestins, n° 10.

MAS-LATRIE (Louis DE), [289], ✳, chef de section aux
Archives de l'Empire, rue Neuve-des-Petits-Champs,
n° 62.

MASSÉNA DE RIVOLI (Victorin), [1131], sous-lieutenant
aux chasseurs de la garde impériale, rue de Lille, n° 94.

MATHIEU BODET, [1137], avocat au Conseil d'État et à la
Cour de cassation, rue Neuve-des-Petits-Champs,
n° 95.

MAURENQ, [988], ✳, ancien agent de change, rue de
Tivoli, n° 9.

MAVIDAL, [1174], employé à la Bibliothèque du Corps
législatif, rue de l'Université, n°ˢ 126 et 128.

MAY (Émile DE), [1088], rue de Laval, n° 15.

MÉLICOCQ (DE LAFONS, baron DE), [553], à Raismes
(Nord), corr., M. Derache, libraire, rue du Bouloi,
n° 7.

MÉLIOT (Jules), [903], professeur au lycée Louis-le-
Grand, rue Royer-Collard, n° 4.

MERILHOU (Francis), [833]; corresp., M. Chaballle, rue
aux Ours, n° 12.

MÉRIMÉE (Prosper), [162], ✳, sénateur, membre de
l'Institut, rue de Lille, n° 52.

MERLEMONT (DE), [649], au château de Merlemont, par
Beauvais (Oise); à Paris, rue de Verneuil, n° 47.

MESLAY, [1192], juge d'instruction au Havre (Seine-Inférieure); corresp., M. Ant. Blanche, rue de Marbeuf,
n° 73.

MEUNIER (Francis), [960], docteur ès lettres, rue de
Seine, n° 47.

MEURINE (Gustave), [1101], ancien auditeur au Conseil d'État, rue Saint-Dominique, n° 25.

MÉVIL (Charles-Sainte-Marie-Henri), [651], conservateur des archives du département de Seine-et-Oise, à Versailles, place Hoche, n° 6.

MIGNET, [16], C. ✳, membre de l'Institut, secrétaire perpétuel de l'Académie des sciences morales et politiques, rue Notre-Dame de Lorette, n° 18.

MINORET-AUBÉ (Camille), [875], avocat, rue de Rivoli, n° 36.

MIREPOIX (Mme de MONTMORENCY-LAVAL, duchesse douairière DE), [813], rue de Lille, n° 131, représentée par M. Richard, rue de Lille, n° 121.

MOIGNON (Alix-Jérôme), [821], ✳, substitut du procureur général près la Cour impériale, rue des Pyramides, n° 5.

MOINERY, [708], ✳, ancien président du tribunal de commerce, cloître Saint-Merry, n° 16.

MOISMONT (Amédée BEAUVARLET DE), [682], ✳, rue de Crébillon, n° 8.

MOITESSIER (Henri), [1169], banquier, rue d'Enghien, n° 12.

MONJEAN, [1041], ✳, *pour le collége Chaptal*, rue Blanche, n° 29.

MONTALEMBERT (Charles, comte DE), [129], membre de l'Institut, rue du Bac, n° 40.

MONTFERRAND (Mme DE), [1184], rue Chauchat, n° 9.

MORANVILLÉ, [1047], directeur des magasins et entrepôts de Paris, rue de la Douane, n° 6.

MOURRE (Marie-Vincent), [782], ✳, conseiller à la Cour impériale de Paris, rue Neuve-Saint-Paul, n° 15.

MOUY (DE), [970], rue Coquillière, n° 12.

MUTEAU (Charles), [906], juge au tribunal de première
instance, à Dijon (Côte-d'Or); corresp., M. V. Collin,
sous-chef au ministère des Finances, rue Mondovi,
n° 7.

NADAILLAC (le marquis DE), [864], rue d'Anjou Saint-
Honoré, n° 12.

NADAUD, [360], O. ✳, premier président honoraire de
la Cour impériale de Grenoble, à Charvieux, par Pont-
de-Cherui (Isère); corresp., M. Nadaud, à Paris, rue
de Verneuil, n° 40.

NAUDET, [486], C. ✳, membre de l'Institut, rue Mont-
Thabor, n° 40.

NEUFLIZE (baron DE), [1152], rue Bergère, n° 18.

NEUVILLE (Louis DE), [913], à Livarot (Calvados); corresp. à Paris, M. Aug. Durand, rue des Grès, n° 7.

NICARD (Pol), [288], rue de Sèvres, n° 38.

NIEL, [1133], archiviste du département du Gers, à Auch;
correspondant, M. Niel père, bibliothèque du ministère de l'Intérieur, quai Bourbon, n° 35.

NIGON DE BERTY, [150], ✳, chef de division honoraire
au ministère de l'Instruction publique et des cultes,
rue des Beaux-Arts, n° 10.

NITOT (Victor), [1197], ✳, membre du Conseil général
de la Marne, à Ay-Champagne (Marne); correspondant.

NISARD (Désiré), [459], O. ✳, membre de l'Institut, directeur de l'École normale supérieure, rue d'Ulm,
n° 45.

NOAILLES (Paul, duc DE), [343], membre de l'Institut,
rue de Lille, n° 66.

NUGENT (vicomte DE), [371], rue du Regard, n° 5.

ODIOT (Ernest), [1178], boulevard de la Madeleine, n° 72.

OHNET (Léon), [1016], architecte, avenue Trudaine, n° 4.

OTREPPE DE BOUVETTE, [980], conseiller honoraire à la Cour royale de Liége; corresp., M. Valette, professeur à l'École de droit.

OUDOT, [1036], membre du Conseil municipal de Paris et du Conseil général de la Seine, rue du Cherche-Midi, n° 40.

PAILLET (Eugène), [928], juge suppléant au tribunal de première instance de Paris, rue Louis-le-Grand, n° 18.

PARAVEY (Charles), [588], O. ✳, ancien conseiller d'État, rue des Petites-Écuries, n° 44.

PARENT DE ROSAN (Charles-Félix), [815], à Paris-Auteuil, route de Versailles, n° 20, villa de la Réunion, n° 3.

PARET (Victor), [505], ✳, préfet général des études au collége Rollin, rue des Postes, n° 42.

PARIEU (ESQUIROU DE), [1017], G. O. ✳, vice-président du Conseil d'État, membre de l'Institut, rue de Belle-chasse, n° 31.

PASCAL, [1134], chef de bureau au Crédit foncier, rue de Grenelle-Saint-Germain, n° 49.

PASCALIS [1026], ✳, maître des requêtes (1re classe) au Conseil d'État, rue de Grenelle Saint-Germain, n° 49.

PASQUIER (duc), [3], G. C. ✳, membre de l'Institut, rue Royale Saint-Honoré, n° 20.

PASQUIER (Louis), [915], conseiller à la Cour impériale de Paris, rue Jacob, n° 48.

PASSY (Antoine), [238], O. ✳, ancien sous-secrétaire d'État au ministère de l'intérieur, rue Pigalle, n° 6.

Patin (Henri), [533], O. ✳, membre de l'Institut, professeur de littérature latine à la Faculté des lettres, rue Cassette, n° 15.

Paulin (le colonel Charles), [955], ✳, rue Victor Dumay, n° 17, à Dijon (Côte-d'Or) ; corresp. à Paris, M. le colonel G. Paulin, rue du Bac, n° 90.

Paulmier (Charles), [483], avocat à la Cour impériale, vice-président du Conseil général du Calvados, boulevard Poissonnière, n° 25.

Peigné-Delacourt, [1121], à Ourscamp (Oise) ; à Paris, rue de Cléry, n° 23.

Pelet (baronne), [1076], quai Malaquais, n° 21.

Pelletier (Jules) , [1117], O. ✳, conseiller d'État, membre de l'Académie des beaux-arts , secrétaire général du ministère des Finances, rue de Suresne, n° 11.

Pepin Le Halleur (Émile), [787], directeur de la Société d'assurances mutuelles immobilières de Paris, rue Greffulhe, n° 5.

Pereire (Émile), [1082], O. ✳, rue du Faubourg-Saint-Honoré, n° 35.

Pérignon (baron Maurice) , [1166], rue de la Pépinière, n° 19.

Perret, [1094], auditeur au Conseil d'État, rue Neuve-de-l'Université, n° 10.

Perrot de Chazelle (vicomte), [643] , à Maisonneuve (Côte-d'Or) ; à Paris, avenue des Champs-Élysées, n° 18.

Perrot d'Estivareilles, [772], ancien inspecteur général des lignes télégraphiques, rue de Bourgogne, n° 50.

Pétersen [873], bibliothécaire de la ville de Hambourg,

pour la bibliothèque. Corresp., M. E. Jung-Treuttel, rue de Lille, n° 19.

PETIT (Edmond), [1172], rue Jean-Goujon, n° 14.

PHILIPPOT, [1168], propriétaire au Bois (île de Rhé) (Charente-Inférieure).

PICARD (Alexandre), [924], rue Sainte-Anne, n° 18.

PICARD LE ROUX, [1125], à Gournay (Seine-Inférieure), correspondant ; M. Boulatignier, rue de Clichy, n° 49.

PILLET-WILL (comte), [1151], rue de la Chaussée-d'Antin, n° 70.

PIOT, [1086], ancien adjoint au maire du 7ᵉ arrondissement municipal de Paris, rue de Rivoli, n° 78.

PIQUET, [1048], conseiller à la Cour impériale de Caen-corresp. à Paris, M. Boulatignier, rue de Clichy, n° 49.

PISANÇON (Claude-Henri DE LA CROIX DE CHEVRIÈRE, marquis DE), [566], au château de Pisançon, par Bourg de Péage (Drôme) ; à Paris, rue Neuve-Saint-Augustin, n° 48.

PISTOYE (DE); [1046], ✳, chef de bureau au ministère de l'Agriculture, du Commerce et des Travaux publics, rue Oudinot, n° 22.

PODENAS (Louis, comte DE), [946], chez M. le marquis de Nadaillac, rue d'Anjou Saint-Honoré, n° 12.

POEY D'AVANT (F.), [84], à Maillezais (Vendée).

PONS-RENNEPONT (comte DE), [988], auditeur de 1ʳᵉ classe au Conseil d'État, rue Royale Saint-Honoré, n° 9.

PONTAUMONT (de), [1122], inspecteur de la marine à Cherbourg (Manche); correspondant; M. L. Delisle, place Lafayette, n° 20.

PORTAL (Frédéric DE), [284], ✳, rue d'Anjou Saint-Honoré, n° 8.

POUJET [1697], ✳, membre du Conseil municipal de

Paris et du Conseil général de la Seine, rue du Faubourg-Poissonnière, n° 2.

PRIOUX (Stanislas), [719], quai des Augustins, n° 47.

PUYMAIGRE (Théodore, comte DE), [587], au château
d'Inglanges, par Metzerwisse (Moselle); corresp.,
M. Derache, libraire, rue du Bouloy, n° 7.

QUESNEY (Édouard), [1143], ancien négociant au Havre
(section Graville), correspondant, M. Vrayet de Surcy,
libraire, rue de Sèvres, n° 19.

QUICHERAT (Jules), [443], ✳, professeur à l'École des
Chartes, rue Voltaire, n° 9.

RACINET, [952], avoué, rue Saint-Jacques, n° 57.

RAINEVILLE (comte DE), [1083], ✳, ancien conseiller
d'État, rue de l'Université, n° 15.

RAINGUET (l'abbé), [1194], vicaire général du diocèse de
la Rochelle, directeur du séminaire de Montlieu (Charente-Inférieure); corresp., MM. Périsse frères, libraires, rue Saint-Sulpice, n° 38.

RAPETTI, [918], ✳, rue de Rivoli, n° 194.

RASILLY (comte DE), [1161], rue Saint-Dominique,
n° 73.

RATHERY (Edme-Jacques-Benoît), [546], ✳, conservateur adjoint à la Bibliothèque impériale, rue Jacob,
n° 30.

RAVENEL, [124], ✳, conservateur sous-directeur de la
Bibliothèque impériale, département des imprimés,
cartes et collections géographiques, rue Crussol,
n° 5.

READ (Charles), [877], chef du contentieux à la préfecture de la Seine, secrétaire du Conseil central

des Églises réformées de France, président de la Société de l'histoire du protestantisme français, rue Cuvier, n° 33.

RÉAL (Gustave), ✳, [1008], ancien préfet, secrétaire général de l'Administration centrale du chemin de fer de Lyon, rue Neuve-des-Mathurins, n° 44.

RÉALIER-DUMAS, [986], auditeur au Conseil d'État, rue Saint-Lazare, n° 57.

REISET (comte DE), [655], O. ✳, ministre plénipotentiaire de France près le grand-duc de Hesse et le duc de Nassau, rue d'Amsterdam, n° 35 bis.

RÉMONT, [1165], propriétaire, à Versailles (Seine-et-Oise), rue Saint-Charles, n° 12 ; corresp., M. Laurens place Dauphine, n° 9.

RENARD (B.), [424], général-major au corps d'état-major de l'armée belge, aide de camp du roi des Belges, à Bruxelles ; corresp., Mme Vᵉ Gohin, rue des Fossés-du-Temple, n° 40.

REVERCHON [1027], ✳, ancien conseiller d'État, avocat au Conseil d'État et à la Cour de cassation, rue de de Lille, n° 1.

RICHEMONT (comte DE), [965], rue du Regard, n° 7.

ROBERT (Charles), [1091], ✳, maître des requêtes, rue Barbet-de-Jouy, n° 42.

ROISSY (Alfred DE), [168], ✳, rue de Bellechasse, n° 64.

ROLLE (Hippolyte), [135], ✳, bibliothécaire de la ville de Paris, pour la bibliothèque, à l'hôtel de ville, rue Lobau.

ROLLIN (collége), [758], représenté par M. Dugué ; correspondant, M. Salmon, libraire, rue des Grès Sorbonne, n° 16.

f

Rossey (Henri), [796], ancien conseiller de la préfecture de l'Eure, boulevard Bonne-Nouvelle, n° 18.

Rothschild (James, baron de), [949], G. O. ✳, consul général d'Autriche, rue Laffitte, n° 19 ; corresp., M. Durand jeune, libraire, rue Louis-le-Grand, n° 11.

Rothschild (Edmond), [1183], rue Taitbout, n° 40 ; corresp., M. Durand jeune, libraire, rue Louis-le-Grand, n° 11.

Rothschild (James-Nathaniel de), [1002], rue Taitbout, n° 40 ; corresp., M. Durand jeune, libraire.

Rouard, [687], ✳, bibliothécaire de la ville d'Aix (Bouches-du-Rhône), *pour la bibliothèque;* corresp., M. Techener, libraire, rue de l'Arbre-Sec, n° 52.

Roujoux (baron de), [1024], C. ✳, conseiller d'État, directeur des colonies au ministère de la Marine et des Colonies, rue d'Amsterdam, n° 82.

Roussel (Jules), [590], rue du Faubourg-Poissonnière, n° 52.

Roussigné [1033], auditeur au Conseil d'État, rue Taitbout, n° 11.

Roustel, [1050], négociant, rue de la Chaîne, à Rouen ; corresp. à Paris, M. Boulatignier, rue de Clichy, n° 49.

Royer (de), [1052], G. O. ✳, premier vice-président du Sénat, au palais du Luxembourg.

Roys (marquis de), [920], rue du Bac, n° 93.

Ruble (Alphonse de), [1190], rue Saint-Lazare, n° 66.

Sacy (de), [33], ✳, membre de l'Institut, conservateur-administrateur de la bibliothèque Mazarine, *pour la Bibliothèque,* quai de Conti, n°ˢ 21 et 23.

SAINT-AIGNAN (comte DE), [999], O. ✻, ancien conseiller d'État, rue de Bellechasse, n° 13.

SAINT-LO (*bibliothèque de la ville* de), [1009], représentée par M. Dieu, *conservateur*.

SAINT-PRIEST (George, comte DE), [841], rue de l'Université, n° 11.

SAINT-SEINE (marquis DE), [905], à Dijon (Côte-d'Or); corresp. à Paris, M. Douniol, libraire, rue de Tournon, n° 29.

SAINTE-FOY (DE), [1032], auditeur au Conseil d'État, rue de Babylone, n° 62.

SALEL DE CHASTANET, [1062], ✻, conseiller référendaire à la Cour des comptes, rue de Provence, n° 74.

SAPEY, [1157], substitut du procureur général près la Cour impériale de Paris, rue d'Astorg, n° 4.

SARCUS (vicomte Félix DE), [1137], ancien capitaine de dragons, à Dijon (Côte-d'Or); correspondant, M. Aug. Durand, libraire, rue des Grès, n° 7.

SAURET (l'abbé A), [1201] chanoine honoraire, supérieur du petit séminaire, à Embrun (Hautes-Alpes.)

SAY (Léon), [1075], rue Boursault, n° 11.

SCHELER (S.), [543], bibliothécaire du roi des Belges, à Bruxelles; corresp., M. Hauser, rue du Bac, n° 108.

SCHWEITZER (baron DE), [896], ministre plénipotentiaire de Bade, rue Boursault, n° 17.

SÉGUIN DE JALLERANGES, [1079], ancien magistrat à Besançon, rue Saint-Vincent, n° 51; correspondant, M. Saint-Jorre, libraire, rue de Richelieu, n° 91.

SEMICHON (Ernest), [426], avocat, à Neufchâtel (Seine-Inférieure); corresp., M. Alfred de Roissy, rue de Bellechasse, n° 64.

SÉNARD, [1058], avocat, ancien président de l'Assemblée

lettres de Caen, secrétaire de l'Académie des arts, sciences et belles-lettres de cette ville, rue des Chanoines, n° 10; corresp. à Paris, M. Boulatignier, rue de Clichy, n° 49.

TRIBERT (Germain), [1049], propriétaire, rue de la Pépinière, n° 19.

TRIPIER (le général), [966], C. ✳, membre du comité des fortifications, rue d'Anjou Saint-Honoré, n° 42.

TRUBESTKOY (prince), [1077], rue de Clichy, n° 49.

TURGAN, [1118], ✳, directeur du *Moniteur universel*, quai Voltaire, n° 13.

TUVACHE (Aristide), [352], avocat, à Beuzeville (Eure); corresp., M. Foulon, rue Madame, n° 46.

UNIVERSITÉ DE FRANCE (*bibliothèque de l'*), [767], représentée par M. A. Regnier; corresp., M. Aug. Durand, libraire, rue des Grès Sorbonne, n° 7.

VALLÉE (Oscar DE), [947], avocat général à la Cour impériale de Paris, rue de Tournon, n° 31.

VALLENTIN (Ludovic-Édouard), [811], juge d'instruction à Montélimart (Drôme); correspondant, M. Hachette, rue Pierre-Sarrazin, n° 14.

VALLET DE VIRIVILLE [620], professeur adjoint à l'École des Chartes, boulevard Beaumarchais, n° 96.

VANDERMARQ, [828], O. ✳, rue de Lille, n° 76.

VENDEUVRE (Gabriel DE), [452], rue Neuve-des-Mathurins, n° 24.

VANEY (A. E.), [775], avocat, rue Neuve-des-Petits-Champs, n° 87.

VARIN, [1038], C. ✳, membre du Conseil municipal de Paris et du Conseil général de la Seine, rue des Bourdonnais, n° 20.

Varin, [1051], avocat·à la Cour impériale, rue de Monceaux du Roule, n° 11.

Vatel (Charles), [1188], avocat, à Versailles, rue Neuve, n° 27.

Vatry (Alphée de), [480], ✳, rue Notre-Dame de Lorette, n° 20.

Vaucelles (Boulard de), [860], rue de Lille, n° 55.

Vaufreland (Ludovic, vicomte de), [434], ✳, rue Jean-Goujon, n° 17.

Vellaud (Alfred), [1006], avocat à la Cour impériale, rue Soufflot, n° 10.

Vibraye (Paul, marquis de), [471], à Cheverny (Loir-et-Cher); corresp., M. Cherrier, avocat, rue du Cherche-Midi, n° 11.

Vieillard, [956], ✳, bibliothécaire du Sénat, *pour la bibliothèque.*

Viel-Castel (Horace, comte de), [650], ✳, conservateur du Musée des souverains, au Louvre.

Viel-Castel (baron Louis de), [656], C. ✳, sous-directeur des affaires politiques au ministère des Affaires étrangères, rue de Bourgogne, n° 19.

Villemain (Abel-François), [518], G. O. ✳, membre de l'Institut, secrétaire perpétuel de l'Académie française, quai de Conti, n° 21.

Villers (Georges), [1114], adjoint·au maire à Bayeux.

Vitet (Ludovic), [20], O. ✳, membre de l'Institut, rue Barbet-de-Jouy, n° 9.

Vol de Conantray (Marie-Louis), [684], rédacteur en chef de l'*Écho de l'Oise*, à Compiègne (Oise).

Walckenaer (Charles), [987], auditeur au Conseil d'État, rue Saint-Georges, n° 52.

BIBLIOTHÈQUES.

BIBLIOTHÈQUES ÉTRANGÈRES.

SOCIÉTÉS CORRESPONDANTES DE LA SOCIÉTE DE L'HISTOIRE DE FRANCE.

EN FRANCE.

ACADÉMIE D'ARRAS.

ACADÉMIE DE MACON.

ACADÉMIE DES SCIENCES DE CAEN.

ACADÉMIE DES SCIENCES DE DIJON.

ACADÉMIE DE REIMS.

ACADÉMIE DES SCIENCES, BELLES-LETTRES ET ARTS DE ROUEN.

ATHÉNÉE DU BEAUVAISIS, à Beauvais.

COMMISSION D'ARCHÉOLOGIE DE LA CÔTE - d'OR , à Dijon.

COMMISSION HISTORIQUE DU DÉPARTEMENT DU NORD, à Lille.

SOCIÉTÉ ACADÉMIQUE DU PUY.

SOCIÉTÉ ARCHÉOLOGIQUE DE L'ORLÉANAIS, à Orléans.

SOCIÉTÉ ARCHÉOLOGIQUE DE MONTPELLIER.

SOCIÉTÉ ARCHÉOLOGIQUE DE RAMBOUILLET.

SOCIÉTÉ ARCHÉOLOGIQUE DE TOURAINE, à Tours.

SOCIÉTÉ ARCHÉOLOGIQUE ET HISTORIQUE DU LIMOUSIN, à Limoges.

SOCIÉTÉ D'AGRICULTURE DE L'AUBE, à Troyes.

SOCIÉTÉ D'AGRICULTURE, SCIENCES ET ARTS DU DÉPARTEMENT DU NORD, à Douai.

SOCIÉTÉ D'AGRICULTURE, SCIENCES ET BELLES-LETTRES DU DÉPARTEMENT DE L'EURE, à Évreux.

SOCIÉTÉ D'ÉMULATION DE L'ALLIER, à Moulins.

SOCIÉTÉ DE L'HISTOIRE DU PROTESTANTISME FRANÇAIS, à Paris.

SOCIÉTÉ DE STATISTIQUE DU DÉPARTEMENT DES DEUX-SÈVRES, à Niort.

SOCIÉTÉ DES ANTIQUAIRES DE LA MORINIE, à Saint-Omer.

SOCIÉTÉ DES ANTIQUAIRES DE L'OUEST, à Poitiers.

SOCIÉTÉ DES ANTIQUAIRES DE NORMANDIE, à Caen.

SOCIÉTÉ DES ANTIQUAIRES DE PICARDIE, à Amiens.

SOCIÉTÉ DES SCIENCES, ARTS ET BELLES-LETTRES DE SAINT-QUENTIN.

SOCIÉTÉ DES SCIENCES ET ARTS DE LA VENDÉE.

SOCIÉTÉ DES SCIENCES MORALES, DES LETTRES ET DES ARTS DE SEINE-ET-OISE, à Versailles.

SOCIÉTÉ DUNKERQUOISE, à Dunkerque.

SOCIÉTÉ IMPÉRIALE DES ANTIQUAIRES DE FRANCE, à Paris.

SOCIÉTÉ INDUSTRIELLE D'ANGERS.

EN PAYS ÉTRANGERS.

ACADÉMIE DES SCIENCES DE BAVIÈRE, à Munich.

ACADÉMIE ROYALE D'HISTOIRE DE MADRID.

ACADÉMIE ROYALE DES SCIENCES DE BELGIQUE, à Bruxelles.

COMMISSION HISTORIQUE DU PIÉMONT, à Turin.

INSTITUT HISTORIQUE DE RIO-JANEIRO, Brésil.

SOCIÉTÉ CENTRALE HISTORIQUE DE SUISSE, à Bâle.

SOCIÉTÉ DE L'HISTOIRE DE BELGIQUE.

SOCIÉTÉ DES ANTIQUAIRES DU NORD, à Copenhague.

SOCIÉTÉ D'HISTOIRE DE LA SUISSE ROMANDE, à Lausanne.

SOCIÉTÉ HISTORIQUE DE BAMBERG.

SOCIÉTÉ D'HISTOIRE ET D'ARCHÉOLOGIE DE GENÈVE.

SOCIÉTÉ HISTORIQUE DE PENSYLVANIE, à Philadelphie.

SOCIÉTÉ HISTORIQUE ET LITTÉRAIRE DE TOURNAY.

UNIVERSITÉ DE KIEL.

ASSOCIÉS CORRESPONDANTS.

MM.

Bœhmer (J. F.), conservateur des Archives, à Francfort-sur-le-Mein.

Gachard, directeur général des Archives de Belgique.

Pertz, conservateur de la Bibliothèque royale, à Berlin.

Raumer (de), professeur à l'Université de Berlin.

Varnkœnig, professeur de droit, à Fribourg.

LISTE

MEMBRES DU CONSEIL D'ADMINISTRATION,

avec l'indication des années où cessent leurs fonctions.

1862.

MM.

BOUVIER.
FLOQUET.
GUIZOT.
HASE.
NAUDET.
PASQUIER.
QUICHERAT.
TAILLANDIER.
TEULET.
VITET.

1863.

MM.

BOULATIGNIER.
GUADET.
LABORDE (DE).
LA VILLEGILLE (DE).
LE CLERC.
LE TELLIER DE LA FOSSE.
MARTIN (Henri).
PASSY.
RAVENEL.
ROISSY (DE).

1864.

BELLAGUET.
BEUGNOT.
BORDIER.
BOUIS (DE).
DELISLE.
FEZENSAC (DE).
GUESSARD.
LUYNES (DE).
MAGNIN.
MONTALEMBERT (DE).

1865.

BARANTE (DE).
CHABRILLAN (DE).
CHÉRUEL.
DESNOYERS.
LACABANE.
LASCOUX.
MARION.
MAS-LATRIE (DE).
MIGNET.
THIERS.

Comité de publication.

MM. RAVENEL, *président.*

QUICHERAT.

L. DELISLE.

H. BORDIER.

Comité de l'Annuaire.

MM. DELISLE, *président.*

CHÉRUEL.

MARION.

DESNOYERS (Jules).

Comité des fonds.

MM. DE LA VILLEGILLE, *président.*

BELLAGUET.

DE BOUIS.

BOULATIGNIER.

BUREAU DE LA SOCIÉTÉ

NOMMÉ EN 1861.

Président honoraire. MM...............

Président.......... DE BARANTE.

Vice-Présidents.... { BOULATIGNIER.
{ L. DELISLE.

Secrétaire.......... DESNOYERS (Jules).

Secrétaire Adjoint.. TEULET (Alexandre).

Archiviste-Trésorier. BOUVIER (Amédée).

Bibliothécaire...... LE TELLIER DE LA FOSSE.

Censeurs.

MM. A. DUTENS ; LALOY.

TABLEAU DES SÉANCES

DE

LA SOCIÉTÉ DE L'HISTOIRE DE FRANCE

PENDANT L'ANNÉE 1862.

Janvier.	Février.	Mars.	Avril.	Mai.
7	4	4	1 ; 29	6

Juin.	Juillet.	Août.	Novembre.	Décembre.
3	1	5	4	2

Le Conseil d'administration de la Société se réunit aux Archives de l'Empire, à trois heures et demie, le premier mardi de chaque mois ; tous les membres de la Société ont le droit d'y assister.

La séance extraordinaire du 29 avril est destinée à fixer l'ordre du jour pour l'Assemblée générale.

La séance du 6 mai est celle de l'Assemblée générale de la Société. Elle se tient dans la salle de l'École des Chartes, aux Archives impériales.

LISTE

DES OUVRAGES PUBLIÉS PAR LA SOCIÉTÉ,

DEPUIS SA FONDATION EN 1834 ;

A PARIS,

CHEZ M⁻ᵉ Vᵉ RENOUARD, LIBRAIRE,
RUE DE TOURNON, Nᵒ 6.

Les lettres affranchies peuvent être adressées au trésorier-archiviste de la Société, rue Richelieu, nᵒ 58.

―――――

N. B. La Société a fait tirer de chacun de ses ouvrages *cinq* exemplaires sur papier vélin, dont le prix est de 12 fr. le volume.

―――――

ANNUAIRES DE LA SOCIÉTÉ DE L'HISTOIRE DE FRANCE, de 1837 à 1844, et 1848 à 1862, in-18, chaque vol. 3 fr. Les années 1845, 1846, 1847 et 1853 sont épuisées.

BULLETIN DE LA SOCIÉTÉ DE L'HISTOIRE DE FRANCE. Revue de l'histoire et des antiquités nationales, années 1834 et 1835 ; 4 vol. gr. in-8 . . . . 18 fr.

—*Idem*, in-8, années 1836 à 1861, *chaque année*, 3 fr.

Il manque les années 1837, 1839, 1840, 1841, 1842 1845, 1846 *et* 1847.

L'YSTOIRE DE LI NORMANT, et la Chronique de Robert Viscart, par Aimé, moine, publiées par M. CHAMPOLLION-FIGEAC ; 1835, 1 vol. gr. in-8 . . . . 9 fr.

HISTOIRE ECCLÉSIASTIQUE DES FRANCS, par Grégoire de Tours; avec des notes, par MM. GUADET et TARANNE, 1836 à 1838, *texte latin seul; 2 vol. in-8* ...... 18 fr.

Le même, *traduction française; 2 vol. gr. in-8* .. 18 fr.

LETTRES DU CARDINAL MAZARIN A LA REINE, à la princesse Palatine, etc., écrites en 1650 et 1651, publiées par M. RAVENEL; 1 vol. in-8 .... 9 fr.

— Le même ouvrage, *pap. colomb. de Holl*.... 45 fr.

MÉMOIRES DE PIERRE DE FENIN, publiés par Mⁿᵉ DUPONT; 1837, 1 vol. in-8 .... 9 fr.

LA CONQUESTE DE CONSTANTINOBLE, par Villehardouin; publiée par M. PAULIN PARIS; 1838. 1 vol. grand in-8 .... 9 fr.

ORDERICI VITALIS HISTORIA ECCLESIASTICA, publiée par M. Aug. LE PREVOST; 5 vol.; 1838-1855, in-8. 45 fr.

CORRESPONDANCE DE L'EMPEREUR MAXIMILIEN ET DE SA FILLE MARGUERITE, publiée par M. LE GLAY; 1839, 2 vol. grand in-8 .... 18 fr.

HISTOIRE DES DUCS DE NORMANDIE ET DES ROIS D'ANGLETERRE, publiée par M. Francisque MICHEL; 1840, 1 vol. grand in-8 .... 9 fr.

ŒUVRES COMPLÈTES D'ÉGINHARD, publiées par M. Al. TEULET; 1840 et 1843, 2 vol. grand in-8 ..... 18 fr.

MÉMOIRES DE PHILIPPE DE COMMYNES, publiés par Mⁿᵉ DUPONT; 1840, 1843, 1847, 3 vol. gr. in-8. 27 fr.

LETTRES DE MARGUERITE D'ANGOULÊME, sœur de François Iᵉʳ, reine de Navarre, publiées par M. F. GÉNIN; 1841, 1 vol. grand in-8 .... 9 fr

NOUVELLES LETTRES DE LA REINE DE NAVARRE, publiées par M. F. GÉNIN; 1842, 1 vol. grand in-8 ..... 9 fr.

PROCÈS DE JEANNE D'ARC, publié par M. J. QUICHERAT; 5 vol. grand in-8, 1841 à 1849............... 45 fr.

LES COUTUMES DU BEAUVOISIS, par PHILIPPE DE BEAUMANOIR, publiées par M. BEUGNOT; 1842, 2 vol. grand in-8......................... 18 fr.

MÉMOIRES ET LETTRES DE MARGUERITE DE VALOIS, publiés par M. F. GUESSARD; 1842, 1 vol. gr. in-8. 9 fr.

CHRONIQUE DE GUILLAUME DE NANGIS, publiée par M. GÉRAUD; 1843, 2 vol. grand in-8............. 18 fr.

MÉMOIRES DE COLIGNY ET DU MARQUIS DE VILLETTE, publiés par M. DE MONMERQUÉ; 1844, 1 vol. gr. in-8. 9 fr.

RICHER. Histoire de son temps; publiée et traduite par M. GUADET; 1845, 2 vol. gr. in-8............ 18 fr.

REGISTRES DE L'HÔTEL DE VILLE DE PARIS, publiés par MM. LE ROUX DE LINCY et DOUET-D'ARCQ; 1847 et 1848, 3 vol. gr. in-8...................... 27 fr.

JOURNAL HISTORIQUE ET ANECDOTIQUE DU RÈGNE DE LOUIS XV, par E. J. F. BARBIER, publié par M. DE LA VILLÉGILLE; tomes III et IV; 1851-56, grand in-8. (*Les tomes I et II sont épuisés*)........... 18 fr.

VIE DE SAINT LOUIS, par LE NAIN DE TILLEMONT, publiée par M. DE GAULLE; 1847-1851, 6 vol. gr. in-8. 54 fr.

BIBLIOGRAPHIE DES MAZARINADES, par M. MOREAU; 3 vol. 1850-1851, gr. in-8...................... 27 fr.

EXTRAITS DES COMPTES DE L'ARGENTERIE DES ROIS DE FRANCE, par M. DOUET-D'ARCQ, 1851, 1 vol. grand in-8. (*Épuisé.*)...................... 9 fr.

MÉMOIRES DE DANIEL DE COSNAC; publiés par M. le comte Jules de Cosnac; 1852, 2 vol. in-8. (*Épuisés.*) 18 fr.

CHOIX DE MAZARINADES, par M. MOREAU; 2 vol.. 18 fr.

JOURNAL D'UN BOURGEOIS DE PARIS SOUS LE RÈGNE DE FRANÇOIS Ier, publié par L. LALANNE; 1853, 1 vol. 9 fr.

MÉMOIRES DE MATHIEU MOLÉ, publiés par M. AIMÉ
CHAMPOLLION-FIGEAC; 1854-1857, 4 vol. gr. in-8. 36 fr.

HISTOIRE DES RÈGNES DE CHARLES VII ET DE LOUIS XI,
par THOMAS BASIN, publiée par M. JULES QUICHERAT;
4 vol. gr. in-8 . . . . 36 fr.

CHRONIQUES D'ANJOU, publiées par MM. PAUL MARCHE-
GAY et ANDRÉ SALMON; tome I . . . . 9 fr.

ŒUVRES DIVERSES DE GRÉGOIRE DE TOURS, publiées
par M. HENRI BORDIER; tomes I (épuisé) et II. 18 fr.

LA CHRONIQUE D'ENGUERRAN DE MONSTRELET, publiée
par M. DOUET-D'ARCQ; tomes I (épuisé), II, III, IV
et V. . . . . 36 fr.

ANCHIENNES CRONICQUES D'ENGLETERRE, par Jehan de
Wawrin, publiées par Mlle DUPONT; tomes I et II.
(Épuisés). . . . . 18 fr.

LES MIRACLES DE SAINT BENOÎT, publiés par M. E. de
CERTAIN; 1 vol. . . . . 9 fr.

JOURNAL ET MÉMOIRES DU MARQUIS D'ARGENSON, publiés
par M. RATHERY; tomes I, II et III. . . . . 27 fr.

Ouvrages sous presse :

CHRONIQUES D'ANJOU, tome II.

ŒUVRES DIVERSES DE GRÉGOIRE DE TOURS, tome III.

GRANDES CHRONIQUES D'ANGLETERRE, tome III.

CHRONIQUE DE MONSTRELET, tome VI.

MÉMOIRES DU MARQUIS D'ARGENSON, tome IV.

CHRONIQUE DES VALOIS.

MÉMOIRES DE BEAUVAIS-NANGIS.

ORDRE DE PUBLICATION

DES OUVRAGES ÉDITÉS PAR LA SOCIÉTÉ

Depuis sa fondation en 1834.

———

1. BULLETINS DE 1834.

1835.

2. BULLETINS DE 1835.
3. YSTOIRE DE LI NORMANT..... 18 juin.

1836.

4. GRÉGOIRE DE TOURS, T. I..... } 12 mai.
5. LETTRES DE MAZARIN,....... }
6. ANNUAIRE POUR 1837.

1837.

7. GRÉGOIRE DE TOURS, T. II... } 11 mars.
8. MÉMOIRES DE PIERRE DE FENIN. }
9. GRÉGOIRE DE TOURS, T. III... } 31 octobre.
10. ANNUAIRE POUR 1838........ }

1838.

11. VILLEHARDOUIN............ 11 mars.
12. GRÉGOIRE DE TOURS, T. IV... }
13. ORDERIC VITAL, T. I........ } 28 novembre.
14. ANNUAIRE POUR 1839........ }

1839.

15. ANNUAIRE POUR 1840.

TOPOGRAPHIE ECCLÉSIASTIQUE

DE LA FRANCE

PENDANT LE MOYEN AGE,

ET DANS LES TEMPS MODERNES JUSQU'EN 1790.

ANCIENNES SUBDIVISIONS TERRITORIALES

DES DIOCÈSES

en Archidiaconés, Archiprêtrés et Doyennés ruraux

——

Par M. J. DESNOYERS.

DEUXIÈME PARTIE.

Les Belgiques et les Germanies.

(Suite.)

VII. DIOCÈSE DE TOURNAI.

CIVITAS TURNACENSIUM. (Menapii, en partie.)

(Ve siècle.)

*Divisions ecclésiastiques du diocèse avant la formation (en 1559)
de l'Archevêché de Cambrai et des nouveaux évéchés.*

ARCHIDIACONÉS; 1 ARCHIPRÊTRÉ; 12 DOYENNÉS DE CHRÉTIENTÉS,
OU DOYENNÉS RURAUX.

33

B. *Divisions ecclésiastiques de 1559 à 1588, après la création des nouveaux évéchés de Bruges et de Gand.*

1 ARCHIDIACONÉ, DIVISÉ EN DEUX EN 1573 PAR L'ÉVÊQUE G. D'OIGNIES; 1 ARCHIPRÊTRÉ; 8 DOYENNÉS RURAUX.

C. *Divisions ecclésiastiques en 1588.*

2 ARCHIDIACONÉS; 1 ARCHIPRÊTRÉ; 12 DOYENNÉS RURAUX.

D. *Divisions ecclésiastiques pendant les* XVIIe *et* XVIIIe *siècles.*

2 ARCHIDIACONÉS RURAUX; 1 ARCHIPRÊTRÉ; 8 DOYENNÉS RURAUX.

A. *Divisions ecclésiastiques du diocèse de Tournai avant* 1559.

I. ARCHIDIACONATUS MAJOR, vel TORNACENSIS, vel TORNACESII. Grand Archidiaconé, ou Archid. de Tournai, ou du Tournaisis. ARCHIPRESBYTERATUS CIVITATENSIS, vel TORNACENSIS. Archiprêtré de la ville et du diocèse. 1. DECANATUS CHRISTIANITATIS TORNACESII. Doyenné de la Chrétienté de Tournai.	Partie sud-orient du diocèse.	Tournai est sur la limite du dioc. de Cambrai, dont il est séparé par l'Escaut. La part. de la ville sur la rive dr. était de ce diocèse. — Comte de Flandre. — Flandre Wallonne.	Le Tournaisis (*pagus Tornacensis*). La partie S. O. et la partie mérid. distinguée plus tard sous le nom de Doy. de Saint-Amand, s'étendaient sur la Pévèle (*pagus Pabulensis*), ainsi que la partie mérid. et orient. du Doyenné de Seclin, qui comprenait aussi le *pagellus et comitatus* de Carembant, ou Caribant, partie du *Mélantois*.	Tournai, Ch. l. d'arr. dans prov. du Hainaut (Belgique).

2. DECANATUS HELCHI- NIENSIS , vel HELCI- NIENSIS. Helchin.	N. et N.E.	*Idem.*	Bourg de l'ar- rond. de Cour- trai; prov. belge de la Flandre occidentale.
3. — INSULENSIS, vel DE INSULIS, DE ISLA, LIL- LANUS. Lille.	O.	Le Ferrain. La partie du Doy. de Lille , au N. de la Lys, était compr. dans le *pagus Mempis- cus*, ou *Mena- piscus ; territ. Menapiorum.* La partie sud du	Ch. l. du départ. du Nord.
4. — DE SACILINIO (al. DE SECLINIO , DE SIC- CLINIO ; DE SCHELNIO). Seclin (Scheclin), ca- pitainerie du Mé- lantois.	O.S.O.	D. de Lille et le D. de Seclin, en partie , s'é- tendaient sur le Melantois (*pag. Medenantensis , Medelentensis , vel terr. Me- denensien., vel Methelentense , ager Melanthis- eus*).	Ch. l. de canton de l'arrond. de Lille (Nord).
5. — CORTERIACENSIS, (vel CORTRACENSIS, CUR- TRIACENSIS). Courtrai (Courtray).	N.	Le Courtraisis (*pagelus Cur- tricius , vel Curtrisius, Cor- turiacensis , Curtracensis , Cortracensis*) ; et partie mérid. du *pagus Mem- piscus*, ou *Me- napiscus.*	Ch. l. de l'arr. de ce nom dans la prov. belge de la Flandre occi- dentale.
II. ARCHIDIACONATUS FLANDRIÆ: IN DISTRICTU GANDAVENSI, vel ARCH. GANDAVENSIS, seu GAN- DENSIS. Archidiac. de Flandre pour le pays de Gand.	Partie N. et N.E du dio- cèse. 136 p.	Le Gantois (*pag. Gan- davus ; vel Gandensis*); s'étendant vers le nord, dans le pays de Waes (*pagus, vel forestum Wosue, Wasiæ.*)	Ch. l. de la prov. belge de la Flandre orientale.
6. DECANATUS CHRIS- TIANITATIS GANDENSIS , vel GANDAVENSIS.	Partie centr. de l'Archid.		

Flandre Wallonne. — Comté de Flandre.

Comté de Flandre. — Flandre orientale ou Flamingante, petite partie du Brabant.

Belgique.

		Comté de Flandre. — Flandre orientale ou Wallonne, et petite partie du Brabant.		Belgique.
Doyenné de la Chré-tienté de Gand. La partie de cette ville sur la r. dr. de l'Escaut, dépendait du Brabant.	*Idem.*		*Idem.*	*Idem.*
7. — ROLLARIENSIS. Roullers (Rouselaer, Roslar).	Au S. de Bru-ges.		*Idem.*	Ch. l. d'arr. de la prov. belge de la Flandre orientale. Partie nord de la prov. belge de la Flandre orientale.
8. DECANATUS ALDENAR-DENSIS. Audenarde (Oude-narde).	Partie sud de l'Arch.			Anc. chef lieu, St-Nicolas.
9. — WASIA, vel WAS-IENSIS. Doyenné du pays de Waes.	Partie N E. de l'Arch.	Flandre occidentale ou Flamingante.	Pays de Waes.	
III. ARCHIDIACONATUS FLANDRIAE : IN DISTRICTU BRUGENSI, vel ARCHID. BRUGENSIS. Archidiaconé de Flan-dre, pour le pays de Bruges.	Partie N.O. du dio-cèse.		Le petit pays de Flandre, propre ment dit (*pagus Flandrensis*); le Franc - de - Bruges (*Fran-conatus Bru-gensis*): et, en grande partie, le *pagus Mempis-cus*. on *Mend-piscus*. qui com-prenait, en ou-tre, une partie des diocèses de Térouanne, et peut-être d'Y-pres, ainsi que les territoires plus récents de la Weppe et du Ferrain, dans les Doy. de Lille vers l'ouest et le nord; mais avec plus de doute.	Ch. l. de la prov. belge de la Flandre occidentale.
10. DECANATUS CHRISTIA-NITATIS DE BRUGIS FLAN-DRORUM. Doyenné de la Chré-tienté de Bruges.	Partie N. de l'Arch.			Ch. l. d'arr. de la prov. belge de la Flandre occi-dentale.
11. — OUDENBERGENSIS. Oudenburgh.	A l'O. de Bru-ges.	Comté de Flandre.		Arr. de Bru-ges: province de la Flandre occid. Osten-de était dans ce Doy.
12. — ARDENBURGENSIS, al. DE ALDENBURGO. Ardenburgh.	A l'E.N.E. de Bru-ges.			Distr. de Sluis (l'Écluse), dans la prov. de Zélande (Pays-Bas).

Les deux Archidiaconés de Gand et de Bruges, quand ils furent con-vertis en évêchés en 1559, subirent de plus nombreuses subdivisions Décanales. Voir ci-après la *Province ecclésiastique de Malines*.

B. *Divisions ecclésiastiques du diocèse de Tournai, de 1559 à 1583*
(incomplet).

I. ARCHIDIACONATUS PRIMARIUS, seu MAJOR, seu WALLONIÆ. Grand
Archidiaconé, ou Archidiaconé Wallon.
  ARCHIPRESBYTERATUS CIVITATENSIS, vel TORNACENSIS? Archiprêtré,
  du diocèse de Tournai.
  1. DECANATUS CHRISTIANITATIS TORNACENSIS. Doyenné de Tournai.
  2. — SANCTI AMANDI. Saint-Amand-en-Pevèle.
  3. — SECLINIENSIS. Seclin.
  4. — INSULANUS, vel INSULENSIS. Lille.
II. ARCHIDIACONATUS FLANDRIÆ. Archidiaconé Flamand.
  5. DECANATUS CORTRACENSIS. Doyenné de Courtrai.
  6. — HELCHINIENSIS GALLORUM. Helchin Wallon.
  7. — HELCHINIENSIS FLANDRORUM. Helchin Flamand.

C. *Divisions ecclésiastiques du diocèse de Tournai, établies en 1588
ou 1589 par l'évéque Jean de Vendeuille.*

I. ARCHIDIACONATUS MAJOR, vel TORNACENSIS, vel WALLONIÆ. Archi-
diaconé de Tournai, Archid. de France, ou Archid. Wallon.
II. ARCHIDIACONATUS FLANDRIÆ. Archidiaconé de Flandre.
  ARCHIPRESBYTERATUS CIVITATENSIS. Archiprêtré de Tournai.

1. DECANATUS TORNACENSIS CHRIS-TIANITATIS. Décanat ou Doyenné de Tournai, et du Tournaisis.	Partie sud-orientale du diocèse. 31 par.	Chef-lieu d'arrondissement, dans la province du Hainaut (Belgique.)
2. — S. AMANDI IN PABULA, vel AMANDENSIS. Saint-Amand-en-Pevèle (antiq. *Elnona*). Partie sud de l'anc. Doy. de Tournai.	Au S. S. E. de Tournai. 17 par.	Chef lieu de canton de l'arrondissement de Valenciennes, sur la Scarpe (Nord).
3. — HELCHINIENSIS. Helchin; subdivisé, au XVIIe siècle, en Doy. d'Helchin Flamand (*Helchiniensis Flandrorum*), et Doy. d'Helchin Wallon (*Helchiniensis Gallorum*); partie N. E. et parties S. et O. de l'anc. Doy.	N. et N. E. 20 par.	En partie dans la province de la Flandre occident. (Belgique); en partie dans le département du Nord.
4. — TOURCOINCENSIS, vel DE TOR-CUNGIS. Tourcoin, anc. Tourgoing; partie occ. du Doy. d'Helchin.	O. N. O. 10 par.	Chef-lieu de canton de l'arrondissement de Lille (Nord).
5. — ROBEACENSIS. Roubaix; correspondant au Doy. d'Helchin Wallon: partie sud de l'ancien Doy. d'Helchin.	N. N. O. 17 par.	Chef-lieu de canton de l'arrondissement de Lille (Nord).
6. — INSULENSIS. Lille; parties centrale et orientale de l'ancien Doy. de ce nom; subdivisé en trois.	O. 11 par.	Chef-lieu du département du Nord.

7. DECANATUS DE QUERCETO, vel DE CASNETO? DE QUENOY. Le Quesnoy-sur-Deulle; partie nord de l'ancien Doy. de Lille.	O.N.O. 20 par.	Chef-lieu de canton de l'arrondissement de Lille (Nord).
8. — WAURINCENSIS. Waurin, Wavrin; part. sud-occ. de l'ancien Doy. de Lille.	O.S.O. 22 par.	Cant. de Haubourdin, arrondissement de Lille (Nord).
9. — CORTRACENSIS. Courtrai (Courtray).	N. 19 par.	Chef-lieu de l'arr. de ce nom, dans la province de la Flandre occidentale (Belgique).
10. — MENENIENSIS, vel MENENNENSIS; et VEROVIACENSIS. Menin; le même que le Doy. de Wervick. Menin au centre; Wervick à l'ouest du Doy.	N.O. 11 par.	Menin, arrondiss. de Courtrai. Flandre occid. (Belg.), séparé de la France par la Lys. Wervick, arrond. de Lille (Nord).
11. — SECLINIENSIS, al. DE SACILINIO. Seclin.	O.S.O. 16 par.	Chef-lieu de canton de l'arrondissement de Lille (Nord).
12. — CARNINIENSIS. Carnin; partie occidentale du Doy. de Seclin.	O.S.O. 15 par.	Canton de Seclin, arrondissem. de Lille (Nord).

(Belgique.)

D. *Divisions ecclésiastiques du diocèse de Tournai pendant les XVIIe et XVIIIe siècles.*

I. Grand Archidiaconé, ou Archid. de Tournai.
II. Archidiaconé de Flandre.

Cartes de N. Sanson (1657-1739); carte de B. Cappelier (1694 et 1709). 222 paroisses dans le diocèse réduit. (Voir p. 423-427).

1. Doy. de Tournai, ou du Tournaisis .... Partie E. S. E. du dioc. 44 paroisses
2. — de Lille .... O .... 51 —
3. — de Courtrai .... N. .... 21 —
4. — d'Helchin Wallon .... N. et centre du dioc. ... 28 —
5. — d'Helchin Flamand ...... N. E. .... 18 —
6. — de Seclin .... O. S. O. .... 31 —
7. — de Saint-Amand (carte de Cappelier); part. S. du dioc. de Tournai, sur la carte de Sanson .... S. .... 17 —
8. — de Werwick (*Veroviacensis*), créé pour la partie du Doy. de Mennin, qui était restée à la France. N. O. .... 12 —

222 paroisses

Le territoire Gallo-Belge dont la ville de Tournai était la capitale, qui figure dans la *Notice des Gaules* sous le nom de *Civitas Turnacensium*, et que nous avons vu devoir être, en partie du moins et pendant un certain temps, bien plus probablement occupé par les *Menapii*, que par les *Nervii*, était l'un des plus vastes de la Gaule; il s'étendait depuis l'Escaut jusqu'à la mer. Il comprenait plusieurs grands *pagi*, ou territoires civils qui sont devenus des diocèses distincts au xvᵉ siècle. Il avait, dans la plus ancienne période, les limites suivantes :

Au sud-est et à l'est, les *Nervii*, dont *Bagacum*, puis *Camaracum* furent successivement les capitales, et qui étaient bornés, du côté de Tournai, par l'Escaut;

Au sud et au sud-ouest, les *Atrebates*;

A l'ouest, les *Morini*, dont *Teroanna* était la capitale;

Au nord-ouest, une partie du *Nervicanus Tractus*;

Au nord, les *Toxandri* et les anciens *Menapii* de la rive droite de l'Escaut, dont les *Menapii* du pays de Tournai étaient une colonie, et dont le territoire des *Turnacenses* était aussi séparé par ce fleuve;

A l'est, les *Aduatici* et les *Tungri*, sur le territoire desquels fut formé le vaste diocèse de Liége.

Ces limites ne sont pas aussi nettement indiquées sur la carte de la *Gallia antiqua* de D'Anville (1760) et sur quelques autres cartes de la Belgique sous les Romains, par suite de ce que ce savant géographe, et ceux qui ont adopté son opinion, étendaient les *Nervii* sur les territoires de Tournai, de Bavai et de Cambrai.

Après l'établissement du christianisme et la constitution des Métropoles et des Cités ecclésiastiques sur le plan des *Civitates* Gallo-Belges antérieures, le diocèse de Tournai confinait vers le sud et l'est au vaste diocèse de Cambrai, dont il était séparé par le cours de l'Escaut; vers le sud-ouest à celui d'Arras; vers l'ouest à l'antique diocèse de Térouanne. Au nord il était limité par les bouches de l'Escaut.

Après la création des nouveaux diocèses des Pays-Bas, de la Province ecclésiastique de la troisième Belgique, et le partage, en 1559, des évêchés de Térouanne et de Cambrai, les limites furent nominalement différentes. Alors le diocèse de Tournai fut borné, comme il l'a été jusqu'en 1790 :

Au sud, par le diocèse d'Arras (Archidiaconé d'Ostrevant);

Au sud-ouest et à l'Est, par l'Archidiaconé d'Arras, du même diocèse;

Au nord-ouest, par le diocèse d'Ypres, détaché de l'ancien évêché de Térouanne;

Au nord, par les diocèses de Bruges et de Gand, créés l'un et l'autre, en 1559, aux dépens de l'évêché de Tournai;

Au nord-est, par l'archevêché de Malines;

A l'est, par l'Escaut et l'Archidiaconé de Brabant dans l'archevêché de Cambrai, tel qu'il fut réduit en 1559, mais sans modifications sur cette frontière naturelle de l'Escaut, à laquelle on a eu constamment égard pour les divisions politiques et religieuses depuis les temps les plus anciens.

L'étude de la géographie historique de ce vaste territoire présente de grandes difficultés, surtout parce qu'elle se complique des modifications nombreuses qu'il a subies à différentes époques du moyen âge et sous des influences très diverses. Son étendue considérable, la diversité des peuples qui l'ont habité, avant et depuis la conquête romaine ; l'incertitude qui règne encore sur la situation réelle du plus important d'entre eux, savoir la colonie Germanique des *Menapii*, l'existence des colonies Germaniques plus récentes des *Suevi*, des *Leti*, des *Saxones* ; les dislocations produites par les grands établissements des Francs Mérovingiens ; la soumission tardive et incomplète à la domination romaine, la conversion tardive au christianisme, qui ont, l'une et l'autre, empêché l'établissement de l'organisation régulière de l'administration impériale et de l'administration ecclésiastique ; les révolutions politiques, qui ont fréquemment fait changer de domination et de nom, partiellement ou en totalité, les territoires qui composaient primitivement le diocèse de Tournai ; son union pendant plus de six cents ans à un autre diocèse ; sa division en plusieurs autres au XVIᵉ siècle : telles sont les principales causes de difficultés.

Si, après la mention de la *Civitas Turnacensium* et des *Menapii*, de la période romaine, on compare les divisions les plus anciennes, dont les chartes du VIIᵉ au IXᵉ siècle nous aient conservé la trace, aux divisions politiques du XIVᵉ et surtout à celles du XVIᵉ siècle, on ne reconnaît plus entre elles la moindre analogie. Pendant la première période on voit six ou sept grands territoires désignés, en partie, sous les noms des villes principales situées dans chacun d'eux : *pagus Torcanensis*; *pagus Mempiscus* ou *Menapiscus*; *pagus Gandensis*: *pagus Flandrensis* (ou *Brugensis*); le *Curtricisum* ou *pagus Curtracensis*; *pagus Medelintensis*, ou *Methelintissis*, ou *Mélantois*; p. *Suevorum*: la *Wasia*, ou pays de Waes.

On voit un peu plus tard d'autres subdivisions de territoires moins importantes, qui ont persisté cependant depuis douze cents ans jusqu'à nos jours, même sous les désignations vulgaires. Le *Pagus Pabulensis*, ou pays, Quartier de *Pevèle*: le p. *Pastensis*; la *Weppa* ou Quartier de *Weppe*; le *Carembault*; le Quartier de *Ferrain*: le *Franconatus*, ou pays du *Franc-de-Bruges*, etc. Si l'on consulte ensuite les annales historiques depuis le XIIᵉ siècle, on voit une dénomination commune, celle de *Flandre*, qui, de l'un des petits territoires primitifs s'est insensiblement appliquée au territoire entier et en a même dépassé les frontières, s'étendant en quelques points sur le diocèse de Cambrai, d'Arras et de Térouanne. On voit d'abord une Marche, une frontière (*Marcha Flandrica*), ensuite un puissant comté de Flandre avec ses nombreux fiefs et ses châtellenies plus modernes; une Flandre de Neustrie ou Flandre sous la couronne, et une Flandre d'Austrasie ou Flandre impériale; une Flandre Wallonne, ou Française, au sud de la Lys, comprenant Tournai, Lille, S.-Amand, Orchies; une Flandre Flamingante, ou maritime, au nord de la même rivière; une Flandre Hollandaise; une Flandre Teutonique, comprenant Courtrai, Audenarde, Ypres, Cassel, Bruges, Dunkerque, Dixmude, etc.; une Flandre Autrichienne ou Espagnole, comprenant Gand, le pays de Waes, Tenremonde, Alost, Ninove, etc.

Au milieu d'une si embarrassante complication, cherchons quelques points de repère, ceux-là surtout qui pourront le mieux servir à établir les rapports entre la géographie politique et la géographie religieuse. Comme nous l'avons toujours vu, c'est dans les divisions les plus anciennes, dans celles des *pagi* gaulois, romains, ou mérovingiens que nous trouverons les plus sûrs éléments de cette analogie.

Les *pagi* furent nombreux dans le territoire de l'ancien diocèse de Tournai. On en comptait onze ou douze, n'ayant pas tous une égale valeur, ainsi qu'on vient de le voir. Les uns n'étaient que des portions de plus vastes territoires; trois des plus étendus correspondaient aux trois principales divisions ecclésiastiques, aux trois Archidiaconés. Les rapports des autres avec les divisions Décanales sont plus incomplets et plus incertains. Deux des *pagi* les plus importants à examiner furent le *pagus Turnacensis*, qui donna son nom à la *Civitas* et au diocèse, et le *pagus Menapiscus*, qui paraît avoir conservé le nom et le souvenir d'une des plus puissantes tribus Germaniques qui s'y étaient établies avant la conquête romaine. Les relations réciproques d'âge et d'étendue géographique entre ces deux territoires présentent de grandes difficultés; elles ont été le sujet des controverses les plus animées.

Les *Menapii* sont plus anciennement indiqués que les *Turnacenses* dans les sources historiques. Ils figurent plusieurs fois dans César, dans Strabon, dans Ptolémée, dans Pline, et c'est surtout dans les témoignages de la fin du IVe siècle et du commencement du Ve (la *Table de Peutinger*, l'*Itinéraire d'Antonin*, la *Notitia provinciarum*, la *Notitia dignitatum imperii Rom*.) que la ville, le territoire et les habitants de *Turnacum* ou *Tornacus* apparaissent. Il ne faudrait pas en conclure qu'ils n'existaient point auparavant, car on n'a pas découvert moins de vestiges d'antiquités romaines des premiers siècles dans le sol de la ville et des environs de Tournai [1] que sur le terrain du *Castellum Menapiorum* (Cassel) qui est considéré comme la capitale primitive de ce peuple. Ces deux établissements paraissent avoir existé simultanément, et si l'emplacement du *Castellum Menapiorum* représente plus vraisemblablement la retraite principale, le lieu de défense le plus tardivement conservé de cette antique peuplade Germanique; d'un autre côté la ville de *Turnacum* qui fut le plus ancien théâtre de la predication du christianisme dans ces contrées, devint tout naturellement le chef-lieu de la *Civitas* ecclésiastique, comme elle avait été le point central de l'administration romaine, comme elle fut l'un des foyers principaux de la domination des plus anciens chefs des Francs,.... *quæ quondam regalis extitit civitas*, selon l'expression de S. Ouen au VIIe siècle [2].

---

1. Voir sur les antiquités romaines découvertes dans la ville de Tournai les deux histoires de Tournai par Cousin et par Poutrain; — De Bast : *Recueil d'antiq. rom. et gaul.*, 1808, in-4, p. 177; — *Bulletin* de la Soc. hist. et litt. de Tournai, t. IV, sur les anciennes enceintes de Tournai par M. Dumortier et par M. Renard — *Id.*, sur le cimetière gallo-romain de cette ville. — Le *Messager des sc.* de Gand, a. 1824, etc. — M. Dumortier possède dans son riche musée un grand nombre d'objets romains trouvés à Tournai.

2. *Vit. S. Eligii, in Spicileg.*, t. II, p. 90; et D. Bouquet, t. III, p. 557.

Le plus ancien document où figure le nom de Tournai est un vase gallo-romain du Musée du Louvre [1].

C'est un vase de terre rouge très-fine, recouvert d'un vernis de la même couleur, tel qu'on en trouve dans presque tous les établissements romains de la Gaule et des pays occupés par les Romains. Il est décoré d'une guirlande de lierre, en relief, sur la panse. Sur le bord extérieur du col on lit cette inscription, tracée circulairement à la pointe : *Genio Turnace iv*.

L'antiquité de cette inscription a semblé incontestable à l'auteur de la notice, à M. le duc de Luynes, à MM. Lenormant, de Witte, Blume et à M. Roulez lui-même qui avait paru, un instant, en douter.

La forme élégante du vase, celle des caractères et d'autres considérations ont porté M. de Longpérier, qui a, le premier, décrit ce monument très-intéressant, à en faire remonter l'origine au commencement du Ier siècle de l'ère chrétienne. Lors même que ce vase serait un peu plus récent, il n'en offrirait pas moins encore la plus ancienne mention connue du peuple ayant habité la *Civitas* des *Turnacenses*. Au point de vue géographique, il est important de remarquer cette mention presque aussi ancienne que celle des *Nervii* et des *Menapii*, ce qui peut faire penser qu'à cette époque les *Turnacenses* avaient leur dénomination propre, comme les *Cameracenses* au IVe siècle.

Si les monnaies gauloises au type et à l'inscription de *Durnac, Durnacos, Dornacos*, avec un nom de peuple ou de chef sur l'avers de la monnaie, noms qu'on a lus *Donnus, Dubno, Boduoc, Auscro, Buorbo, Eburo, Ambili*, etc., doivent en effet, comme l'ont pensé plusieurs habiles numismates, et entre autres M. de Longpérier, être rapportées à cette même ville de Tournai, on y verrait une mention encore plus ancienne et plus certainement Gallo-Belge, quoique un peu différente, de son nom ; mais ce rapprochement a été contesté [2].

D'autres témoignages de l'existence de *Turnacum*, durant les trois premiers siècles, se voient dans la *Notitia Imperii*. Un fonctionnaire romain était chargé d'y surveiller un atelier de femmes, pour la fabrication d'étoffes probablement destinées aux troupes (*procurator Gynæcei Tornacensis*), comme il y en avait à Reims, à Trèves et à

---

1. Ce vase avait fait primitivement partie de la collection Durand. *Notice sur un vase gaulois de la collection du Louvre*, par M. Adrien de Longpérier, conservateur des antiquités romaines de ce musée. *Bulletin* de l'Acad. roy. de Bruxelles, t. XIX (1852), p. 395-402. Rapport de M. Roulez sur cette notice, id. id., p. 392-95. — *Bulletin* de la Soc. hist. et litt. de Tournai, t. III (1853), p. 205 à 213 et 2 pl.

2. Voir sur ces monnaies un mémoire de M. de Witte, qui résume ce qu'on sait à leur sujet (*Revue de numismatique belge*, t. IV, 2e série, et *Bull*. de la Soc. de Tournai, t. IV, p. 412; voir aussi *Revue de la numism. fr.*, 1836 et 1840). — Cette question difficile et beaucoup d'autres relatives à la numismatique gauloise seront éclaircies par le grand ouvrage dont M. de Saulcy prépare depuis longtemps la publication et pour lequel il a formé la plus riche collection de monnaies de cette période.

Metz. Un corps de l'armée romaine était, à la même époque, composé, en partie, de troupes levées dans le pays de Tournai (*Numerus Turnacensum*).

Deux autres textes, dont un seul est authentique, démontrent encore l'importance et l'antiquité de *Turnacum* avant les rois francs. Saint Jérôme, en 407 ou 409 (*Epist. de monogamia ad Ageruchiam*), parle des ravages que les barbares firent vers le commencement du Vᵉ siècle à *Turnacus*, ainsi que dans d'autres villes des Gaules. La vie, ou plutôt la légende de saint Piat, le premier missionnaire de la foi dans ces contrées, fait mention de plusieurs milliers de païens (30 000, est-il dit) convertis dans cette ville dès la seconde moitié du IIIᵉ siècle. On voit dans ce texte, postérieur de plusieurs siècles aux événements, une double invraisemblance, celle du nombre d'habitants que suppose une si remarquable conversion, et la facilité même de l'introduction de la foi dans une contrée que d'autres témoignages, bien plus certains, montrent avoir conservé fort tard les croyances de l'idolâtrie. Ce doute est exprimé par le P. Ghesquière lui-même, dans les *Acta SS. Belgii*, t. I, p. 95 et suiv.

Toutefois, sans avoir eu toute l'importance que cette assertion devrait faire supposer, la ville de *Turnacus* et son territoire excitèrent l'ambition des premiers chefs ou rois des Francs. Leur plus ancien établissement dans cette ville sous Clodion, sous Childéric, sous Clovis lui-même et sous Chilpéric, y constitua bientôt, comme à *Tarvanna*, à *Camaracum* et dans d'autres villes de la seconde Belgique, un de leurs petits États ou royaumes les plus riches et les plus puissants. Clovis y résida durant les premières années de son règne, comme dans celles des *Atrebates*, des *Suessiones*, des *Veromandui*, et peut-être des *Ambiani*. Des Francs de Tournai, *Franci Tornacenses* [1], conservèrent longtemps une suprématie qui explique la concentration du vaste territoire dont cette ville était la capitale, en un diocèse unique, et même sa réunion à un autre diocèse, celui de Noyon, déjà possédé par les Francs et définitivement converti au christianisme, sous l'administration d'un seul évêque (S. Médard) tout-puissant auprès du roi mérovingien.

Le tombeau du roi Childéric, fils de Mérovée et père de Clovis, mort en 481, qui fut découvert en 1653 à Tournai, est un des événements archéologiques les plus célèbres [2]. Il est toutefois remarquable que,

---

1. Greg. Tur., *Hist. Franc.*, l. X, c. XXVII. On connaît des monnaies frappées à Tournai sous les rois mérovingiens avec le nom de *Chlodoveus rex*, et au revers celui de *Tornacum* ou de *Turnaco*; elles ont été indiquées par M. de Combrousse. — Voir sur les monnaies épiscopales de Tournai une notice de M. le comte de Nedonchel (*Bull. Soc. des sc. de Tournai*, t. IV, p. 257).

2. Cette découverte a été le sujet de descriptions très-détaillées; les plus importantes sont, d'abord, la plus ancienne, celle de Chifflet, qui a servi de base à beaucoup d'autres et qui fut publié à Anvers, en 1655, sous ce titre : *Anastasis Childerici I, Francorum Regis, sive thesaurus sepulchralis Tornaci Nerviorum effossus et commentario illustratus*, 1 vol. in-4°; — puis celle de Poutrain, insérée dans

la ville de Tournai étant sur la limite des deux diocèses, cette sépulture ait été découverte sur la rive droite de l'Escaut, dans la partie de la ville de Tournai dépendant du diocèse de Cambrai, dont elle constituait même un Doyenné particulier sous le nom de Saint-Brice.

Le territoire dont Tournai était la capitale formait une circonscription distincte qui est mentionnée dès le VIe siècle par Grégoire de Tours sous le nom de *pagus Tornacensis*[1].

On en retrouve l'indication dans beaucoup de textes postérieurs. Au VIIe siècle, dans la vie de saint Éloi, le même *pagus* figure à côté des *pagi Flandrensis, Gandensis et Curtracensis*, — *In pago Tornacense* ou *Turnacense;*

In Tornacense, dans une lettre d'Éginhard (Ép. XXVIII)[2].

A. 837. *Monast. Cisonium in pago Tornacense*[3].

A. 870. *In pago Tornacense, villa Gressione*[4].

A. 979. *Fiscum Holinum, Lesdenium*, etc. *In pago Tornacensi*[5].

A. 1123, Bulle de Calixte II pour l'abbaye de Marchienne : *In pago Tornacensi, villa Esplechin* (Le Glay, *Nova analecta*, p. 11).

Quels furent les rapports de ce *pagus Tornacensis* avec l'ancien et avec le nouveau diocèse de Tournai, ainsi qu'avec le territoire qui a conservé jusqu'à nos jours le nom de Tournaisis? Si cette question ne peut être complétement résolue sans de longs développements et sans plus de preuves que je n'aurais à en fournir, je crois pouvoir toutefois assurer avec certitude que le *pagus Tornacensis* était beaucoup moins étendu que l'ancien diocèse, moins étendu même que le diocèse tel qu'il fut réduit en 1557, du moins en tenant compte des subdivisions secondaires, subordonnées sans doute au territoire principal de l'ancienne *Civitas* et demeurées depuis distinctes. Mais

---

son *Histoire de la ville et cité de Tournai*, la Haye, 1750, 2 vol. in-4, t. I, p. 372 à 417; — et enfin la plus récente et la plus complète, celle de M. l'abbé Cochet, intitulée : *Le tombeau de Childéric Ier, roi des Francs, restitué à l'aide de l'archéologie et des découvertes récentes.* Paris, 1859, 1 vol. in-8. L'auteur a surtout éclairé cette question archéologique capitale, par la comparaison qu'il a faite des objets précieux découverts dans ce tombeau et dont il ne reste plus qu'une partie au Louvre dans le Musée des souverains, par suite du vol commis en 1831 au Cabinet de la Bibliothèque impériale, avec les autres monuments trouvés depuis quelques années dans les sépultures mérovingiennes. M. l'abbé Cochet a pris, en France, la plus grande part à ces découvertes, non moins par les fouilles qu'il a dirigées avec tant de sagacité, que par les instructives descriptions qu'il en a publiées.

1. Greg. Tur., *Hist. Franc.*, l. V. c. L, éd. Taranne et Guadet (Soc. de l'hist. de Fr.), t. II, p. 352. Grégoire de Tours parle dans plusieurs autres passages de la ville de Tournai et de son enceinte fortifiée : *Infra Tornacenses muros communivit*, l. IV, c. LI. Il lui donne le titre de *Civitas* (id., l. IV, c. LII).

2. Eginhard, éd. Teulet (Soc. de l'hist. de Fr.), t. II, p. 40.

3. Mir., *Op. dipl.*, t. I, p. 644.

4. *Hist. eccl. Cisoniensis : in Spicil.*, t. II, p. 878.

5. Mir., *Opera dipl.*, t. I, p. 145.

on peut aussi assurer qu'il était plus étendu que le Tournaisis moderne.

Il etait surtout contenu entre la Lys, l'Escaut et la Deule. L'Escaut forma toujours une limite rigoureuse ; mais la Lys et la Deule, au contraire, si elles avaient été frontières naturelles pendant la période antérieure à la domination des Francs, ne le furent plus aussi complétement plus tard, au point de vue de l'administration ecclésiastique; car les Doyennés de Courtrai, de Warwick et de Lille, situés en partie sur le trajet de ces rivières, s'étendaient sur leurs deux bords.

Les localités suivantes sont indiquées par différents diplômes dans l'ancien *pagus Tornacensis* : Cisoin, Blandin, Espain, Esplechin, Waterlos, Warcoin, Espierre, Helchin, Bouvines, Hollain, Brillon et quelques autres [1]. Plusieurs de ces localités sont en dehors du Tournaisis actuel.

Adr. de Valois [2] a tiré de quelques textes la conséquence que Tournai et Gand firent, à une certaine époque, partie du Brabant avant de dépendre de la Flandre. Ces textes sont ceux-ci :

In pago Bracbatensi juxta Tornacum (Sigeberti chronicon. A. 1059).

In pago Bracbatensi circa Tornacum (Anselmi chronicon. A. 1113).

Ex monasterio Ganda quod situm est in pago Brachbatense (Epist. Ludovici Aug.)

La situation de ces deux villes, en partie sur chacune des rives de l'Escaut, limite entre la Flandre et le Brabant, me semble un fort argument en faveur d'une opinion différente, et très-propre, au contraire, à démontrer la fixité des limites primitives. Il ne s'agit ici, en effet, que des portions des villes de Tournai et de Gand qui étaient sur la rive droite de l'Escaut et dépendaient de l'ancien Brabant.

Le *Tournaisis* moderne etait ainsi delimité au XVIIe siècle :

Situé entre la Flandre Gallicane à l'occident, la Flandre Flamingante au nord, et le Hainaut au sud et à l'orient, il s'étendait sur les bords de la Scarpe et de l'Escaut, depuis Saint-Amand sur la Scarpe jusqu'au-dessous du pont d'Épierres, en passant par Mortagne, Antoing et Tournai; il avait de longueur dix lieues environ sur une largeur qui variait de deux à quatre.

Ce territoire ne représente donc pas complétement le *pagus* qui lui correspondait pendant le moyen âge, non plus que le diocèse de Tournai. Il n'en était qu'une portion correspondant à peu près à l'Archidiaconé de Tournai.

Cette petite province a presque toujours fait partie de la France, excepté de 1529 à 1665 qu'elle passa sous la domination de l'Espagne. Le nom s'en est conservé jusqu'à nos jours, mais le territoire en est aujourd'hui partagé entre la France et la Belgique.

La ville, séparée en deux par l'Escaut appartenait à deux diocèses; la partie occidentale, située sur la rive gauche, dépendait du diocèse

---

1. Wastelain, *Descr. de la Gaule Belg.*, p. 400.
2. *Notit. Gall.*, p. 93 et 103.

dont cette ville était la capitale et qui en portait le nom; la partie situées sur la rive droite et à l'orient dépendait de l'évêché de Cambrai et constituait le Doyenné particulier de Saint-Brice, dont la juridiction s'étendait sur sept à huit autres paroisses du Tournaisis et sur celles de la châtellenie d'Ath réunies à l'archevêché de Cambrai en 1562.

Le *pagus Mempiscus, Menapiscus, Menpisicus, Menciscon*, mentionné dès la première moitié du VII° siècle, était limité au nord par la mer et le *pagus Flandrensis* ancien, avec lequel il fut quelquefois confondu, — à l'est par les *pagi Gandavensis* et *Curtracensis*, au midi par le pays de la Lys (p. *Leticus*) — et à l'ouest par le *pagus Tervanensis* ou *Morinorum*. Ce *pagus* est de toutes les divisions territoriales politiques de l'ancien diocèse de Tournai, celle qui touche le plus à la vive et longue discussion qu'a fait naître la question de savoir quel peuple, les *Nervii* ou les *Menapii*, l'habitait primitivement, et si Tournai fut la capitale des *Menapii* ou une seconde ville des *Nervii*.

Son nom rappelle en effet celui de l'un de ces deux peuples, les *Menapii*; et quoique l'étendue assignée par les textes au *pagus* soit beaucoup moindre que celle du territoire des *Menapii*, la liaison et la alliation intimes de l'un à l'autre sont tellement incontestables qu'on s'explique difficilement la persistance de quelques savants à ne pas admettre l'existence, même passagère, de ce peuple dans le diocèse primitif de Tournai.

Plusieurs fois déjà cette question a été abordée dans les notes des diocèses précédents (Noyon, Arras et Cambrai). J'ai indiqué sur quelles bases repose l'opinion contradictoire des érudits et des historiens, dont les uns considèrent les *Nervii* du diocèse de Cambrai comme ayant aussi occupé le diocèse de Tournai dès avant l'introduction du christianisme dans ces contrées, et dont les autres admettent, au contraire, la limite de l'Escaut entre ces deux peuples, comme elle l'a été entre les diocèses, aussi bien qu'entre l'Austrasie et la Neustrie, et passagèrement entre la France et l'Empire.

Aux indications que j'ai précédemment données sur les principaux motifs de cette divergence et de la solution que je considère comme le plus vraisemblable, j'en ajouterai quelques autres.

Ce fut surtout au XII° siècle, pour appuyer les justes et longues réclamations du clergé de Tournai tendant à reconstituer un évêché indépendant de celui de Noyon, auquel il était réuni depuis près de six cents ans, et pour enlever au diocèse de Cambrai et à Bavai l'honneur de la priorité prétendue du siége épiscopal sur celui de Tournai, que fut produite l'attribution ancienne du territoire de Tournai aux *Nervii*. On voulait prouver l'antériorité de Tournai en essayant de démontrer que cette ville avait été le siége de *Superior episcopus Nerviorum* mentionné dès le IV° siècle, et que les défenseurs de Cambrai revendiquaient, de leur côté, avec tant de persistance.

Vers la même époque, l'attribution contraire était affirmée par Philippe Harveng, doyen de l'abbaye de S. Amand, qui appelle Tournai une ville des Menapiens, *urbem Menapiorum quæ vulgò nomine Tornacus dicitur*. (Boll *febr.*. t. I, p. 818, *Vit. S. Amandi.*)

Mais des textes plus anciens et remontant au moins au IX° siècle démontrent qu'à cette époque la tradition qui liait le territoire des *Menapii* à l'évêché de Tournai par son identité partielle avec le *pa-*

gus Mempiscus, dont la situation dans ce diocèse est incontestable, et qui est déjà mentionnée dans des textes du VIIe et du VIIIe siècle, n'était point encore éteinte.

En outre, si l'on remonte plus loin, si l'on étudie les sources romaines, on voit dès le 1er siècle deux témoignages qui indiquent, l'un et l'autre, l'organisation, la constitution régulière d'un territoire sous le nom de *Civitas Menapiorum* et sous celui de *Menapia*. Le plus ancien de ces textes est une inscription romaine, contemporaine de Vespasien et qui désigne, dans une dédicace à Lépidius, les *Salinatores* de la *Civitas Menapiorum*[1]. Leur situation s'étendant jusqu'à la mer, déjà indiquée par les termes même de l'inscription, est rendue plus certaine par une inscription analogue des *Salinatores Morinorum* et par un texte du IXe siècle : *In Mempisco et in cæteris maritimis locis* (Baluze, *Capit.*, L. IV, c. VIII).

Un second texte est fourni par Aurélius Victor, historien du IIIe siècle. Il donne à Carausius, l'un des petits tyrans proclamés dans la Gaule et dans la Grande-Bretagne, le titre de *Menapiæ civis*[2], et son histoire le montre le plus habituellement dans le territoire et sur le littoral voisin des rives de l'Escaut. L'existence d'une petite province des *Menapii* est donc démontrée dans la Gaule septentrionale dès le 1er et le IIIe siècle. Il n'est point étonnant d'en retrouver des traces durant les siècles suivants ; les textes que je vais indiquer montrent à la fois leur existence et leur position.

On lit en effet, dans un diplôme de Charles le Chauve en faveur de l'abbaye de Saint-Amand, daté de l'année 847 :

In territorio Menapiorum quod nunc Mempiscum appellant[3].

Suit l'indication de nombreuses localités faisant, toutes, partie du diocèse de Tournai.

En 875 et 877, dans un autre diplôme du même prince en faveur de cette abbaye, on voit la mention suivante:

S. Amandi monasterio Elnonensi intra Menapiorum fines posito, Propontiis, Brabantiis, Nerviis que contermino[4].

Folcuin, dans les *Gesta abbatum Lobiensium*, parlant de la mission évangélique de saint Ursmar abbé de Lobbes, vers 691 et mort en 713. dit :

B. Ursmarus, prædicandi gratia, se Flandride intulit versus Menapum fines qui ritu gentis adhuc detinebantur vanis superstitionibus[5]....

L'auteur (Folcuin) est mort en 990. La chronique de Sigebert[6] et d'autres textes du IXe et du Xe siècle, constatant les invasions des

---

1. Gruter, *Corp. inscr.* ed. de Grœvius, t. I, p 1096.

2. La *Menapia* est encore indiquée au XIIe siècle, dans la chronique du monastère de Watcn, comme un *pagus* entre la Lys et les *Flandrinenses maritimi* (*Nov. Thes. anecd.*, t. III, col. 797).

3. Mabillon, *Annal. ord.*, S. *Bened.*, t. II, p. 752.

4. Buch., *Belg. rom.*, p. 261.

5. *Spicileg.*, ed. in-f., t. II, p. 732.

6. D. Bouquet, *Hist. Franc.*, t. VIII, p. 308. — *Acta ss. Belgii*, t. IV, p. 200. — Duchesne, *Script. Fr.*, t. II, p. 424.

Northmanni sur différents territoires de la seconde Belgique, désigne, sous le nom de *Menapii*, *fines* ou *Terra Menapiorum*, les habitants des pays compris entre les *Morini* (diocèse de Térouanne) et les *Bracbantes* (partie du diocèse de Cambrai), et il ajoute que les Normands et les Danois saccagèrent *omnem circa Scaldim flumen terram, Gandavum, Turnacum*, etc.

Ce premier point étant constaté, c'est-à-dire la situation du *pagus Mempiscus* dans l'ancien territoire des *Menapii*, quelles étaient son étendue et sa position relativement aux autres *pagi* du diocèse de Tournai ? On voit par les textes suivants qu'il était distinct de l'ancien *pagus Flandrensis* ou territoire de Bruges[1] :

Dans les capitulaires de Louis le Débonnaire, on lit :

De conjurationibus servorum quæ fiunt in Flandris et in Mempisco et in cæteris maritimis locis.

En 837, dans le partage des États du même empereur entre ses fils[2] se voit la mention suivante :

Ad Bijucariam (*pertinent*) *Brabantum, Franderes, Mempiscon, Metunentis*, etc.

Dans la Vie de saint Ursmar, citée plus haut, les *Menapii*, ou plutôt le p. *Mempiscus*, sont aussi distingués de la *Flandria*, comme ils le sont de Tournai, de Gand et de Courtrai, dans Sigebert et dans la chronique de Saint-Martin de Tournai par Herimann[3]. Ils sont pareillement distingués, au IXe siècle, des *Suevi* établis dans leur voisinage, ainsi qu'on le voit par une Vie de saint Silvin[4]. Toutefois, selon l'opinion de deux savants qui ont examiné cette question, M. de Bylandt et M. Vankænig, le *p. Mempiscus* aurait compris cinq autres plus petits territoires, savoir : le *p. Mempiscus* proprement dit, de Poperinghe à Tronchiennes ; — le *p. Thorallensis* (ou de Thourout); — le p. *Gandensis* ; — le p. *Cortracensis* ; — et le p. *Tornacensis*. C'est à peu près le diocèse de Tournai, moins la partie française et moins le p. *Flandrensis* ou *Brugensis* ; c'est-à-dire toute la partie orientale du territoire occupé par les *Menapii*. Le P. Henschenius (*Vit. S. Amandi*) étend le p. *Mempiscus* sur le diocèse tout entier.

On peut donc conclure que le nom de cet ancien peuple Germanique, après avoir été appliqué par Cesar, Strabon, Pline, Tacite, Dion Cassius, Aurelius Victor[5], à une grande étendue de pays sur les deux rives de l'Escaut, et surtout dans le voisinage immédiat des *Morini*, s'était réduit, comme le peuple lui-même, à une petite région dans la partie septentrionale du diocèse de Tournai, qui fit plus tard

---

1. Baluze, *Capitul.*, éd. de 1677, t. I, l. IV, c. VII.

2. Id., t. I, p. 690.

3. *Restauratio abbat. S. Martini Tornac.*, in *Spicilegio*, ed, in-f° t. II, p. 903. — *Breve chron. Tornac. S. Martini*, a. 881, in *nov. Thes. anecd.*, t III, col. 1454.

4. *Vit. SS. Belgii*, t. VI, p. 458.

5. César, *Bell. Gall.*, l. III, c. IX, 103-104; l. IV, c. IV. — Strabon, l. IV. — Pline, *Hist nat.* l. IV, c. XVII. — Tacite, *Hist.*, l. IV, c. XXVIII. — Dio Cassius, l. XXXIX, c. XLIV. — Aurelius Victor, *Hist. rom.*

partie de l'Archidiaconé, puis du diocèse de Bruges. De nombreux
textes le montrent s'étendant sur la rive gauche de l'Escaut depuis la
frontière des *Nervii* jusqu'à la mer.

Mais il faut bien se garder de limiter au territoire de la *Civitas
Turnacensis* les établissements, plus ou moins durables, des *Menapii*.
La plus grande partie des localités rapportées par les textes au *pagus
Mempiscus* sont, il est vrai, dans ce diocèse, tels que Waten (*Guati-
tium oppidum Menaporum*)[1]; Rouselaer *in pago qui dicitur Mempiscus, in loco nuncupante Roslar*[2]; l'abbaye de Tronchiennes ou Drong-
heim, située à une lieue à l'ouest de Gand[3]; *Truncinium in Mempisco*,
Thourout, Audenarde (*Aldenardum*), mentionné en 840, et qui fut l'un
des siéges principaux des Menapiens[4].

Ce même territoire du *Mempiscus* et des *Menapii* s'étendit aussi
momentanément sur une portion du diocèse de Terouanne, *in Civitate* ou *pago Tarvannense* correspondant aux anciens établissements des *Morini*[5]. Cassel (*Castellum Menapiorum*[6]), Dunkerque,
Nieuport (*Iseræ portus*), Ypres, Poperingue, et même l'ancienne localité de *Sithiu* où s'eleva la célèbre abbaye de Saint-Bertin, sont indiqués *in pago Mempisco*. La plus grande partie du diocèse d'Ypres, tel
qu'il fut créé au XVI° siècle, aux dépens de celui de Térouanne, paraît avoir été aussi occupé par les *Menapii*. Ils s'étendaient sur une
partie considérable des territoires de Bruges, de Courtrai, de Lille
et de Tournai. Nous avons vu précédemment que l'extension primitive des *Menapii* fut encore beaucoup plus considérable, mais
par des établissements passagers, comme le furent ceux de plusieurs conquérants Germaniques antérieurs aux Francs, puisque César indique leur marche progressive de l'est vers l'ouest, d'abord sur
les deux rives du Rhin, ensuite entre le Rhin et la Meuse, puis sur
le territoire où ils furent repoussés par les *Toxandri* entre la Meuse,
le Demer et l'Escaut, puis sur la rive gauche de ce dernier fleuve, aux
frontières des *Morini* et des *Nervii*[7].

---

1. *N. Thes anecd.*, l. III, col. 798.

2. Charte de Louis le Débonn., a. 822, in D. Bouquet. t. V, p. 550.—
Ch. de Charles le Chauve, a. 847, in *Ann. O. S. B.*, t. II, p. 752.

3. A. 633. Wastelain, *Descr. de la Gaule Belg.*, p. 405.
Guérard, *Cartul de S. Bertin*, a. 877.

4. De Bast., *Rec. d'antiq.*, in-4, 1808, p. 129.

5. *Merserias in pago Taruanensi, infra Mempiscum.* (*Iperius*,
chron. S. Bertini..., col 521).

6. Le *Castellum Menapiorum* (Cassel) et son territoire paraissent n'avoir été qu'une sorte d'enclave au milieu du territoire des
Nervii.

7. M. de Bast, dans son *Recueil d'antiq. rómaines de la Flandre*,
ouvrage précieux pour l'archéologie, que j'ai déjà plusieurs fois cité,
a constaté (*Rec.* de 1808. p. 72) l'analogie d'un assez grand nombre
de noms de lieux au delà de Rhin et de la Meuse avec ceux de
la Flandre; il les donne comme preuve de l'occupation des deux
pays par un même peuple Germanique, qui pourrait bien être, dit-il,
les *Menapii*.

Le nom de *Littus Nervicanum* de la Notice remonterait à la plus ancienne période, tandis que le *Castellum Menapiorum* de l'Itinéraire et de la Table, situé sur le territoire des *Morini*, serait un témoignage de leur ancienne extension.

D'après ces considérations, on peut conclure que les *Menapii* ont certainement occupé une grande partie du diocèse de Tournai, qu'ils ont constitué dès le 1er siècle une *Civitas*; qu'ils ont laissé leur nom à une portion de ce territoire. Mais je ne sais s'il est aussi certain, comme l'a dit un savant historien, M. Varnkœnig[1], sur l'autorité de Meyer et de Marchantius, que le diocèse ait été positivement désigné, au IXe siècle, sous le nom d'*Episcopatus Menapiorum*. Ce n'est pas sous ce nom, mais sous celui de *Turnacensis* qu'il fut inscrit au IVe siècle dans la *Notitia Galliarum*, quoique la *Civitas Menapiorum* existât dès le 1er siècle et la *Menapia* au IIIe.

Plusieurs peuples occupèrent successivement les territoires qui formèrent le diocèse de Tournai. De là sans doute, pour ce pays comme pour beaucoup d'autres, une des causes les plus ordinaires de difficultés et de dissidences d'opinions sur les questions de géographie historique. J'ai déjà rappelé, dans les notes des trois diocèses précédents, les controverses qu'a fait naître entre les historiens de Cambrai et de Tournai la question de l'étendue relative des pays occupés par les *Nervii* et les *Menapii*, et de la ville capitale de chacune des deux *Civitates*.

L'habile géographe N. Sanson, généralement si bien inspiré dans ses attributions territoriales, s'était borné à inscrire sur ses cartes les Ménapiens de la rive droite de l'Escaut et il plaçait exclusivement ce peuple dans le Brabant, occupé par l'archevêché de Malines, qui comprenait Louvain et Bruxelles, et par les évêchés, pareillement modernes, d'Anvers, de Bois-le-Duc et de Ruremonde. Aussi, a-t-il inscrit le titre de *Menapii* en tête des trois cartes de ces diocèses publiées en 1657.

Sanson identifie au contraire les évêchés de Tournai, de Gand, de Bruges, d'Ypres et de Saint-Omer avec les *Centrones*, les *Grudii*, les *Gorduni* et les *Plumosii*, ces petits peuples mentionnés par César comme dépendants des *Nervii* et dont la situation n'est point encore fixée. Il réserve au diocèse de Cambrai, dans ses limites de 1559, l'ancien territoire des *Nervii*.

Si je partage son opinion pour ce dernier rapprochement, je dois remarquer que l'attribution de N. Sanson est contraire au texte de César, en fixant la position de ces petits peuples en partie sur le territoire des *Morini*, en partie sur celui des *Turnacenses* et de la colonie *Ménapienne* de la rive gauche de l'Escaut.

Le P. Boucher, dont la critique historique est si remarquable, a adopté dans son *Belgium romanum*, au sujet des *Menapii*, une opinion différente, que les Bollandistes et en particulier le P. Chesquières ont partagée[2]. Ceux-ci reconnaissent et distinguent plusieurs régions occupées par les *Menapii* et leur attribuent sans hésitation le diocèse

1. *Hist. de la Flandre*, éd. fr., t. I, p. 136.
2. *Acta ss. Belgii*, t. I, p. 112.

de Tournai. Le P. Boucher cherche, dans sa discussion, à consoler les *Turnacophili*, comme il les nomme, en démontrant que les *Menapii* ne le cèdent en rien aux *Nervii* par leur antiquité, l'étendue de leur territoire, leur longue résistance aux Romains et par toute sorte d'autres mérites [1].

Il montre la même impartialité et une aussi sage modération, au sujet d'une autre question qui a aussi beaucoup ému les historiens de Tournai, celle du prétendu épiscopat de S. Piat dans cette ville dès la fin du III° siècle. Il ne reconnaît comme authentiques que sa prédication et son martyre; puis il ajoute [2] :

Amicus Piatus, (ita me ipse juvet), *amicum Turnacum, ubi tanta dulcedine hac'enus vixi : magis amica veritas.... Si quis plura certiora que proferat, primus ero qui amplectar.*

Et plus loin (p. 611) : *Addo.... si quis meliora clare proferat, in ejus me sententiam pedibus manibus que concessurum.*

Cette conviction du P. Boucher, des Bollandistes et de nombreux savants plus modernes, MM. Varnkœnig [3], Walcke âer [4], Schayes [5] et plusieurs autres, a continué d'avoir des contradicteurs. L'un des plus récents, qui a su faire entrer dans sa discussion, avec des éléments solides déjà plusieurs fois présentés, d'autres considérations plus généralement négligées, telles que l'étude des races et du langage, s'est fait l'adversaire le plus prononcé de l'attribution du diocèse de Tournai, pour sa plus grande partie, aux Ménapiens.

J'ai eu trop tard connaissance de ce mémoire important pour pouvoir, soit en discuter les opinions contraires à celles que j'ai adoptées, soit y puiser des motifs de modifier les miennes. L'auteur, M. Brun-Lavainne, ancien archiviste de la ville de Lille et bien connu par son bel ouvrage sur les monuments de cette ville, a publié ses observations sous le titre de *Recherches sur l'ancien diocèse de Tournai* [6]. Il s'est posé cette question : Quelle est l'origine des peuples du Tournaisis et de l'ancienne châtellenie de Lille ? Suivant l'opinion la plus générale, ces peuples seraient les Ménapiens de César et d'autres auteurs de l'antiquité. M. Brun-Lavainne combat cette conclusion avec une grande énergie; il ne reconnaît que des Nerviens dans les anciens habitants de ce diocèse, tel qu'il fut réduit en 1559.

Selon lui, les Ménapiens étaient établis surtout entre la Meuse et l'Aa.

---

1. M. Varnkœnig (*Hist. de la Flandre*, tr. fr., t. I, p. 122) dit qu'on rencontre à chaque pas des incertitudes nombreuses dans les recherches sur la géographie historique de la Flandre.

2. *Belgium romanum*, p. 231 et p. 611.

3. *Histoire de Flandre*, éd. fr., t. I, p. 115.

4. *Géographie ancienne des Gaules*, t. I, p. 501 et t. II, p. 382.

5. *Mém. de la Soc. des antiq. de la Morinie*, t. II. *Les pays Bas avant et durant la domination romaine*, 1832 et 2° éd. 1835.

6. M. Brun-Lavainne a publié ses *Recherches* dans la *Revue du Nord* des mois d'avril, mai et juin 1854, et il en a fait tirer un très-petit nombre d'exemplaires en une brochure in-8 de 25 pages. Lille, 1854.

Le nom de *Littus Nervicanum* de la Notice remonterait à la plus ancienne période, tandis que le *Castellum Menapiorum* de l'Itinéraire et de la Table, situé sur le territoire des *Morini*, serait un témoignage de leur ancienne extension.

D'après ces considérations, on peut conclure que les *Menapii* ont certainement occupé une grande partie du diocèse de Tournai, qu'ils ont constitué dès le 1er siècle une *Civitas*; qu'ils ont laissé leur nom à une portion de ce territoire. Mais je ne sais s'il est aussi certain, comme l'a dit un savant historien, M. Varnkœnig[1], sur l'autorité de Meyer et de Marchantius, que le diocèse ait été positivement désigné, au ixe siècle, sous le nom d'*Episcopatus Menapiorum*. Ce n'est pas sous ce nom, mais sous celui de *Turnacensis* qu'il fut inscrit au ive siècle dans la *Notitia Galliarum*, quoique la *Civitas Menapiorum* existât dès le 1er siècle et la *Menapia* au iiie.

Plusieurs peuples occupèrent successivement les territoires qui formèrent le diocèse de Tournai. De là sans doute, pour ce pays comme pour beaucoup d'autres, une des causes les plus ordinaires de difficultés et de dissidences d'opinions sur les questions de géographie historique. J'ai déjà rappelé, dans les notes des trois diocèses précédents, les controverses qu'a fait naître entre les historiens de Cambrai et de Tournai la question de l'étendue relative des pays occupés par les *Nervii* et les *Menapii*, et de la ville capitale de chacune des deux *Civitates*.

L'habile géographe N. Sanson, généralement si bien inspiré dans ses attributions territoriales, s'était borné à inscrire sur ses cartes les Ménapiens de la rive droite de l'Escaut et il plaçait exclusivement ce peuple dans le Brabant, occupé par l'archevêché de Malines, qui comprenait Louvain et Bruxelles, et par les évêchés, pareillement modernes, d'Anvers, de Bois-le-Duc et de Ruremonde. Aussi, a-t-il inscrit le titre de *Menapii* en tête des trois cartes de ces diocèses publiées en 1657.

Sanson identifie au contraire les évêchés de Tournai, de Gand, de Bruges, d'Ypres et de Saint-Omer avec les *Centrones*, les *Grudii*, les *Gorduni* et les *Plumosii*, ces petits peuples mentionnés par César comme dépendants des *Nervii* et dont la situation n'est point encore fixée. Il réserve au diocèse de Cambrai, dans ses limites de 1559, l'ancien territoire des *Nervii*.

Si je partage son opinion pour ce dernier rapprochement, je dois remarquer que l'attribution de N. Sanson est contraire au texte de César, en fixant la position de ces petits peuples en partie sur le territoire des *Morini*, en partie sur celui des *Turnacenses* et de la colonie *Ménapienne* de la rive gauche de l'Escaut.

Le P. Boucher, dont la critique historique est si remarquable, a adopté dans son *Belgium romanum*, au sujet des *Menapii*, une opinion différente, que les Bollandistes et en particulier le P. Chesquières ont partagée[2]. Ceux-ci reconnaissent et distinguent plusieurs régions occupées par les *Menapii* et leur attribuent sans hésitation le diocèse

1. *Hist. de la Flandre*, éd. fr., t. I, p. 136.
2. *Acta ss. Belgii*, t. I, p. 112.

Mérovingienne, et de leur concordance avec les grandes subdivisions territoriales de l'Église, comme l'a soutenu récemment un jeune écrivain fort distingué, M. A. J cobs, dans sa *Géographie de Grégoire de Tours*, on enlève à l'étude de la géographie ancienne de la Gaule ses deux bases les plus solides, ses deux moyens de contrôle les plus utiles. On rend à peu près impossible la connaissance des anciens territoires politiques. Par un accord des plus heureux, au contraire, la stabilité des institutions ecclésiastiques fournit aux études historiques cet inappréciable instrument de comparaison. Tous les grands érudits, géographes, historiens, du XVIIe et du XVIIIe siècle, N. Sanson, Adr. de Valois, Ducange, Mabillon, l'abbé Lebeuf, Bonamy, D'Anville, et de nos jours MM. Guerard, Walckenaer, A. Le Prévost et d'autres savants ont démontré, par leurs propres travaux, tout le prix de cet élément d'étude. J'ose espérer, en essayant de suivre les mêmes voies, démontrer de plus en plus quelles ressources infinies se prêtent mutuellement les deux géographies politique et ecclésiastique.

Le *territorium Flandrense*, portion occidentale du *pagus Mempiscus* ou du territoire des *Menapii*, paraît dans les textes historiques en même temps que ceux de Gand et de Courtrai, c'est-à-dire vers le milieu du VIIe siècle. Quoique les termes employés par Saint-Ouen, dans la Vie de saint Éloi (l. II, c. 2), semblent ne désigner que les villes, *urbium seu municipiorum*, le sens de territoire en ressort évidemment, ainsi que le montrent d'autres passages du même récit : *Flandrenses. In Flandris* (l. II, c. III et VIII).

On voit dans un texte un peu plus nouveau, abrégé de celui de Saint-Ouen, que Bruges (*Bruggiæ, Bruzziæ*) était chef-lieu de ce territoire, puisque les termes de *Municipium Flandrense* y sont remplacés par ceux de *M. Brugense*. Adrien de Valois, le P. Wastelain et presque tous les érudits qui ont examiné cette question de géographie se sont accordés pour considérer le terme de *Flandrense* comme parfaitement synonyme de *Brugense* et comme exprimant, l'un et l'autre, le nom primitif de la même ville. Il me semble plus vraisemblable de considérer le premier comme désignant le territoire et le second comme s'appliquant seulement à sa ville principale.

Quoi qu'il en soit, ce territoire était primitivement très-peu étendu, et deux siècles après, sous les Carlovingiens, le *pagus Flandrensis*, mentionné dans plusieurs textes, était encore distinct des *pagi Gandensis, Curtricisus, Mempiscus* et *Medeletensis*. Eginhard, en 820, nomme le *Flandrense littus*. En 850, la chronique de Fontenelle indique la *Flandrensis regio*. Le *pagus Flandrensis*, ou *Flandra*, est mentionné dans la liste des *Missatica* de l'année 853, à part du *Curtricisus* et de deux autres *Comitatus* non nommés. Il figurait antérieurement sous le nom de *Flandria* dans la Vie de saint Ursmar, abbé de Lobbes; sous celui de *Flanderes* dans le partage des États de Louis le Débonnaire.

La Flandre était alors à peu près bornée au pays comprenant les villes de Bruges, de l'Écluse-de-Dame, de Ghistel près d'Ostende et d'Ardembourg (primitivement nommé *Rodemburgum*). Elle comprenait surtout le territoire désigné plus tard sous les noms de *Franconat* et du *Franc-de-Bruges*.

Ce n'est qu'après l'année 868 et la cession de ces territoires par Charles le Chauve à son gendre Baudouin Bras-de-Fer, que le nom de Flandres s'appliqua à des pays beaucoup plus étendus et embrassa peut-être la presque totalité des contrées qui ont porté ce nom pendant le moyen âge.

Dans les titres des IX⁰, X⁰ et XI⁰ siècles on voit figurer les *Marchiones* ou *Marchisi Flandriæ* ou *Flandrensium*, c'est-à-dire les gardiens des frontières de Flandre.

Cependant en 937 et en 976 le *pagus Flandrensis* est encore indiqué au point de vue de ses limites primitives[1]. A cette époque il avait pour ville principale Ardembourg[2].

Quoiqu'il ait été distinct longtemps du *pagus Mempiscus* et des autres *pagi* du diocèse de Tournai, il n'est pas douteux qu'il n'ait fait primitivement partie du territoire des *Menapii*.

Les variations des limites de la *Flandria*, à différentes époques, sont exposées le plus complétement possible dans l'ouvrage de Vredius intitulé : *Flandria Ethnica* (1650, in-fol.); tous les textes y sont cités et comparés avec une grande érudition. Ces recherches sont plus complètes que celles de Gramaye dans ses *Antiquitates Flandriæ*, composées près de cinquante ans auparavant[3].

M. de Bast, qui a fait connaître tant de précieux débris d'antiquités dans la Flandre, a signalé en 1808 (*Rec. d'antiq.*, 2⁰ éd. in-4⁰, p. 17) une carte figurative de la partie septentrionale et orientale du *pagus Flandrensis* par M. Verheye van Citters. Cette carte, dit-il, a été dressée avec beaucoup de sagacité et après des recherches immenses ; elle donne des notions curieuses sur la situation de plusieurs endroits de cette contrée au moyen âge. Je n'ai pu me procurer cette carte qui est peut-être restée manuscrite. — On verra plus loin l'indication des principales cartes de Flandre, dans les limites les plus étendues de cette province.

Le *pagus Gandensis* et la ville de *Gandavum* sont, plusieurs fois, mentionnés dès le VII⁰ siècle : dans la Vie de saint Éloi par saint Ouen[4], dans la Vie de saint Bavon[5], dans la vie de saint Amand par Baudemont, son disciple[6], et plus tard dans des chartes du IX⁰ et du X⁰ siècle[7]. La ville surtout, ou le château et le monastère qui y fut construit sur le mont Blandin sont indiqués sous les noms de *municipium Gandense*, — *Gand*[8], ou *Gandavense* ou *Ganda Castrum*, —

1. Mirœus, *Op. dipl.*, t. I, p. 40. — *Id.*, p. 345.
2. *Acta ss. Belgii*, t. IV, p. 205.
3. Les différentes monographies de Gramaye sur les villes et provinces de Flandre, etc., ont été réunies en un seul volume in-fol. publié à Louvain en 1708.
4. D. Bouquet, t. III. p. 557.
5. *Acta ss. ord. S. Bened.*, Sæc., II, p 397.
6. Ghesquieres, *Acta ss.*, *Belg.*, t. IV, p. 208 et 249.
7. Mirœus, *Op. dipl.*, t. I, p. 18 et 39.
8. *Annal. Fr.*, a. 811, in D. Bouquet, t. V, p. 61.

pagus Gandavus (a. 954), — *monasterium Gandavum*, ou *locus Ganda*[1], — *monast. quod antiquitus vocatum est Ganda* (a. 967)[2]. — *Locus Gand* ou *Gant*; — *oppidum Gandavum* (ann. 880).[3] *Gandense oppidum.* Dans la seconde vie de S. Amand par un auteur anonyme, Gand est indiqué : *pagellum cujus vocabulum est Gandeus (Gandens).* (xie siècle[4]), — *portus Ganda, Gantus, Gandavus, Gandensis* (ixe et xe siècles)[5].

Quoique ce terme de *portus*, comme l'a remarqué, d'après Meyer, M. de Bast[6], n'ait pas toujours le sens de port de mer, mais quelquefois celui de confédération, il me paraît plus vraisemblable de lui attribuer ici le premier sens, que lui donnent évidemment les annales Carlovingiennes, celui de port communiquant à la mer par un fleuve, l'Escaut.

L'attribution, fréquente dans les plus anciens textes, du terme de *castrum* et d'*oppidum* à la ville de Gand, indique suffisamment une place forte dès son origine, et quoique les témoignages historiques ne la fassent pas remonter plus loin que le viie siècle, elle est certainement antérieure. En effet, le plus ancien biographe de Saint-Amand et les chroniques de l'abbaye de Saint-Bavon mentionnent des idoles qui y étaient adorées dès la plus haute antiquité :

In eo castro indiderat olim antiquitas simulacra nefanda et idola, quæ pro Deo illic a populo colebantur[7].

Amandus idolo Mercurii contrito, ara que ejus subversa, ecclesiam construxit[8]. *Cujus loci habitatores iniquitas diaboli eo circumquaque laqueis vehementer irretivit, ut incolæ... arbores et ligna pro Deo colerent, atque fana vel idola adorarent.*

La mission de saint Amand, à peu près contemporaine de celle de saint Éloi, a commencé vers l'année 627. Le paganisme s'était donc ranimé dans cette partie de la seconde Belgique, pendant plusieurs siècles, après les prédications de saint Piat, de saint Eleuthère et des autres missionnaires chrétiens du ve et du vie siècle. Les prédications de saint Amand fructifièrent à Gand, comme à Tournai, et les temples païens furent détruits : *fana, quæ antè adorare consuerant, propriis destruentes manibus, ad virum Dei unanimiter pervenerunt. Ubi fana destruebantur.... Amandus, tàm munificentia regis quam ex collatione religiosorum virorum, religiosarum que fœminarum, statim monasteria aut ecclesias construebat*[9].

De nombreux débris d'antiquités ont aussi été signalés par M. de

---

1. Ann. 819., Mir., *On. dipl.*, t. I, p. 18. — Eginhard, *Transl. ss. m. Marcell. etc.*, c, VIII, 76.

2. Mir., *Op. dipl.*, t. I, p. 46.

3. Chron. *de Gestis Norm.* in D. Bonquet, t. VIII. p. 94.

4. *Vit. S. Amandi ab. Harigero* (in *Act. ss. Belg.*, t. IV, p. 263).

5. *Mir., Op. dipl.*, t. I, p. 39 et 47 ; t. IV. p. 346.

6. *Rec. d'antiq.*, 2e édit., in-4°, 1808, p. 7 et LXIX.

7. *Art. ss, O. S. Bened.* Sœc. II, p. 397. (*Vit. S. Am.*, c. III, 13).

8. *Act. ss. Belgii*, t. IV, p. 208 et 249.

9. *Vit. S. Am.*, c. III, 14.

cours de la Marque, qui s'étendait depuis cette rivière jusqu'au Tournaisis. Elle comprenait vingt-six villages.

Le Carembant, ou Caremban, *comitatus Caremban, Carembaltius ager*, qui en comprenait onze seulement, entre Lille et Douai.

La Weppe, *Wepesanum territorium, Wepesensis ager*, entre Lille et Armentières, qui était le plus peuplé de ces petits pays, contenait 32 villages, avait pour villes principales Wavrin, Armentières, la Bassée, avec les abbayes de Los et Marquette. Il était séparé par la Deule des Quartiers de Caremban, de Mélantois et de Ferrain.

Le Ferrain dont le nom ne se trouve pas dans les anciens textes, mais seulement sur des cartes, en comprenait 28 ; il s'étendait au N. et à l'E. de Courtrai sur les rivières de Lys, de Deule et de Marque ; il était séparé du Melantois et du Tournaisis par la haute Deule, du Ferrain par la basse Deule ; il s'étendait depuis ces rivières jusqu'à celles de la Lys.

Le Mélantois, dont nous avons déjà parlé, contenait 21 villages, et une petite région nommée *Outre-l'Escaut* en avait 7 seulement.

Ces territoires figurent sur la plupart des cartes anciennes de Flandre et de la châtellenie de Lille ; ils sont décrits dans plusieurs ouvrages, entre autres dans la *Gallo-Flandria sacra et profana* de Buzelin, Douai, 1625, in-f); dans l'Atlas de Mercator et Hondius, t. II, 1633, p. 369 ; dans Blaeu, Description de la France, de sa Géographie Blavienne (vers 1640), p. 168. Ils sont indiqués sur les anciennes cartes, même sur celle de De L'Isle, publiée en 1704 (voir plus loin).—On peut aussi consulter sur ces *pagi* Miroeus, *Op. dipl.*, t. I, p. 19.— Vredius, *Flandria Ethnica*. — Wastelain, *Descript. de la Gaule-Belgique*. — Desroches, *Descript. des anciens pays de la Belgique*. — Warnkœnig, *Hist de la Flandre*, t. I. — Raepsaet, *Œuvres*, t. III. — De Bast, *Recueil d'ant.*, 1808, in-4, p. 70 et 233. — *Bulletin* de l'Académie de Bruxelles (1840, t. II, p. 111).

Pagus Pabulensis. Le pays de *Pevèle*, ou de *Puèle*, ou de*Peule*. Sous le premier de ces noms sont indiqués dans les chartes depuis le VIIe siècle les grands pâturages qui s'étendaient entre le Tournaisis à l'est, le Mélantois à l'ouest, le Ferrain au nord et la Scarpe au sud. Une des preuves de son antiquité se trouve dans ses propres limites qui sont toutes naturelles Il était séparé du Mélantois par la Marque, de l'Ostrevant par la Scarpe et l'Elnon. La dénomination de Pevèle se trouve sur presque toutes les cartes du XVIIe et du XVIIIe siècle. Le nom de *pagus Postensis*, qui est bien plus rare, me paraît désigner la même contrée. La *Pevèle* était une région naturelle qui s'étendait au delà des limites du diocèse de Tournai et de la châtellenie de Lille, et pénétrait dans le comté d'Artois et le diocèse d'Arras. Orchies, *Orca, regium Castrum* d'une charte de Louis le Débonnaire en était la capitale, et fut aussi passagèrement chef-lieu d'un Doyenné. Les lieux principaux étaient *Mons in Pabula* ou *in Pascuis*, Mons en Pevèle, mentionné dans un diplôme du roi Thierry Ier[1], en 673, en faveur de

---

1. Miroeus, *Op. dipl.*, t. II, p. 126.

p. *Curtracensis* au sud et par le *p. Wasia* au nord. Telles étaient, comme nous le verrons, les limites de l'*Archidiaconé* de Gand, lorsqu'il fut constitué diocèse en 1559.

Le *pagus Medenantensis, Medenentis, Metunentis, Medenentisse, Meteletensis,* des anciens textes, le quartier du *Mélanthois* ou de *Melantois* des cartes modernes, est un des cantons du diocèse de Tournai, les mieux connus et les mieux limités. Situé au midi de la ville de Lille, il était compris entre la rivière de la Marque à l'est et celle de la haute Deulle à l'ouest. Le Quartier de *Carembant*, dont il sera question plus loin, était compris dans les mêmes limites, mais il occupait surtout la partie plus méridionale de ce territoire. Il est présumable que les deux autres petits cantons, ou Quartiers, de la *Weppe* et du *Ferrain*, qui sont situés à l'ouest et au nord de la ville de Lille et qui dépendaient de l'ancienne Châtellenie de ce nom, faisaient primitivement partie du Melantois et constituaient par leur ensemble un vaste territoire dont la ville de Lille (*Isla, Insula*) occupait à peu près le centre.

Cette distribution géographique est très-bien indiquée sur plusieurs cartes de la Flandre française et particulièrement sur la carte de la Châtellenie de Lille, par Baillieu (Paris, 1702, en 2 feuilles).

Voici quelques-uns des textes les plus anciens dans lesquels le Mélantois est indiqué.

VIIe siècle, *in territorio Medenantense, vico Sacilinio*[1].

La ville de Seclin (*Sacilinium, Seclinum, Siclinium*), mentionnée dès le VIIe siècle par saint Ouen, comme le théâtre du martyre de saint Piat, vers la fin du IIIe siècle, et où saint Éloi decouvrit le corps de ce missionnaire vers 650, était la capitale du *pagus Medenantensis* proprement dit, comme elle fut le chef-lieu du *Decanatus Seclinensis*, qui comprenait le *Mélantois* et le *Carembant*.

A. 837. *Metunenti*, ou *Medenenti*, territoire distinct du *Flanderes* (Flandres) et du *Mempiscus*, dans l'acte de partage de l'Empire Carlovingien, entre les fils de Louis le Débonnaire[2].

En 864. *Mathelentinsis pagus.*

En 867. *Schelnum villa in pago Medelentense.*

Vers l'a. 870. *In pago Medenintisse, in villa Nivilla* (Neuville ou Enneville) ? et *villa Wekessave.*

A. 877. *In pago Medenentinsi villam Rumcinium, cum appendice villa Templovio.* (Charte de Charles le Chauve[4].) Ronchin était dans le Doyenné de Lille, Templeuve dans celui de Tournai, mais il s'agit sans doute d'une localité différente, car Templeuve était dans le canton de Pevèle (*in Pabula*).

---

1. *Vit. S. Eligii*, l. II, c. VII.

2. Baluze, *Capitul. reg. Fr.*, t. I, p. 686. Éd. de 1780. — D. Bouquet, t. III, p. 411.

3. Mir., *Op. dipl.*, t. III, p. 289. — *Spicil.*, t. II, p. 878. — Duchesne, *Hist. Fr*, t. I, p. 339.

4. Mir., *Op. dipl.*, t. I, p. 138.

A. 967. *Caneghem in pago Metelentensi* [1].

A. 976 *In pago Medetenensi. Syngin* (Sainghain près de Bouvine, à l'extrémité orientale du Doyenné de Seclin [2]).

Dans une charte de 1019 à 1030 il figure sous le nom de *Methelentensis pagus : Skelmis in pago Methelentense* [3].

Le *pagus Corturiacensis, p. Cortracenus, p. Curtricisium, p. Curtracensis, p. Curtricensis,* s'étendait sur les deux rives de la Lys, autour de la ville de Courtrai.

Le nom de ce territoire est indiqué, dès le IV° siècle, dans la *Notitia dignit. Imperii*, à l'occasion d'un corps de cavalerie au service des armées romaines dans la Gaule : *Equites Cortoriacences*, soumis à l'autorité du *Magister equitum Galliarum.*

Sa capitale est mentionnée dès le VII° siècle, dans la vie de S. Éloi, sous le titre de *Municipium*, comme les villes de Gand et de Bruges, *M. Corturiacense.* Elle est nommée *Curtriacum, Cortriacum*, sur des monnaies du IX° siècle.

A. 853 et A. 859. *Curtricisus* (capitul. de Charles le Chauve [4]).

A. 944. *In Curteriacensi pago mons Centeron dictus* [5], diplôme de l'empereur Othon I°r.

A. 967. *Pagus Curtracensis* (dipl. du roi Lothaire pour le monast. de Gand [6]).

Dans ces deux titres, le pays de Courtrai est distingué de la Flandre proprement dite, nommée dans le premier *Flandra*, et dans le second *pagus Flandrensis.*

Vers 1030, dans une lettre d'Othebold, vingt-sixième abbé du monastère de S.-Bavon de Gand, à Otgine, comtesse de Flandre, présentant l'énumération des principales propriétés de l'abbaye, le territoire de Courtrai est encore distingué, sous le nom de *pagus Curtracensis*, des *pagi Flandrensis, Tornacensis, Metelentensis, Mempiscus* et *Gandensis* [7]. Cette distinction, concernant une époque relativement moderne et postérieure à l'établissement du comté de Flandre, est digne d'attention. Elle doit être surtout attribuée au titre de comte que Courtrai portait lui-même à cette époque, *Cortracenus comitatus sub Elbodone* [8]. Néanmoins le pays de Courtrai était une dépendance du grand *pagus*, ou de la *Civitas Tornacensis.* C'est pour cela que plusieurs localités sont indiquées, tantôt dans l'un, tantôt dans l'autre de ces *pagi.* Tel est le *monasterium Blandinense* [9].

---

1. Mir., *Op. dipl*, t. I, p. 47.

2. *N. Gall. christ..* t. IX, col. 1080. *Eccl. Noviomensis.*

3. Van Lokeren, *Hist. de l'abb. de S.-Bavon*, 1855. in-4°. D'après les chartes de cette abbaye, comme les citations de 864 et de 867.

4. Baluze, *Capit. req.*, t. II, p. 68 (éd. de 1708).

5. Gramaye, *Antiquit. Flandriæ* (ed de 1780), p. 57. *Corturiacum.* De ce texte Gramaye avait conclu que les *Centrones* de César occupaient la contrée dont Courtrai fut plus tard la ville principale.

6. Mirœus, *Opera dipl*, t. I. p. 47.

7. Mirœus, *Opera dipl.*, t. I, p. 348.

8. Bolland, *Febr.*, t. I, p. 685.

9. Gramaye, *Antiq. Flandr.*, p. 88.

Harlebeck, l'ancien château de Vive, Iseghem, Caneghem, Hau-
linghem, Esloa et plusieurs autres localités sont indiquées comme
faisant partie du *pagus Curtracensis*, dans la charte de 967 citée ci-
dessus, Harlebeck en était un des lieux les plus importants.

Quatre autres plus petits territoires sont encore indiqués par les
chartes, comme *pagi* ou comtes.

Un *pagus Suevorum*, qui était une dépendance du *p. Curtricisus*, a
laissé une trace de son nom dans celui de Sueveghem [1].

Le *pagus Rodanensis*, dans une partie du diocèse de Bruges dont
Rodenbourg, plus tard Ardenbourg, siége de Doyenné, était le lieu
principal, est mentionné dès le commencement du viii° siècle,
vers l'a. 703 [2].

Le *pagus et comitatus Thoroltanus*, ou de *Thourout*, territoire uni
à la Flandre vers la fin du du ix° siècle [3].

Le *pagus Viroviacensis* (Werwick), dont la ville principale a succédé à une station romaine, *Viroviacum* [4].

Outre ces différents territoires dont l'existence et les noms sont constatés dans le diocèse de Tournai, dès le viii° siècle et plus anciennement, par les sources historiques, on en peut reconnaître plusieurs
autres, moins importants la plupart, mais qui ont aussi une origine
assez reculée.

De ces territoires, les uns faisaient partie de la Flandre Flamingante : c'étaient le pays de Waes (Wasia), *pagus Wasiensis* ; le pays, ou
la Verge de *Menin*, *pagus* ou *comitatus Menenensis*; les Quatre-
Métiers, ou *Ambacht*, ou *Officia*: Bouchout. Assenede, Axel, Hulst;
l'*Iseritius pagus* et *comitatus*. pays de la Lys (Nieuport) ; le *pagus
Ottinga*, qui paraît n'avoir existé que passagèrement au x° siècle et
avoir embrassé en partie les *pagi Gandensis* et *Wasia*.

La *Fossa Othonis*, indiquée dans quelques chartes, était une ligne
de démarcation que l'empereur Othon le Grand fit tracer entre la
Neustrie et l'Austrasie.

Les autres *pagi*, et c'étaient les plus nombreux, composaient la
Flandre Wallonne ou Française, avec les trois pays de Tournai, de
Courtrai et le Mélantois (*pagi Tornacensis, Corturiacensis* et
Medelenthis) dont il a déjà été question. La plupart consti-
tuaient l'ancienne châtellenie de Lille, entre l'Escaut à l'est et la Lys
à l'ouest.

Ces territoires, divisés aussi sous le nom de Quartiers, étaient:
La Pevèle, *Pabula*, séparée du Mélantois et du Carembant par le

1. De Bast, *Recueil d'antiq.*, 1808, in-4, p. 169.
2. *Annales de l'abbaye de S.-Pierre de Gand*, par M. l'abbé Van
de Putte.
3. *Act. SS. Belg.*, t. II, p. 509, t. III, p. 236.
4. Schayes, *les Pays-Bas avant les Romains*, t. II, p. 459.

comme une sorte de Marche ou de frontière entre la Flandre et la Hollande.

Il était borné au nord par quatre petites contrées distinguées sous le nom des *Quatre-Métiers* (*quatuor Officia*, ou *Ambacht*) avec lesquels on l'a souvent confondu, peut-être à tort. Le pays de Waes faisait partie du diocèse de Tournai et les *Quatre-Métiers* du diocèse d'Utrecht. Les limites du pays de Waes étaient au sud, l'Escaut et la Durme ; à l'ouest, l'Escaut ; à l'est, la châtellenie de Gand et le pays de Termonde.

Il comprenait tout le district moderne de S.-Nicolas, plus les communes de Waes Munster qui lui doit son nom et de Moerbecke, qui en ont été détachées ; cette petite ville, située à six lieues d'Anvers et à six lieues de Gand, était la capitale du Waes.

La plus ancienne mention qu'on connaisse du Waes remonte au VIIIe siècle (a. 772); mais il était évidemment beaucoup plus ancien, car il forme une petite région naturelle, distinguée dans tous les temps.

A. 870 *In pago Wasiæ super fluvium Sealdæ villam quæ vocatur Temseca* (Temst ou Tamise). Diplôme de Charles le Chauve [1].

A. 937. *In pago Wasa super fluvio Scalda villa nuncupata Temseca.* Donation d'Arnould Ier, comte de Flandre.

La *Wasia* est aussi indiquée dans des chartes de 1120, de 1157, de 1220 et dans beaucoup d'autres qu'il serait surabondant d'indiquer, puisque ce pays s'est conservé jusqu'à nos jours sous le même nom et presque dans les mêmes limites qu'au VIIIe siècle.

Tous les territoires qui viennent d'être énumérés et dont le nombre considérable est en rapport avec l'ancien diocèse de Tournai, l'un des plus vastes de la seconde Belgique, n'ont pas à beaucoup près une valeur ni une étendue égales. Les uns, ce sont les plus importants, remontent dans les documents jusqu'à la période Mérovingienne, et sont même plus anciens, si l'on en juge par les antiquités romaines découvertes sur leurs territoires et dans leurs villes principales. Les autres n'ont eu qu'une existence passagère. Quelques-uns sont des subdivisions de contrées plus vastes et ont été le plus souvent représentés par des *comitatus* qui portent les mêmes noms. Plusieurs correspondent parfaitement à des subdivisions ecclésiastiques, ainsi que nous allons le voir ; d'autres n'embrassent que des petits territoires, sorte de banlieue, s'étendant autour d'un ancien château fort ou d'une ville.

Si l'origine des noms de plusieurs de ces territoires est à peu près évidente, tels que ceux de la Pevèle et du Waes, il en est d'autres, tels que le Caremban, la Weppe, le Ferrain, le Mélantois dont l'origine me paraît complétement inconnue, quoique appartenant à la Flandre française.

Archidiaconés, Décanats ruraux, ou Chrétientés, ou Archiprêtrés.

Les divisions ecclésiastiques du diocèse de Tournai ont varié suivant les époques. Comme dans son histoire, il y a deux périodes principales dans sa géographie : la première dura aussi longtemps que le diocèse

---

1. Mir., *Op. dipl*, t. I, p. 31.

En 1247 figure l'Archidiacre des Flandres. (Cart. D de l'Église de Tournai.)

Le *Decanatus Slusanus*, qui fut plus tard du diocèse de Bruges et devint entièrement hérétique, paraît aussi avoir formé une division ecclésiastique dès le XIIIᵉ siècle; mais il ne figure qu'après 1559 dans les pouillés [1].

En 1277, les Archidiacres de Tournai et de Gand figurent dans un registre intitulé : *Jura episcopatus Tornacensis* [2] :

Pierres Archediakenes de Tornay. — Archediakenes de Gand.

Les trois Archidiacres de Tournai, de Gand et de Bruges, qui ne sont pas, le plus souvent, mentionnés dans les listes de Doyennés ruraux des pouillés les plus anciens, figurent au contraire, soit isolement, soit réunis, dans un grand nombre d'actes des XIIIᵉ, XIVᵉ et XVᵉ siècles.

Avant 1330, le Doyenné de Seclin ne paraît pas avoir été encore séparé de celui de Lille [3].

En 1353, l'évêque de Tournai, Philippe d'Arbois, adresse des instructions au *Decanus Christianitatis Ardemburgensis*. — Le Doyenné rural d'Ardemburg fit partie du diocèse de Bruges après 1559 [4].

En 1396, le *Decanus Brugensis* signe avec les Archidiacres de Bruges et de Gand [5].

En 1421, il est fait mention du *Decanus Harlebecensis* [6].

En 1447, le Doyenné de Gand est aussi indiqué dans un acte ecclésiastique donné à Gand et probablement émané de l'Archidiacre; *Decani nostræ Christianitatis* [7].

Dans les ordonnances synodales de l'assemblée réunie à Tournai en 1480, et qui ont servi de base à la plupart des statuts synodaux promulgués par les évêques de ce diocèse pendant les deux siècles suivants, les *Decani Christianitatis locorum* sont fréquemment indiqués; leurs fonctions sont réglées pour les territoires de leurs Décanats [8].

En 1481, les douze *Decani Christianitatis Episcopatus Tornacensis* sont mentionnés [9].

Dans les synodes de Tournai, en 1509 et en 1520, les statuts précédents de Ferri de Cluni et de Guillaume d'Arbois, renouvelés par leurs successeurs les évêques Charles Du Haut-Bois et Louis Guillart, font plusieurs fois mention des Doyennés de Chrétientés : *Præcipimus omnibus Decanis nostræ Christianitatis;* et autres

---

1. Mir., *Opera dipl.*, t. IV, p. 564.
2. Reiffenberg. *Introd. de Phil. Mouskès*, t. II, p. CCCIX.
3 Varnkœnig. *Hist. de la Flandre*, t. II, p. 331.
4. *N. Gall. chr.*, t. III, col. 228.
5. Mir., *Opera dipl.*, t. II, p. 694.
6. *N. Gall. chr.*, t. III, col. 231.
7. Mir., *Op. dipl.*, t. III, p. 696.
8. *Concil. Germ.*, t. V, p. 525, 526, 527, 530, 534. Voir aussi Le Groux : *Summa Statutorum Synod. Eccl. Tornacensis*, 1726.
9. *Concil. Germ.*, t. V, p. 540.

En 1125, un acte de l'évêque Simon est signé par un *Archidiac. Turnacens*, et un *Archidiac. Noviomensis*[1].

En 1130, le *Decanus Wasiæ* figure encore dans une charte[2].

En 1150, deux Archidiacres signent un acte[3].

En 1165. on voit deux Archidiacres et le Doyen de Courtrai (*Decanus Curtracensis*); vers la même époque le *Decanus Aldenardensis*[4], le *Decanus Brugensis*, le *Decanus Helciniensis* sont indiqués[5].

En 1171[6] et en 1189[7], on voit deux Archidiacres.

En 1192, dans une charte de l'évêque de Tournai, il est fait mention de *Decani christianorum*[8].

En 1183, en 1194, en 1196 et en 1197 on voit deux Archidiacres, dont l'Archidiacre de Flandres, plusieurs *Decani* et l'un d'eux ainsi indiqué : *Gonterius quondam christianorum Decanus*[9].

La même année, le *Decanus Curtracensis* et le *Decanus S. Petri Insulensis*[10].

En 1198, dans un différend entre l'évêque de Tournai et l'abbé de S.-Martin, figure, avec deux Archidiacres de Tournai, le *Decanus Christianitatis Brugensis*[11].

De 1204 à 1218, les lettres de Godvin, évêque de Tournai, touchant l'excommunication du comte de Flandres, sont adressées à tous les fonctionnaires ecclésiastiques du diocèse et entre autres : *Decanis tam ecclesiarum conventualium quam Christianitatis*[12].

En 1220, deux Archidiacres comparaissent dans un acte.

En 1234, figurent le *Decanus de Helcinio*, et le *Dec. Christ. in Insula*.

En 1239, reparaît le *Decanus Vasiæ*[13].

Les douze Doyennés de Chrétientés de l'ancien diocèse de Tournai sont constamment indiqués depuis le XIII° siècle jusqu'à la division de l'évêché en 1559. On en voit la mention dans les M-s. de Flandres, t. 69-70. (Bibl. imp., fondations faites dans ces douze Doyennés depuis le XIII° siècle.

En 1267, la *Terra Wasiana* est décrite comme possession de l'évêché de Tournai ; elle fut plus tard unie au diocèse de Gand ; *sub Decanatu Hulstensi*[14].

---

1. Mir., *Op. dipl.*, t. II, p. 983.
2. *Id.*, t I, p. 381.
3. *N. Gall. chr.*, t. III, *Instr.*, col 46,
4. Mir., *id.*, t. II, p. 972.
5. *Id.*, t. II, p. 983 — *Id.*, t. I, p. 350.
6. *Id.*, t. III, p. 972.
7. *Id.*, t. II, p. 1317. — *Id.*, t. I, p. 286.
8. Mir., *Op. dipl.*, t. IV, p, 383 et 384. — *Id.*, t. II, p. 982 et p.1198.
9. Mir., *id.*, t. II, p 1202. — Cette même désignation est donnée dans le *N. Gall. christ.*, t II, col. 270 et 1004.
10. *Id.*, p 1200.
11. Mir.. *Op dipl.*, t. IV, p. 528.
12. *N. Gall. chr.*, t. III, *Instr.*, col. 51.
13. Mir., *Op. dipl.*, t. I. p. 402.
14. Mir., *Op. dipl.*, t. IV, p. 564.

I. *Archidiaconatus Tornacensis.*

5 Décanats ruraux.

1. *Decanatus Tornacensis.*
2. — *Helciniensis.*
3. — *Insulensis seu Lillanus.*
4. — *Seclininsis.*
5. — *Cortracensis.*

II. *Archidiaconatus Gandensis.*

4 Décanats ruraux.

6. *Decanatus Rollariensis.*
7. *Aldenardensis.*
8. *Gandensis.*
9. *Wasiæ.*

III. *Archidiaconatus Brugensis,* vel *Flandriæ.*

3 Décanats ruraux.

10. *Decanatus Brugensis.*
11. — *Ardenburgensis.*
12. — *Oudenburgensis.*

On doit remarquer dans cette liste le classement du *Decanatus Rollariensis* (Roulers, Rouselaer) dans l'Archidiaconé de Gand, quoique plus tard (1559) son territoire ait été adjoint, comme Décanat rural, au nouveau diocèse de Bruges.

Cette particularité a aussi frappé le P. Boucher.

Il faut aussi noter qu'une partie du Décanat d'Audenarde (Oudenarde), ou plutôt la portion de cette ville située sur la rive droite de l'Escaut, était soumise à la juridiction du Doyen de Pamèle qui dépendait du diocèse de Cambrai, puis de celui de Malines.

Les trois Archidiaconés, que le P. Boucher, en 1655, disait de très-antique origine[1], avaient été indiqués dans l'ouvrage de Catulle en 1652, sous une forme un peu différente[2] :

I. *Archidiaconatus major,* vel *Tornacensis* (partie française de la Flandre).

II. *Archidiaconatus Flandriæ. Districtus Gandensis* (pour le pays de Gand).

III. *Archidiaconatus Flandriæ. Districtus Brugensis* (pour le pays de Bruges et le pays de Waes jusqu'à l'Escaut).

---

1. *Belgium romanum,* p. 253.
2. *Tornacensis Civitatis metrop.,* etc. Bruxelles, 1652, in-4, p. 117.

La grande modification apportée à la géographie ecclésiastique des Pays-Bas, par la création des archevêchés et des évêchés nouveaux en 1559, eut une très-grande influence sur le diocèse de Tournai, et le réduisit à peu près au tiers de son étendue primitive. Toutefois, le résultat immédiat de cette révolution importante n'amena pas d'autres changements que la reduction des trois Archidiaconés à un seul, et des Décanats ruraux aux cinq qui composaient le même Archidiaconé de Tournai. C'est ce qui résulte des bulles de partage et de constitution des nouveaux diocèses [1].

Ces cinq Doyennés étaient, en 1559 :

1. Tournai. — 2. Seclin. — 3. Lille. — 4. Courtrai. — 5. Helchin.

Le premier changement fut opéré en 1572 par l'évêque Guilbert d'Ongnies (ou d'Oignies), qui partagea en deux le seul Archidiaconé que la création des nouveaux diocèses eût laissé à Tournai. Il établit :

L'Archidiaconé Français, auquel il attribua les trois Doyennés de Tournai, de Lille et de Seclin ;

L'Archidiaconé Flamand, réduit aux deux Doyennés de Courtrai et d'Helchin [2].

On voit par le synode de 1574, présidé par ce même évêque Guilbert d'Ongnies, que le nombre des Doyennés n'avait encore alors subi aucune modification, puisque les cinq anciens *Decani Christianitatis* y figurent seuls [3]. Le chapitre XIX° des statuts arrêtés dans ce synode fixe les devoirs des Doyens ruraux. savoir : la visite annuelle des Doyennés ; la convocation, trois fois et plus tard deux fois chaque année des synodes Décanaux ; l'obligation de rédiger des registres de tous les benéfices ecclésiastiques de chaque Doyenné, registres qui devaient être renouvelés tous les trois ans.

Dans le synode de 1589, le fonctionnaire ecclésiastique chargé de la surveillance Archidiaconale des Doyennés français était désigné sous le titre de *Tornaci vicarius generalis, Insulis et Cortraci Decanus Christianitatis* [4].

En 1588, une modification plus importante fut introduite par un autre évêque de Tournai, Jean de Vendeuille (ou Venduille) [5], qui exerça une grande influence sur l'administration du diocèse, par de sages mesures propres à rétablir la discipline, et par la création de plusieurs etablissements utiles.

Il vit que les anciens Décanats de son diocèse étaient trop étendus pour qu'un seul Doyen pût surveiller convenablement les paroisses confiées à ses soins, et aussi parce que les titulaires étaient, d'ordinaire, curés de grandes paroisses. Il avait d'abord adjoint à chacun d'eux, peu de temps après son sacre, en 1577, deux vicaires ou coadjuteurs ; mais cette innovation ne produisit pas le résultat qu'il en attendait ; il ré-

---

1. Miræus, *Op. dipl.*, t. II.
2. *N. Gall. chr.*, t. III, col. 240 et 241. — Voir le synode de 1573.
3. *Actes de la Prov. eccl. de Reims*, t. III, p. 424.
4. *Concil. Germ.*, t. VII, p. 769 à 793. — *Actes de la Prov. eccl. de Reims*, t. III, p. 405 et suiv. — *Id.*, p. 608.
5. *N. Gall. christ.*, t. III, *Instr.*, col. 57.

solut donc, d'après l'avis de ses vicaires généraux, de partager en
douze les anciens Doyennés, comme dans le diocèse d'Arras qui avait
plus de paroisses, il est vrai, mais ne comptait pas plus d'habitants.

Dans la charte de division des Doyennés, qui porte la date du
22 juin 1588, et qui fut promulguée dans le synode de 1589, en même
temps que de nombreuses prescriptions sur la conduite à tenir par les
Doyens ruraux, l'évêque Jean de Vendeuille assigne à chaque Doyenné
les paroisses qui devaient en faire partie ; leurs noms y sont donnés
en français. Ces paroisses étaient alors au nombre de deux cent dix.
Ce document intéresse tellement la géographie ecclésiastique du diocèse de Tournai, que je crois utile d'en reproduire les passages les plus
essentiels, avec l'indication des nouveaux Doyennés [1].

*Quum latius paterent Decanatus nostræ diœcesis, quam ut unus
Decanus possit commode, et, ut oportet, superintendere parochiis sibi
commissis, præsertim cum Decani soleant esse pastores et quidem
magnarum parochiarum ; paulo post nostram consecrationem sin-
gulis Decanis adjunximus duos vicarios seu adjutores, quæ ex re,
dei beneficio, provenit fructus non contemnendus, non tantus tamen
quantum optabamus et sperabamus, idque ea potissimum de causa
quod illi Decani destituerentur auctoritate necessaria ad magnum
fructum faciendum. Quam ob rem, re diligenter expensa et cum nostro
vicariatu communicata, de ejusdem consilio resolvimus singulas
Decanatus dividere et diœcesim in duodecim Decanatus distribuere,
et scilicet quot sunt in diœcesi Atrebatensi, quæ etsi paulo plures
parochias quam hæc, non tamen plures habet animas quarum cura
habendæ est, Quam resolutionem nostram, ad effectum perducentes,
in duodecim Decanatus diœcesim divisimus, assignatis cuique De-
canatui suis parochiis in eum qui sequitur modum :*

1. *Decanatus Tornacesii* habet..................	31	*parochias.*
2. *Decanatus S. Amandi*...................	17	—
3. *Decanatus Helchiniensis*...................	20	—
4. *Decanatus Tourgoiniensis*..................	10	—
5. *Decanatus Robeascensis*...................	17	—
6. *Decanatus Insulensis*....................	11	—
7. *Decanatus de Quenoy*....................	20	—
8. *Decanatus Waurininiensis*..................	20	—
9. *Decanatus Cortracensis*...................	19	—
10. *Decanatus Meneniensis*...................	11	—
11. *Decanatus Secliniensis*...................	16	—
12. *Decanatus Carniniensis*...................	15	—

Cousin (*Hist. de Tournay*, t. IV, p. 316, 317), expose ainsi le partage de l'Archidiaconé de Tournai.

« Quelques années après 1571, le susdit évêque Guillebert d'Ongnies

---

1. *Charta J. Venduilli episc. Tornacensis de divisione sui episcopatus.* 22 juin 1588. *N. Gall. chr.*, t. III, *Instr.* col. 57 et 58. — Mir.,
Op. dipl., t. IV, p. 496. — *Concil. Germ.*, t. VII.

« repartit l'Archidiaconé de Tournay en deux (car il estait vaquant par
« la mort de Jacques Robert), et ordonna que l'Archidiaconé de Tour-
« nay qui a esté dignité en l'Eglise de Tournay, demeurera dignité,
« comme du passé, luy assignant pour son district trois Doyennés de
« Chrétienté, à savoir: les Doyennés de *Tournesis*, de *Lisle* et de *Seclin*,
« avec la 3ᵉ partie des sonnies des dits Doyennés; et que l'Archidia-
« coné de Flandre à venir sera, en la même église, office perpetuel, et
« luy attribua pour son district deux Doyennés, sçavoir est : le
« Doyenné de *Helcin* qui est maintenant (1620) divisé en deux, et
« celuy de *Courtray*, avec la 3ᵉ partie des sonnies de ces Doyennés et
« autres émoluments. »

Si l'on recherche comment furent formés les sept nouveaux
Doyennés ruraux de Saint-Amand, de Tourcoing, de Roubaix, du
Quesnoy, de Waurin, de Menin et de Carnin, on peut faire les remarques suivantes : le Doyenné de Saint-Amand comprit la partie meri-
dionale de l'ancien Doyenné de Tournai; ceux de Tourcoing et de
Roubaix furent formés aux dépens du vaste Doyenné d'Helchin, dont
ils prirent la portion occidentale, sur les limites du Doyenné de Lille.

Les Doyennés du Quesnoy et de Waurin furent detaches de celui de
Lille, non moins étendu que celui d'Helchin, et dont fut aussi détaché le petit Doyenné de Carnin; enfin le Doyenné de Menin, qui, plus
tard, fut désigné sous le nom de Doyenné de Wervick, fut formé aux
dépens de celui de Courtrai.

Le synode de l'année 1600, qui renouvelle la plupart des prescriptions antérieures sur les obligations des Doyens ruraux, alors nommés indifferemment *Archipresbyteri* et *Decani Christianitatis*, n'indique point leur nombre à cette époque[1].

Malgré la nécessité du partage des anciens Doyennés, tel que l'avait
opéré l'évêque de Vendeuille, il ne fut pas de longue durée,
surtout par l'effet des modifications territoriales résultant de causes
politiques, conquêtes et traités. Ces nouvelles divisions furent en
partie abolies, en partie modifiées vers le milieu du xvirᵉ siècle.

En effet, en 1625, Buzelin (dans sa *Gallo-Flandria*, p. 255), indique
le partage du diocèse de Tournai en six Doyennés seulement, sans
tenir compte de la division opérée par Jean de Vendeuille, et en ajou-
tant qu'il n'y en avait primitivement que cinq, le Doyenné de Lille
comprenant le territoire qui forma depuis celui de Seclin.

Voici cette division donnée par Buzelin :

Dividitur in sex Decarchias :

1. — *Helchinensem Flandrorum.*
2. — *Cortracensem.*
3. — *Helchinensem Gallorum.*
4. — *Tornacensem.*
5. — *Insulensem.*
6. — *Siclinensem.*

---

1. *Concil. Germ.*, t. VIII, p. 475 et suiv.

Dans un synode de l'année 1643, on voit figurer, en cet ordre, les deux Archidiacres et les huit Doyens ruraux[1] :

Archidiaconus Tornacensis.
Archidiaconus Flandriæ.

1. *Decanus Tornacesii.*
2. — *Cortracensis.*
3. — *Helchiniensis Gallorum.*
4. — *Helchiniensis Flandrorum.*
5. — *Amandinensis* (S.-Amand).
6. — *Viroviacensis.*
7. — *Secliniensis.*
8. — *Ulmensis.*

} *Districtuum Christianitatis Decani.*

Dans ce même synode (tit. XVIII., c. 6) on lit la prescription suivante de l'évêque :

...*Archidiaconos nostros* (monemus) *ut quilibet, in suo respective districtu, assumpto secum Decano Christianitatis loci, visitet monasteria monialium nostræ diœcesis.*

Ces mêmes divisions se retrouvent dans un synode de l'année 1649[2].

Un autre synode de l'année 1660[3] présente un Doyenné nouveau, celui de Menin, qui remplace le Doyenné de Wervick et devait comprendre le même territoire.

1. *Decanatus Christianitatis Tornacensis.*
2. — *Insulensis.*
3. — *Cortracensis.*
4. — *Secliniensis.*
5. — *S. Amandi.*
6. — *Menennensis.*
7. — *Helchiniensis Flandrorum.*
8. — *Helchiniensis Gallorum.*

Dans ce même synode, on voit l'indication de l'*Archidiac. major, vulgo Tornacensis,* et des promoteurs *districtuum Flandriæ Valloniæ.*

La carte de la seconde Belgique, publiée par N. Sanson en 1651, n'indique plus que six Doyennés : 1° Tournai et le Tournaisis ; 2° Seclin ; 3. Lille ; 4. Courtrai ; 5 et 6. les deux Helchin.

Sur la carte du diocèse de Tournai, par Cappelier, en 1694, et sur l'édition de 1709, les deux Doyennés de S.-Amand et de Wervick reparaissent, et l'on compte huit Doyennés ruraux dans le diocèse, savoir :

Les cinq Doyennés primitifs : 1. Tournai ; 2. Helchin ; 3. Lille ;

---

1. *Concil. Germ.*, t. IX, p. 620.
2. *Concil. Germ.*, t. IX, p. 692.
3. *Concil. Germ.*, t. IX, p. 876.

4. Seclin; 5. Courtrai; et trois autres : 6. Saint-Amand, déjà en 1565; 7. Wervick, qui remplaça celui de Menin créé à la même époque; 8. les deux Doyennés formés aux dépens de celui d'Helch (Helchin Wallon et Helchin Flamand).

Le Doyenné de Tourcoing fut réuni à celui d'Helchin Wallon; ce du Quesnoy et de Waurin rentrèrent, en grande partie, dans Doyenné de Lille; celui de Carnin fut probablement rendu au Doye d'Helchin.

En 1665 figurent dans un synode[1] :

Archidiac. primarius, seu major.
Archidiac. Flandriæ.
1. Decanus Christ. Tornacensis.
2. — Insulensis.
3. — Cortracensis.
4. — Viroviacensis.
5. — Helchiniensis Flandrorum.
6. — Ulmensis.

Dans un synode de 1673 figurent les deux Archidiacres A. major et A. Flandriæ, et les huit Doyens de Chrétientés[2] :

1. Decanus Christ. Tornacensis.
2. — Cortracensis.
3. — Ulmensis (ou Insulensis ?).
4. — Secliniensis.
5. — Helchiniensis Wallonum.
6. — Viroviacensis.
7. — Helchiniensis Flandrorum.
8. — S. Amandi.

Un autre synode de 1677 présente dans l'ordre suivant les Decani districtuum Christianitatis[3] :

1. Decanus Christianitatis Tornacensis.
2. — Insulensis.
3. — Cortracensis.
4. — S. Amandi.
5. — Secliniensis.
6. — Helchiniensis Flandrorum.
7. — Helchiniensis Gallorum.

En 1678 on voit, outre les deux Archidiacres[4] :

1. Decanus Christ. Tornacensis.
2. — Insulensis.

---

1. Concil. Germ., t. IX, p. 18.
2. Id., p. 44.
3. Id., p. 54.
4. Id., p. 85.

3. *Decanus* S. *Amandi*.
4.   —   *Secliniensis*.
5.   —   *Helchiniensis Gallorum*.
6.   —   *Helchiniensis Flandrorum*.
7.   —   *Viroviacensis*.

Le Doyenné de Wervick manque à la liste de 1677 ; le Doy. de Cour-
rai à celle de 1678; les Doyennés de Lille et d'Helchin Flamand manquent à celle de 1679, parce que chacun de ces fonctionnaires était
absent des synodes·
En 1679, sont présents au synode[1] :

1. *Decanus* Christ. *Tornacensis*.
2.   —   *Cortracensis*.
3.   —   S. *Amandiniensis*.
4.   —   *Secliniensis*.
5.   —   *Helchiniensis Gallorum*.
6.   —   *Viroviacencis*.

Les statuts synodaux des années 1679. — 1680. — 1681. — 1683, présentent, pour le Doyenné rural de Courtrai, une subdivision que je
n'ai remarquée, dans ce diocèse, à aucune autre époque et dans aucun
autre document. Ce Doyenné y est séparé en deux parties, l'une en
deçà de la Lys, ou partie méridionale dépendant de la France, l'autre
au delà de la Lys, ou partie septentrionale soumise au roi d'Espagne.
Voici l'état inscrit au synode de 1680[2].

I. *Archidiaconus major*.

II. *Archidiaconus Flandriæ*.

1. *Decanus* Christianitatis *Tornacensis*.
2.   —   *Insulensis*.
3.   —   *Cortracensis citra Lisam (pastor portionis meridio-
     nalis oppidi Cortracensis).*
4.   —   *Cortracensis ultra Lisam (pastor portionis septen-
     trionalis oppidi Cortracensis).*
5.   —   S. *Amandi in Pabula*.
6.   —   *districtus Secliniensis*.
7.   —   *districtus Viroviacensis*.
8.   —   *districtus Helchiniensis Flandrorum*.
9.   —   *districtus Helchiniensis Gallorum*.

Cet état de choses subit encore de nouveaux changements pendant
le xviiie siècle.
La liste des Doyennés ruraux et des paroisses du diocèse de Tour-

---

1. *Concil. Germ.*, t. IX, p. 679.
2. *Concil. Germ.*, t. X, col. 99 et 102.

nai a été publiée plusieurs fois pendant le XVIII° siècle. Je possède un de ces états, imprimé à la suite d'un volume in-18 intitulé :

Petit dictionnaire historique et géographique de la Châtellenie de Lille. Édit. nouvelle, 1733. A Lille, in-18 de 36 pages.

P. 34, est cette liste sous le titre suivant :

Les cures du diocèse de Tournay, divisées selon leurs Doyennés, avec leurs patrons :

1. **Doyenné de Tournay,** y compris les sept cures de la ville et les six qu'on nomme suburbicaires......... 54 paroisses.
2. — *de Lille*............................ 52
3. — *d'Helchin Wallon*................. 28
4. — *d'Helchin Flamand*.............. 18
5. — *de Seclin*......................... 32
6. — *de Saint-Amand*................. 17
7. — *de Courtray*...................... 20
8. — *de Wervick*....................... 12

                 Nombre total........... 223 paroisses.

Une liste publiée par Expilly, en 1766, *Dict. géogr. des Gaules*, IV, 966, indique dix Doyennés dans l'ordre suivant :

1. Ville, suburbicaires et Doyenné de Tournay.   36 paroisses.
2. Doyenné de Lille........................ 31 —
3. — d'Orchies...................... 19 —
4. — de Lommes..................... 21 —
5. — d'Elchin Wallon (par erreur *allon*). 24 —
6. — d'Elchin Flamand.............. 18 —
7. — de Seclin....................... 25 —
8. — de Saint-Amand................ 17 —
9. — de Courtray..................... 20 —
10. — de Wervick..................... 12 —

On voit ici paraître pour la première fois le Doyenné d'Orchies; cette ville, située à l'extrémité occidentale du diocèse, dépendait antérieurement du Doyenné de Tournai et Tournaisis; il forma, au XVIII° siècle, le siége d'un nouveau Doyenné rural. Le Doyenné de Lommes, désigné dans les titres du XVII° siècle (synodes de 1643, 1665, 1673) sous le nom latin de *D. Ulmensis,* fut un démembrement du Doyenné de Lille. Le chef-lieu, situé à quelques lieues à l'ouest de Lille, comprit la partie occidentale du territoire de cet ancien Doyenné. Ce Doyenné n'a eu qu'une existence très-passagère.

La carte la plus récente du diocèse, publiée en 1780, présente les dix Doyennés.

La modification capitale apportée en 1559 à l'organisation géographique du diocèse de Tournai, et les changements qui en furent la conséquence pour la portion qui continua de former ce diocèse, furent accompagnés de changements non moins importants dans la division Décanale des deux anciens Archidiaconés de Gand et de Bruges, devenus les diocèses des mêmes noms. Les Doyennés de chacun d'eux furent au moins doublés. Si l'on veut avoir la division Décanale la plus complète des très-grands territoires qui formèrent, depuis les temps les plus anciens jusqu'en 1559, le diocèse de Tournai, on doit ajouter à la liste donnée ci-dessus des douze Doyennés créés par J. de Vendeville en 1588 dans la partie réduite de ce diocèse, les deux tableaux suivants, représentant les divisions géographiques des diocèses de Gand et de Bruges, à peu près à la même époque :

Diocèse de Gand, ou ancien Archidiaconé de Gand [1] :

1.	*Archipresbyteratus urbis*	10	paroisses.
2.	*Decanatus ruralis Everghemiensis*	25	—
3.	— *Wasiæ*	23	—
4.	— *Hulstensis*	21	—
5.	— *Teneramondanus*	21	—
6.	— *Aldenardensis*	26	—
7.	— *Donzanus*	25	—
8.	— *Tiletanus*	22	—

Diocèse de Bruges, ou ancien Archidiaconé de Bruges [2] :

1.	*Archipresbyteratus urbis.*		
2.	*Decanatus ruralis Brugensis*	9	paroisses.
3.	— *Oudenburgensis*	15	—
4.	— *Thorollensis*	17	—
5.	— *Ghistellensis*	20	—
6.	— *Rollariensis*	15	—
7.	— *Ardenburgensis*	17	—
8.	— *Dammensis*	15	—

Un autre Doyenné paraît avoir été ajouté au diocèse de Bruges.

Avant 1559 l'Archidiaconé de Gand n'était partagé qu'e i quatre Doyennés : Gand, Roullers, Audenarde et pays de Waes.

L'Archidiaconé de Bruges en comptait seulement trois : Bruges, Oudenbourgh et Ardenbourgh.

En résumé, le diocèse entier de Tournai, avant 1559, était divisé en douze Doyennés ruraux; le territoire du même diocèse, après la création de deux évêchés nouveaux, en comprit, dans ses anciennes limites, vingt-sept ou vingt-huit. Avant 1559, il comprenait plus de 500 paroisses ; il fut réduit à 220 après 1559.

On verra les détails des nouvelles divisions dans les notes des diocèses de Gand et de Bruges.

Rapports entre les Archidiaconés et les Pagi.

La concordance entre les trois grands Archidiaconés de l'ancien diocèse de Tournai et les trois principaux *pagi* du territoire de cette *Civitas*, mentionnés avant tous les autres, par le témoignage le plus

---

1. Sanderus, *Flandria illustrata*. Colon. Agr., 1641. in-f°, t. I, p. 160.
2. *Id.*, p. 211.

authentique, me paraît aussi réelle que dans le diocèse de Cambrai. Cependant, quoique le texte qui en fait la base ait été cité fort souvent, cette concordance ne semble pas avoir été jusqu'ici remarquée par les nombreux géographes, antiquaires et historiens qui se sont occupés des rapports et des limites des territoires de la seconde Belgique. La question des *Menapii* et des *Nervii*, si brûlante et devenue toute municipale et presque personnelle, entre les défenseurs de l'antériorité relative des deux diocèses, avait absorbé leur attention, et l'avait détournée d'autres rapports plus simples, moins compromettants, et beaucoup plus utiles pour l'histoire de la géographie.

Le document authentique le plus ancien après les sources romaines, dans lequel il soit fait mention des divers territoires compris entre les limites de ce diocèse, est la vie de S. Éloi, évêque de Tournai et de Noyon, par S. Ouen, évêque de Rouen, son contemporain et son ami, document précieux dont il a été déjà fait plusieurs fois mention [1]. Les événements qu'il constate remontent à la première moitié du VII° siècle (.588-659); le fait particulier dont il est question, est de l'année 640. L'auteur qui les a retracés, en témoin oculaire, était mort en 683. Il n'y a ni interpolation dans ce texte, ni contestation aucune à son sujet.

Il est nécessaire de rappeler textuellement le passage qui me semble fournir pour ce diocèse un argument solide en faveur des rapports des *pagi* avec les Archidiaconés. Il concerne l'élection de S. Éloi à la dignité épiscopale, faite suivant les usages de l'Église aux VII° et VIII° siècles, par le clergé et par le peuple réunis.

Elegerunt. S. Eligium.... ut præsset Ecclesiæ Noviomagensi...; constituerunt custodem urbium seu municipiorum, his vocabulis, Vermandensi scilicet quæ est metropolis urbs, Tornacensi vero quæ quondam regalis extitit civitas, Noviomagensi quoque et Flandrensi, Gandensi etiam et Corturiacensi. Ob hoc itaque eum vel maximè in his locis dederunt pastorem quod incolæ ejusdem regionis magna udhuc ex parte, gentilitatis errore detinebantur [2]....

Aucun diocèse n'est indiqué dans ce texte; plusieurs villes, sous le titre d'*urbes* et de *municipia*, avec leurs territoires, y sont seulement énumérées. Ce sont les suivantes :

Vermandense. — Tornacense. — Noviomagense. — Flandrense. — Gandense et Corturiacense.

Le premier et le troisième de ces noms de villes et de territoires indiquent les deux villes et les deux *pagi* de Vermand et de Noyon qui constituèrent le diocèse dont le siége fut successivement dans chacune de ces localités, et que saint Médard avait occupé jusqu'en 545, moins de cinquante ans avant saint Éloi.

Quant aux quatre autres noms, ils indiquent des territoires bien

---

1. Voir les notes du diocèse de Noyon, ou de Vermand.
2. *Vita S. Eligii ab Audoeno,* l. II, c. 11; in *Spicileg.*, t. II, éd. in-f. p. 90, et tome V de l'éd. in-4. — D. Bouquet, tome III, p. 557. — Sur la vie de S. Éloi, on peut aussi consulter la savante dissertation du P. Ghesquières, *Act. ss. Belgii*, t. III p. 94; et la traduction de cette vie, par M. C. Barthélemy, 1847, in-8.

connus : celui de Tournai ; — puis celui de Bruges, qui, d'après d'autres
téxtes un peu postérieurs, correspond au territoire dont les habitants
les plus anciens sont désignés sous le nom de *Flandrenses*, pays fort
différent des Flandres du moyen âge et des temps modernes ; — celui
de Gand ; — et enfin celui de Courtrai.

On voit par un autre passage de la même biographie [1], que la surveillance épiscopale de saint Éloi s'étendait aussi sur les habitants
du territoire d'Anvers (*Andoverpenses*), qui plus tard fut assigné au
diocèse de Cambrai, des *Frisons*, des *Suevi* et autres *Barbari* du littoral, qui constituèrent plus tard, en grande partie, le diocèse d'Utrecht [2].
Pour ces pays saint Éloi était un évêque régionnaire, un chef de
mission, comme le fut saint Amand et comme le furent plusieurs
siècles plus tard, les saints et courageux Willibrod et Winfried.

Le biographe de saint Éloi n'attribue point le titre d'évêché à la
réunion des quatre territoires du premier texte. Cependant près d'un
siècle auparavant, même en mettant de côté la question tant contro-
versée du siége de *Superior*, évêque des *Nervii*, la ville de Tournai
constituait un diocèse distinct, qui avait eu, avant saint Éloi, deux
autres évêques au moins, saint Éleuthère (502 à 546) et saint Médard,
son ami, son confrère, et son successeur. Celui-ci avait, le premier,
réuni sous son administration, ou plutôt sous l'influence de sa prédication, les *Civitates* de Vermand ou de Noyon et celle de Tournai [3].

La cause du silence de saint Ouen sur la qualification épiscopale à
donner à ces territoires est évidente : la foi chrétienne qui n'avait pé-
nétré que dans une partie de ces contrées, y avait été fort altérée, et
la plus grande partie était encore, ou était redevenue païenne. Outre
le passage ci-dessus, on peut invoquer le texte des prédications
de saint Éloi lui-même aux habitants, texte qui a été reproduit par
saint Ouen et qui énumère tant de superstitions païennes conservées ;
les unes d'origine Gallo-Germanique, telles que le culte des pierres,
des arbres et des fontaines, les autres d'origine romaine, telles que
l'adoration de Diane, de Minerve, et une foule d'autres coutumes ido-
lâtres. Les efforts de la prédication de saint Éloi sont en outre constatés en ces termes par saint Ouen :

*Multum in Flandris laboravit ; Andoverpis pugnavit, multos que
errores convertit* [4].

Si la subordination des autres villes et territoires à un seul et
même diocèse, celui de Tournai, n'est pas indiquée par le texte
de saint Ouen, elle ressort, sans la moindre incertitude, de leur
seule mention. Les villes ou *municipia* dont il fut alors établi le *Custos*,

---

1. *Id.*, l. II, c. III. *Flandrenses, Andoverpenses, Frisiones et Suevi
et Barbari, quique circa maris littora degentes....*

2. L. II, c. xv.

3. Une autre date de l'épiscopat de saint Éleuthère est celle assignée
par le P. Boucher (*Belg. rom.*, L. X) ; d'autres historiens antérieurs
font remonter son épiscopat à l'a. 484, et sa mort à l'a. 532 ; l'épiscopat
de saint Médard embrasserait alors les années 532 à 545.

4. *Id.*, l. II, c. VIII.

en même temps qu'il était préposé à la ville de Vermand, sorte de *Métropole* de tous les pays sur lesquels s'étendait la surveillance pastorale de saint Ouen, indiquent précisément les grands territoires qui constituèrent l'évêché primitif de Tournai.

D'abord, le chef-lieu lui-même avec sa qualité de *Civitas*, qui lui était appliquée à plus d'un titre, politique et religieux : *Tornacensi quæ quondam regalis es titit Civitas*.

On voit par un autre passage de la vie de saint Éloi (l. II, c. xxxii), que la surveillance du clergé de Tournai devait être, par suite de sa réunion à un autre évêché, confiée à un fonctionnaire ecclésiastique particulier : *Balderado Ecclesiæ Tornacensis abbati*.

Puis, *Flandrense* qui représente Bruges et son territoire.

Et enfin, *Gandense*, désignant la ville et le territoire de Gand.

Ce sont bien là les trois grands Archidiaconés du diocèse qui conservèrent plus tard leurs limites primitives, à l'époque de la division de ce diocèse en trois autres (1559). De telle sorte qu'on peut supposer, avec une très-grande apparence de vérité, que les trois diocèses de Tournai, de Bruges et de Gand, tels qu'ils furent formés au XVIe siècle, reproduisent à peu près exactement, en tenant compte toutefois de plusieurs plus petits territoires subordonnés, les trois grands pays ou territoires primitifs de cette partie de la seconde Belgique, le *Tornacesium*, le *Flandrense* ou *Brugense* et le *Gandavense*.

Reste un autre territoire, également ancien, cité par saint Ouen, et qui ne devint point la base d'un Archidiaconé, le territoire du *municipium Curtracense*. Mais il forma le plus important Doyenné rural du diocèse, de même que le territoire du bourg de Seclin *Vicus Sacilinius* [1], célèbre par la découverte du corps de saint Piat et d'autres martyrs du IVe siècle, devint chef-lieu d'un territoire mentionné aussi dès le VIe par saint Ouen. Le *Territorium Medenantense*, que nous avons vu s'être conservé jusqu'à nous sous le nom peu altéré de *Mélantois*, est devenu le centre d'un autre Doyenné rural non moins important.

Il en fut de même du pays de Waes, qui forma un Doyenné rural entièrement identique avec le *Pagus* du même nom. Les sièges de la plupart des autres Doyennés, et surtout Wervick, Rodenbourg, Thourouet, Menin, étaient aussi au nombre des plus anciennes villes du diocèse, qui donnèrent à la fois leur nom à de petits comtés et aux Doyennés ruraux.

Séparation des évêchés de Tournai et de Noyon en 1146.

Nous avons déjà vu, dans l'histoire du diocèse de Noyon, comment, dès le VIe siècle, ces deux *Civitates* distinctes sous l'administration romaine, distinctes dans la première organisation des Églises de la Gaule, furent réunies sous le gouvernement d'un seul évêque, saint Medard, plus de deux siècles après l'introduction du christianisme en ces contrées. L'action des rois Francs fut évidente dans cette réunion. Soumettre à la surveillance d'un seul chef ecclésiastique deux pays aussi éloignés et séparés l'un de l'autre par le vaste dio-

---

1. *Id.*, l. II, c. VII.

cèse de Cambrai, c'était aider à la concentration du pouvoir dans ces mêmes contrées sous l'antorité d'un seul chef politique. Aussi le roi Clotaire, fils de Clovis, favorisa-t-il cette union. L'affaiblissement et la persécution de la foi chrétienne, après la mission de saint Piat, considéré comme l'apôtre du Tournaisis, vers la fin du III° siècle, n'y furent pas non plus étrangères. Cet affaiblissement avait été si complet, qu'il avait entraîné l'abandon de la ville par les nouveaux convertis, et la translation du siége de la chrétienté au village de Blandain. Cette persécution continua sous l'épiscopat de saint Éleuthère, et durait encore lorsque saint Médard, déjà évêque de Vermand, dont le siége venait d'être transféré à Noyon, fut élu évêque de Tournai, vers le milieu du VI° siècle.

Depuis cette époque jusque vers le milieu du XII° siècle, c'est-à-dire pendant près de six cents ans, les deux diocèses demeurèrent soumis à l'autorité unique de l'évêque de Noyon. Mais cette réunion, si contraire aux intérêts et aux exigences du culte et de la surveillance dans d'aussi vastes territoires, n'occasionna pas le moindre changement dans les anciens territoires politiques, non plus que dans les divisions Archidiaconales et Décanales. On ne peut, il est vrai, fixer la date rigoureuse de celles-ci, mais on voit les mêmes avant et après la séparation, en 1146. On sait en outre que l'administration ecclésiastique des deux diocèses était complétement distincte; les revenus, les charges, le Chapitre cathédral, l'Officialité, tout était distinct. L'évêque titulaire ne mettait point de préséance dans l'énoncé de ses deux titres, et on lit dans les chartes, tantôt : *Noviomensis* et *Tornacensis*, tantôt *Tornacensis* et *Noviomensis episcopus*, Néanmoins, le clergé et le peuple du diocèse de Tournai tentèrent plus d'une fois d'obtenir la disjonction des deux diocèses, longtemps avant de pouvoir y réussir. L'éloignement des deux siéges, l'accroissement de la population, les différences des gouvernements politiques des deux diocèses semblaient nécessiter cette séparation.

Durant les premières années du XII° siècle, la maladie de l'évêque Balderic, dont certaines décisions avaient été contraires au clergé de Tournai, parut offrir au Chapitre de cette ville une occasion dont il essaya de profiter. Deux papes, Urbain II, puis Pascal II, furent favorables à ses instances que justifiaient les anciennes coutumes, depuis si longtemps violées, et les besoins actuels de l'Église. Mais la résistance de l'archevêque de Reims et l'intervention d'Ives, évêque de Chartres, en faveur de l'évêque de Noyon, le maintinrent encore dans la possession des deux siéges.

Vainement le clergé de Tournai avait obtenu de Pascal II de procéder à l'élection d'un évêque, et avait choisi Herbert, Archidiacre de Terouanne; l'archevêque de Reims refusa de le consacrer. Sous le pontificat d'Innocent II, la collégiale de Tournai profita de la suspension de l'évêque Simon pour obtenir de nouveau le droit d'élire un évêque. Les choix se portèrent sur Absalon, abbé de Saint-Amand. Mais Simon rentra en grâce auprès du souverain pontife, il obtint qu'on retardât la confirmation, et que le fait et le droit d'élection fussent soumis à une assemblée d'évêques.

Ce ne fut que sous le pape Eugène III, et à la pressante sollicitation de saint Bernard, avec lequel ce pape avait vécu à Clairvaux, que la séparation des deux diocèses fut enfin autorisée et définitivement réalisée en 1146-1147. Plusieurs lettres furent écrites à ce sujet par le pape au clergé et aux fidèles de Tournai, ainsi qu'au roi de France, Louis VII, et au nouvel évêque de Tournai, Anselme, abbé de Saint-Vincent de Laon, élu par le clergé de Tournai, sur la désignation de saint Bernard et du pape. L'influence du comte de Flandre fut aussi très-grande pour la séparation des deux évêchés[1].

Chapitres et abbayes du diocèse de Tournai.

Chapitres[2].

Capit. *Tornaconse.* (Chapitre de la cathédrale.)
Capit. *Curtracense.* (Eglise collégiale de Sainte-Marie, de Courtrai.)
Capit. *Insulense.* (Eglise collégiale de Saint-Pierre, de Lille, fondée en 1055.)
Capit. *S. Doniciani* (Donatiani) *in Brugis*, (Eglise collégiale de S.-Donat, de Bruges.)
Capit. *S. Mariæ in Brugis.* (Eglise collégiale de Sainte-Marie, de Bruges.)
Capit. *de Hellebeke.* (Eglise collégiale de S.-Sauveur, d'Harlebecke.)
Capit. *S. Pharaildis in Gandavo.* Sainte-Pharailde, à Gand; Chap. transféré à l'église de S. Nicolas.
Capit. *Sicliniense.* (Eglise collégiale de S.-Piat, de Seclin.)
Capit. *de Thoralto.* Chap. de Thourout.
Capit. *S. Bavonis.* (Eglise collégiale de S.-Bavon, de Gand, devenue abbaye, puis cathédrale du diocèse de Gand en 1559.)
Il faut ajouter le *Capit. Affligemiense* (Affligheim); le *Capit. Falempiniense* (Falempin) et plusieurs qui furent convertis en abbayes; le *Capit. Elseghemiense,* fondé près d'Audenarde en 1419; le *Capit. Tenremondense* (Termonde); la collégiale de S.-Pierre d'Anthoing, et celle de S.-Pierre de Commines.

Abbayes.

1°. Abbayes de l'Archidiaconé de Tournai qui continuèrent de faire partie du même diocèse après 1559.

Ordre de S.-Benoît.

Abbayes d'hommes : Saint-Amand-en-Pevèle. (*S. Amandus in Pabula*, primitiv. *Mon. Elnonense*). L'une des abbayes les plus illustres,

---

1. Voir, sur ce fait de l'histoire ecclésiastique de la seconde Belgique : *Ampliss. Collect.,* t. II, col. 793. — *Nov. Thes. anecd.,* t. III — *Narratio restaurationis, abb. S. Martini Tornacensis (ab Hermanno),* in *Spicil.,* t. II, éd. in-fol., p. 916. — Id, éd., in-4, t. XI — Miræus, *Op. dipl.,* t. II, p. 1154, 1157, 1166. — Sanderus, *Flandria illustrata,* t. III, p. 427. — *N. Gall. christ.,* t. III, col. 211.
2. D'après un document de 1331 (Varin, *Archives administr. Reims,* II, 2, p. 639.)

des anciens diocèses des Pays-Bas catholiques ; fondée entre Tournai et Valenciennes, entre l'Elnon et la Scarpe, vers 639 , par S. Amand, alors évêque régionnaire.

Saint-Martin (*S. Martinus Tornacensis*) ; fondée à Tournai, par S. Éloi, en 652.

Abbaye de femmes : Notre-Dame de la Paix, à Saint-Amand (*Beata Maria de Pace*) ; fondée pendant le XVIIe siècle.

Ordre de S.-Augustin.

Abbayes d'hommes : Cisoing (*Cisonium*), à 3 lieues de Lille ; fondée comme collégiale au IXe siècle, convertie en abbaye au XIe.

Falempin (*Falempinum, Fampinum*), près de Séclin ; fondée en 1039 comme collégiale, puis bientôt après (1049) abbaye.

Saint-Nicolas des Prés (*S. Nicolaus à Pratis*) ; fondée vers 1125 à Tournai.

Abbaye de femmes : Notre-Dame des Prés-lès-Tournai, ou le Pré-Porcien, ou N.-D. de Bon-Conseil (*B. Maria de Pratis*) ; fondée en 1231 près d'Haspres, transférée en 1236 près de Tournai.

Ordre de Cîteaux.

Abbaye d'hommes : Loos ou Loz (*Laus B. Mariæ*), fille de Clairvaux ; fondée en 1146 ou 1152 près de Lille.

Abbayes de femmes : Wevelghem (*Wevelgemensis, ou Wevolgemium abb.*), fille de Clairvaux ; fondée en 1214, sur le bord de la Lys, entre Courtrai et Menin.

Marquette (*Marquetia, Markettæ*, auparavant *Bon-Repos, Reclinatorium, ou Bona requies B. M. Virginis*), fille de Clairvaux ; fondée en 1226 près Lille.

Groningue, Groeningen (*Groningensis abbatia*) ; fondée à Courtrai en 1238.

2°. Abbayes de l'Archidiaconé de Gand, qui furent réunies en 1559 au nouvel évêché de ce nom.

Ordre de S.-Benoît.

Abbayes d'hommes : Saint-Bavon de Gand (*S. Bavo Gandavensis*); fondée en 631 par S. Amand, comme collégiale, puis abbaye régulière. Ce célèbre monastère devint en 1559 la cathédrale, la collégiale principale du nouveau diocèse de Gand.

Blandin, ou Saint-Pierre de Gand (*Blandinium, Blandinberg, S. Petrus Gandavensis*); fondée sur le mont Blandin, près de Gand, par S. Amand, vers 630.

Ordre de S.-Augustin.

Abbaye de femmes : Sainte-Marguerite de Groenenbriéle (*S. Margarita Gronembrilensis*); fondée à Gand vers 1359.

Ordre de Cîteaux.

Abbayes d'hommes : Baudelo, Bauloo (*Baudeloa, Bosla*); fondée à Sinay, dans le pays de Waes, en 1197, transportée à Gand, après les troubles religieux, vers la fin du xvie siècle.

Abbayes de femmes : Bilock (*Biloka*; *portus B. Mariæ*), fille de Clairvaux ; fondée à Gand en 1201, comme hôpital, puis en 1228 comme abbaye.

Doriselle (*Dorisella*); fondée à Evergheim au commencement du xiiie siècle.

Suiveck (*Suiveka, Suibeca*); fondée en 1223 à Tenremonde, transférée en 1228 dans le bourg de Suiveck.

Roosemberch, ou Waesmonster (*Mons-Rosarum*); fondée en 1226 près, puis dans Tenremonde.

Oost-Eecklo (*Oisterloa*); fondée vers 1200 dans le bourg d'Aelschoet, près Eclou, à 1 lieue de Gand.

Terhagen, ou abb. des Hayes (*Hagensis abbatia*); fondée en 1230 dans la ville de Gand.

Magdendal (*Vallis virginum*); fondée ou transférée à Audenarde en 1233.

Nonenbeusche, Nieubenbosse (*B. Maria de Novo Bosco. Nonnemboscus, Silva-Nonnarum*); fondée vers 1242 près de Gand.

Ordre de Prémontré.

Dronghem, Drongène (*Truncinium, Trunchinium*), sur la Lys près de Gand ; d'abord ordre de S.-Benoît, puis de S.-Augustin, enfin de Prémontré. Fondée avant le ixe siècle.

Il existe aussi dans l'Archidiaconé, devenu diocèse de Gand, comme dans celui de Bruges, un grand nombre de couvents de femmes, d'origine moderne, en particulier des ordres de Sainte-Claire et de Sainte-Brigite.

3°. Abbayes de l'Archidiaconé de Bruges, qui forma en 1559 le nouvel évêché de ce nom.

Ordre de S.-Benoît.

Abbayes d'hommes : Oudenbourg (*Aldenburgum*), entre Bruges et Ostende ; fondée vers 1056 ou 1084.

Saint-André-les-Bruges (*S. Andreas propè Brugas*); fondée en 1105.

Abbaye de femmes : Sainte-Godolene de Ghistelle (*S. Godolena Gistellensis*); fondée vers 1090, d'abord près Bruges, puis transférée près Ghistelle, à 2 lieues d'Ostende. Reformée en 1450.

Ordre de S.-Augustin.

Abbayes d'hommes : Eeschout (*Quercetum*), près, et plus tard dans Bruges ; fondée d'abord comme collégiale en 1050, puis comme abbaye vers 1130.

Sostendalé, Soenstendael (*Dulcis vallis*); fondée en 1215 près Middelbourg en Flandre.

Abbaye de femmes : Saint-Trudon d'Odegheim, près Bruges ; fondée d'abord à Bruges.

Ordre de Citeaux[1].

Abbaye d'hommes : Donst, Doest, Ter-Doest (mon. *Thosanum, capsila de Thosan*); fondée, au XIIᵉ siècle, à Lisseweghe, dans le Franc-de-Bruges.

Abbayes de femmes. .... (*Sparmalia*, ou *Nova Jerusalem*); fondée vers 1200, à Hunkevliet, à l'ouest de Bruges.

Hemelsdaele ou Hesendael (*Vallis*, ou *Domus cœli*); fondée en 1237 à Eessene, dans le Franc-de-Bruges, non loin de Dixmude.

Ordre de Sainte-Claire.

Abbaye des Urbanistes de Bruges, fondée en 1260, à Bruges.

Sources de l'histoire et de la géographie ecclésiastiques du diocèse de Tournai.

Pouillés.

J'ai pu consulter, ainsi qu'on l'a vu, un grand nombre de listes des Doyennés ruraux du diocèse de Tournai, dressées soit avant, soit après la division du diocèse. On en trouve plusieurs dans les statuts synodaux du XVIᵉ et du XVIIᵉ siècle, ou dans d'autres recueils que je vais indiquer ; mais je ne sache pas qu'il ait été publié jusqu'à ce jour un véritable *pouillé* de ce diocèse qui soit antérieur à 1559. Il en a été publié plusieurs de l'évêché réduit.

M. le vicaire général Decamps, dont j'ai déjà eu occasion de citer un savant mémoire sur la vie de l'évêque Walter de Marvis, annonça en 1853 à la Société historique de Tournai[2] qu'il s'occupait d'un travail ayant pour objet la reconstitution de l'ancien diocèse de Tournai et l'indication des modifications que sa circonscription a subies à différentes époques. Ce travail devra être accompagné d'une carte. Si cet ouvrage, qui aurait de l'importance, surtout par la mise en œuvre des documents originaux conservés dans les archives des évêchés de Tournai, de Gand et de Bruges, eût été publié, il m'eût sans doute évité une grande partie des longues recherches qu'a exigées l'étude de la géographie de ce diocèse.

Les deux pouillés manuscrits et inédits l'un et l'autre, dont je vais donner l'indication, sont, tous deux, antérieurs à 1559, et présentent,

---

1. L'abbaye des Dunes (d'abord de l'ordre de S.-Benoît, puis de Citeaux), fondée vers 1107, près de Furnes, n'avait point fait partie du diocèse de Tournai ; elle dépendit successivement des évêchés de Térouanne, d'Ypres et de Bruges.

2. *Bulletin*, t. III, p. 39.

en conséquence, l'état du diocèse de Tournai dans sa plus gran
étendue et avec toutes ses divisions primitives.

Le premier est du xiv° siècle, et constate un état de choses plus
cien encore. Il est conservé dans les archives du Hainaut à Mons;
figure dans l'*Inventaire analytique et chronologique* de ces archiv
publié en 1852 (1 vol. in-4°) par l'archiviste M. A. Lacroix. J'ai déjà i
diqué ce mss. dans les notes du diocèse de Cambrai, sous ce titre :

*Taxationes beneficiorum diocesis Cameracensis, juxta antiquam
taxam, cum eorum collatoribus.* Il comprend, outre les bénéfices
ecclésiastiques du diocèse de Cambrai, ceux des diocèses de Tournai,
Térouanne, Liége et Arras.

Le second pouillé est conservé aux archives de l'évêché de Gand; il
en existe même deux copies. Il a été signalé pour la première fois par
M. L. A. Varnkœnig, dans son excellente *Histoire de la Flandre et
de ses institutions* [1].

Ce document, du xv° siècle, est intitulé :

Taxationes duodecim Decanatuum dyocesis Tornacensis. Voici
l'ordre indiqué dans ce registre de prébendes, et que j'ai adopté dans
le tableau de ce diocèse :

Trois Archidiaconés et douze Doyennés :

I. *Archidiaconé de Tournai.*

1. Doyennés : Tournai (et Tournaisis).
2. — Helchin.
3. — Lille.
4. — Seclin.
5. — Courtrai.

II. *Archidiaconé de Gand.*

6. Doyennés : Roulers.
7. — Audenarde.
8. — Gand.
9. — Pays de Waes.

III. *Archidiaconé de Bruges.*

10. Doyennés : Bruges.
11. — Ardenbourg.
12. — Oudenbourg.

Cette division est, comme on le voit, essentiellement différente de
la division postérieure à 1559, indiquée par la bulle de constitution,
et par les cartes de l'évêché en 1694 et en 1709. Sur celles-ci on ne voit

---

1. Édit. fr., 1836, t. II, p. 331. Un autre pouillé de Tournai se trouve
au dépôt provincial des archives de Gand, fonds de l'abbaye de Saint-
Pierre, n° 20. Il consiste en un petit registre commencé en 1330, et
continué jusqu'en 1435, qui contient aussi le diocèse de Térouanne.
Id., p. 333.

lus **figurer** que les cinq Doyennés de l'Archidiaconé de Tournai, qui
arent ensuite augmentés d'un sixième, puis subdivisés en dix autres
t momentanément en douze.

Doyennés de Tournai et de Tournaisis. — D. de S.-Amand.
—   d'Helchin Wallon. — D. d'Eelchin Flamand.
—   de Lille.
—   de Seclin.
—   de Courtrai. — D. de Wervick.

La **carte** du diocèse, la plus récente, donne l'indication des autres
Doyennés qui furent ajoutés encore plus tard.

J'ai, ci-dessus, retracé les modifications successivement introduites
après 1559, dans le nombre et l'ordre des Archidiaconés et des Doyennés
de ce diocèse, surtout d'après les statuts synodaux du XVIIe siècle [1].

Les **principaux** synodes de Tournai, dans lesquels on trouve des
listes des Doyennés ruraux, sont ceux des années 1663. — 1664. — 1665.
— 1673. — 1677. — 1678. — 1679. — 1680. — 1681. — 1683. — 1688.

Au commencement du XVIIIe siècle, a été publié un pouillé du diocèse
moderne sous ce titre:

Les cures de l'Évêché de Tournay, avec leurs patrons. Tournay,
1712, in-8°.

Dans une sorte de Calendrier historique de la même époque, intitulé: *Le petit dictionnaire historique et géographique de la Châtellenie de Lille,* se trouve une liste des *cures du diocèse de Tournay,
divisées selon leurs Doyennés, avec leurs patrons.*

Il existe plusieurs éditions de ce petit ouvrage. Celle que je possède
a été publiée à Lille en 1733 et forme un volume in-18 de 36 p., avec
l'indication d'édition nouvelle. J'ai donné précédemment la liste qu'il
contient.

Expilly a inséré une liste semblable dans le supplément du tome IV
de son *Dictionnaire géographique des Gaules,* p. 966 (1766).

J. B. de Castillion, prévôt du chapitre de Sainte-Pharaïlde, à Gand,
auteur de la *Sacra Belgii chronologia* (Bruxelles, 1719, in-8°), et qui
devint évêque de Bruges, en 1743, a laissé plusieurs manuscrits
historiques concernant l'histoire de l'évêché de Gand. Ces manuscrits
sont conservés dans la bibliothèque de cette ville; le plus important
pour la géographie ecclésiastique du diocèse est intitulé:

Parochiæ episcopatus Gandavensis[2].

Castillion, qui mourut en 1753, avait été secrétaire de l'évêché de
Gand. Le manuscrit dont il est ici question présente un véritable
pouillé du diocèse, tel qu'il était après 1559, et alors (1726) divisé en
dix Doyennés ruraux et contenant 194 paroisses.

---

1. Les actes de ces synodes sont tous insérés dans les *Actes de
la prov. eccl. de Reims,* t. IV, et la Collection des *Concilia Germa-
niæ,* t. X, p. 1. — 9. — 18. — 39. — 54. — 85. — 95. — 99. — 105. —
109. — 111.

2. *Catal. méthodique des manuscrits de la Bibl. de la ville de
Gand,* p. 72, n° 53, par M. le baron de Saint-Genois. Gand, 1849-1852,
1 vol. in-8°.

Ces notes détaillées sont en latin, alphabétiquement classées, et présentent la contenance des terres de chaque paroisse, le nombre des habitants, l'indication des seigneurs, les revenus, les décimateurs. Elles forment un volume in-4° de 160 pages.

Un autre recueil mss. de la même bibliothèque (n° 54, 1 vol. in-f° de 181 feuillets) contient le registre, écrit jour par jour, des actes de plusieurs évêques de Tournai pendant le XVII° siècle, jusqu'en 1672. Ces analyses sont rédigées partiellement en latin, en flamand et en français.

Il existe à la Bibliothèque impériale, dans le recueil des mss. de Flandres (section des mss. de Colbert) plusieurs copies de pièces relatives au diocèse de Tournai (tomes LXV à LXX). Les divisions ecclésiastiques des anciens diocèses en douze Doyennés y sont indiquées; mais on n'y voit pas de modifications à l'état géographique constaté, pour les différentes périodes, par les documents que j'ai indiqués ci-dessus.

Cartes.

Cartes du diocèse de Tournai.

Les cartes de ce diocèse, tel qu'il fut réduit en 1559, sont nombreuses; j'en connais au moins dix. Je n'en ai pas vu une seule qui le reproduise dans toute son étendue primitive. Il est probable que la carte rédigée par Nicaise Lefève, chanoine de Commines (*Nic. Fabius*), et par Wendelin, jointe par le P. Boucher à sa dissertation *de Nerviorum episcopo* (vers 1650), représente l'ancien diocèse. Je n'ai pu la consulter ni à Paris ni en Belgique.

Le diocèse nouveau tient sa place dans les cartes ecclésiastiques générales de la seconde et de la troisième Belgique :

Dans celle de Sanson, d'abord, *Belgica secunda*, 1661;

Dans la carte de la *Belgica tertia*, *Provincia ecclesiastica Cameracensis*, par Nolin, jointe au tome III du *N. Gallia christiana*, 1735;

Dans la petite carte de la même Province ecclésiastique, par Baillieul, insérée dans le 1er volume de l'*État des Bénéfices*, de dom Beaunier, 3° édit. (in-4), 1743.

Mais, comme sur ces cartes générales le diocèse de Tournai ne figure que dans l'état où il était après sa réduction, il faut le compléter par les portions de territoires attribuées aux deux diocèses de Gand et de Bruges, dans les cartes de la Province ecclésiastique de Malines ou quatrième Belgique, et consulter aussi les cartes distinctes de ces évêchés, qui seront indiquées en leur lieu. Toutefois, ces dernières cartes présentent surtout les subdivisions nombreuses qui y furent établies après la séparation.

Voici la liste chronologique des cartes du diocèse de Tournai, tel qu'il fut réduit en 1559:

1. La plus ancienne que je connaisse est de l'année 1610. Elle est conservée dans la riche collection du département des cartes de la Bibliothèque impériale. Elle est ainsi intitulée :

Tornaci Nerviorum episcopatus perantiquus, tota que Tornacensi ditio; — a J. B. Vrientio Antverpiensi.

On y lit cette dédicace en style antique :

Reverendissimo domino D. Michaeli Desné episcopo Tornacensi Joan. Baptista Vrientius Antwerp. Tabulam a se delineatam lib. mer. dedic. consecrat que. — Antwerpiæ (1610), nonis martii. — 1 f. pet. in-fol.

Les six Doyennés primitifs y sont indiqués avec leurs limites.

1. *Decanatus Tornacesii.*
2.   — *Secliniensis.*
3.   — *Insulensis.*
4.   — *Cortracensis.*
5.   — *Helchiniensis Gallorum.*
6.   — *Helchiniensis Flandrorum.*

L'auteur de cette carte adoptait, comme on le voit par son titre, l'opinion dominante parmi les érudits flamands du xvie siècle, que le diocèse de Tournai avait fait partie du territoire des *Nervii*.

2. Le diocèse de Tournai est figuré, avec ses limites, ses six divisions Décanales et les petits territoires civils que nous avons précédemment indiqués, sur une belle carte de l'Atlas de G. Blaeu, intitulée :

Gallo-Flandria, in qua Castellaniæ Lilana, Duacena et Orchiesia, cum dependentibus, nec non Tornacum et Tornacesium; auctore Martino Doué Gallo-Flandro. — Guljelmus Blaeu excudit. 1 f. gr. in-fol., ornée des armoiries des principales villes de la Flandre Française. — Elle est insérée dans le IVe volume, livre IX, page 165 de la géographie Blaviane, in-fol., Amsterdam, 1667.

Les noms des Décanats y sont seuls indiqués en latin; l'ensemble de la carte présente tous les autres noms de divisions et de lieux en français. Elle est mal orientée; le nord est à la droite de la feuille.

Cette carte a été aussi tirée à part du grand Atlas de Blaeu. Elle est certainement antérieure à la date de l'ouvrage; je la crois plus ancienne que celle de Sanson.

Je connais plusieurs exemplaires de cette carte, que je possède.

3. La carte suivante, sans indication de date, ni de lieu, ni d'auteur, me semble aussi l'avoir précédée. Elle est intitulée :

La Flandre française, contenant la Châtellenie du Doyenné de Lisle, Courtray, Helchin et Serlin, avec les territoires ou Quartiers de la Bassée, ou Curenbant, Mélanthois, Ferrain, Vespes, et les Bailliages de Lens et de Douay et leurs dependances.

Elle est aux armes de France et contient une légende relative à la population des petits territoires. Les noms des Doyennés y sont inscrits en français. L'orientation est régulière. Je ne l'ai vue qu'au cabinet des cartes de la Bibliothèque impériale.

4. N. Sanson, contrairement à son habitude, n'a pas consacré une carte spéciale au diocèse de Tournai; il ne l'a pas même réuni aux deux diocèses de Gand et de Bruges, qui en furent détachés; mais aux deux diocèses de S.-Omer et d'Ypres, démembrés de l'évéché de Térouanne.

La carte de N. Sanson porte pour titre :

Morini, Gorduni et Pleumosii in Morinis. — *Les évêchés de S.*

Omer, Ipres et Tournay. — Partie occidentale du comté de Flandres où sont la Flandre Wallone et les Quartiers du Plat-Pays, du Franconat et d'Ipres, dans la Flandre Teutone. — Par N. Sanson d'Abbeville, géogr. ordinaire du roy. A Paris, chez l'auteur, 1657, 1 f.

Il existe plusieurs éditions de cette carte, et entre autres, une donnée par Robert en 1739.

Les diocèses de Gand et de Bruges forment une autre carte de N. Sanson sous ce titre :

Centrones et Grudii in Morinis. — Les éveschés de Gand et de Brugges. — Partie occidentale du comté de Flandres, où sont la Flandre Impériale et les quartiers de Gand et du Franconat, dans la Flandre Teutone. Paris, 1657, in-fol., et deux autres éditions de 1689 et de 1739.

Les titres de ces deux cartes montrent que N. Sanson, tout habile géographe qu'il était, avait résolu la difficulté des cinq petits peuples mentionnés par César comme subordonnés aux *Nervii,* dans un sens contraire aux textes, en les assimilant aux *Morini,* qui correspondaient, au contraire, à un diocèse parfaitement délimité, celui de Térouanne.

5. Une carte fort supérieure à celle de Sanson est la carte publiée à la fin du xvııᵉ siècle par un curé du diocèse de Tournai, Bernard Cappelier. En voici le titre :

Le diocèse de Tournay présenté à Mgr l'Illustrissime et Révérendissime M. François de Caillebot de La Salle, évesque de Tournay et abbé de Rebex, par son très-humble et très-obéissant serviteur Bernard Cappelier, pasteur de S.-Léger. A Paris, chez le sieur Jaillot, 1694 ou 1695, 1 f. in-fol.

Il en existe plusieurs autres éditions datées de 1708, 1709 et 1726. Je possède celles de 1695 et de 1709. On a quelquefois indiqué cette carte sous le nom seul de Jaillot, qui en fut l'éditeur et non l'auteur.

Sur l'édition de 1694 et 1695 seulement, on voit paraître la trace de l'augmentation du nombre des Doyennés, par cette légende placée au haut de la carte, à droite :

Remarques. Ce diocèse est à présent divisé en huit Doiennez (sic), *et contient 222 paroisses, savoir : dans le Doienné de Tournay, 44 ; — de Lille, 51 ; — de Courtray, 21 ; — d'Helchin Wallon, 28 ; — d'Helchin Flamand, 18 ; — de Seclin, 31 ; — de S.-Amand, 17 ; — de Wervick, 12.*

Le Doyenné de S.-Amand venait d'être détaché de celui de Tournai, et le Doyenné de Wervick de celui de Courtrai.

6. La carte suivante paraît être la plus complète et rédigée sur la plus grande échelle. Je ne puis en parler que d'après des indications bibliographiques. Elle n'existe point dans les collections de la Bibliothèque impériale, et j'ai vainement cherché à me la procurer.

Carte du diocèse de Tournai, dédiée à S. A. Mgr Guillaume-Florentin-Jean-Félix, prince de Salm-Salm et du S.-Empire.... Evêque de Tournai. — Par son très-h. et très-ob. serviteur J.-B. de Bouge, géomètre et géographe. Bruxelles, 1789. Quatre feuilles gravées par Jeanne C. et Ph.-J. Maillart.

Il paraît y avoir deux éditions, ou tirages de cette carte du XVIIIᵉ siècle, dont l'une ne porte que les prénoms de l'auteur, J. B. D. B.; et l'autre porterait, outre son nom, cette indication : *Divisé en dix Doyennés.* — De Bouge est connu par d'autres travaux et gravures de cartes relatifs à la Belgique.

Cette carte est entièrement différente de celles de Cappelier, de Sanson et de Martin Doué (*Gallo-Flandria*); mais toutes ne représentent le diocèse qu'après 1559, c'est-à-dire après la création des évéchés de Gand et de Bruges, aux dépens de son territoire primitif.

Cartes de Flandre et des Pays-Bas catholiques.

Après les cartes du diocèse, il convient d'indiquer les cartes de la Flandre : car cette grande province, si souvent morcelée et dont la possession a été si longtemps disputée entre les puissances qui lui étaient limitrophes, était presque entièrement comprise dans le territoire de l'ancien diocèse de Tournai, quelques divisions que lui eussent fait subir le sort des armes et les traités, en Flandre Wallone ou Gallicane (Lille, Douai, Orchies, etc.), en Flandre Teutone, Flandre Flamingante (Gand. Bruges, Ypres, etc.), Flandre Impériale ou Espagnole et Flandre Propriétaire, indépendante (Alost, Tenremonde, Ninove, etc,)

On peut distinguer plusieurs groupes et époques de ces cartes de la Flandre et des Pays-Bas catholiques.

Les plus anciennes, du moins à ma connaissance, ont été publiées en Italie, à Rome et à Venise, vers le milieu du XVIᵉ siècle (1555-1567), par un artiste belge, Jacque Bos. Ce fait est intéressant pour l'histoire de la gravure des cartes de géographie. Toutefois, ce ne peut être que d'après les études originales des géographes et cosmographes des Pays-Bas. Les croquis de cartes qui accompagnent les vues des villes insérées dans les grands traités de cosmographie de Sébastien Munster[1] et de Belleforest prouvent que vers la même époque, à Francfort, à Mayence, à Cologne[2], cette sorte de gravure était pareillement pratiquée; la Flandre et les autres provinces des Pays-Bas ne durent pas être tout à fait négligées par les graveurs allemands.

C'est toutefois à une époque un peu postérieure à la seconde moitié du XVIᵉ siècle que se rapportent les travaux géographiques exécutés dans les Pays-Bas, soit à Anvers, soit à Amsterdam, à si grands frais, sur une si grande échelle et avec tant de savoir par Gérard Mercator, cosmographe du duc de Juliers, Abraham Ortelius, Jean Surhon, Josse d'Hondt, qui signe Hondius, aussi célèbre graveur que géographe, et par d'autres. Nous avons plusieurs cartes de Flandre, et des États voisins, publiées par eux.

Viennent ensuite au commencement du XVIIᵉ siècle, dans le même pays, les travaux et les publications, plus considérables encore, faits à

---

1. Les principales éditions de la *Cosmographia universalis*, de Séb. Munster, sont de 1544 (la première), 1553 (la plus belle), 1550, 1552, 1554, 1559, 1574, 1578, 1592, 1598, 1624.

2. L'*Itinerarium Belgicum* (in-fᵒ, *Col. Agr.*, 1587) contient vingt-deux cartes de la Belgique.

Ces notes détaillées sont en latin; alphabétiquement classées présentent la contenance des terres de chaque paroisse, le des habitants, l'indication des seigneurs, les revenus, les décimateurs. Elles forment un volume in-4° de 160 pages.

Un autre recueil mss. de la même bibliothèque (n° 54, 1 vol. in-f° de 181 feuillets) contient le registre, écrit jour par jour, des actes de plusieurs évêques de Tournai pendant le XVII° siècle, jusqu'en 1672. Ces analyses sont rédigées partiellement en latin, en flamand et en français.

Il existe à la Bibliothèque impériale, dans le recueil des mss. de Flandres (section des mss. de Colbert) plusieurs copies de pièces relatives au diocèse de Tournai (tomes LXV à LXX). Les divisions ecclésiastiques des anciens diocèses en douze Doyennés y sont indiquées; mais on n'y voit pas de modifications à l'état géographique constaté, pour les différentes périodes, par les documents que j'ai indiqués ci-dessus.

Cartes.

Cartes du diocèse de Tournai.

Les cartes de ce diocèse, tel qu'il fut réduit en 1559, sont nombreuses; j'en connais au moins dix. Je n'en ai pas vu une seule qui le reproduise dans toute son étendue primitive. Il est probable que la carte rédigée par Nicaise Lefève, chanoine de Commines (Nic. Fabius), et par Wendelin, jointe par le P. Boucher à sa dissertation de Nerviorum episcopo (vers 1650), représente l'ancien diocèse. Je n'ai pu la consulter ni à Paris ni en Belgique.

Le diocèse nouveau tient sa place dans les cartes ecclésiastiques générales de la seconde et de la troisième Belgique :

Dans celle de Sanson, d'abord, *Belgica secunda*, 1661 ;

Dans la carte de la *Belgica tertia*, *Provincia ecclesiastica Cameracensis*, par Nolin, jointe au tome III du *N. Gallia christiana*, 1735;

Dans la petite carte de la même Province ecclésiastique, par Bailleul, insérée dans le 1ᵉʳ volume de l'*État des Bénéfices*, de dom Beaunier, 3ᵉ édit. (in-4), 1743.

Mais, comme sur ces cartes générales le diocèse de Tournai ne figure que dans l'état où il était après sa réduction, il faut le compléter par les portions de territoires attribuées aux deux diocèses de Gand et de Bruges, dans les cartes de la Province ecclésiastique de Malines ou quatrième Belgique, et consulter aussi les cartes distinctes de ces évêchés, qui seront indiquées en leur lieu. Toutefois, ces dernières cartes présentent surtout les subdivisions nombreuses qui y furent établies après la séparation.

Voici la liste chronologique des cartes du diocèse de Tournai, tel qu'il fut réduit en 1559 :

1. La plus ancienne que je connaisse est de l'année 1610 Elle est conservée dans la riche collection du département des cartes de la Bibliothèque impériale. Elle est ainsi intitulée :

Tornaci Nerviorum episcopatus perantiquus, tota que Tornacesi ditio ; — *a J. B. Vrientio Antverpiensi.*

On y lit cette dédicace en style antique :

Reverendissimo domino D. Michaeli Desne episcopo Tornacensi foan. Baptista Vrientius Antverp. Tabulam a se delineatam lib. ner. dedic. consecrat que. — Antverpiæ (1610), nonis martii. — 1 f. pet. in-fol.

Les six Doyennés primitifs y sont indiqués avec leurs limites.

1. *Decanatus Tornacesii.*
2. — *Secliniensis.*
3. — *Insulensis.*
4. — *Cortracensis.*
5. — *Helchiniensis Gallorum.*
6. — *Helchiniensis Flandrorum.*

L'auteur de cette carte adoptait, comme on le voit par son titre, l'opinion dominante parmi les érudits flamands du xvie siècle, que le diocèse de Tournai avait fait partie du territoire des *Nervii*.

2. Le diocèse de Tournai est figuré, avec ses limites, ses six divisions Décanales et les petits territoires civils que nous avons précédemment indiqués, sur une belle carte de l'Atlas de G. Blaeu, intitulée :

Gallo-Flandria, in qua Castellaniæ Lilana, Duacena et Orchiesia, cum dependentibus, nec non Tornacum et Tornacesium; auctore Martino Doué Gallo-Flandro. — Guljelmus Blaeu excudit. 1 f. gr. in-fol., ornée des armoiries des principales villes de la Flandre Française. — Elle est insérée dans le IVe volume, livre IX, page 165 de la géographie Blaviane, in-fol., Amsterdam, 1667.

Les noms des Décanats y sont seuls indiqués en latin; l'ensemble de la carte présente tous les autres noms de divisions et de lieux en français. Elle est mal orientée ; le nord est à la droite de la feuille.

Cette carte a été aussi tirée à part du grand Atlas de Blaeu. Elle est certainement antérieure à la date de l'ouvrage ; je la crois plus ancienne que celle de Sanson.

Je connais plusieurs exemplaires de cette carte, que je possède.

3. La carte suivante, sans indication de date, ni de lieu, ni d'auteur, me semble aussi l'avoir précédée. Elle est intitulée :

La Flandre française, contenant la Châtellenie du Doyenné de Lisle, l'ourtray; Helchin et Serlin, avec les territoires ou Quartiers de la Bassée, ou Carenbant, Mélanthois, Ferrain, Vespes, et les Bailliages de Lens et de Douay et leurs dependances

Elle est aux armes de France et contient une légende relative à la population des petits territoires. Les noms des Doyennés y sont inscrits en français. L'orientation est régulière. Je ne l'ai vue qu'au cabinet des cartes de la Bibliothèque impériale.

4. N. Sanson, contrairement à son habitude, n'a pas consacré une carte spéciale au diocèse de Tournai; il ne l'a pas même réuni aux deux diocèses de Gand et de Bruges, qui en furent détachés; mais aux deux diocèses de S.-Omer et d'Ypres, démembrés de l'évêché de Térouanne. —

La carte de N. Sanson porte pour titre :

Morini, Gorduni et Pleumosii in Morinis. — Les évêchés de S.

— *Flandriæ Comitatus descriptio.* — *Ad autographum* Gerar *Mercatoris in hanc formulam contrahebat, parergaque ad Ab. Ortelius.* 1590, 1 f. in-fol.

A l'angle gauche de la partie supérieure de cette feuille est une petite carte de l'ancien État d'une portion de la Flandre maritime au commencement du XIV° siècle. Elle est ainsi intitulée : *Facies hujus tractus sub Guidone Dampetra, Flandrie Comite, qui obiit anno M.CCC.IIII.*

Cette carte de Flandre offre l'intérêt particulier d'avoir été rédigée d'après le dessin autographe de G. Mercator. Elle présente les petits territoires du Mélantois et de Peule (Pevèle).

—*Flandre Impériale et Propriétaire.*—Dans l'Atlas de Mercator, éd. de Hondius, p. 369. L'édit. originale de l'Atlas de Mercator est de 1585.

—*Flandria Comitatus, per Gerardum Mercatorem.* 1 f. datée de 1630.

Cette date prouve que la carte fut publiée après la mort de l'auteur, qui eut lieu en 1594. Il y a d'autres éditions de cette carte qui porte les dates de 1598. — 1603. — 1609. — 1613. Elle est divisée en *A bacht,* en *Dlant* et en Châtellenies.

— *Flandia* (sic), *Galliæ Belgicæ provincia. Colon. Agripp. etc. Joann. Bus.* 1 f. pet. in-4 (sans divisions) : probablement fait partie de la Cosmographie de Séb. Munster ou de l'*Itiner. Belg.* (1587).

— *Celeberrimi Flandriæ Comitatus Typus.* — *Amstelodami excudebat Petrus Kœrius, anno* 1608. 1 f. in-fol.

Les principales divisions territoriales s'y trouvent, partie en flamand (*Ambacht*), partie en hollandais (*Dland*), partie en français (le Mélanthois, etc). Reprod. dans l'éd. de 1617 de la *Germania inferior* de P. Kaer.

— *Flandria, ditissimus, fertilissimus et amœnissimus totius orbis Comitatus,* etc. — *Arnoldus et Henricus Florentii à Langren fratres sculpserunt.* 1 f. in-fol. (sans date, mais du commencement du XVII° siècle).

Les deux frères Van Langren sont auteurs de plusieurs autres travaux géographiques relatifs aux Pays-Bas. Le plus connu, Michel Florent, auteur de la carte du diocèse de Malines (1644), était cosmographe des archiducs, puis de Philippe IV.

—Une portion du grand Atlas de Mercator, publié par Hondius, est intitulée :

Belgii inferioris Geographicæ tabulæ, per Gerardum Mercatorem illustr. ducis Juliæ, Cliviæ etc., *cosmographum.*

La préface de Hondius, jointe à cette édition, est de 1609, mais il y a été ajouté des cartes postérieures. Ainsi, le *Belgium,* ou *Germania inferior,* est daté de 1631. Le Brabant est daté de 1629. Les cinq cartes suivantes sont extraites de ce recueil, publié par H. d'Hondt (Hondius) le fils, après la mort de Mercator (1638-1641).

— *Flandria Gallica, continens Castellanias Insulensem, Duacensem, Orchinianensem, civitatem dominiumque Tornacense.* — Amstelodami, par H. Hondius.

—La même, sous le même titre, par J. Jansson.

— *Comitatus Flandriæ nova tabula.* — *Viro doctissimo D. Joanni d'Hondt cognato suo medicinæ doct. peritissimo lub. merito que dedicat H. Hondius.* 1 f. in-fol. s. l. ni d.

La même copiée par Danckerts.

— *Pars Flandriæ orientalis; Franconatum, insulam Cadsant, etc., civitates q. Gandavum, Brugas, Slusam, Oostendam, alias que continens.*—*Amstelodami, sumptibus Henrici Hordii.* 1 f. in-fol. sans date.

Se trouve aussi dans l'Atlas de Mercator, 6d. de Hondius.

— *Flandriæ pars occidentalis, continens Ambactas, sive Officia Burburgi, — Bergæ, — Furnæ, — Cassete, — Bellæ, — Ypræ; quorum civitates præcipuæ hæ sunt : Oostenda, Neoportus, Grevelinga, Dunkerka, Berga S. Winoci, Ypra, Cassetum, Poperinga, etc.* — *Amstelodami, sumptibus Henrici Hondii.* 1 f. in-fol. s. d.

— *Flandre française.* — *Flandriæ pars occidentalis. Amstelod.*, 1630. *Hondius f.* 1 f. in-fol. Reprod. par J. Jansson (s. d.).

— Une carte de la Flandre est jointe à l'ouvrage de Buzelin, *Gallo-Flandria sacra et profana* (*Duaci*, 1625, in-fol.), l'un des recueils les plus importants, surtout pour l'histoire ecclésiastique de ces pays.

— La collection de cartes des Flandres et de leurs territoires, la plus complète, la plus originale, est celle que G. Blaeu a insérée dans le quatrième volume de sa *Géographie Blaviane*, trad. française de son *Theatrum Mundi*, contenant le IXe livre de l'Europe. In-fol. Amsterdam, 1667. Ces cartes, au nombre de plus de vingt, sont de différents auteurs et graveurs, parmi lesquels figurent Ant. Sandérus, Michel Florent Van Langren et les frères Blaeu; en voici la liste :

Flandria et Zeelandia comitatus, 1 f. p. 46.
On y voit le Quartier Mélanthois, — le Quartier Pevèle, — le Quartier Ferrain, — le Tornesis, — le Quartier de Weppes, — le Carembant.

Episcopatus Gandavensis, p. 62. Cette carte est dédiée à l'évêque de Gand; Antoine Triest, par Jean et Corneille Blaeu. Ce personnage fut évêque de 1617 à 1657.

Chastellenie du vieux bourg de Gand, par les mêmes; p. 64 avec une vue de l'église collégiale de Sainte-Pharaïlde et d'autres monuments.

Chastellenie d'Aldenarde. Castellania Aldenardensis, par Ant. Sandérus, p. 68.

Episcopatus Brugensis, dédiée à l'évêque Nicolas de Houdion (1641-1649), p. 75.

Franconatus; vulgo het Vrye (le Franc-de-Bruges). p. 78.

Iprensis episcopatus, p. 91. Dédiée à l'évêque Judocq Bouckaerd, par J. Blaeu (1641-1646).

Nova et exacta tabula geographica Salæ et Castellaniæ Iprensis. — La Chastellenie d'Ypres, anno 1641, par Ant. Sandérus. La carte est entourée de vues des monuments des principales villes de cette châtellenie.

Castellaniæ Corturiacensis tabula, dédiée par Ant. Sandérus à Ph. Triest, gouverneur de la chastellenie de Courtrai, et à d'autres membres de l'administration, p. 102.

Pars Flandriæ Teutonicæ occidentalior, p. 109.

Ditio Casletana in Comitatu Flandriæ, dédiée à l'illustre Lamoral de Hornes, vicomte de Furnes, par Ant. Sandérus. — *Amstelod., sumptibus H. Hondii,* p. 112.

Castellania Furnensis, p. 119.

Territorium Bergense (chastellenie de Bergue), par Jac. de La Fontaine — *Nobilibus ac amplissimis dominis urbis ac territorii Bergensis magistratibus hosce primus suos ausus DD.C.Q. Jacobus de La Fontaine*, p. 128.

Flandriæ partes duæ quarum altera Proprietaria, altera Imperialis vulgo dicitur, p. 133 Par G. et J. Blaeu. Voici la dédicace : *Nob. stren. prudentissimo que viro D. Jacobo Wiits*[1], *exercitus ordinum Belgicæ fœderatæ Ephoro et Concilii militaris præsidi ac præsidiariorum militum in urbe Amstelodamensi præfecto. Viro de patria ac Reip. hujus salute præclare merito et indies merenti. DD. Guil et J Blaeu.*

Par le mot *Proprietaire*, on désignait la partie de la Flandre qui ne reconnaissait l'autorité ni de la France, ni de l'Empire.

Territoire de Dendermonde, p. 139.

Bornhem baronie, etc. *Castellaniæ, sive Baronat. Bornhemii acurata delineatio*, p. 141.

Nova et accurata comitatus et ditionis Alostanæ in Flandria Imperiali tabula. Dediée par Ant. Sandérus aux magistrats d'Alost, p. 149.

Kaerte Van de Vier Ambachten (les quatre Ambachts de la Flandre). Gérard Coeck, sculp., p. 153.

Wasia. Tland van Waes (pays de Waes), par Ant. Sandérus, p. 157.

Le petit domaine de la Leve. Ditiuncula in confiniis Flandriæ Gallicanæ sita; vulgo : Le pays de Lalleve ; sub dominio abbatis S. Vedasti ad Atrebatum. — Vedasto du Plouich auctore, p. 163.

Il a é é question de ce petit territoire dans les notes sur les cartes du diocèse d'Arras.

Gallo-Flandria in qua Castellaniæ Lilana, Duacena et Orchiesia cum dependentibus : nec non Turnacum et Tornacesium. Auctore Martino Doué Gallo-Flandro — Guil. Blaeu excudit. — Cette carte, déjà citée, présente les divisions Décanales du diocèce de Tournai[2].

---

1. Ce nom rappelle un des plus illustres de l'histoire des Pays-Bas.
2. Dans ce même volume du *Theatrum Mundi*, ou de la *Géographie Blavianne* sont les cartes du Brabant, qui comprennent les territoires de Louvain, de Bruxelles, d'Anvers, de Malines, formant autant de cartes distinctes, ainsi que les duchés de Limbourg, de Luxembourg, les comtés d'Artois, de Hainaut, de Namur, Ruremonde, le Cambrésis, etc. — Les cartes de la Hollande ou du *Belgium fœderatum* forment le X° livre du même volume de cette Géographie universelle de Blaeu. On sait que les descriptions qui forment la plus grande partie de cette colossale publication, composée de quatorze volumes in-folio, sont souvent très-instructives et consistent en mémoires originaux envoyés aux editeurs par des savants de différents pays. L'un des fils de Blaeu publia en deux volumes in-folio un *Théâtre de Belgique*, où il inséra une partie de ces cartes.

— *Belgii regii accuratissima tabula.* — *Auctore Nicolao Wischer,* s. d. 1 f. in-f.

— *Belgii pars meridionalis* ; par Nicolas Wischer; avec table alphabétique des lieux des Pays-Bas indiqués sur la carte.

Ces deux cartes sont, tantôt sans date, tantôt datées de 1650 et de 1663.

— *Flandriæ Comitatus,* par Nic. Wischer, s. d. (xvii⁰ siècle). Amstelod. Très-jolie carte, finement gravée.

— Une édition de cette carte a été publiée en 1693, par N. Defer, sous ce titre : *Le comté de Flandre dressé sur les mémoires de Wischer, par N. Defer.* Paris, 1693. 1 f. in-f. Elle est mal gravée et sans valeur.

— *Comitatus-Flandriæ tabula, in lucem edit, a Frederico de Wit, Amsterodami:* gr. par Abraham Deur, 1 f. in-f. s. d.

— *Comitatus Flandriæ nova tabula.* — *Amstelodami, excudit* Cornelio Danckerts, *sculptore.* 1 f. pet. in-f. s. d., d'une gravure très-fine et très-bien exécutée. Reproduite, à Paris, chez P. Mariette.

— *Novissima Flandriæ comitatus tabula, cum omnibus præfecturis, etc., et suis adjacentib. provinciis.* — *Per Theodorum Danckertz, Amstelodamensem.* 1 f. in f. s. d.

— *Provinciæ Belgii regii distinctæ ex quo sunt hodie divisæ modo inter Regem Galliæ, Hispaniæ et Ordines Provinciarum-fœderatarum tabula novissima et accuratissima.* — *Auctore Justo Danckertz, Amstelodami.* 1 f. in-f.

Ces trois cartes, de Danckertz, sont du xvii⁰ siècle.

— *Les dix-sept provinces des Pays-Bas, connues sous le nom de Hollande et Flandre.* — *Par P. Du Val, d'Abbeville, géogr. ord. du Roy. Paris,* 1656, in-f.

— *Carte générale des Pays-Bas catholiques.* A Paris, par E. Vouillemont. 1667. 1 f. in-f. (Très-mal gravée.)

— *Picardie et Pays-Bas catholiques;* par N. Sanson, d'Abbeville, géogr. du Roy. 1667. 1 f. in-f.

— *Comitatus Flandriæ nova tabula.* A Paris, chez Mariette. 1 f. in-f. s. d. (du xvii⁰ siècle). Les subdivisions y sont indiquées.

— *Comitatus Flandriæ nova tabula.* — *Carte générale de Flandre.* — Jollain excudit. 1667. 1 f. in-f. (Très-mal gravée. Noms altérés.)

— *Comitatus Flandriæ descriptio,* a T. C. Lotter, 1 f. in-f° (vers 1675 ou 1690).

— *La Flandre Française, dressée sur les mémoires les plus nouveaux,* par le sieur Sanson. Paris, Jaillot. 1 f. 1673.— *Id.* 1674. Sans divisions.

— *Les provinces des Pays-Bas catholiques, vulgairement connues sous le nom de Flandre.* — Par le sieur Sanson, géographe du Roy. Paris, 1674. 1 f.—*Id.,* sous ce titre: *Carte générale des Pays-Bas catholiques,* etc.

— *Le comté de Flandre,* par P. Du Val, géographe du Roy. Paris, 1675. 1 f. in-f.

Divisée en Flandre Française, Flandre Espagnole, Flandre Hollandaise. Sans autres divisions. — Mal gravée.

— *La Flandre Gallicane, conquise par le Roy ; — c'est-à-dire : la province ou la chastellenie de Lille, divisée en cinq Quartiers, Carem-*

ban, Pevèle, Mélanthois, Ferrain et Weppes. Le Tournaisis et le bailliage de Douai, avec les confins des comtés de Flandre, Artois et
Hainaut. Par P. Du Val, géographe ord. du Roy. A Paris, chez
l'auteur, 1676. 1 f. in-f.

Carte très-nette, sur laquelle sont reportées les armoiries de chaque
ville, près de son nom; on y trouve aussi l'indication des hauts-jus-
ticiers de la Châtellenie de Lille et de Tournai.

— Le comté de Flandre, par le traité de Nimègue. 1678. 1 f. in-f.

— Provinces méridionales des Pays-Bas connues sous le nom de
Flandre, divisées selon les traités de Nimègue;—par P. Du Val. Paris,
1679. 1 f. in-f.

— Les provinces des Pays-Bas catholiques, distinguées suivant
qu'elles sont présentement partagées entre le Roy de France, le Roy
d'Espagne et les États-Généraux des Provinces-Unies. Par Guill.
Sanson. Paris, chez Jaillot, 1689. 2 f. in-f°.

— La partie méridionale des Pays-Bas connue sous le nom de
Flandre. — Par le P. Coronelli; corrigée et augmentée par le sieur
de Tillemont; dédiée à Mgr le duc d'Orléans, par J. B. Nolin. Paris,
1690. 1 f. in-f.

— Le comté de Flandre, par le R. P. Placide, augustin déchaussé,
géographe du Roy. A Paris, chez la veuve du sieur Du Val. Dédiée à
Mgr le marquis de Torcy, secrétaire d'État. 1 f. in-f. (1690.)

Légende : Le comté de Flandre, comme il est présentement possédé
par différents souverains, se divise en :

FLANDRE {
Française, qui fait partie des conquêtes de S. M. au Pays-
Bas, comprend la partie méridionale de la
Flandre Teutone et la Wallone entière.

Espagnole, qui contient les châtellenies de Gand, Oudenarde, Courtray, à la réserve de Menin et sa
Verge, le territoire de Bruges, la Flandre Impériale, excepté les quatre juridictions de
Hulst, Axel, Assenede, Boschoute.

Hollandaise, qui consiste dans une partie, la plus septentrionale, de la Flandre Teutone et dans les
quatre juridictions, ou Ambachts de la Flandre
Impériale.
}

A cette carte est jointe un petit volume in-12 de 48 pages, Paris,
1692, intitulé : Alphabet des lieux mentionnés dans la carte de
Flandre, par le R. P. Placide. En tête de cet alphabet géographique
sont indiquées d'autres divisions de la Flandre savoir : la Flandre
Wallone, le bailliage de Tournay, la Flandre Impériale.

— Les dix-sept provinces des Pays-Bas. Dédiées à Mgr Hinselin,
ex-conseiller du Roy, par le P. Placide, augustin déchaussé, géographe ordinaire du Roy. Paris, chez la veuve Du Val, 1692. 1 f. in-f.

— La partie méridionale des Pays-Bas, connue sous le nom de
Flandre: divisée en plusieurs provinces qui sont possédées par les
Roys de France et d'Espagne, et par les États-Généraux des Provinces-
Unies ou Hollandois. Par le P. Coronelli; corrigée et augmentée par
le sieur de Tillemont; dédiée à Son Alt. Roy. Mgr le duc d'Orléans,

frère unique du Roy, par son très-obéissant serviteur J. B. Nolin.
A Paris, chez J. B. Nolin, 1690. 1 f. in-f.

Cette carte s'étend beaucoup au delà des territoires de Flandre.

— *Les frontières de France et des Pays-Bas, où se trouvent les comtés de Flandre, Artois, Hainaut, Namur et Zélande, le duché de Brabant, le marquisat du S. Empire et la seigneurie de Malines, qui font partie des XVII provinces; avec le Cambrésis, le gouvernement de Picardie et partie de ceux de l'Isle-de-France et de Champagne. Dressées, dédiées et présentées à Mgr le Dauphin, par s. t.-h. et t.-o. serv. et géogr. N. De Fer. — A Paris, 1691.*

Ce titre est à gauche de la carte. Le titre suivant est à droite:

Le Bas-Rhein où se trouvent les duchés de Luxembourg, Limbourg et Gueldres Espagnole, qui font partie des XVII provinces des Pais-Bas: l'évêché de Liége, les États des archevêques et électeurs de Cologne, Trèves et Mayence, avec les duchés de Berg et Juliers, le Palatinat et Electorat du Rhein, Basse-Alsace, province de la Saare, partie de la Lorraine, etc.

— *Le comté de Flandre, divisé en ses parties, Quartiers et juridictions, selon les mémoires de Sandérus et de plusieurs autres, par le sieur Tillemon* (sic). — *A Paris, chez J. B. Nolin,* 1692. 1 f. in-f.

Bonne carte sur laquelle sont indiquées les divisions suivantes :

1. Flandre Teutone, ou Flamingante, ou Flamande, comprenant les Terres-Franches, le plat pays du Franconat, les baillieges ou Ambachts et châtellenies de Gravelines, Bourbourg, Dunkerque, Berg et Furnes.

Ypres, Cassel, Bailleul, Varneton.

Bruges; le Franc ou Franconat, Landt van de Vrye.

Gand, Courtray, Oudenarde.

2. Flandre Impériale : les quatre Offices; Alost.

3. Flandre Wallone ou Gallicane, comprenant les châtellenies de Lille, de Douay, d'Orchies, avec le Tournesis.

— Plusieurs cartes de Flandre furent publiées à la fin du XVIIe siècle à l'occasion des guerres de Louis XIV et au point de vue militaire. Les plus importantes sont celles de Guillaume et Adrien Sanson, en 2 feuilles ; celles de Vauthier et de Moullart Sanson (1694).

Celle de Nolin, intitulée : *Le théâtre de la guerre en Flandre,* en 4 feuilles, est des meilleures.

— *Les provinces des Pays-Bas catholiques distinguées suivant qu'elles sont présentement partagées entre le Roy de France, le Roy d'Espagne et les États-Généraux des Provinces-Unies. Par le sieur Sanson, géogr. ord. du Roy. Dédiées au Roy par son t.-h., t.-o. et t.-f. sujet et serv. Hubert Jaillot.* Paris, 1695. 1 f. in-f.

— *Les dix-sept provinces des Pays-Bas, suivant qu'elles sont possédées par les Roys de France et d'Espagne, et les États-Généraux des Provinces-Unies, dressées sur les mémoires les plus nouveaux. Par le sieur Sanson, géogr. ord. du Roy.* A Paris, chez H. Jaillot, 1695. 1 f. in-f.

— *Le comté de Flandre, divisé en ses chastellenies et bailliages, etc.; le Franc-de-Bruges et le pays de Waes. Dédié au Roy par son très-humble, très-obéissant, très-fidèle sujet et serviteur Hubert Jaillot, géographe de Sa Majesté.* A Paris,' 1695. En deux feuilles : partie orientale et partie occidentale.

Belle et bonne carte avec les anciennes divisions politiques ou Quartiers; la Wépe, le Mélanthois, etc., Les Bailliages, les Châtellenies et les Verges.

Il existe plusieurs éditions de cette carte. 1697 et 1729.

— *Les provinces des Pays-Bas catholiques. Par N. Sanson et H. Jaillot,* 1695.

— *Provinces-Unies des Pays-Bas, avec leurs acquisitions dans la Flandre, le Brabant, le Limbourg et le Lyége* (sic). *Par le sieur Sanson. Dédiée au Roy par H. Jaillot.* Paris, 1700. 1 f.

— *Les provinces des Pays-Bas catholiques, par De l'Isle.* Paris, 1702. 1 f. in-f.

— *Carte des Pays-Bas catholiques, dressée sur un grand nombre de cartes particulières faites sur les lieux, où les limites sont exactement marquées suivant les derniers traités. Par Guill. De l'Isle, géographe du Roy, de l'Académie royale des sciences.* A Paris, 1702. 1 f. in-f.

Sur d'autres exemplaires de la même date, De l'Isle ne prend pas le titre de géographe du roi. Bonne carte.

— *Carte du comté de Flandre, dressée sur différents morceaux levés sur les lieux, fixes par les observations astronomiques. Par Guill. De l'Isle, de l'Acad. roy. des sciences.* A Paris, chez l'auteur, 1704. 1 f. in-f. Gravée par Liébaux le fils.

Les divisions politiques y sont indiquées ; très-bonne carte.

— *Id.,* éd. de 1745, chez Phil. Buache, gendre de l'auteur.

— *Carte particulière des duchés de Brabant et de Limbourg, des comtés de Flandre et d'Artois, de Hainaut et de Namur, du marquisat de Saint-Paul, de la seigneurie de Malines et de l'évêché de Liége. Dressée sur les mémoires de Michel-Florentius Langram, Wischer et autres,* par N. De Fer, géographe de S. M. catholique et de M. le Dauphin. A Paris, 1706. 1 f. gr. in-f. double, oblong.

— *Carte générale des Pays-Bas catholiques,* par Eug. Fricx. En 15 feuilles in-f. 1706 et années suiv.

Point de divisions, ni politiques, ni religieuses.

— Une édition postérieure parut sous ce titre :

Carte des provinces des Pays-Bas, dressée sur les mémoires d'E. Fricx. En 15 feuilles. 1744.

— *Les provinces des Pays-Bas catholiques, distinguées suivant qu'elles sont présentement partagées entre le Roy de France, le Roy d'Espagne, les Estats-Généraux des Provinces-Unies; par le sieur Sanson, géog. ord. du Roy. Dédiées au Roy par s. t.-h°, t.-f. sujet et serviteur Hubert Jaillot,* géog. ord. de S. M. Paris, 1707. 1 f. in-f.

— *Le comté de Flandre, divisé en ses châtellenies, bailliages, etc.; le Franc-de-Bruges et le pays de Waes. Par Hubert Jaillot.* Paris, 1709. 2 f. in-f.

— *Carte particulière de la chastellenie de Lille, où sont les quartiers de Weppes, Ferrain, Pevele, Mélanthois et Carambant; les bailliages de Douay, de Tournay et de Lens, la Verge de Menin; partie de la chastellenie de Courtray, d'Ypres, de Bailleul et d'Oudenarde, partie du gouvernement d'Arras. Dressée et mise au jour par le sieur*

Baillieu, géographe. À Paris, chez le sieur Baillieu, 1707. (2 f. et peut-être davantage.)

— *Théâtre de la guerre : Flandre Françoise et partie d'Artois. Dressé sur les mémoires les plus nouveaux. Dédié à Mgr le duc de Villars, maréchal de France, général des armees du Roy en Flandre.* Par J. B. Nolin le fils. Paris, chez la veuve de J. B. Nolin, géogr. ord. du Roy, 1709.

— *Les provinces appelées Païs-Bas, connues sous les noms de Flandre et de Hollande, divisées suivant qu'elles sont possédées aujourd'hui par l s Roys de France et d'Espagne et les États-Généraux des Provinces-Unies.* Par N. De Fer, géogr. de S. M. catholique et de Mgr le Dauphin. Paris, 1710. 1 f. in-f.

— *Provinces des Païs-Bas, divisées suivant les traités d'Utrecht, de Rastadt et d'Anvers, faits en* 1713, 1714 et 1716. Par N. De Fer, géogr. de S. M. catholique. Paris, 1716. in-f.

Une légende, placée au bas de la carte, désigne les villes du comté de Flandre, du comté de Hainaut, du duché de Brabant, du comté de Namur, du duché de Luxembourg, du duché de Limbourg, de la haute Gueldres, possédées par le Roy, par l'Empereur d'Autriche, par les États-Généraux de Hollande et par le roi de Prusse.

— *Les Pays-Bas.* Par *J. B. Bourguignon-D'Anville.* Paris, 1719. 1 f. petit in-f. C'est l'une des premières cartes de ce célèbre géographe.

— *La Flandre, le Hainaut, le Brabant, l'Artois, une partie de la Picardie et du Luxembourg.* Paris, chez le sieur Le Rouge, géogr. du Roy. 1745. 1 f. in-f.

La même carte avec cet autre titre : *Campagne de Louis XV en* 1745 *et les Pays-Bas catholiques.*

— *Pays-Bas catholiques où sont distinguées les limites de France qui comprennent le comté d'Artois, partie des comtés de Flandre et de Haynaut, et du duché de Luxembourg.* Par le s. *Robert,* géogr. ord. du roy. Paris, 1751. 1 f. in-fol.

— *Comté de Flandre, où se trouvent distingués les Bailliages de Berg-St-Winox, de Furnes, de Bourbourg, de Bailleul et de Douay; les Châtellenies de Cassel, de Lille, d'Ypres, de Courtray, d'Oudenarde le Tournesis, le Franc-de-Bruges, le Burgraviat de Gand, le pays de Waes, la seigneurie de Dendermonde, le Comte d'Alost.* Par le s. *Robert de Vaugondy fils,* géog. ord. du roy. Paris, 1752. 1 carte gr. in fol.

Bonne carte avec les divisions.

— *Carte des Pays-Bas catholiques vulgairement connus sous le nom de Flandre, où sont distinguees les acquisitions et conquêtes du roy Louis XIV dans ces provinces, telles qu'elles étaient sous la domination de ce prince, sous celle du roi d'Espagne, de l'evêque le Liége, des États-Generaux, etc.; en* 1690, *jusqu'à la paix de Riswyck, conclue en* 1697; *assujettie aux observations de MM. de l'Académie roy. des sciences et à celles des meilleurs géographes du pays.* — Par le chevalier de Beaurain, géographe ordinaire du roy. (Paris), 1755, 1 f. pet. in-fol. Il y a des edit. plus anc. de cette carte et de la suivante.

— *Carte des Pays-Bas catholiques, connus sous le nom de Flandre, divisés entre la couronne de France, la maison d'Autriche et les Provinces-Unies; dressée sur les observations de MM. de l'Académie roy. des sciences*, par J. B. Nolin. Paris, 1 f. in-fol., 1756.

Avec une description des Pays-Bas catholiques inscrite sur les deux marges de la carte.

— Il a été publié, durant la seconde moitié du XVIII° siècle, d'autres cartes de la Flandre et des Pays-Bas catholiques, mais elles ne présentent plus d'intérêt historique. Les principaux atlas modernes de géographie historique en contiennent pareillement, mais ce ne sont que des reproductions réduites et incomplètes des anciennes cartes.

On doit cependant citer avec éloge et consulter avec fruit la grande carte des *Pays-Bas catholiques*, par le général comte de Ferraris, en 25 feuilles ; ainsi que les cartes modernes publiées sous la direction de M. Van der Maelen, dont l'établissement géographique à Bruxelles est un des plus importants de l'Europe.

En réunissant les indications que j'ai données dans les notes des diocèses d'Arras et de Cambrai, celles qui se trouveront dans les notes des diocèses de Térouanne et de Liége, à celles du diocèse de Tournai, on aura. si je ne me trompe, le tableau le plus complet de la cartographie historique des parties de la seconde Belgique, représentées par ces anciens diocèses. La Flandre, dans sa plus grande étendue, était, en effet, partagée (après 1559) entre les diocèses de Tournai, d'Arras, de Cambrai, de Gand, de Bruges, d'Ypres, de Saint-Omer et de Malines. — On trouvera aussi dans les notes des diocèses de Reims et de Châlons pour la Champagne ; de Noyon, de Soissons, d'Amiens et de Beauvais, pour la Picardie, l'indication des cartes relatives à ces deux grandes provinces. Ce point de vue, trop négligé jusqu'ici, me paraît une des bases indispensables des études de géographie historique, qui commencent à se ranimer en France.

Sources de l'histoire et de la géographie du diocèse de Tournai, autres que les pouillés et les cartes.

Une bibliographie complète de l'histoire des pays compris dans l'ancien évêché de Tournai exigerait un tel développement qu'elle dépasserait, au delà de toute mesure, les bornes de ces recherches. Les sources de son histoire sont plus nombreuses encore et plus variées que celles de sa géographie. Les portions de la Flandre qui en dépendaient constituaient la plus importante et la plus considérable partie de cette grande province et de ce vaste diocèse, de même que le Hainaut et le Brabant formaient une des parties les plus notables de l'ancien diocèse de Cambrai. Une revue des écrits concernant son histoire embrasserait donc presque toute l'histoire de Flandre et même de la Belgique actuelle.

Au milieu d'un si grand nombre de matériaux, j'indiquerai d'abord les publications (*Mémoires. Documents* et *Bulletins*) de l'*Académie des sciences de Belgique* et de la *Commission royale d'histoire* ; — celles de plusieurs académies universitaires et particulièrement de l'Université de Gand ; — les Mémoires des Sociétés savantes de Lille, de Tournai, de Gand, de Bruges, et quelques autres ; on peut consulter les suivants comme étant des plus riches en documents historiques :

Commission historique du département du Nord, à Lille ; elle a commencé en 1841 la publication d'un *Bulletin* périodique dont il y a plusieurs volumes.

Société des sciences, lettres et arts du département du Nord, à Lille. Cette Société plus ancienne, et qui a déjà mis au jour plus de vingt volumes, a publié beaucoup plus de mémoires scientifiques que de recherches historiques sur la Flandre française : c'est toutefois dans ce recueil, ainsi que dans ceux des Sociétés de Douai et de Cambrai, que M. Le Glay a inséré une partie de ses notices sur des dépôts d'archives ecclésiastiques et sur plusieurs autres sujets intéressant l'histoire de la partie française du diocèse de Tournai.

Société historique et littéraire de Tournai. — *Bulletin*, 5 volumes in-8 de 1849 à 1858. — *Mémoires*, 6 vol. in-8, 1853 à 1859. Cette Société et celle de Bruges ont fait connaître le plus grand nombre de documents importants pour l'histoire de l'évêché de Tournai. Dans deux des volumes de la première de ces sociétés a été publiée une chronique importante, le *Miroir des guerres de Tournai*, signalée et analysée pour la première fois par M. P. De Gaule, le savant et zélé éditeur, pour la Société de l'histoire de France, de la *Vie de S. Louis* par Tillemont.

Société d'émulation pour l'étude de l'histoire et des antiquités de la Flandre occidentale (à Bruges). — *Annales* in-4 avec planches. Bruges, 1839-1858.

On trouve dans cette importante collection, qui se compose déjà de plus de dix volumes, plusieurs chroniques, cartulaires et descriptions d'églises et d'abbayes. (Voir les notes du diocèse de Bruges.)

Société royale des beaux-arts et de la littérature (de Gand). *Annales* publiées in-8, depuis 1844.

Plusieurs Revues littéraires et historiques de ce pays et particulièrement le précieux recueil périodique publié depuis plus de trente ans à Gand sous différents titres et en dernier lieu sous celui de *Messager des sciences historiques*, ou *Nouvelles archives historiques.*

Je rappellerai aussi les *Archives historiques et littéraires du nord de la France et du midi de la Belgique*, publiées depuis 1829 à Valenciennes par MM. A. Leroy et A. Dinaux, déjà mentionnées dans les notes du diocèse de Cambrai. On y trouve un grand nombre de notices et de documents intéressants.

Les *Archives Tournaisiennes historiques et littéraires*, dont le tome Iᵉʳ a été mis au jour en 1844 par M. Fr. Hennebert, ont été bientôt remplacées par les publications de la Société historique de Tournai dont il fut l'un des fondateurs.

Il faut citer les nombreuses chroniques politiques de Flandre, rédigées en latin, en flamand, ou en français, continuées par différents auteurs depuis le XIᵉ siècle jusqu'au XVIᵉ. L'une des plus connues est celle publiée par Denis Sauvage.

Les principaux chroniqueurs français des XVᵉ et XVIᵉ siècles sont originaires de Flandre, et c'est l'histoire de ce pays qu'ils ont surtout pris pour base de leurs récits des relations générales des peuples et des souverains à cette époque. Tels sont Froissart, Monstrelet, J. de Wavrin, G. Chastelain, Commines, J. Molinet, Jacques de

Meyer, etc. Ce sont ces chroniques qui ont été mises si habilement en œuvre, de nos jours, dans des travaux historiques dont la célébrité a presque dépassé celle des sources originales elles-mêmes.

Les Cartulaires, chroniques et histoires d'abbayes et de Chapitres, les histoires générales et particulières de provinces et de villes, les biographies et vies de saints, d'évêques, d'abbés et d'autres personnages historiques, rentrent davantage dans le caractère de cet ouvrage.

Telles seraient les sources de documents, presque inépuisables, à étudier pour la connaissance des événements historiques dont ce diocèse a été le théâtre.

En restreignant même ces indications, comme je l'ai fait le plus souvent pour d'autres diocèses, aux documents plus particulièrement ecclésiastiques, il se présente une autre difficulté qui ne consiste plus seulement dans l'abondance des matériaux, mais qui résulte de ce que le plus grand nombre des documents sont inédits et que les titres des archives ecclésiastiques sont plus sommairement indiqués dans les notices publiées sur ces archives que ne l'ont été les titres des archives civiles. Il faut, toutefois, excepter la grande collection diplomatique d'Aubert Le Mire (*Miræus*) et de Foppens, les recueils de Sanders (*Sanderus*), qui en ont fait connaître *in extenso* de fort importants, ainsi que les ouvrages de Gramaye, de Vreed (*Vredius*), de Buzelin, du P. Boucher et de Ghesquières, dont les importants travaux ont été précédemment indiqués.

Plusieurs des ouvrages à consulter pour l'histoire du diocèse de Tournai ayant déjà été signalés dans les notes des diocèses de Noyon, d'Arras et de Cambrai, il suffira de les rappeler ici, en notant les parties de ces ouvrages consacrées à l'évêché de Tournai et à ses dépendances primitives.

J'indiquerai d'abord les principaux ouvrages, imprimés, ou manuscrits, exclusivement relatifs à l'histoire et à la géographie ecclésiastiques du diocèse ;

Puis les histoires particulières de villes ; et, dans chacune d'elles, les histoires d'églises et d'abbayes ;

Les historiens de Flandre qui, à un point de vue plus général, peuvent encore éclaircir quelques questions de cette histoire ;

Enfin les descriptions de dépôts d'archives ; — les synodes ; — les hagiographes.

L'histoire ecclésiastique du Pays-Bas.... par feu Guillaume Gazet ; à Valenciennes, 1614, in-4; p. 206 à 253: *L'ordre et suyte des évesques de Tournay* ; — p. 361 à 403 : *Éveschés de Gand et de Bruges.*

J. Buzelin , *series episcoporum Tornacensium usque ad a.* 1620 (dans la *Gallo-Flandria*) du même auteur, in-f. Duaci, 1625, in-f°.

A Rdissit *Duacensis.*, *Belgica christiana, sive synopsis successionum et gestorum episcoporum Belgicæ provinciæ.* Duaci , 1634, in-4. — P. 269 à 281 : *Tornacensis Ecclesia.* — P. 25 à 48 : *Gandavensis et Brugensis Ecclesiæ.*

4. Catulli *Tornacum, civitas metropolis et cathedra episcopalis rviorum. Bruxellæ,* 1651-1652, in-4.

Sacra Belgii chronologia, studio J. B. L. de Castillion. *Gandavi,* 19, in-8. — P. 385 à 425 : *Series episcoporum Tornacensium.* — 509 à 524 : *Series episcop. Gandavensium et Brugensium.*

V. *Gallia christiana.* — T. III (1656), p. 1068 v. à 1075 r. Tor- censes *episcopi.* — T. II, p. 436 v. à 437 r. — *Id.,* p.592 v. à 594 r ugenses *et Gandavenses episcopi.*

N. *Gallia christiana,* t. III (1725), col. 207 à 319. *Instrum.,* col. à 78. *Ecclesia Tornacensis.* *Id.,* t. V (1731), col. 158 à 302. *Instr.,* col. 325 à 374. *Ecclesiæ* andavensis *et Brugensis.*

Un chapitre particulier est consacré au diocèse de Tournai, dans la scription *de la Gaule Belgique* du P. Wastelain, éd. in-4.

Recherches sur l'ancien diocèse de Tournai, par M. Brun-Lavainne. lle, 1854, br. in-8, extr. de la *Revue du Nord.*

— La biographie des divers évêques de Tournai, de Gand et de uges, et la description des monuments religieux, se trouvent aussi ns plusieurs des histoires locales de ces villes qui seront indiquées us loin, et plus particulièrement pour Tournai dans les ouvrages de usin, de Poutrain, de M. Lemaistre d'Anstaing, et surtout dans le and et savant ouvrage de Sandérus, *Flandria illustrata.* Il ne faut s oublier que pour les deux autres diocèses, leur histoire est con- ndue avec celle de l'évêché de Tournai jusqu'à la séparation de urs territoires, en 1559.

Indépendamment de ces mentions générales de l'histoire des évé- les et des établissements religieux du diocèse de Tournai, il a été mposé plusieurs ouvrages exclusivement relatifs à l'histoire ecclé- astique ou civile de cette ville et de ce diocèse : les uns sont jmpri- es, d'autres sont restés manuscrits. Les histoires de Tournai les us importantes et dont plusieurs sont remarquables, soit par la leur des recherches, soit par leur étendue extraordinaire sont les vantes :

— *Histoire de Tournay, ou quatre livres des chroniques, annales* demonstrations *du christianisme de l'évêché de Tournay;* par . Jean Cousin, Tournesien, chanoine de l'église cathédrale de Tour- y. Douai, 1619-1620, en quatre livres formant deux volumes in-4°. r livre ou volume, 360 pp.; II°, 258 pp.; III°, 311 pp.; IV°, 371 pp.) Malgré les erreurs et la crédulité qu'on remarque dans cette histoire, mme dans la plupart des histoires de villes et d'églises, écrites à cette oque, c'est encore l'ouvrage le plus complet pour les connaissances l'histoire ecclésiastique des premiers siècles dans ce diocèse.

— *Histoire de la ville et cité de Tournai, capitale des Nerviens et premier siége de la monarchie française; contenant le récit de ses événements les plus mémorables sous chaque règne des différentes dominations, où elle a passé depuis que les Romains la conquirent par la défaite des Nerviens, 56 ans avant la naissance de Jésus-Christ, jusqu'à l'année 1749. Avec l'histoire particulière de ses accroissements, de ses magistrats, de ses châtelains, de ses avoués, de ses gouverneurs, et du langage qu'on y parle dans les différents siècles : un Essai de son Histoire ecclésiastique et quelques suplemens* (sic). A la Haye (Tournai), 1756. 2 vol. in-4° de 803 et 50 pp.

Cet ouvrage est anonyme; mais l'auteur était un bourgeois de Tournai, nommé Poutrain, et qui est indiqué à tort sous le nom de Poulain dans la *Bibl. hist. de France*. Éd. de Fontette, n° 39419. — En tête de l'ouvrage se trouve une dissertation de près de soixante pages sur la question des *Nerviens*. L'auteur se prononce, comme l'indique son titre, pour l'extension de leur territoire sur celui de Tournai. Il a donné, à la fin du premier volume (p. 373 à 417), une description des objets trouvés dans le tombeau de Childéric, aussi complète que celle de Chiflet (1655). L'ouvrage sur le Tournaisis, qu'il avait annoncé comme supplément de son histoire, n'a jamais vu le jour.

— *Essai historique et chronologique pour servir à l'histoire de Tournai*, par Hoverlant de Beauwelaere, ex-législateur, Tournai, an XIII (1805)-1834. 117 (cent dix-sept) volumes in-12, dont trois volumes de tables, et un atlas in-f.' Cet ouvrage est probablement le plus considérable qui ait été publié sur l'histoire d'aucune ville; mais il s'en faut beaucoup qu'il soit le plus utile et le plus instructif. Suivant un plan qui était bon, l'auteur traite successivement de l'histoire de la ville à ses différentes périodes, en envisageant les événements, les institutions et les monuments politiques et religieux. Dans la seconde partie de l'ouvrage est retracée l'histoire des autres villes et des villages du Tournaisis. Çà et là sont textuellement cités ou analysés de nombreux documents, extraits des archives de la ville, et inédits pour la plupart. Malheureusement, à ces indications utiles M. Hoverlant a ajouté, en les distribuant avec le désordre le plus étrange quant aux faits et aux dates, une foule de documents modernes et tout à fait personnels, lettres, contrats de famille, souvenirs politiques et privés, etc. entremêlés de déclamations et de récriminations souvent injurieuses. Il en résulte la confusion la plus embarrassante pour la recherche des faits. En retranchant au moins les trois quarts de ce livre peu ordinaire, il resterait encore un recueil de renseignements intéressants pour l'histoire de la ville de Tournai et du Tournaisis.

Le nombre de cent dix-sept volumes est bien le nombre réel des volumes publiés; mais la bibliothèque impériale et celle du Louvre n'en possèdent que soixante-cinq, imprimés de 1805 à 1813. Une seconde série, aussi étendue que la première, a été continuée de 1823 à 1834, sur le même plan et avec le même défaut de méthode. Quand l'auteur commença cette nouvelle série, il n'avait plus, dit-il, que deux

—————

1. Une partie de l'ouvrage a pour titre : *Essai chronologique*, etc.

souscripteurs. M. Hoverlant est, en outre, l'auteur d'un mémoire sur l'état de la servitude au royaume des Pays-Bas. Courtrai, 1819. 2 vol. in-8. — Il est mort en 1840.

— *Histoire de Tournai et du Tournaisis depuis les temps les plus reculés jusqu'à nos jours;* par M. A. G. Chotin. Tournai, 1840. 2 vol. in-8.

— *Éphémérides Tournaisiennes;* par Fr. Rennebert, archiviste de la ville de Tournai, 1841, in-8.

— *Mélanges pour servir à l'histoire des hommes et des choses de Tournai et du Tournaisis;* par le même. Plusieurs fascicules. Tournai, 1857.

— *Notice sur l'âge de la cathédrale de Tournai;* par M. Dumortier, dans ses *Mélanges d'histoire et d'archéologie,* 1841.

— *Recherches sur l'histoire et l'architecture de l'église cathédrale de Notre-Dame de Tournai;* par M. le Maistre d'Anstaing. Tournai, 1842-1843. 2 vol. in-8; ouvrage important, déjà cité.

— *Vitraux de la cathédrale de Tournai,* dessinés par J. B. Capronier, avec un texte historique et descriptif par MM. Descamps, vicaire général, et Le Maistre d'Anstaing. Bruxelles, 1847. 14 pl. in-f. et 16 p. de texte.

Dans ces vitraux du XVᵉ siècle, restaurés et complétés au XIXᵉ, se voient de nombreux sujets historiques relatifs à Tournai. L'un des dix tableaux distribués dans les sept fenêtres de l'abside septentrionale retrace les négociations concernant la séparation des évéchés de Tournai et de Noyon en 1446; la démarche des députés du clergé de Tournai; l'intervention de saint Bernard auprès du pape Innocent II et de l'évêque de Noyon; leur voyage à Rome; l'audience du pape; l'élection et le sacre du nouvel évêque Anselme; les serments du châtelain, de l'avoué et du magistrat. Ces vitraux ayant été restaurés de nos jours, il est à craindre qu'on ait retracé les scènes bien plus complétement que la représentation primitive ne les montrait[1].

Ce monument religieux, le plus important du style roman en Belque, a été le sujet de nombreuses recherches. Il est aussi décrit dans l'ouvrage de M. Schayes : *Histoire de l'architecture en Belgique,* 2 vol. in-12 (s. d.).

Parmi les histoires, chroniques et cartulaires d'abbayes, d'églises et de villes du diocèse de Tournai, autres que ceux dont il vient d'être question, on peut indiquer les suivants :

Chronicon Herimanni de restaurationc abbat. S. Martini Tornacens. (XIIᵉ s.). *Spicileg.* de d'Achéry. Éd. in-f., t. II, p. 868; — éd. in-4, t. XII, p. 379.

Plusieurs annales de S-.Bavon de Gand, de S.-Amand (*Elnonense*) et d'autres abbayes du diocèse de Tournai, ont été publiées dans les grandes collections de D. Bouquet et de M. Pertz. La plupart font aussi partie du *Corpus chronic. Flandriæ* indiqué ci-dessous.

— *Annales abbatiæ S. Petri Blandiniensis;* éd. par M. Van de Putte, Gand, 1842; in-4 de XXII et 208 pp.

---

1. *Bull. de la Soc. hist. et litt. de Tournai,* t. III, 1852, p. 309.

M. Van de Putte est auteur de plusieurs autres publications de documents historiques, faites à Bruges, in-4 et in-8.

— *Chronique de S.-Bavon à Gand*, par Jean de Thielrode, 1291; d'après le mss. original appartenant à M. Lammens, biblioth. de l'Université de cette ville. Gand, 1835; in-8. La publication en est due à l'auteur de l'ouvrage suivant.

— *Histoire de l'abbaye de S.-Bavon, et de la crypte de S.-Jean à Gand;* par A. Van Lokeren. Gand, 1855; in-4 de XVI, 257, 173 pp. et 35 pl. — L'introduction de ce bel et savant ouvrage fait connaître les manuscrits relatifs surtout à S.-Bavon, qui sont conservés dans les différents dépôts publics de la ville de Gand. L'auteur donne des analyses d'un très-grand nombre de chartes concernant cette abbaye.

Postérieurement à cette publication on a commencé à mettre au jour un *Cartulaire* de S.-Bavon; je n'ai pu le consulter et je ne sais s'il est terminé.

— *Histoire chronologique des évêques et du Chapitre exempt, de l'église cathédrale de S.-Bavon à Gand; suivie d'un recueil des épitaphes modernes et anciennes de cette église* (par A. Hellin). Gand, 1772; in-8.

Supplément généalogique, historique; additions et corrections à l'Histoire chronologique des évêques, etc. Gand, 1777; in-8.

— *Chronicon monasterii Aldenburgensis.* Éd. J. B. Malou. Brugis, 1840, in-4. L'auteur, bien connu par son érudition, est évêque de Bruges.

— *Chronique de l'abbaye de S.-André* (près Bruges) d'après un mss. inédit (d'Arnold Goethals); publié par M. Octave Delepierre. Bruges, 1839. Cet ouvrage est suivi de mélanges sur Bruges.

— *Chronicon monasterii S. Andreæ juxta Brugas* (Ben. ord.); par A. Goethals. Gandavi, 1844; in-4.

— *Compendium chronologicum episcoporum Brugensium, nec non præpositorum, decanorum et canonicorum eccl. cathedr. S. Donatiani Brugensis;* par Foppens. Brugis, 1751 (ou 1731); in-8 de 272 p.

— *Description historique de l'église collégiale et paroissiale de Notre-Dame à Bruges, avec une histoire chronologique de tous les prévôts, et suivie d'un recueil des épitaphes anciennes et modernes de cette église;* par M. Beaucourt de Noortvelde, natif de Bruges, avocat fiscal du grand Thonlieu de l'Impératrice-Reine apostolique, etc. A Bruges, 1773; in-4.

— Delepierre, J O., *Précis des annales de Bruges jusqu'au commencement du XVIIᵉ siècle*, 1835; in-8.

— *Histoire du diocèse de Bruges*, 1 vol. in-fᵒ. (Biographies et portraits des évêques.)

— La Société d'émulation de Bruges a publié, depuis 1839, plusieurs chroniques d'abbayes et d'églises de la partie du diocèse de Tournai qui forma, en 1559, le diocèse de Bruges.

— La ville de Gand a fourni la matière de descriptions intéressantes, aux points de vue historique et topographique, à Guichardin, à Gramaye, à Buzelin, à Sanderus. Beaucoup plus récemment, elle a été le sujet de plusieurs ouvrages remarquables par le savoir de leur auteur, M. Ch. L. Diericx. En voici la liste :

La topographie de l'ancienne ville de Gand, précédée de quelques observations sur les archives de cette ville et d'un projet de faire imprimer les chartes, lois et priviléges jusqu'à l'an 1300. Gand, 1808; in-12.

Mémoires sur la ville de Gand. Gand, 1814; 2 vol. in-8.

Appendice aux mémoires sur la ville de Gand, avec son plan topographique. Gand, 1816; in-8.

Mémoires sur les lois, les coutumes et les priviléges des Gantois depuis l'institution de leur commune jusqu'à la révolution de 1546. Gand, 1817, 1818; 2 vol. in-8. Cet ouvrage s'arrête à l'a. 1296.

Gends charter bockje. (Recueil de chartes, principalement des abbayes de S.-Pierre et de S.-Bavon.) Gand, 1821; in-8.

—M. Varnkœnig a publié sur la ville de Gand un ouvrage important, quoique peu volumineux: *Histoire constitutionnelle et administrative de la ville de Gand et de la châtellenie du vieux bourg jusqu'à l'année 1305.* Brux., 1846; in-8, trad. fr. de M. Gheldoff. Cet ouvrage fait suite à l'*Histoire de Flandre* du même auteur.

L'*Histoire de la ville et du Franc-de-Bruges* et l'*Histoire de la ville et châtellenie d'Ypres,* publiées dans l'éd. allemande de cet ouvrage, devaient aussi être traduites; j'ignore si elles l'ont été.

La ville de Lille, capitale de la Flandre wallonne et de la partie française du diocèse de Tournai, a été le sujet de nombreuses publications. Les plus importantes sont:

Histoire de Lille, ancienne capitale de la Flandre française, depuis son origine jusqu'en 1830; par M. Lucien de Rosny. 1 vol. in-8. Paris, Techener, 1838.

— *Histoire de Lille,* par M. Derode. Lille, 1848; 3 vol. in-8.

— *Atlas topographique et historique de la ville de Lille, de sa banlieue et de ses environs, depuis l'an mille, jusqu'à nos jours, dressé sur les documents les plus authentiques;* par M. Brun-Lavainne, archiv. de la mairie de Lille. Lille, in-f. de 13 feuilles, 11 plans et 30 autres planches de monuments, armoiries, sceaux, etc. 1 vol. in-f. Lille, 1834-1836.

— Roisin: *Franchises, lois et coutumes de la ville de Lille. Ancien mss. à l'usage du siége échevinal de cette ville, contenant un grand nombre de chartes et de titres historiques concernant la Flandre: publié avec des notes et un glossaire,* par M. Brun-Lavainne. Lille, 1842; in-4. Ce volume renferme un grand nombre de documents originaux très-intéressants.

— *Notice sur l'ancienne collégiale de S.-Pierre de Lille, dans ses rapports avec les institutions féodales et communales;* par M. Tailliar (Commission hist. du dép. du Nord, *Bulletin,* t. III, p. 264-370).

— M. Tailliar a publié plusieurs autres ouvrages très-savants sur l'affranchissement des Communes dans le nord de la France et le midi de la Belgique.

Histoires, chroniques, cartulaires et autres documents mss.

Parmi les nombreux manuscrits concernant l'histoire ecclésiastique du diocèse de Tournai, on peut remarquer les suivants :

— *Histoire ecclésiastique de Tournai, jusqu'en* 1600; par le P. Fr. Gaultran. 3 vol. in-f. (Arch. de Tournai.)

— *Mém. pour l'histoire de Tournai jusqu'en* 1717; par J. Legroux. 3 vol. in-4. (Arch. de Tournai.)

— *Chroniques de l'Église de Tournai* jusqu'en 1615, un vol. copie du XVIII⁰ siècle. (Arch. de Tournai.)

— *Chronique des événements arrivés* à Tournai, de 1556 à 1570; par Nicolas le sous-Doyen. 1 vol. in-f. (Arch. de Tournai.)

— *Mémoires pour servir à l'hist. part. de Tournai.* 3 vol. in-f. attribués au chanoine L. Delarue. (Arch. de Tournai.)

— *Histoire des évêques de Tournai, depuis Théodose I⁰ᵉ jusqu'à Jean de Vendeuille,* composée par Ferd. de Cardevacque, seigneur de Beaumont, gentilhomme d'Artois (mort en 1614) (hist. citée par Sanderus).

— *Series episcoporum Tornacensium ;* auctore Nicolao du Fief; in-4. Bibl. de Bourgogne à Bruxelles.

— *Chronicon de episcopis Tornacensibus.* Mss. du Fief; publ. par M. de Reiffenberg, t. 1 de la *Chronique* de Phil. Mouskès, p. 532.

Ces deux indications se rapportent probablement à une seule chronique. D'autres mss. de du Fief existent dans la bibl. de la ville de Tournai.

— Sur plusieurs autres mss. concernant la ville de Tournai, conservés dans la bibl. de cette ville, voir le Bull. de la Commission historique de Belgique, t. I, p. 26. Voir aussi le *Catalogue* de cette bibl. par M. le D. Wilbaux. 1853, in-8.

— *Recueil de plusieurs titres concernant les évêques et l'évêché de Tournai.* Bibl. impér., dépt des mss. Collection très-considérable de documents, concernant principalement la Flandre et formée par Colbert lui-même, à l'occasion de la réunion à la France des pays conquis en Flandre sous Louis XIV.

Les tomes LXIII à LXXIII sont relatifs au diocèse de Tournai, ainsi que le XLIX⁰ en partie. En voici le contenu :

T. XLIX. Subsides ecclésiastiques des Pays-Bas, depuis l'an 1436 jusqu'en 1650.

T. LXIII. Amortissement des églises et béguinages de Lille, exemption du clergé du diocèse de Tournai, en 1537.

T. LXIV. Temporel de l'évêché de Tournai, de l'église cathédrale et des couvents de la même ville.

T. LXV, LXVI, LXVII, LXVIII. Recueil historique, ecclésiastique, de plusieurs pièces et actes concernant les évêques et l'évêché de Tournai, transcrits sur les originaux gardés parmi les archives du trésor des chartes de l'évêché de Tournai, depuis l'an 1077 jusqu'en 1672.

T. LXIX-LXX. Fondations faites dans les douze Doyennés de l'ancien diocèse de Tournai depuis le XIII⁰ siècle, etc.

T. LXXI. Amortissement des églises du diocèse de Tournai, église de Seclin, et autres du même diocèse.

T. LXXII. Recueil concernant les preuves de la juridiction des évêques de Tournai, sur l'abbaye de Saint-Amand.

T. LXXIII. Recueil des titres de l'abbaye de Cisoin, depuis le IX⁰ siècle jusqu'au XV⁰ siècle inclusivement.

Les Bénédictins, auteurs du N. *Gallia christ.* (t. III, p. 207) disent avoir beaucoup emprunté, pour la vie des évêques de Tournai, aux manuscrits de Colbert de la Bibl. du Roi.

Il existe à la Bibl. impér. une autre collection de 180 volumes in-f. mss., relatifs également à l'histoire de la Belgique et formée, aux frais de l'État, après la bataille de Fontenoy, vers le milieu du XVIIIe siècle, par C. d'Esnans, conseiller au parlement de Besançon. Les volumes XVI, XVII et XXI contiennent des inventaires des registres et des cartulaires des villes de Gand, Bruges, Tournai et des États de Flandre. Les vol. LXXIX et LXXX sont composés de copies de pièces relatives au comté de Flandre. Les vol. CXVII à CXLII concernent Tournai et le Tournaisis. M. Gachard, qui a étudié cette collection en 1827 et la fit connaître par une notice publiée en 1838, assure que les copies de pièces sont le plus généralement très-défectueuses.

— Entre autres cartulaires d'abbayes de l'évêché de Tournai, la Bibl. impér. en possède un qui n'est pas sans importance, celui de l'abbaye de Saint-Amand. (*C. Elnonense*).

— De nombreux cartulaires, obituaires et autres documents ecclésiastiques se trouvent dans les dépôts suivants :

Archives du royaume de Belgique [1];

Archives de Tournai (Archives municipales et ecclésiastiques);

Archives de Gand (Archives de la Flandre orientale, de la ville et de l'évêché);

Archives de Bruges (Arch. de la Flandre occidentale, arch. municipales et archives épiscopales);

Archives générales du département du Nord [2].

Voici les titres des plus importants de ces documents :

Les titres et papiers de l'évêché de Tournai et de l'abbaye de S.-Martin

---

1. Voir plusieurs savants rapports de M. Gachard, directeur général des Archives du roy. de Belgique à M. le ministre de l'intérieur sur la situation des archives générales du royaume et des archives de l'État à Gand, à Mons et à Tournai ; Bruxelles, 1838 à 1846, in-8. Plusieurs vol in-f. de l'Inventaire général de ces archives sont publiés. Ces intéressants rapports concernent plutôt la partie politique et administrative que la partie ecclésiastique de ces dépôts. — Voir aussi une première *Notice sur les archives de Tournai*, par M. Gachard, qui les avait en partie classées do 1822 à 1826. (*Coll. de mon. inédits*, etc., t. I. Brux., 1833 ; in-8.) Voir un rapport du même savant sur les documents relatifs à la Flandre, conservés dans les archives de Lille ; in-8, 1845, 184 p.

2. M. Le Glay a publié plusieurs rapports très-instructifs sur les archives d'établissements religieux de la partie de la Flandre française qui dépendait du diocèse de Tournai, tels que les abbayes de Cisoin (1854), de S.-Amand en Pevèle (1854), le Chapitre de S.-Pierre de Lille (1856), etc. — M. Le Glay a aussi décrit les principaux fonds ecclésiastiques des Archives générales du département du Nord confiées à ses soins. (*Notice sur les archives du département du Nord*, 1839. — *Hist. et descr. des arch. gén. du dép. du Nord. Partie histor.*, 1848.

de cette ville sont, en très-grande partie, conservés dans les archives du royaume à Bruxelles. On y voit un cartulaire de l'abbaye de S.-Martin, remontant au XIIe siècle et deux autres du XIIIe; un registre intitulé : *Jura episcopatus Tornacensis*, plus de 400 autres registres et chartes de l'évêché de Tournai. Une plus petite partie des titres mss. de l'évêché de Tournai se trouve dans la bibl. de Bourgogne (Bibl. roy. de Bruxelles). Les manuscrits de l'ancien Chapitre de la cathédrale de Tournai appartiennent à la ville. Plusieurs cartulaires existent dans les archives du Chapitre, dont M. Voisin, vicaire général, est conservateur, ainsi que dans la bibliothèque du séminaire.

Les archives de la ville de Tournai sont très-riches en documents émanants des rois de France; cette ville dépendit en effet de la France jusqu'en 1521. M. Hennebert en a dressé un inventaire.

Le mss. du *Tornacum illustratum* de Sanderus existe aussi à Tournai.

Plusieurs cartulaires, obituaires, etc., de l'abbaye de S.-Martin de Tournai et un mss. intitulé *Acta episcoporum et abbatum Tornacensium* sont conservés dans la riche bibliothèque de sir T. Philipps à Middlehil [1].

La bibliothèque roy. de la Haye possède, dans le fonds Gérard, un assez grand nombre de mss. importants pour l'histoire de Flandre [2].

Dans la bibliothèque de la ville et de l'Université de Gand on conserve plusieurs mss. non moins importants qui proviennent des abbayes de S.-Pierre (*C. Blandiniense*), et de S.-Bavon (*C. Gandense*).

Ces mss. sont énumérés et décrits dans le *Catalogue méthodique et raisonné* des mss. de cette bibliothèque par M. le comte J. de S.-Génois (Gand, 1849-1852, p. 72 et suiv.). Outre les pouillés que j'ai indiqués ci-dessus, on y remarque surtout :

N. 55. *Privilegia S. Bavonis*. C'est un recueil en deux volumes in-4, formant ensemble près de mille pages, de tous les actes concernant l'érection de l'église de S.-Bavon à Gand en collégiale, en 1541 ; et contenant les bulles d'érection de l'évêché; la bulle d'exemption du pape Jules II ; les actes de protestation contre cette bulle, etc.

56. Un *Nécrologe* de l'église S.-Jean, aujourd'hui S.-Bavon.

60 à 65. *Statuta antiqua et nova Capituli S. Pharaildis. — Chronicon S. Pharaildis. — Varia Capituli S. Pharaildis. — Privilegia Capituli S. Pharaildis*. Documents recueillis en partie par J. B. de Castillion.

66. *Varia de abbatia de Baudeloo*.

67. Obituaire de cette même abbaye de Baudeloo, à Gand.

68. *Epistolæ ad abbatem de Baudeloo* (1651-1761).

82 et suiv. Plusieurs chroniques de S.-Bavon, en latin, et d'autres chroniques de Flandre rédigées en flamand.

---

1. C. R. de la Comm. r. d'hist. de Belg., t. VI, p. 293 et 294.
2. Voy. la liste donnée par M. de Reiffenberg dans le *Bull. de la Soc. de l'hist. de F.*, 1837, Ire partie, t. II.

Plusieurs manuscrits relatifs à l'histoire ecclésiastique de Gand, par le P. de Jonghe, l'auteur du *Belgium dominicatum* (1719).

N. 110 et suiv. Une collection importante de documents et de mémoires concernant l'histoire ecclésiastique et civile de Bruges, recueillis et rédigés par Ch. Custis, historiographe de cette ville, mort en 1752. Ces mémoires de Custis sur la ville de Bruges ne forment pas moins de 27 volumes in-4. Le n. 111 (en 6 vol.), est plus spécialement relatif à l'histoire ecclésiastique.

Les archives épiscopales de Gand, celles de la cathédrale de S.-Bavon et de l'abbaye de S.-Pierre forment autant de fonds distincts, fort appauvris par la translation ancienne aux archives générales de Bruxelles d'une grande partie de ces dépôts, mais qui contiennent encore de nombreux documents.

Les archives de la Flandre orientale à Gand renferment, comme la bibliothèque de cette ville, un assez grand nombre de manuscrits historiques. C'est pareillement à M. J. de Saint-Génois qu'on en doit la description [1]. Ce dépôt d'archives est un des plus riches en chartes et autres documents originaux. On sait que la collection des chartes des comtes de Flandre, autrefois déposée au château de Ruppelmonde, et réunie en 1830 au dépôt des archives de Gand, est la plus précieuse de toutes celles des provinces de la Belgique. Elle a été aussi inventoriée et analysée par son savant conservateur M. J. de Saint-Génois [2]. La plupart des manuscrits historiques des archives de la Flandre orientale proviennent de l'abbaye de S.-Pierre à Gand et de l'abbaye de Ninove. Quelques-uns d'entre eux, sous forme de chroniques, sont rédigés en langue flamande. Plusieurs nécrologes ou martyrologes des églises de S.-Pierre et de S.-Jean, des abbayes de Ninove, d'Affligbem, sont rédigés en latin, ainsi que des annales de ces établissements religieux. Les cartulaires de ces dépôts sont plus généralement des recueils d'actes et de privilèges civils que de donations ou de constitutions ecclésiastiques. Cependant on y conserve plusieurs cartulaires, statuts, chroniques, et de nombreuses chartes de S.-Bavon.

Les archives de l'évêché de Gand possèdent aussi de nombreux documents concernant les établissements religieux du diocèse.

Le dépôt des archives de la Flandre occidentale, à Bruges, est plus riche en documents politiques et municipaux qu'en pièces ecclésiastiques. On y trouve, néanmoins, une partie des anciennes archives de plusieurs abbayes. Il a été décrit par M. Oct. Delepierre [3].

---

1. *Messager des sciences de Gand*, t. III, 1835 ; t. V, 1837 ; t. XI, 1841 ; t. XIII, 1843.

2. *Inventaire analytique des chartes des comtes de Flandre, autrefois déposées au château de Ruppelmonde*. Gand, 1843-1846 ; 1 vol. in-4

3. *Précis analytique des documents que renferme le dépôt des archives de la Flandre occidentale à Bruges*; par M. O. Delepierre, 1840-1842 ; 3 vol. in-8. — On trouve aussi dans ce recueil un inventaire des

Les archives de Flandre tiennent une place notable dans le riche dépôt des archives de la chambre des comptes de Lille. Il en existe des inventaires rédigés par les savants archivistes de la famille de Godefroi et continués par M. Le Glay.

Une partie de ces inventaires fut publiée par le comte de Saint-Génois, vers le commencement de ce siècle, sous le titre suivant :

Monuments anciens, essentiellement utiles à la France, aux provinces de Hainaut, Flandre, Brabant, Namur, Artois, Liége, Hollande, Zélande, Frise, Cologne et autres pays limitrophes de l'Empire. 2 vol. in-f., de 1071 pp.; Paris et Lille (vers 1804). Cet ouvrage, qui fut détruit avant d'être terminé, est fort rare.

La bibliothèque publique de la ville de Lille possède, entre autres documents d'histoire ecclésiastique, un cartulaire de l'église de S.-Pierre de cette ville. Les archives du département du Nord en possèdent plusieurs autres des abb. de S.-Amand, de Loos, de Marquette. (*Catal. g. des cartul. des arch. dép.* 1847, p. 8.)

Annales et Chroniques de Flandre publiées.

Indépendamment des anciennes chroniques de Flandre, répandues en mss. dans toutes les grandes bibliothèques d'Europe et dont les plus connues sont la *Chronique* dite de Saint-Sauvage, du nom de son premier éditeur et la *Flandria Genevosa* (a. 792-1213), éditée en 1743 et en 1781, il existe un fort grand nombre de chroniques concernant la Flandre en général, et le diocèse de Tournai en particulier. Plusieurs sont encore inédites, mais la plupart ont été insérées, depuis peu d'années, dans l'importante *Collection de Chroniques belges inédites* publiée par ordre du gouvernement de Belgique et par les soins de la Commission royale d'histoire. Cette Commission, dont le savant archiviste de l'État, M. Gachard, est secrétaire, a mis au jour un bien plus grand nombre de volumes; mais nous ne devons mentionner ici que ceux qui sont relatifs à la Flandre.

Corpus chronicorum Flandriæ.

Tome I (Bruxelles, 1837, in-4 de LIX et 434 pp., édité en partie par M. Varnkœnig, en partie par M. le chanoine de Smet, qui a aussi mis au jour les deux volumes suivants).

pièces concernant la ville de Bruges qui sont conservées dans les Archives génér. du dép. du Nord, à Lille. — En 1843 a commencé une nouvelle série, qui se compose de 8 volumes, au moins, à laquelle a travaillé aussi M. Priem.

M. Gachard a publié dans la même collection un volume qui intéresse tout particulièrement l'histoire de la ville et du diocèse de Gand

au xvi⁰ siècle. Ce volume est intitulé : *Relation des troubles de Gand sous Charles-Quint, suivie de 330 documents inédits sur cet événement.* Brux., 1846; in-4 de LXXVIII et 778 pp.

Un autre ouvrage publié par M. de Reiffenberg pour la Commission royale et dans lequel le diocèse de Tournai tient une grande place, est la *Chronique rimée de Philippe Mouskès.* Bruxelles, 1836 et 1838; 2 vol. in-4, t. I, de CCCLXXIX et 654 pp. — t. II, de CCCXXII et 880 pp. M. Dumortier (Bull. de la Commission historique de Belg., t. IX, p. 112 et t. X, p. 46) a démontré, le premier, que l'auteur n'était point un évêque de Tournai, comme on l'a cru d'après Duchesne et comme l'avait admis M. de Reiffenberg lui-même, éditeur de cette chronique; mais un trouvère de Tournai qui avait aussi vécu au XIII⁰ siècle, ainsi que l'évêque Philippe de Gand, avec lequel on l'avait confondu.

—L'historien qui, le premier, au xvi⁰ siècle, continua et mit en œuvre avec le plus d'intelligence les grandes chroniques de Flandre, composées pendant le moyen âge, fut Jacques de Meyer, ou de Meyere[1]. Né en 1491 à Vleteren, près Bailleul, il dirigea une école ecclésiastique à Ypres, puis à Bruges, et obtint la cure de Blankenberg, près Ostende, où il mourut en 1552. Voici les titres de ses principaux écrits historiques relatifs à la Flandre[2].

Flandricarum rerum tomi X (ou) *Flandricarum rerum Decas de origine, antiquitate, nobilitate et genealogia comitum Flandriæ.* Bruges, 1531, in-4; et Anvers, 1531, in-12.

Une édition en a été donnée à Bruges en 1843 par M. l'abbé Carton, in-4. Ces dix tomes sont plutôt dix livres, assez courts.

Chronicorum Flandriæ opus ab a. Ch. 445 usque ad a. 1278. Nuremberg.... 1538, in-4.

Ce dernier ouvrage fut ensuite continué par l'auteur jusqu'en 1477 et publié par son neveu Ant. de Meyer sous ce nouveau titre :

Commentarii, seu Annales rerum Flandricarum libri XVII, Antv., 1561, in-f — Le même ouvrage a paru sous le titre d'*Annales.*

De Meyer avait laissé dix volumes de notes et d'extraits de chartes et de chroniques destinés à composer d'autres décades des *Res Flandricæ* Ces mss. n'ont pas été retrouvés.

— Les *Annales de Flandres,* par P. d'Oudegherst, rédigées en français, sont, après les écrits de J de Meyer, un des ouvrages les plus importants pour l'histoire de Flandre. Il fut aussi composé et publié au XVI⁰ siècle (1571); il est presque exclusivement relatif à l'histoire politique. Il en a paru deux éditions, la 1ʳᵉ, en 1571 à Anvers, la 2⁰ en 1789 à Gand, en 2 volumes in-8, avec des notes de M. Lesbroussart, prof. au collège de Bruxelles.

---

1. Un peu avant J. de Meyer, Ph. Wiélant, né à Gand en 1440, avait composé un recueil des antiquités de Flandre, mais surtout envisagées au point de vue de la législation.

2. Voir sur J. de Meyer une notice de M. de Reiffenberg, dans le Bulletin de la Soc. de l'hist. de Fr., 1835. 2⁰ sect., t. II, p. 222.

— *De rebus Flandriæ memorabilibus liber. Antw.*, 1572, in-12; —
— *Marchantii Flandria commentariorum libris IV descripta.*
Antw., 1576, in-8.

Dans l'ordre chronologique, après de Meyer, l'historien ou l'érudit
qui a le plus fait pour l'histoire de Flandre et surtout pour l'histoire
ecclésiastique, est Aubert Le Mire, doyen de la cathédrale d'Anvers.
Ses collections de documents originaux furent publiées d'abord de 1624
à 1630 en 4 vol. in-4 de 2046 pp. [1], puis de 1723 à 1748, en 4 vol. in-f.,
sous le titre d'*Opera diplomatica et historica*, par J. F. Foppens,
chanoine de Bruges et de la cathédrale de Malines, avec des additions très-considérables. Elles offrent la source la plus précieuse de
titres concernant les diocèses, églises, chapitres, abbayes, non-seulement de l'évêché de Tournai, mais de toute la seconde Belgique [2].

Si les recueils de documents originaux publiés par A. Le Mire sont
d'un grand intérêt pour l'histoire ecclésiastique de la Flandre, les
ouvrages d'Antoine Sanders (*A. Sanderus*) n'ont pas moins d'importance pour l'histoire des principaux établissements religieux et civils
du même pays, ainsi que du Brabant, par l'étude des archives et des
chroniques d'églises et d'abbayes, et par les beaux et nombreux dessins qui en accompagnent les descriptions. Sanderus, né en 1586 à
Anvers, d'une famille originaire de Gand, mourut en 1664 dans
l'abbaye d'Afflighem près d'Alost, après avoir été chanoine du Chapitre
d'Ypres. Paquot (*Mém. littér.*) assure qu'il a laissé plus de quarante
ouvrages imprimés et autant de manuscrits. Celui qui concerne surtout les diocèses de Flandre est le suivant:
Flandria illustrata [3], éd. de 1641-1644; Col. Agr. (ou plutôt Amsterdam), 2 vol. in-f. ; — éd. de la Haye, 1730-1735, 3 vol. in-f. Cet ouvrage est capital pour l'histoire et la topographie ecclésiastiques; il est
le plus précieux de ceux de Sanderus. C'est dans le 1er volume que fut
insérée la carte dont j'ai parlé précédemment sous le titre de *Nova
antiquæ Flandriæ geogr. tabula.* (*A. Nic. Fabio.*)
Plusieurs des sections particulières de cet ouvrage, et surtout celles
consacrées à Gand, avaient été publiées d'abord isolément: *Gandavum*,
1627, in-4.
Sanderus a laissé une suite manuscrite et inédite de sa *Flandria*

---

1. *Cod. donat. piarum*, 1624. — *Diplom. Belgica*, 1625. — *Donat.
Belg.*, 1629. — *Not. Eccl. Belgii*, 1630. — Le 1er volume de l'édition
de Foppens contient seul les quatre recueils précédents. Les trois
autres volumes sont composés de documents qui complètent ceux de
Le Mire.
2. J'ai donné l'indication de cet ouvrage important dans les notes
du diocèse d'Arras, p. 337. M. de Reiffenberg a publié dans le *Biblio-
phile belge*, 1845, t. II, p. 134, une liste complète des travaux de Le Mire.
3. Voir sur cet ouvrage une notice de M. A. Voisin, dans le *Messager
des sciences de Gand*, t. II, 1834, p. 53.

illustrata, qui fut d'abord conservée dans la riche Bibliothèque historique de M. Van Hulthem, d'où elle a passé dans la bibliothèque royale de Bruxelles; elle pourrait former un volume in-f.

Ce volume inédit était particulièrement consacré à la Flandre française, à Tournai et au Tournaisis, tandis que les précédents concernaient la Flandre Flamingante. Il porte pour titre : *Icones urbium, villarum, castellorum et cœnobiorum Gallo Flandriæ.* Il ne contient que les dessins au nombre de 82; mais on a retrouvé un manuscrit de Sanderus intitulé : *Tornacum illustratum,* qui est conservé à Tournai, et qui pourrait faire le complément de ce volume.

Sanderus préparait aussi un volume qui aurait été consacré à l'évêché de Térouanne et aux provinces méridionales des Pays-Bas.

Il publia sur les établissements religieux du Brabant un ouvrage semblable à celui qu'il avait consacré à la Flandre. (*Chorographia sacra Brabantiæ,* 1650, 2 in-f., et 1726, 3 in-f.)

— J. B. Gramaye, né à Anvers à la fin du XVIᵉ siècle, mort en 1635, publia, depuis 1606 jusqu'à 1611, plusieurs ouvrages sur l'histoire et les antiquités de la Flandre, du Brabant et d'autres parties des Pays-Bas; ils forment environ 8 vol. in-4. Ceux qui sont relatifs à la Flandre ont été, comme les écrits qui concernent le Brabant, réunis en un volume in-f. publié en 1708 sous le titre suivant :

J. B. Gramaye. *Antiquitates illustrissimi comitatus Flandriæ in quibus singularium urbium initia, incrementa, respublicæ : privilegia, opera ; laudes ; cœnobiorum fundationes, propagationes, sacri thesauri, encomia, viri clari ; ecclesiarum patronatus, monumenta, reliquiæ sanctorum, collatores, pagorum dominia, domini, familiæ ; quantum quidem nunc fieri potuit, speciatim descripta : ex oppidorum, cœnobiorumque archivis, ex privatorum plurium schedis collecta. Cum indicibus rerum copiosis.* Lovanii et Bruxellis, anno 1708.

Antiquitates Gandenses, pars I, p. 1 à 53.

Gandavum. — Audenburgum. — Ambacta (Hulustum, etc.). — *Flandria Imperialis, ejusque caput Alostum. — Gerardimontium oppidum. — Ninive Flandrorum. — Aldenarda.*

Antiquitates Gandenses, pars II, in quo (sic) *illustrata oppida subsidiaria Gandæ imprimisque Corturiacum,* p. 53 à 84.

Corturiacum. — Haerlebeca. — Tieletum. — Deinsa. — Meninæ. — Tredecim parochiæ.

Brugæ Flandrorum; sive primitiæ antiquitatum Brugensium. p. 85 à 136.

Suburbanum Brugense. — Aggeria vulgo Damum. — Isendica. — Austroburgus. — Rodeburgus. — Slusa. — Muda. — Houka. — Albimontium. — Ostenda. — Longobardorum Ida. — Novoportus. — Torholtum. — Gistella. — Dicxmunde. — Poperingæ. — Viroviacum. — Loa. — Dinoclesia vulgo Dunkerka. — Gravelinga.

Flandria Franca, id est municipiorum, dynastiarum, vicorum, abbatiarum, cœnobiorum, quarto Flandriæ membro comprehensorum illustratio ; una cum oppidis omnibus secundi ordinis in comitatu veteris Flandriæ sitis; p. 137 à 164.

Franconatus Brugensis. — *Furnæ Belgicæ.* — *Castellania Furnensis.* — *Winomontium.* — *Castellania Winobergensis.* — *Broucburgus.* — *Hondescota* — *Middelburgum in Flandria.* — *Eclonia.* — *Mardiccium.*

Ipretum, sive Flandriæ occidentalis illustratæ, pars I. — *Ipretum.* — *Misseniacum*, p. 165 à 182. — *Idem, pars II.* — *Primitiæ, antiquitatum Catsletensium id est oppidorum Catsleti, Hazebrocæ, Eterræ, Watanæ, Mervillæ, Belgioli, Lizæ, Armentariæ, Warnestoni*; p. 183 à 200.

Flandria Gallicana, sive res Duacenses. — *Duacum.* — *Orchiacum.* — *Insulæ.* — *Tornacum.* — *Artesia comitatus*; p. 201 à 218

La plupart des localités comprises dans ces trois dernières sections n'appartenaient pas au diocèse de Tournai, et l'article de Tournai est lui-même fort peu étendu, comparativement à ceux de Gand et de Bruges.

— Les deux ouvrages de J. Buzelin, *Gallo Flandria sacra et profana* (Douai, 1625; in-fol.) et les *Annales Gallo Flandriæ* (1624; in-f.) ont, l'un et l'autre, beaucoup de mérite, surtout le premier.

— Après Meyer, Le Mire, Sanderus et Gramaye, l'historien des antiquités de la Flandre dont les écrits fournissent le plus de renseignements précieux et utiles est un savant jurisconsulte de Bruges, Olivier de Vrée, plus habituellement cité sous le nom de Vredius. Né en 1578, mort en 1652, de Vrée a montré un savoir profond, une érudition peut-être trop vaste, et il a suivi généralement, dans la reproduction des chartes et des sceaux, la méthode historique qui dirigeait les travaux généalogiques d'André Duchesne.

Quoique un seul de ses ouvrages soit spécialement relatif aux antiquités ecclésiastiques du diocèse de Tournai, tous les autres sont si importants pour l'histoire générale des parties de la Flandre qui y étaient comprises qu'il me paraît utile d'en donner l'indication détaillée. La voici selon l'ordre chronologique :

1. *Sigilla comitum Flandriæ et inscriptiones diplomatum ab eis editorum, cum expositione historica Olivari Vredii, jurisconsulti Brug.* — *Brugis Flandrorum, anno* 1639; in-fol. de 308 pp., suppl. et table, avec un très-grand nombre de bonnes figures sur bois et sur cuivre.

2. *Genealogia Flandriæ. Genealogia comitum Flandriæ a Balduino Ferreo usque ad Philippum IV Hispan. regem ; variis sigillorum figuris repræsentata, atque in viginti duas tabulas divisa, quæ diplomatibus, scriptisve antiquis aut coætaneis comprobantur, auctore Olivario Vredio, j. c. Brugensi. Brugis Flandrorum, anno* 1642. — *Id., pars secunda : Burgundicum et Austriacum.* — *Brugis Flandrorum,* anno 1643. In-fol. 2 vol. : le 1er de 412 p.; le IIe de 496 p. Les sceaux sont figurés sur les p. 1 à 155 du tome I, et non point sur 22 tables comme le titre l'indique. Les *probationes*, qui forment deux volumes, sont cependant distribuées selon l'ordre de ces tables.

3. *Historiæ comitum Flandriæ, pars prima Flandria ethnica a primo consulatu Cai. Jul. Cæsaris usque ad Clodovæum primum Francorum regem christianum per DLIV annos.* — (2e titre.) *Libri prodromi duo. Quid comes quid? Flandria? auctore Olivario Vredio ,*

j. c. Brugensi. Brugis, anno 1650; 110 p. — (3e titre.) *Liber prodromus alter. Flandria vetus sive ethnica, dicta prima Francia.* Brugis, 1650; in-fol. de 692 p. — *Additiones ad librum prodromum secundum.* LXXX p.; plus cinq *indices*, avec une carte intitulée *Francorum primæ sedes*, et datée de l'an. 1647. L'auteur soutient cette thèse que les Flamands sont les anciens Gaulois et que la Flandre est aussi le véritable berceau de la monarchie française. — L'histoire des comtes de Flandre qui devait former le 2e volume n'a point paru.

4. *Historiæ Flandriæ christianæ ab a. chr.* 500. *Clodovæi I Francorum regis* XVI (VI) *usque ad a.* 767, *Pepini regis Francorum* XVI. *Auctore Ol. Vredio, j. c. Brugensi. Brugis Flandrorum;* 1 vol. in-fol. de 400 p. (sans date, mais devant être de l'a. 1652). Cet ouvrage est resté inachevé, à cause de la mort de l'auteur. On lit, en effet, au bas de la dernière page : *Hanc historiam auctor, morte præventus, absolvere non potuit.* Publié d'abord, quoique incomplet, sous le titre de *Flandria christiana*, l'année même de la mort de l'auteur, cet ouvrage fut retiré du commerce et reproduit en 1686 sous cet autre titre : *Historiæ Flandriæ christianæ*, 267 *annorum diplomatibus et sigillis comitum Flandriæ astructæ.*

Deux des ouvrages d'Olivier de Vreed ont été traduits en français ; le premier sous ce titre : *Les Sceaux des comtes de Flandre*, traduit du latin par L. V. A. Bruges, 1641, 1 vol. in-fol.; le second sous ce titre : *La Généalogie des comtes de Flandre.* Bruges, 1642-1645, 2 vol. in-fol. Ils sont aussi intitulés : *La maison de Flandre, ou l'Histoire généalogique des comtes de Flandre, avec les preuves et les sceaux desdits comtes*, et forment trois volumes in-fol.

Ces ouvrages ont, tous, une grande importance, non moins par le nombre des documents originaux cités que par la bonne exécution des figures de sceaux, d'après les originaux conservés alors dans les dépôts d'archives. Le volume de la *Flandria christiana* serait plus particulièrement relatif à l'objet de nos recherches. Malheureusement, il s'arrête à une époque (le VIIIe siècle) antérieure à celle où l'histoire et la géographie ecclésiastiques prennent le plus de développements. L'*Historia comitum Flandriæ* est aussi fort utile à consulter pour la géographie ancienne de la Flandre.

— La collection complète des ouvrages d'Ol. de Vreed est rare ; j'en possède un exemplaire.

— Ph. de L'Espinoy : *Recherches des antiquités et noblesse de Flandre.* Douay, 1631, in-fol.

— A. Duchesne : *Histoire généalogique des maisons de Guines, d'Ardres, de Gand, d'Alost, de Coucy,* etc. Paris, 1631, 1 vol. in-fol., 455 et 691 pp. de preuves.

— Id., *Histoire généalogique de la maison de Béthune.* Paris, 1639, 1 vol. in-fol.

Le nombre des documents originaux relatifs à la Flandre insérés dans ces deux ouvrages est considérable. Duchesne y cite environ 30 cartulaires de monastères dont la plupart n'ont pas été utilisés après lui.

— La question des *Forestiers de Flandre* a été le sujet de plusieurs ouvrages, depuis celui de C. Martin (1580 et 1612), *Généalogie des Forestiers et Comtes de Flandre*, in-fol., jusqu'à ceux de MM. Lebon et de Loys (1835), in-8.

— Les grands recueils, tels que le *Spicilegium*, 1655; — les *Miscellanea*, 1678, in-8; 1733, in-fol.; — le *Novus Thesaurus anecdot.*, — 717; l'*Ampliss. coll.*, 1724-1733, contiennent beaucoup de documents originaux concernant la Flandre ecclésiastique.

— La collection suivante, quoique se rapportant à des temps plus modernes, est trop célèbre pour n'être pas rappelée, au moins par son titre : *Ordonnances, statuts et placards de Flandre*, de 1152 à 1763; avec une table par J. Ph. de Wolf. Gand, 1639-1766, 12 vol. in-fol.

— Pour l'histoire des troubles des Pays-Bas au XVIᵉ siècle, on possède de très-nombreux documents, et entre autres ceux de Jonghe; — La Popeliniere; — R. Dinot; — A Gallucci; — Meursius; — Strada; — G. Grotius, etc. Il faut surtout consulter, sur cette époque, les ouvrages plus récents de M. Gachard.

— *Mémoires pour l'histoire politique de Navarre et de Flandre.* Paris, 1648, in-fol.; ouvrage dans lequel on trouve des documents intéressants et qui est rédigé au point de vue des droits de la France.
— Une histoire de Flandre, écrite en Espagnol, a été publiée en 1624, à Anvers, sous ce titre : *Annales de Flandres....* (458-1477), par *Em. Sueyro, sennor de Voorde*. 2 vol. in-fol.

— Après les grands recueils de documents originaux et les histoires générales de la Flandre, dont le nombre serait beaucoup plus considérable si l'on y ajoutait les écrits publiés en langue flamande, parmi lesquels il y en a de fort importants[1], il convient de signaler quelques ouvrages modernes qui ont embrassé l'ensemble de l'histoire de ce pays.
— Pour la topographie ancienne, historique et archéologique, je rappellerai les ouvrages très-divers de Guichardin, de Marchand (Marchantius), de Lindanus, de Gramaye, de Buzelin, d'Adr. de Valois, de l'abbé de Longuerue, du P. Boucher, de Sanderus, de Wastelain, de Desroches, d'Imbert, de Raepsaet[2], du comte de Bylandt, de Schayes, de Walckenaër, etc., dont il a été fait mention plusieurs fois.
Les ouvrages de M. l'abbé de Bast renferment l'énumération la plus complète des découvertes d'antiquités gallo-romaines faites dans les différentes parties de la Flandre[3] :

---

1. Les travaux modernes de M. Van de Putte, écrits la plupart en latin ou en flamand, et publiés à Bruges, sont pleins de savoir. C'est surtout dans les notes des diocèses de Térouanne et d'Ypres qu'on trouvera l'indication d'ouvrages modernes publiés sur la Flandre Flamingante.
2. Une édit. complète des œuvres de M. Raepsaet a paru en 1838. Elle renferme de très-savantes recherches sur l'histoire et la géographie anciennes de la Flandre et d'autres parties de la Belgique.
3. Les découvertes postérieures sont indiquées dans le *Bulletin* de l'acad. des sc. de Belgique, dans le *Messager* de Gand et dans les actes des Sociétés savantes que j'ai indiquées ci-dessus, au commencement des notes de ce diocèse.

Recueils généraux de bibliographie historique.

Quelque nombreuses, quelque utiles que soient les indications bibliographiques qui précèdent sur le diocèse de Tournai et sur les autres diocèses dépendant autrefois de la Flandre, elles sont nécessairement encore fort incomplètes. Plusieurs autres ouvrages, concernant surtout la Flandre Flamingante, devront figurer dans les notes de l'ancien diocèse de Terouanne. D'autres ont été signalés dans les diocèses de Cambrai et d'Arras. Lorsque je traiterai du grand évêché de Liége, je signalerai un nombre presque aussi considérable d'ouvrages et de documents propres à éclairer et faciliter l'étude de l'histoire et de la géographie ecclésiastiques des parties orientales de la Belgique, hiérarchiquement soumises autrefois à l'archevêché de Cologne.

Si l'on veut des renseignements bibliographiques plus détaillés, on peut consulter surtout les ouvrages suivants :

Sanderus : *Bibliotheca Belgic. manuscript....* Insulis, 1641, 2 vol. in-4. On y trouve les catalogues des mss. de 62 bibliothèques.

Foppens : *Bibliotheca Belgica*, 1739, 2 vol. in-4. La Bibliothèque impériale possède un exemplaire de cet ouvrage avec beaucoup de notes manuscrites. Foppens avait pris pour base le livre de Valère André.

J. N. Paquot : *Mémoires pour servir à l'histoire littéraire des Pays-Bas.* Éd. in-f. Louvain, 1765-1770, 3 vol. — Éd. in-12, 1767, 18 vol.

Le Long et Fontette : *Bibliothèque histor. de la France*, 1768-1778, 5 vol. in-f. Dans le t. I, p. 580, et dans le t. III, p. 626 et suiv., sont quelques titres d'ouvrages et de documents concernant le diocèse de Tournai et l'histoire de Flandre.

L. A. Varnkœnig : *Histoire de la Flandre et de ses institutions civiles et politiques jusqu'à l'a.* 1305. Trad. fr. de M. Gheldolf. Brux., 1835, 2 vol. in-8. L'introduction de cet excellent ouvrage présente une appréciation judicieuse des principaux écrits, chroniques et autres documents originaux relatifs à l'histoire civile et politique de la Flandre.

J. B. Schayes : *Les Pays-Bas avant et durant la domination romaine.* Brux., 1837, 2 vol. in-8 (1re éd.); la 2e, dont il a paru deux volumes (1858), est interrompue par la mort de l'auteur. À la fin du t. II de la 1re éd. se trouve, sous le titre de *Bibliothèque Celto-Germano-Belgique*, l'indication d'un très-grand nombre d'ouvrages et de mémoires sur les temps les plus anciens de l'histoire de la Belgique.

De Reiffenberg : *Chronique rimée de Philippe Mouskès* Brux., 1836-1838, 2 vol. in-4. L'introduction de cet ouvrage déjà cité, qui fait partie de la *Collection des Chroniques belges inédites*, présente de nombreuses indications sur les sources de l'histoire de la Flandre, surtout de son histoire littéraire.

Bulletin de la Commission royale d'histoire de Belgique, 1re série : tomes I à XVI, 1836-1850. — 2e série : tomes I à XI, 1850-1859. — Table de la 1re série par M. Gachet, 1852, in-8. — C'est dans cette très-intéressante collection que se voit le plus grand nombre de renseignements sur les sources historiques de la Belgique. J'ai indiqué précédemment les Chroniques de Flandre insérées dans la collection des Chroniques belges publiées par la même Commission.

VIII. DIOCÈSE DE SENLIS.

CIVITAS SILVANECTUM.

(Fin du III°, ou commencement du IV° siècle.)

1 ARCHIDIACONÉ; 2, puis 8 DOYENNÉS RURAUX.

A. *Ancienne division.*

ARCHIDIACONATUS SILVANECTENSIS. Archidiaconé du diocèse.
Le titulaire avait à Bazoches (*Basilica*, *Bazochiæ*), près de Crépy, un siége de sa juridiction.

1. DECANATUS vel ARCHIPR. SILVANECTENSIS. Doyenné rural de Senlis.
2. — CRESPIACENSIS. Doyenné de Crépy.

B. *Division postérieure au* XVIIe *siècle.*

1. ARCHIDIACONATUS SIL-VANECTENSIS ECCLESIÆ. Archidiaconé du diocèse.			
1. — DECANATUS CHRISTIANITATIS SILVANECTENSIS. Doyenné de Senlis.	Vers le N. O. du dioc.	Pays de Senlis, Senlissois, Servois, Serval. *Silvanectum*, *Silvacum*, *Silvense*.	Ch.-l. d'arr. du dép. de l'Oise.
2. — DE BERRONE, vel DE BARONIO, IN MONTANA? Baron la Montagne.	E. S. E.		Cant. de Nanteuil, arr. de Senlis (Oise).
3. — DE MORTUO-FONTE, vel DE MORFONTANIS. Morfontaine, Morte-Fontaine.	S.	*Pagus Silvanectensis.*	Ch.-l. de cant. de l'arr. de Senlis (Oise).
4. — DE RULLIACO. Rully.	N.		Cᵒⁿ de Pont-Ste-Maxence, arr. de Senlis (Oise).
5. — DE CANTILIACO. Chantilly.	O.		Cᵒⁿ de Creil, arr. de Senlis (Oise).
6. — DE CRISPIACO, vel DE CRISPEIO. Crépy, Crespy. Crépy, fut primitivement Archiprêtré, et comme second siége de l'évêché. La maison épiscopale était à Bouillant, près cette ville.	Partie orient. du dioc.	Partie du Valois, *finis Crispiacensis. (Pagus Vadisus,* vel *Vadensis, Valesia.)*	Ch.-l. de cant. de l'arr. de Senlis (Oise).

| 7. DECANATUS DE FRES-NELLO. Fresnoy-lès-Louats, ou le Luat. 8. — DE SERIACU. Séry. | E. E.N.E. | Partie du Valois. (*Pagus Vadisus.*) | C⁽ᵒⁿ⁾ de Nanteuil, arr. de Senlis (Oise). Canton de Crépy, arr. de Senlis (Oise). |

Le diocèse de Senlis était situé à l'extrémité méridionale de la Province ecclésiastique de Reims, sur les limites de la quatrième Lyonnaise, qui le bornait au sud. Il avait pour autres confins deux diocèses seulement, celui de Beauvais à l'O. et au N. O., celui de Soissons dont il était séparé par le cours de l'Autonne, au N. E. et à l'E. Il était le plus petit de la seconde Belgique et l'un des moins importants de toute la France, quoique des plus anciens. Il n'avait pas plus de 7 à 8 lieues de l'E. à l'O., sur 6 de largeur, et à peine 23 lieues de circuit.

Il ne comptait que 77 paroisses pendant le XVIIᵉ siècle. Au commencement du siècle suivant, en 1736, il n'y en avait que 72, et même peu d'années avant la Révolution, le nombre en était réduit à 64 cures, avec 9 succursales ou 16 vicariats[1]. Plusieurs des Doyennés ruraux des diocèses de Cambrai et de Tournai étaient plus étendus et plus peuplés que le diocèse de Senlis tout entier. Celui-ci ne représentait pas la dixième partie du diocèse d'Amiens ou de celui de Cambrai.

La *Civitas* Gallo-romaine, à laquelle a succédé le diocèse de Senlis, était celle des *Silvanectes,* et sa capitale, qui devint celle de l'évêché, était *Augustomagus.* Ni le peuple, ni sa ville principale ne sont nommés par César, qui fait une mention si fréquente des peuples limitrophes : les *Bellovaci,* les *Ambiani,* les *Veromandui,* les *Suessiones,* et les *Parisii.* D'Anville et d'autres géographes ont tiré de cette omission la conséquence que les *Silvanectes* ne formaient point encore, à l'époque de la guerre des Gaules, un peuple indépendant, et qu'ils faisaient partie de l'une des grandes tribus voisines, plus probablement des *Bellovaci.* La forme et la situation du territoire ancien de la Gaule-Belgique, représenté par le diocèse de Senlis, peut suggérer cette idée. En effet, il n'était point séparé du diocèse de Beauvais par le cours de l'Oise, limite à peu près générale entre les diocèses limitrophes de Beauvais et de Noyon sur la rive droite, de Soissons et de Laon sur la rive gauche. Le diocèse de Beauvais s'étendait même plusieurs lieues au delà de l'Oise vers le diocèse de Senlis ; ce qui peut faire supposer que les *Bellovaci* s'étaient réservé exclusivement la navigation de cette rivière.

Toutefois, cette dépendance, si elle a réellement existé, n'a pas dû être de longue durée, et elle n'est démontrée par aucun témoignage incontestable. Le nom de la capitale, *Augustomagus,* qui indique, par sa forme demi-gauloise, demi-romaine, une influence romaine exercée, peu de temps après César, sur une localité gauloise importante,

---

1. Le pouillé de 1648 indique 177 paroisses, par l'effet d'une erreur, dont Alliot donne de trop fréquents exemples dans son recueil.

et la qualification de *liberi*, que Pline[1] donna, comme aux *Nervii* et aux *Suessiones*, aux *Silvanectes*, qu'il a cités, tout en altérant leur nom sous la forme d'*Ulbanectes* ou d'*Ulmanectes*, montrent qu'avant la fin du Ier siècle au moins, un territoire parfaitement distinct, couvert en partie de grandes forêts dont les vestiges sont encore considérables, a dû servir de base à la division politique consignée dans la *Notitia Prov. et Civil. Gall.*, et à la division ecclésiastique qui lui a succédé, sous le nom de *Civitas Silvanectum* ou *Silvanectensium*.

Le rang que ce peuple tient dans les plus anciennes rédactions de la *Notice*, où il est placé le huitième, avant les *Bellovaci*, les *Ambiani* et les *Morini*, est un autre témoignage de leur antiquité et de leur indépendance comme peuplade gauloise[2].

Ptolémée[3] en avait fait mention plus anciennement sous le nom de *Subanectes*, peuple qu'il indique entre les *Nervii* et les *Suessiones*, en lui assignant pour capitale une ville qu'il nomme *Ratomagus*, et qu'il place à l'orient de la Seine. Cette fausse désignation et cette confusion, qui proviennent sans nul doute d'une altération de copiste, ont fait supposer, à tort, selon moi, l'existence d'une seconde ville importante sur le territoire des *Silvanectes*[4].

Leur véritable capitale, *Augustomagus*, figure encore sous ce nom dans la *Table de Peutinger* et dans l'*Itinéraire d'Antonin*; plus tard, elle n'est plus désignée que sous le nom du peuple, comme il en arriva pour un très-grand nombre de villes gauloises, vers le IVe siècle : *Silvanectum*, *Silvanectis*, et après le XIIIe siècle, *Senliciacum*.

La *Notit. dign. Imp* indique cette ville comme l'un des deux séjours, ou centres de surveillance du *Præfectus* des *Læti Gentiles*, disséminés, sous différents noms, dans la seconde Belgique.

La situation de l'*Oppidum*, ou du *Castrum*, ou de la ville principale des *Silvanectes*, à Senlis, qui a succédé à *Augustomagus*, est rendue incontestable par l'*Itinéraire* et par la *Table*, et non moins certainement encore par une enceinte de murs romains, parfaitement intacts, qui a conservé le nom de Cité, ainsi que par d'autres vestiges d'antiquités romaines. Le doute émis à cet égard par M. Walckenaer (*Géogr. anc.*, t. II, p. 271) ne me semble pas fondé.

---

1. *Hist. nat.*, lib. IV, c. VII.
2. Ce n'est que dans les rédactions les plus récentes de la *Notitia Civit. Gall.* que la *Civitas Silvanectum* occupe le dixième rang.
3. *Géogr.*, l. II, c. IX.
4. L'attribution, que M. A. Jacobs a proposée de ce *Ratomagus* de Ptolémée au *territorium Rossontense*, dans sa *Géographie de Grégoire de Tours* (1858, p. 126), travail fort estimable dont j'aurai plus d'une autre occasion de parler avec éloges, quoique n'admettant pas plusieurs des opinions de l'auteur, me paraît inadmissible. Ce territoire, en effet, dépendait soit du diocèse de Beauvais, soit moins probablement du diocèse de Soissons, suivant qu'on adopte l'un des deux lieux anciens indiqués sous le nom de Ressons dans chacun de ces deux diocèses; mais on ne trouve dans le diocèse de Senlis aucune dénomination territoriale qui puisse permettre d'expliquer de cette façon le texte de Ptolémée; celui-ci désigne un peuple et sa capitale.

Le nom et les limites du territoire des *Silvanectes* ne paraissent pas avoir changé pendant toute la durée du moyen âge, et nul témoignage n'indique que cette *Civitas* n'ait pas été constamment représentée par le diocèse de Senlis. On y voit le christianisme introduit, dès la fin du IIIe siècle (a. 296), par la prédication de S. Rieul (*Rigolus*), dont le culte n'a pas cessé d'exciter la vénération des habitants.

Grégoire de Tours fait plusieurs fois mention des *Silvanectes*, de leur ville et de leur territoire :

Territorium Silvanectense ou *Silvanectum* (*Hist.*, l. VI, c. XIV); *Urbs Silvanectensis*, et *de Silvanectis* (*Hist.*, l. IX, c. XX). Cette ville et son territoire ont joué un rôle important sous les rois Mérovingiens, qui en ont fait souvent leur demeure.

Le *Silvanecte* figure dans le VIIIe *Missaticum* du capitulaire de l'année 823 avec lettre de *Comitatus*, et le *pagus Silvanectensis* dans le Ve *Missaticum* du capitulaire de Charles le Chauve en 853[1].

Il est encore désigné sous le même nom au XIIe siècle : *in pago Silvanectensi, in villa quæ dicitur Braio*[2]. Le prieuré de Bray était situé sur le bord de la chaussée Brunehaut, au N. E. de Senlis.

Quelque peu étendu que fût le diocèse de Senlis, il l'était plus encore cependant que le *pagus Silvanectensis*, ou Senlissois du moyen âge; il comprenait une portion notable du *pagus Vadensis* ou le Valois, qui se trouvait ainsi partagé entre les diocèses de Senlis et de Soissons. Ce partage est probablement aussi ancien que l'origine des deux évêchés, puisqu'il n'existe dans les textes aucune trace de la division plus tardive qui aurait pu en être faite entre l'un et l'autre de ces territoires ecclésiastiques. La capitale du Valois, Crépy (*Crispeium* ou *Crispiacum in Vadensi*), est toujours indiquée comme faisant partie du diocèse de Senlis, avec la portion occidentale de ce même pays, et comme constituant un Doyenné distinct. Les comtes de Valois ont pris souvent le titre de comtes de Crépy, dès le XIe et le XIIe siècle. Raoul II, comte de Crépy, assistait au sacre de Philippe Ier, et Raoul, aïeul d'Adèle, comtesse de Vermandois, était qualifié: *Crispeiensis sive Vadensis Comes*[3]. Ils avaient, sous ce nom, une monnaie particulière.

Les questions de géographie historique soulevées par l'étude du diocèse de Senlis, ne sont donc pas sans intérêt et sans difficultés, malgré son peu d'étendue.

On peut constater l'ancienneté de la *Civitas* et du diocèse, remarquables à cause de cette faible étendue, qui rappelle les nombreux diocèses d'Afrique, réduits parfois à une petite ville et à quelques bourgades, et dont l'érection en évêchés n'eut pas le plus souvent d'au-

---

1. D. Bouquet, *Rec. des hist. de Fr.*, t. VII, p. 616. — Baluze, *Capitul. reg. Fr.*, t. I, col. 641. — Guérard, *Essai*, p. 162 et 163.

2. *N. Gall. chr.*, t. IX, *Instr.*, col. 203.

3. Voir sur le *pagus Vadensis*, plus tard *Comitatus Valesius*, les notes du diocèse de Soissons et la *Notitia* d'Hadr. de Valois, p. 580.

tre cause que le titre de *municipium*, dont jouissaient primitivement ces villes sous la domination romaine.

La réunion primitive, incertaine, il est vrai, du *pagus* des *Silvanectes* au territoire plus considérable d'un peuple voisin, les *Bellovaci*, avant que ce *pagus* fût lui-même élevé au rang de *Civitas*.

L'interprétation, plus incertaine encore, du texte altéré de Ptolémée concernant le nom du chef-lieu, *Ratomagus* au lieu d'*Augustomagus*, tandis que la situation réelle de cette capitale ne peut pas être le sujet du moindre doute.

La réunion dans une seule *Civitas* et dans un seul diocèse ou territoire antique d'une tribu gauloise, d'une partie d'un autre territoire, le *pagus Vadensis*, divisé entre deux évêchés voisins.

Enfin, la réunion par le traité d'Andelot, en 587, des trois portions du territoire des *Silvanectes*, tel qu'il avait été antérieurement partagé.

Quelle était la partie de ce territoire des *Silvanectes*, *duas portiones de Silvanectis*, donnée en compensation du tiers du *pagus Rossontensis* et d'autres droits sur la *Civitas* des *Parisii* dans le traité d'Andelot, entre Gontran, Childebert et la reine Brunehaut? Ce partage de la *Civitas* de Senlis entre les rois Francs est encore indiqué par ces termes du même chapitre de Grégoire de Tours : *Ad divisionem Silvanectensem. — Pars mea de urbe Silvanectensi. — Ut Silvanectis dominus Childeberti in integritate teneat, et quantum tertia domini Guntramnis exinde debita competit, de tertia D. Childeberti quæ est in Rossontense, de Guntramni partibus comparetur* [1].

Le tiers du territoire de la *Civitas de Silvanectis* ne pouvait-il pas être représenté par la portion du *pagus Vadensis* comprise dans le diocèse de Senlis?

Archidiaconés et Doyennés ruraux du diocèse de Senlis.

S'il fallait ajouter foi aux auteurs de la carte du diocèse de Senlis, publiée en 1709, et dont il a paru deux autres éditions en 1745 et en 1761, ce diocèse n'était point divisé, comme les autres, en Archidiaconés, ni subdivisé en Doyennés. C'est la mention qu'on lit, en effet, sur cette carte, levée par un curé du diocèse, nommé Parent, et complétée par le géographe G. De l'Isle. Les auteurs ajoutent, il est vrai, « que l'on s'est contenté de marquer dans la carte les bornes du Valois et du territoire de Senlis, le diocèse étant compris, partie dans le pays ou territoire de Senlis et partie dans le Valois. »

La même assertion se retrouve dans l'*Histoire du duché de Valois*, par Colliette [2], mais avec cette réserve que le diocèse de Senlis n'aurait été divisé en Doyennés ruraux que pendant le XVIIIe siècle (vers 1762). Auparavant, dit cet historien, l'Archidiacre cumulait, avec ses propres fonctions, celles de Doyen de tout le diocèse.

---

1. *Greg., Tur. Hist. Franc.*, l. IX, c. xx.
2. *Hist. du Valois*, t. III, p. 143.

Cette opinion, quoique publiée sous l'approbation d'un évêque (J. Fr. de Chamillart) par un des historiens les plus compétents du Valois, ne me paraît cependant pas fondée.

En effet, dès le xIIIᵉ siècle, en 1270, on voit figurer, dans une charte en faveur de la collégiale de S.-Aubin de Crépy, un *Decanus Christianitatis de Crispeio*[1]; et le *Decanus Silvanectensis*, dont le titre désigne tantôt le Doyen capitulaire de l'église cathédrale, tantôt le Doyen rural du territoire, paraît plus fréquemment encore, ainsi que l'*Archidiaconus*, au nombre des signataires des chartes ecclésiastiques. Entre autres textes on peut citer des chartes de 1162 et 1184[2].

Les deux territoires politiques de ce petit diocèse, savoir : la partie du *pagus Vadensis* ou Valois, dont Crépy était la ville principale et qui était unie au diocèse de Senlis, et le *pagus Silvanectensis* proprement dit, ou *Senlissien*, étaient donc également distincts au double point de vue de l'administration civile et de l'Église.

On peut reconnaître deux époques dans la géographie ecclésiastique du diocèse de Senlis : la première, antérieure à 1750; la seconde, depuis le milieu du xVIIIᵉ siècle, au moins, jusqu'en 1790.

Dans la première période on voit deux Doyennés ruraux et huit dans la seconde. Au texte positif du xIIIᵉ siècle que j'ai indiqué on en pourrait ajouter plusieurs autres du xIIIᵉ au xVIIIᵉ siècle. Les statuts synodaux de l'Évêché de Senlis, au xVIᵉ siècle, font mention de plusieurs *Decani*, tels sont, entre autres, les statuts promulgués en 1522, par l'évêque Fillon. L'article IX intitulé : *Injunctiones ad Decanos*, leur prescrit de visiter le plus souvent possible les cures de leurs territoires, de ne point faire arrêt sur les revenus des bénéfices, de n'avoir point de mœurs irrégulières, etc.[3]. Le plus ancien pouillé imprimé, celui d'Alliot (1648), et les différentes éditions de la carte du diocèse, par N. Sanson (1657 et 1741), montrent les deux Doyennés ruraux.

Doyenné de Senlis, pour la partie occidentale, ou le Senlissien.
Doyenné de Crespy, pour la partie orientale, ou le Valois.

Le Doyenné de Senlis était deux fois plus étendu que celui de Crépy ou de Valois. Celui-ci reçut aussi le nom d'Archiprêtré.

Ce n'est que dans la seconde moitié du xVIIIᵉ siècle qu'on voit le nombre des Doyennés ruraux considérablement augmenté et porté jusqu'à huit. En voici la liste d'après un document assez récent, il est vrai, mais qui n'en fournit certainement pas la plus ancienne mention[4].

---

1. *Histoire du Valois*, t. III, pr., p. CIV.
2. *N. Gall. chr.*, t. IX, *Instr.*, col. 214 et 481.
3. *Actes de la Province ecclés. de Reims*, t. III, p. 16, d'après la collection des Conciles de Rouen (*Concil. Rotom. Prov*), par D. Bessin. 1717, part. II, p. 106.
4. *Almanach historique de la ville et du diocèse de Senlis*, année 1788, p. 68. Senlis, 1 vol. in-18. C'est ce document qui m'a servi de base pour le tableau du diocèse. J'ai restitué les noms anciens d'après les chartes.

Doyenné de Senlis............	
Doyenné de Baron............	Territoire de Senlis, partie occi-
Doyenné de Mortefontaine....	dentale du diocèse.
Doyenné de Rully............	
Doyenné de Chantilly........	
Doyenné de Crépy............	Territoire du Valois, partie orien-
Doyenné de Fresnoy-lès-Louats.	tale du diocèse.
Doyenné de Séry.............	

Collégiales et abbayes du diocèse de Senlis.

Collégiales.

Église collégiale de Notre-Dame (cathé- drale du diocèse)....	
— — de S.-Rieul (*S. Reguli*), la plus ancienne église de Senlis), antérieure au xi° siècle............	dans la ville de Senlis.
— — de S.-Frambault, ou de S.- Frambourg, ou Sainte- Chapelle (*S. Frimbal- di*), fondée vers le commencement du xi° siècle...............,	
— — de S.-Arnoul de Crépy, plus tard abb. puis détr.	
— — de S.-Thomas de Crépy, fondée en 1182.	

Abbayes.

O. de S.-Augustin.

Hommes. — Abb. de S.-Vincent de Senlis. *Abb. S. Vincentii Sil-vanectensis.* Fondée en 1059, conf. en 1069.

O. de Citeaux.

Hommes. — Abb. de Chaalis. *Abb. de Caroliloco.* Fondée, près d'Ermenonville, en 1126.

Femmes. — Abb. du Parc-aux-Dames. *Abb. Parcus Dominarum Crispiacensis.* Fondée en 1205, à 1 l. de Crépy en Valois.

Abb. de Notre-Dame de la Victoire. *Abb. B. Mariæ de Victoria.* Fondée en 1122, à 1 l. E. de Senlis, en souvenir de la victoire remportée à Bouvines, en 1214, par Philippe-Auguste.

Outre ces cinq collégiales et ces quatre abbayes, on comptait dans ce diocèse neuf prieurés, dix-neuf maladreries.

Dès l'origine du christianisme dans cette partie de la seconde Belgique, une église fut fondée près de *Crispiacum* (Crépy), sous le titre de *Basilica*, qu'elle a conservé (Bazoche). Elle devint comme le noyau de la chrétienté dans la portion du Valois unie à l'évêché de Senlis; l'évêque en fit la principale église du canton et le centre de l'administration de son Archidiacre [1].

Au Mont-l'Évêque, situé à peu de distance vers l'E. de Senlis, était, dès les temps les plus reculés, le palais épiscopal.

— Au XII° siècle, les rapports entre le clergé de ce diocèse et la commune de Senlis, qui avait toujours été ville royale, étaient plus favorables au clergé que dans aucun autre diocèse de la Province de Reims. C'est ce qui résulte d'un titre de l'année 1200 environ, émané de l'archevêque de Reims, Guillaume Ier. Ce titre constate que l'évêque, le Chapitre et tout le clergé de Tournai, sur la demande de l'archevêque et du roi Philippe-Auguste, préférèrent la charte de commune de Senlis à celles des villes de Beauvais, d'Amiens, de Noyon, de Soissons et de Laon [2]. Cette charte remontait à l'année 1173.

Sources de la géographie et de l'histoire ecclésiastiques du diocèse de Senlis.

Cartes.

Le diocèse de Senlis figure dans les cartes ecclésiastiques générales de la seconde Belgique ou Province de Reims, par N. Sanson (1661); — par Nolin (1751), dans le *N. Gallia christiana* (t. X); — par Bailleul, dans l'*État des Bénéfices*, t. II (1743).

— On a, en outre, plusieurs cartes particulières.

Bellovaci et Silvanectes. — Les Éveschés de Beauvais et Senlis. Comté et pairrie (sic) *de Beauvais. Les Bailliages de Beauvais, Clermont et Senlis; les Eslections de Beauvais, Clermont, Senlis, Compiègne.* Par N. Sanson d'Abbeville, géogr. ord. de S. M. — A Paris, 1657, 1 f. in-fol. — *Id.*, 1667. — *Id.*, 1741. Éd. de Robert, géog. du roy. Cette feuille ne présente que l'indication des deux anciens Doyennés ruraux du diocèse de Senlis.

N. Sanson n'a pas publié d'autre carte spéciale pour ce diocèse.

—*Carte topographique du diocèse de Senlis, levés sur les lieux par M. Parent, curé d'Aumont, et assujettie aux observations astronomiques et aux opérations géométriques de MM. de l'Académie roy. des Sciences, par Guillaume De l'Isle, de la même Académie et premier géographe du roy. — Dédiée à Mgr Jean-François de Chamillard, évêque de Senlis, par son t.-h. et t.-o. s. De l'Isle.* — A Paris, 1709, 1 f. gr. in-fol.

Id., éd. de Ph. Buache, gendre de l'auteur, 1745. (Sans changements.)

Id., éd. de 1769. (Sans changements.)

---

1. Carlier, *Hist. du duché de Valois*, t. I, p. 90.
2. *N. Gall. christ.*, t. III, *Instr.*, col. 49. Cette pièce n'est pas sans importance pour l'histoire de l'établissement des communes.

Sur cette carte se trouvent le plan de la ville de Senlis où l'on distingue la vieille enceinte romaine dite de la Cité, et celui de la ville de Crépy ; une Table alphabétique des lieux du diocèse et quelques observations. Les voies romaines, dites Chaussées de Brunehaut, y sont indiquées. Il n'y a d'autres divisions que celles du pays de Senlis et du pays de Valois, qui représentaient les deux anciens Doyennés ruraux. La division en huit Doyennés n'est indiquée sur aucune carte que je connaisse.

Le territoire compris dans le diocèse de Senlis figure aussi, en partie, sur les cartes de l'Ile-de-France, en partie sur celles du Valois. On peut voir l'indication des principales de ces cartes dans les notes des diocèses de Paris et de Soissons. Les cartes suivantes du Valois montrent l'étendue de cette contrée au delà du diocèse de Senlis :

Le Valois.... Paris, XVIe siècle.

Le pays du Valois. Amsterdam, 1609. Atlas de Mercator et d'Hondius. Éd. fr., p. 275. 1 f. in-f.

Le pais de Valois, par Damien de Templeux, 1 f. in-f°. 1630.

Le pays de Valois. Amsterdam, 1633, dans le *Theatrum universæ Galliæ* de Jansson. 1 f. in-fol.

Valesium Ducatus. Valois. Atlas de Blaeu. Partie consacrée à la France. Éd. fr., t. I, p. 149.

Carte du duché de Valois, publiée par Carlier dans le t. I de son *Histoire du duché de Valois,* 1764.

Voir pour les autres cartes du Valois les notes du diocèse de Soissons.

Pouillés.

Bénéfices dépendants de l'évesché de Senlis : dans le volume du Pouillé général d'Alliot, qui contient la Province ecclés. de Reims. 1648, in-4, 10 p. (entre les diocèses de Soissons et de Châlons).

— Pouillé manuscrit de la Bibl. imp., mss. fr., n° 9364, 3.

— Dans les manuscrits d'Afforty se trouvent plusieurs états de ce diocèse.

— *Paroisses du diocèse de Senlis, avec les noms des patrons, seigneurs, curés, de MM. les Doyens,* etc. Dans l'*Almanach historique de la ville et du diocèse de Senlis.* — Amiens, 1788, p. 68 à 77.

Autres sources de l'histoire et de la géographie du diocèse de Senlis.

— *V. Gallia christiana,* t. III (1656), p. 1016 à 1027.

— *N. Gallia christiana,* t. X, p. 1380 à 1455, t. IX, *Instr.,* p. 203 à 238 et p. 423 à 519 (1751).

— *L'État des Bénéfices,* par D. *Beaunier,* t. II, p. 610.

— *Le parfaict prelat, ou la vie et les miracles de S. Rieule..., premier evesque apostre et patron de la ville et diocèse de Senlis; avec une Histoire des choses les plus remarquables arrivées depuis plus de 1500 ans sous l'episcopat de chacun des évêques de Senlis, au nombre de quatre-vingt-huit*, par Charles Jaulnay, doyen et chanoine de l'église de S.-Rieule, 1642. — *Id.*, 2ᵉ éd., 1648, in-8. — *Id.*, 1653.

Le discours préliminaire est consacré aux antiquités de la ville de Senlis.

— Hadr. de Valois : *Notit. Galliarum*, 1675. V. *Silvanectes.*

— Dissertations de M. J. Launoy et de M. Deslyons, écrites au xviiᵉ siècle et reproduites en 1751, dans le t. IV du *N. Gallia christiana*[1] (*Instr.*, p. 504 à 519), sur l'époque de la prédication de S. Rieule et sur l'origine des *Silvanectes.*

— Plusieurs conciles provinciaux ont eu lieu dans la ville de Senlis. En voici la liste :

Année 863. Labbe, *Conc.* VIII, col. 761. — Année 873. Labbe, *Conc.* IX, col. 257. — Année 990. Labbe, *Conc.* IX, col. 736. — Année 1235. Labbe, *Conc.* IX, col. 736. — Année 1260. Labbe, *Conc.* IX, col. 571. — Année 1315 ou 1316. Labbe, *Conc.* XI, col. 1623. — Année 1318. Labbe, *Conc.* XI, col. 1625. — Année 1326. Labbe, *Conc.* XI, col. 1768.

— La collection suivante des statuts synodaux de ce diocèse est la plus importante :

Statuta synodalia diœcesis Sylvanectensis, a Fr. card. de La Rochefoucault publicata anno 1620. Parisiis, 1621, in-8.

— Les vies de S. Rieule (*Regulus*), premier apôtre du christianisme chez les *Silvanectes* à la fin du ivᵉ siècle, et de S. Lethard, qui vivait au viiᵉ, sont les deux documents hagiologiques les plus essentiels pour la plus ancienne période de l'histoire ecclésiastique de ce diocèse. (*Bolland.*, 30 *mart.* — *Id.* 24, *febr.*)

— *Histoire du duché de Valois...*, par Carlier. 3 vol. in-4, 1764; t. III.

— *Recherches historiques sur la ville de Senlis*, par M. J. F. Broisse. Senlis, 1835, 1 vol. in-8 de 239 pages.

— *Déclaration et division des duchés, comtés, châtellenies royales, du Bailliage de Senlis*, par M. Ricat, in-4, 1703.

— *Précis statistique sur le canton de Senlis*, par M. Graves. Beauvais, 1841, in-8. Travail des plus complets, comme tous ceux de ce savant et de cet administrateur si estimable et si regrettable.

— Sur l'histoire politique de la ville et du diocèse de Senlis pendant le xviᵉ siècle, on possède plusieurs récits originaux pleins d'intérêt. Ils ont été publiés par M. Adhelm Bernier en 1835, et forment un volume intitulé : *Monuments inédits de l'histoire de France* (1400-1600). *Mémoires originaux concernant principalement les villes d'Amiens, de Beauvais, de Clermont-Oise, de Compiègne, de Crépy, de Noyon, de Senlis et de leurs environs*, Senlis, 1835, 1 vol. in-8 de xxx et 531 pp.

Malgré ce titre général, le volume dont il s'agit concerne surtout

---

1. La réponse d'Hadrien de Valois (1675) à Deslyons, doyen de S.-Rieule, qui lui avait soumis ses idées sur les *Silvanectes*, est intéressante et offre les meilleurs conseils sur la marche à suivre dans les recherches historiques.

la ville de Senlis. L'un des principaux mémoires a pour auteur Jehan Mallet, ancien conseiller au présidial et échevin de cette ville ; et l'autre, Jehan Vaultier, bourgeois de la même ville ; tous deux ont écrit vers la fin du xviᵉ siècle.

— Il a été inséré, dans les annuaires, dans les statistiques départementales, dans les mémoires et bulletins de la Société des Antiquaires de Picardie et de la Soc. acad. de l'Oise, plusieurs notices concernant quelques points de l'histoire, de la géographie et des antiquités du territoire de Senlis.

— Cambry, *Description du département de l'Oise*, 2 vol. in-8, et atlas in-f. Paris, 1803.

— On a publié de nombreuses descriptions de Chantilly, d'Ermenonville et de Morfontaine, qui faisaient partie du diocèse de Senlis ; mais on trouve dans ces ouvrages bien peu d'indications historiques.

— La riche collection de manuscrits, d'antiquités et d'ouvrages concernant les parties de l'Ile-de-France et du Valois, qui comprenaient le diocèse de Senlis, possédée par M. le docteur Voillemier, à Senlis, est des plus importantes pour l'étude des différentes branches de l'histoire, de l'archéologie et surtout de la numismatique de cette contrée.

Manuscrits.

— *Histoire de l'église de Senlis*, par M. du Ruel, curé de Ver, 1 vol. in-fol. de 1362 p. ; écrit vers 1734. (Bibl. de la ville de Senlis.)

— *Histoire des villes de Senlis et de Crépy*, par M. du Ruel, curé de Sarcelles, in-fol., citée par Carlier (Histoire du duché de Valois) et par Fontette, n. 34852.

— *Essai sur les antiquités, l'Histoire ecclésiastique, civile et naturelle du diocèse de Senlis*, par M. Rouyer, chanoine de l'église de Senlis, 1766, 1 vol. in-fol. de 780 p. (Bibl. de la ville de Senlis, où il en existe aussi une copie, dans la collection Afforty.)

— *Notice historique sur la ville de Crépy, capitale du duché de Valois* : ce document, indiqué par M. Cocheris comme fort curieux, était conservé dans les archives de la famille d'Orléans, au Palais-Royal, qui sont aujourd'hui en Angleterre. Il s'y trouvait aussi un grand nombre de titres et de documents sur les portions du duché de Valois, qui dépendaient du diocèse de Senlis. Les archives de la maison de Condé, possédées, en Angleterre, par M. le duc d'Aumale, renferment de nombreux et curieux documents sur la même province.

— La Bibliothèque de Sainte-Geneviève possède une Hist. mss. de Crépy [1].

— La Bibliothèque impériale possède plusieurs manuscrits importants concernant l'abbaye de Chaalis [2] :

---

1. Cocheris, *Mém. de la Soc. des ant. de Picardie*, t. XIII, 1854 p. 475.

2. Une analyse très-complète du Cartulaire de Chaalis et des autres documents relatifs à cette abbaye a été donnée par M. Cocheris dans son utile *Catalogue des manuscrits sur la Picardie*. (*Mém. de la Soc. des ant. de Picardie*, t. XII, 1853, p. 468 et suiv.)

IX. DIOCÈSE DE BEAUVAIS.

CIVITAS BELLOVACORUM.

(IIIᵉ siècle.)

3 ARCHIDIACONÉS; 10 DOYENNÉS RURAUX, DÉSIGNÉS PAR VALOIS SOUS LE TITRE D'ARCHIDIACONÉS.

I. ARCHIDIACONATUS BRAIENSIS, vel BRAIACENSIS. Archidiaconé de Bray.	Partie nord-occid. du diocèse.		
1. DECANATUS BELLOVACI ET SUBURBIORUM. Doyenné de Beauvais et de sa banlieue.	Extr. S. del'Ar-chid. 14 par.	Partie or. du pays de Bray. (*Braiacum, Braium, Bracium.*) Hors le Doy. de Beauvais.	Ch.-l. du départ. de l'Oise.
2. DEC. RURALIS DE BRAYO, vel BRAIENSIS. D. de Bray, limitrophe du dioc. de Rouen.	O. 45 par.		Lieux principaux: Gerberoy, Saint-Germer, Savegnye, Villen-Bray, Ons-en-Bray.
3. — DE MONTANA, vel MONTIUM. D. de Montagne, limitrophe du dioc. d'Amiens.	N. 50 par.		Traversé par le Terrain qui séparait le Doy. de Bray du D. de Montagne.
II. ARCHIDIACONATUS MAJOR, seu BELLOVACUS, olim CLAROMONTENSIS. Archidiaconé de Clermont, nommé depuis Archidiac. de Beauvais.	Partie centr. et mérid. du diocèse.		Lieux principaux: Crèvecœur, Milly, Marseille, Blicourt.
4. DECANATUS RUR. DE BELLOMONTE. Doyenné de Beaumont, limitrophe du dioc. de Paris.	S.S.E. 44 par.	Le Beauvoisis. (*Pagus Bellovacensis, Belvacensis.*)	Beaumont — sur-Oise, canton de l'Ile-Adam, arr. de Pontoise (Seine-et-Oise).
5. — MONCEII, vel MONTIACI, vel DE MONCHIACO. Doy. de Monchy, Mouchy-le-Chatel.	S. et E. 49 par.		Monchy ou Mouchy-le-Chatel, canton de Noailles (Oise).
6. — DE CLAROMONTE. Doy. de Clermont-en-Beauvoisis, limitrophe des dioc. de Paris et de Senlis.	S.E. 34 par.	Le Chambliois. (*Pagus Cameliacensis.*)	Ch.-l. d'arr. du dép. de l'Oise.

(Picardie.)

ARCHIDIACONATUS ELLOVACENSIS, olim **RITOLIENSIS.** rchidiaconé de Breteuil, puis de Beauvoisis.	Partie nord-orient. du dioc.		
DECANATUS RUR. PONTIS AD S. MAXENTIAM. Doyenné de Pont, limitrophe du dioc. de Soissons.	E.S.E. 46 par.	(Le Beauvoisis *Pagus Bellovacensis.*)	Pont-Sainte-Maxence, ch.-l. de cant. de l'arr. de Senlis (Oise).
— DE CUSDUNO, al. COLDUNI. Doy. de Coudun, limitrophe du dioc. de Noyon.	E. 35 par.		Canton de Ressons (Oise).
— DE ROSSONTO, DE RESSOMO, DE ROSSONISSO. Doy. de Ressons, limitrophe du dioc. de Noyon.	E.N.E. 38 par.	Pays de Ressons. (*Pagus Rossontensis.*)	Ressons-sur-Matz, ch.-l. de canton de l'arr. de Compiègne (Oise).
— DE BRITULIO, vel DE RITOLIO, DE BRITOGILO. Doy. de Breteuil, Berthueil, limitrophe du dioc. d'Amiens.	N.N.E. 44 par.	Vendelois. (*Pagus Vindoilisus, Vendoilensis.*)	Breteuil-sur-Noye, ch.-l. de cant. de l'arr. de Clermont (Oise).

(colonne verticale : Picardie.)

e diocèse de Beauvais occupait l'extrémité sud-occidentale de la
vince ecclésiastique de Reims, dont il a toujours fait partie. Les
cèses limitrophes étaient et ont toujours été :

u N., le diocèse d'Amiens ;
u N. E., celui de Noyon ;
l'E., celui de Soissons;
u S. E., celui de Senlis ;
dépendaient tous de la même Province ecclésiastique.
l'O. et au S. O., il était limité par la Province et l'archevêché de
uen : Archidiaconés du pays de Caux et du Vexin français, ou grand
ariat de Pontoise, dont la possession a été si longtemps disputée
re les évêques de Paris, de Rouen et de Beauvais.
u S., il était borné par le diocèse de Paris, portion de l'arche-
hé de Sens, avant de devenir lui-même métropole.
Les limites politiques anciennes étaient parfaitement concordantes
ec les limites ecclésiastiques.
La *Civitas* des *Bellovaci*, représentée, dès les temps les plus an-
ns, par le diocèse de Beauvais, occupait, dans les premières rédac-
ns de la *Notitia Imperii*, le neuvième rang seulement, après les
vanectes, Cité beaucoup moins importante. Elle formait, avec les
nbiani, les *Silvanectes* et les *Atrebates*, la partie de la Belgique
signée par César sous le nom de *Belgium*.

Les *Bellovaci* touchaient vers le N. aux *Ambiani* et au territoire du *Pontivium* dépendant de cette dernière *Civitas*; vers l'E. aux *Veromandui*; vers le S. E. aux *Suessiones*. Les *Caleti* et les *Velliocasses*, de la seconde Lyonnaise, et les *Parisii*, de la quatrième, bornaient cette *Civitas* à l'O. et au midi.

Au point de vue des divisions plus modernes de la géographie politique, dont les noms et les limites ont traversé le moyen âge, et persisté au milieu des nombreux changements administratifs qui se sont succédé, le Beauvoisis proprement dit, représentait la plus grande partie du diocèse de Beauvais. Il fut successivement annexé à la haute Picardie et à l'Ile-de-France. Il avait pour confins : au N., la première, au midi, la seconde de ces deux provinces ; c'est-à-dire l'Amiénois d'un côté, et le Parisis de l'autre; à l'O., la haute Normandie; à l'E., le Noyonnais, le Soissonnais et le Senlisois. Dans les subdivisions féodales, on y reconnaissait le comté de Beauvais, sous le duché de Valois, et les comtés de Beaumont et de Clermont.

L'étendue et les limites du diocèse de Beauvais n'ont pas varié, et ce n'est que d'après des conjectures, plutôt qu'en s'appuyant sur des témoignages historiques, qu'on peut attribuer un plus vaste territoire à la *Civitas* Gallo-romaine qu'il représente.

Ce diocèse avait quinze lieues de longueur, dix de largeur, quarante-huit de pourtour. Il présentait la forme d'un triangle dont la base, vers le N, était contiguë au diocèse d'Amiens par les deux Archidiaconés de Bray et de Breteuil, et dont la pointe ou la partie méridionale était formée par l'Archidiaconé de Clermont. Au N., la limite entre la *Civitas* des *Bellovaci* et celle des *Ambiani*, entre les diocèses de Beauvais et d'Amiens, était une limite naturelle; c'était la ligne de forêts, ou de partage des eaux entre les deux bassins de l'Oise et de la Somme, depuis Formerie, à l'extrémité N. O., jusqu'à Conchy-les-Pots, à l'extrémité N. E., en passant au N. de Crève-cœur et de Breteuil. Les sources de l'Epte, au couchant, et celles du Mats, au levant, étaient deux des points culminants de ces limites. Cette même frontière naturelle se continuait au N. E., du côté des *Veromandui* ou du diocèse de Noyon. En descendant vers l'E. et le S. E., elle était remplacée par le cours de l'Oise, d'abord vis-à-vis de ce même peuple, puis entre les *Bellovaci* et les *Suessiones*, depuis Compiègne jusqu'à Verberie, sur le bord occidental de la grande forêt de *Cotia* ou de Cuise.

Vers le midi, le cours de cette même rivière appartenait exclusivement aux *Bellovaci*, et les limites des *Silvanectes* (diocèse de Senlis) et des *Parisii* (diocèse de Paris) étaient à quelques lieues au midi de la rive gauche de l'Oise, suivant une ligne parallèle au cours de la rivière. La frontière traversait une grande région boisée, dont la forêt de Hallate constituait la portion la plus importante. L'origine présumée plus moderne du territoire des *Silvanectes*, ou les premières extensions de la foi chrétienne dans ces contrées, n'ont peut-être pas été étrangères à cette limite un peu vague. Vers le S. O., la frontière des *Bellovaci* et des *Velliocassi* présente d'abord le même défaut de signes naturels. Telle a été sans doute l'une des causes principales de la longue controverse dont la possession du Vexin français, partie méridionale de la région des *Velliocassi*, représentée par le grand Vicariat de Pontoise, a été l'objet entre les évêques de Rouen, de Beauvais et de Paris. On connaît la décision de saint Louis, qui, en 1255, par un séquestre entre les mains de l'archevêque de Rouen, apaisa les deux autres prétentions et attribua ainsi définitivement, quoique indirectement, au diocèse de Rouen et à l'archevêque Eudes Rigault la juridiction ecclésiastique sur les deux subdivisions du Vexin, ou le territoire entier des *Velliocasses*. Les limites naturelles du Vexin français étaient fixées par une petite partie du cours de l'Oise, de la Seine et de l'Epte.

La frontière sud-occidentale des *Bellovaci* et du diocèse traversait d'abord la région de l'antique forêt de Thelles (*Thella*), puis la partie méridionale de la longue et haute falaise du pays de Bray; puis elle était formée par la ligne de séparation des affluents de l'Oise et du Terrain, et enfin par l'Epte, sans discontinuité jusque vers Forges, à son extrémité nord-occidentale. La région naturelle et géologique du pays de Bray (*Braium*, *Bracium*, *nemus de Brayo*), constituée par des terrains plus anciens (T. Jurassiques) que le reste de la *Civitas* et du diocèse (T. Crétacés et Tertiaires), était partagée en deux contrées, le Bray picard et le Bray normand, et en deux Doyennés ruraux du même nom, dont l'un dépendait du diocèse de Beauvais, et l'autre appartenait au diocèse de Rouen. Cette région physique, partagée entre deux anciennes populations de la Gaule, entre les Gaulois proprement dits de la G.-Celtique, et les Belges, présente un des nombreux exemples de certains territoires qui formèrent d'abord des frontières, puis furent divisés entre les populations ou grandes tribus limitrophes, et plus tard entre les diocèses ecclésiastiques qui leur ont succédé [1].

Quoique le territoire ou la *Civitas* des *Bellovaci*, et le diocèse qui la représente, n'occupent que le neuvième rang dans la liste des Cités romaines et des diocèses de la seconde Belgique, telle qu'elle a été constatée par la *Notitia Provinciarum*, ce peuple n'en figure pas moins comme l'un des plus puissants, des plus braves, des plus renommés au nombre des nations Belges dont il faisait partie.

Les témoignages de César sont positifs et multipliés à cet égard.

Dans la première confédération contre les légions romaines, ce sont eux qui fournirent le plus grand nombre d'hommes armés. Ils en comptaient plus de cent mille, ils en présentèrent soixante mille.

.... *Remi dicebant.... plurimum inter eos (Belgas) Bellovacos et virtute et auctoritate et hominum numero valere; hos posse confi- xere armata millia centum; pollicitos ex eo numero electa* LX ; *to- tiusque belli imperium sibi postulare.* (Cæs., *De bell. Gall.*, l. II, c. IV. Éd. d'Oudendorp, in-4, p. 90.)

Malgré leur multitude et leur renommée de bravoure, ils ne tardèrent pas à subir la domination romaine.

---

1. Voir de plus grands détails sur les limites du diocèse de Beauvais dans l'*Histoire et antiquités du pais de Beauvoisis*, par Louvet, 1631, dans l'*Histoire du diocèse de Beauvais*, par M. l'abbé Delettre, 1842, t. I, et dans la *Notice archéol. sur le D⁴ de l'Oise*, par M. Graves.

Après la soumission de l'*oppidum* des *Bellovaci*, qu'il *Bratuspantium*, César leur demanda six cents otages.

Cæsar.... sese eos in fidem recepturum et conservaturum quod erat Civitas magna inter Belgas auctoritate atque multitudine præstabat, DC *obsides poposcit. (Id., ib., c.* XV,

Toutefois, au siége d'Alesia, ils n'eurent que deux mille h (*Id.,* l. VI, c. LXXV.)

Bellovaci, quæ Civitas in Gallia maximam habet opini tutis.... (*Id.,* l. VII, c. LIX, p. 405.)

Bellovacos, qui belli gloria Gallos omnes Belgasque bant.... (Hirtius., *Cont., Cæs.,* l. VIII, c. VI, p. 454.)

Strabon (l. IV) confirme le témoignage de César et de son con teur, touchant la supériorité des *Bellovaci* au-dessus de tous les peuples Belges. Pline, Ptolémée, Florus et d'autres historiens tiquité ont reproduit ou confirmé cette assertion.

Plusieurs questions de géographie historique ont été soule avoir été définitivement résolues, sur des faits concernant toire des *Bellovaci*, la *Civitas* gallo-romaine qui représentait ritoire et le diocèse qui succéda à tous deux, dans l'organisation siastique de la Gaule, vers la fin du IVe siècle.

1° Le territoire des *Bellovaci* comprenait-il en totalité ou es la contrée que César a désignée sous le nom de *Belgium*?

2° Le diocèse de Beauvais, tel qu'on le connaît pendant durée du moyen âge jusqu'en 1790, représente-t-il toute l'étendu contrée habitée par les *Bellovaci*; celle-ci ne comprenait-elle outre, d'une part, la petite contrée qui a formé dès le IVe si diocèse de Senlis; et d'une autre part la région désignée sous de Vexin français, *Vulcassinus* ou p. *Velliocassinus Francoru*

3° La capitale des *Bellovaci*, qui est devenue le siége du di Beauvais et le lieu principal de la contrée du Beauvoisis ou *Bellovacinus*, représente-t-elle à la fois la ville de *Cæsaromag* tous les textes, sans la moindre incertitude, et la forteresse de *B* *pantium* signalée par César seulement?

4° Quels rapports entre eux et avec les diocèses ecclésiastiques pr sentaient les principaux *pagi* de la *Civitas Bellovacorum*?

Sans prétendre les résoudre, je vais essayer au moins d'exposer c questions et d'indiquer sur quelles bases l'examen paraît dev surtout s'appuyer.

1° La distinction entre le *Belgium* et l'ensemble de la *Gallia Bel gica* ou Gaule Belgique, dont il n'était qu'une portion, repose uniqu ment sur le témoignage de César et d'Hirtius Pansa, son continu teur, mais elle paraît incontestable.

Aux textes précis[1], qui attribuent ce nom à une partie seulem

---

1. L. V, c. XXIV, *Tres (legiones) in Belgio collocavit.* — L. VIII c. XLVI. *Quatuor legiones in Belgio collocavit.* — Id., c. XLIX. *Cæsar cum in Belgio hiemaret, unum illud habebat continere in amiciti Civitates....* —Id., c. LIV. C. *Trebonium cum legionibus quatuor i Belgio collocavit.*

lu territoire des Belges, les érudits du xvi° siècle et leurs successeurs
ont ajouté l'interprétation d'autres passages des *Commentaires* de
César, qui ont permis de fixer approximativement l'étendue de cette
partie de la Gaule septentrionale. Il en résulte, avec assez de vraisemblance, qu'on doit y comprendre les *Civitates* des *Bellovaci*, des
Atrebates, probablement aussi des *Ambiani*, peut-être des *Suessiones* et des *Silvanectes*, représentées par les diocèses de Beauvais,
d'Arras, d'Amiens, de Soissons, de Senlis, et même, suivant l'opinion
seulement de N. Sanson, le territoire des *Veromandui* ou le diocèse de
Noyon. Mais il faut en exclure toutes les autres tribus belges de cette
partie de la Gaule, qui constituèrent plus tard, au iv° siècle, avec
celles qui viennent d'être indiquées, les deux grandes Provinces ecclésiastiques de la première et de la seconde Belgique.

C'est surtout en ayant égard à la distribution des légions romaines
en quartiers d'hiver dans la Belgique, qu'on remarque la distinction
faite par César entre le *Belgium*, où il cantonne tantôt trois, tantôt
quatre de ses légions, et les *Treviri*, les *Morini*, les *Nervii*, les *Remi*
et d'autres peuples belges, chez lesquels il distribue le reste de son
armée [1]. L'attribution du *Belgium* aux *Bellovaci* est la plus certaine et
se trouve aussi confirmée par le texte d'Hirtius. Mais l'opinion de
plusieurs chroniqueurs, du xii° au xiv° siècle, cités par Valois [2], qui
prétendraient que le nom de *Belgis* était celui de la capitale des *Bellovaci*, ou bien représenterait *Bagacum* (Bavai), n'a aucune base solide; elle doit être rangée au nombre des étymologies fabuleuses dont
on voit tant d'exemples dans Isidore de Séville et qui ont encore été
exagérées, au xiv° siècle, dans les Annales de Jacques de Guise.

C'est le savant géographe Ph. Cluvier [3] qui a saisi, le premier, la
distinction faite par César entre le *Belgium* et la *Belgica*; mais il a
été trop exclusif en bornant ce territoire aux *Bellovaci*. Il eût été
probablement plus près de la vérité s'il eût recherché dans la renommée de bravoure, la grande population, la richesse du territoire,
la situation centrale de ce peuple au milieu de la nation belge, les
causes de l'attribution plus spéciale que César leur fait du nom général
des populations dont ils formaient une des principales tribus. Ces
motifs, s'appliquant aussi, quoique à un moindre degré, aux *Atrebates*
et aux *Ambiani*, expliquent pourquoi ces deux autres peuples ont
également participé à cette dénomination. On pourrait peut-être
même conjecturer que les trois grandes Cités, auxquelles se rappor-
tait surtout le nom de *Belgium*, formaient primitivement, avant la
conquête de César, avant même les plus anciennes émigrations des
Germains, une confédération des plus importantes tribus de la
Gaule Celto-Belgique, et que leur nom fut peut-être le premier de la
provincia Belgica, qui prit plus tard une plus grande extension, et
dont la portion devenue la Belgique moderne fut envahie par les plus
anciennes colonies germaniques.

---

1. *Bell. Gall.*, l. V, c. xxiv.
2. *Notitia Gall.*, p. 79.
3. *Germania antiqua*, lib. II, p. 5 (Lugd. Bat., 1631, in-f.). On lit
sur les deux cartes de la *Germania cisrhenana : Belgium, cujus incolæ Bellovaci*.

Telle est aussi l'opinion de l'abbé Carlier qui, après Clavier, Cellarius et Valois, a réuni les principaux arguments sur cette question dans un Mémoire, couronné par l'Académie des sciences d'Amiens en 1752, et publié sous ce titre : *Dissertation sur l'étendue du Belgium et de l'ancienne Picardie*. (Amiens, 1753, in-12.) — D'autres auteurs plus modernes, tels que M. Raoux[1], M. d'Allonville[2], M. Walckenaër[1], ont aussi examiné la question du *Belgium*, mais ils ont fort peu ajouté qui pût aider à la résoudre et se sont bornés, en général, à reproduire les arguments de Carlier.

2° La *Civitas* des *Bellovaci* a-t-elle jamais eu une étendue plus considérable que le diocèse de Beauvais, tel qu'il existait avant 1790?

Il n'est possible de répondre affirmativement à cette question, comme on l'a souvent tenté, que par des conjectures plus ou moins fondées, mais sans le secours d'un seul texte positif. C'est surtout en invoquant une considération qui n'est pas sans valeur, la concordance habituelle des limites des anciens territoires gaulois et des divisions ecclésiastiques, qui les représentent, avec les régions naturelles, qu'on a présumé cette plus grande extension. C'est aussi d'après une conséquence indirecte de la très-grande population attribuée par César aux *Bellovaci*. Mais, en tout cas, si cette différence entre la *Civitas* et le diocèse a jamais existé, elle est antérieure aux plus anciens documents ecclésiastiques. En effet, nul témoignage authentique n'indique de-différence, pendant toute la durée du moyen âge, entre les limites de la division politique d'origine gallo-romaine et celles de la circonscription diocésaine de Beauvais et des diocèses environnants.

La forme que présentait le diocèse de Beauvais, fort élargi vers sa partie septentrionale et se rétrécissant beaucoup vers le midi, n'a pas été étrangère à l'hypothèse de la plus grande extension de la *Civitas* correspondante, dans la partie méridionale; cette extension aurait pu exister de deux côtés, au S. E. sur le territoire des *Silvanectes*, au S. O. sur le territoire des *Veliocassi*. En effet, vers le S. E., aux confins du diocèse de Senlis, la limite du diocèse de Beauvais, depuis Verberia jusqu'auprès de l'Isle-Adam, dépasse le cours de l'Oise de quelques lieues. Comme les *Silvanectes* ne sont point mentionnés par César, on en a conclu qu'à l'époque de la conquête ils étaient encore

---

1. *N. Mém. de l'Acad. de Bruxelles*, t. III, 1826, et t. VII, 1831. — La question de l'origine germanique, partielle ou complète, des populations de la Belgique moderne, a été, depuis quelques années, le sujet de sérieuses recherches et d'opinions contradictoires, de MM. Renard, Schayes et autres érudits de l'Académie de Bruxelles; elle a été aussi examinée par le savant géologue et ethnologiste, M. d'Omalius d'Halloy.

2. *Dissert. sur les camps romains de la Somme*, 1828, in-4. M. d'Allonville a déterminé la situation relative des camps occupés par les légions romaines dans le *Belgium*, et il en a tiré, sur l'étendue de ce territoire, des conséquences qui ont été, en partie, combattues. *Géogr. anc. des Gaules*, t. I, p. 420.

réunis soit aux *Bellovaci*, soit aux *Suessiones*, en une seule et même *Civitas*. Ces deux opinions ont été pareillement soutenues, mais sans aucun élément de certitude, ainsi que je l'ai exposé précédemment. Cette réunion hypothétique n'aurait point d'ailleurs exercé d'influence sur les circonscriptions diocésaines, puisque l'évêché de Senlis figure dès le ıv° siècle dans la *Notitia*.

N. Sanson énonça, des premiers [1], l'opinion que les *Silvanectes*, inconnus à César et à Strabon, avaient dû faire partie, à l'époque de César, d'un des pays voisins et plus probablement des *Bellovaci* que des *Suessiones*. Adr. de Valois paraissait contraire à cette hypothèse, mais il n'a pas exposé ses motifs [2].

D'Anville [3], adoptant les doutes et les arguments de Sanson, n'énonce qu'avec la plus grande réserve la possibilité que « les *Silvanectes* qui ne paraissent pas dans César, et que l'on voit resserrés dans un canton limitrophe des *Bellovaci*, pouvaient en faire partie, avant que de composer une Cité particulière. » — L'épithète de *liberi* que Pline joint à leur nom pouvait faire croire que « les *Silvanectes* avaient été détachés de quelque autre Cité plus ancienne et plus considérable, et en ce cas il serait vraisemblable que ce fut un detachement de celle des *Bellovaci*, nation que l'on sait avoir été puissante et qui était à même d'occuper le diocèse de Senlis. » Mais d'Anville remarque en même temps que la qualification de *liberi* attribuée par Pline à d'autres peuples, aux *Suessiones*, aux *Nervii*, etc., ainsi que nous l'avons vu plus haut; devait être interprétée différemment, puisque ces peuples jouissaient de l'indépendance avant la domination romaine.

M. Walckenaer [4] a admis plus positivement, après Sanson et D'Anville, l'opinion que le petit peuple nommé *Silvanectes* dans la *Notitia*, n'étant pas mentionné par César, se trouvait très-probablement, de son temps, faire partie des *Bellovaci*, et qu'il faut réunir le diocèse de Senlis à celui de Beauvais pour avoir dans toute son étendue le territoire des *Bellovaci*. D'autres géographes et érudits modernes ont soutenu de nouveau cette hypothèse, mais sans ajouter aucun argument à ceux de N. Sanson.

La plus grande extension du diocèse de Beauvais au delà de l'Oise, telle qu'elle est incontestable, présente toutefois d'assez grandes difficultés, puisque, si cette rivière a jamais été une limite naturelle entre deux peuples, elle a pu l'être entre les *Bellovaci* et les *Suessiones*, ceux-ci ayant pu absorber primitivement le territoire qui est devenu la *Civitas* des *Silvanectes*, aussi bien que l'auraient fait les *Bellovaci*. Mais j'ai signalé une des causes qui expliquent la plus grande extension de ce dernier peuple au delà de l'Oise, par la conséquence seule de sa prépondérance au milieu des populations du *Belgium*.

---

1. *Britannia*, 1636, in-12, p. 36. — *Id.*, *Remarques sur la carte de l'ancienne Gaule*, 2° édit., 1652, p. 20.
2. *Notit. Gall.*, 1675, p. 79.
3. *Notice de l'ancienne Gaule*, p. 148. — *Id.*, p. 608.
4. *Géogr. anc. des Gaules*, t. I, p. 429.

Vers son extrémité sud-occidentale, la *Civitas* remplacée par le diocèse de Beauvais paraît aussi avoir eu primitivement une étendue plus considérable, et c'est encore surtout par l'examen des limites naturelles (l'Oise, l'Epte et la Seine) que cette supposition a été soutenue.

Une considération importante, dans l'examen de la question de l'étendue plus grande de la *Civitas* des *Bellovaci* vers les *Veliocasses* de la seconde *Lyonnaise*, est la réunion primitive de ceux-ci aux territoires des autres peuples attribués par César à la Gaule-Belgique.

En effet, le texte des *Commentaires* est positif :

> *Gallos a Belgis Matrona et Sequana dividit* [1].

La Seine séparait donc la Belgique et la Celtique. Or, les *Veliocasses*, ou *Vellocasses*, ou *Bellocasses*, ainsi que les *Caletes*, sur la rive droite et septentrionale du fleuve, représentés durant le moyen âge et même dans les temps modernes, l'un par le Vexin, l'autre par le pays de Caux, étaient Belges par leur situation, si la distinction indiquée par César a le sens rigoureux qu'on doit lui attribuer. Cette attribution ne peut être douteuse, puisque César la confirme plus positivement encore (l. II, c. IV), lorsqu'il comprend les *Veliocasses* et les *Caletes* au nombre des peuples belges qui fournirent des troupes à la Confédération gallo-belge, et qu'il indique le contingent de chacune de ces deux tribus à dix mille hommes. Cependant les plus anciennes divisions ecclésiastiques, et surtout celles de la *Notitia*, prouvent que, dès la fin du IVe siècle, cette attribution était différente et que dès lors les deux peuples *Veliocasses* et *Caleti*, séparés des populations celtes par la Seine, dépendaient néanmoins du diocèse de Rouen, métropole de la seconde Lyonnaise.

Quand cette modification territoriale a-t-elle eu lieu? D'Anville [1] présume avec raison « qu'il y a apparence que ce fut par le change- « ment que fit Auguste dans les provinces, » puisque Pline et Ptolémée, qui lui sont postérieurs, classent déjà ces deux peuples dans la Lyonnaise qui remplaça la Celtique. M. Walckenaer [1], au contraire, pense que César, en indiquant les limites des peuples, n'a parlé que généralement. Mais l'étendue du territoire occupé par les *Veliocasses* et les *Caletes* est trop considérable et la seconde mention qu'en fait César entre les peuples belges est trop positive pour qu'on puisse admettre cette supposition. En même temps, la réunion de ces deux peuples à la Lyonnaise étant antérieure à l'établissement de l'administration ecclésiastique, ils n'ont point constitué de diocèses distincts sous la métropole de Reims ou deuxième Belgique. Est-ce par l'effet de leur translation de la Gaule-Belgique à la Gaule-Celtique que, dans la Province ecclésiastique de la seconde Lyonnaise ou métropole de Rouen, dans laquelle ils furent compris, ni les *Veliocasses* ni les

---

[1]. *Bell. Gall.*, l. I, c. I.
 Notice de l'ancienne Gaule, p. 192 et 684.
 Géogr. anc. des Gaules, t. I, p. 396.

Caletes n'eurent jamais d'évêques particuliers et ne constituèrent point de diocèse, quoique ayant formé chacun une *Civitas*, pendant la période de la Gaule indépendante? Ils contribuèrent, par leur réunion, à former, au IIIᵉ ou IVᵉ siècle, ainsi qu'on le voit dans la *Notitia Galliarum*, la *Civitas Rotomagensium*, dont la capitale, *Rotomagus*, paraît avoir été celle des *Veliocasses*, si elle ne le fut pas d'un État distinct dont le nom a été conservé dans le *pagus Rotomagensis* ou *Rotmensis*, ou Roumois du moyen âge, et qui est certainement plus moderne que celui des *Veliocasses*, comme *Juliobona*, primitivement nommée *Caletum*, détruite plutôt, le fut du territoire des *Caletes*, d'où fut aussi démembré le *pagus* de Talou, ou de Tellau, ou de Telles.

C'est une question difficile, qui n'a pas encore été résolue et sur laquelle on trouvera quelques éléments dans les recherches de Valois, du P. Wastelain et de M. A. Le Prévost, dont les excellents travaux ont si puissamment contribué à éclairer la géographie historique[1].

J'indiquerai, toutefois, un point de vue que je ne pense pas avoir été signalé. Dans plusieurs textes du moyen âge et particulièrement dans le capitulaire de Charles le Chauve, daté de 853, qui fixe les districts visités par les *Missi* impériaux, l'ancien territoire des *Veliocasses* est indiqué sous le nom de *Vircasinus* dans le vᵉ *Missaticum*, entre le *Silvanectensis* et le *Belvacensis*, de même que le *Rotmense* est classé dans le viᵉ, avec le Tellau, le Vimeu, le Ponthieu et l'Amiénois, c'est-à-dire avec les anciens territoires Belges situés sur la rive droite de la Seine, et non point avec les territoires de la Gaule-Celtique.

Le partage du Vexin, de l'ancien *pagus Vilcassinus*, *Vircassinus*, *Vulcassinus*, etc., en Vexin normand et Vexin français, au Xᵉ siècle (912), par le traité de Charles le Simple à Saint-Clair-sur-Epte, qui substitua l'Epte à l'Andelle comme limite entre les possessions des Normands et la France, a pu exercer aussi quelque influence sur les prétentions des évêques voisins à faire rentrer le Vexin français (*Vulc. Franciæ*), dans leurs territoires ecclésiastiques.

Flodoard, Dudon de Saint-Quentin, Guillaume de Jumiéges et d'autres chroniqueurs ont fait connaître les circonstances de ce partage[2]. Il n'en résulte, pour la question dont il s'agit, que la certitude de l'existence non interrompue d'un grand et vaste *pagus* alors divisé, mais dont l'attribution ecclésiastique, peut-être incertaine avant le partage, devint assurée au diocèse de Rouen par l'adjonction du territoire politique à la domination des Normands.

A cette question du Vexin se rattache intimement celle du Grand-Vicariat de Pontoise, dont il a déjà été question plusieurs fois dans cet ouvrage. Les prétentions contraires des évêques de Rouen, de Paris, de Beauvais, ont été habilement et vivement défendues, pendant

---

1 Valois, *Notit. Gall.*, p. 115 et 588. — Wastelain, *Descr. de la Gaule Belg.*, p. 461. — A. Le Prévost, *Anc. divis. territ. de la Normandie.* (*Soc. des ant. de Norm.*, t. XI.)

2. M. M. Deville a publié (*Mém. Soc. des Ant. de Normandie*, t. VI) un bon mémoire sur le territoire concédé aux Normands par le traité de St-Clair-sur-Epte.

s'appliquer qu'à la capitale des *Bellovaci*, ou tout au moins à leur principale forteresse; et comme cette capitale, remplacée par le chef-lieu ecclésiastique, n'est point indiquée dans les *Commentaires* et n'a jamais été ailleurs qu'à Beauvais, on s'est cru autorisé à en conclure l'identité de *Bratuspantium* et de Beauvais.

On a aussi fait valoir en faveur de cette opinion la marche de César et 'es campements de l'armée romaine dans le *Belgium*. Mais de cette marche on a tiré de pareils arguments à l'appui de l'opinion contraire.

Quant à la convenance de reconnaître la capitale des *Bellovaci* dans l'*Oppidum* indiqué par César comme lieu de refuge des habitants à son approche, on peut objecter avec beaucoup de fondement que si, d'après le récit de César lui-même (l. II, c. IV), les *Suessiones*, peuple voisin des *Bellovaci*, moins populeux et moins puissant qu'eux, avaient sur leur territoire jusqu'à douze *Oppida* ou forteresses, les *Bellovaci*, maîtres d'un territoire plus vaste, et guerriers plus renommés, ont dû en avoir aussi un certain nombre, et que la mention d'une seule d'entre elles par César n'entraîne pas nécessairement son identité avec la capitale.

La première attribution de *Bratuspantium* au territoire environnant la localité de Breteuil, bourg considérable, situé entre Beauvais et Amiens, dans le voisinage de deux voies romaines, remonte au XVIe siècle.

Deux prêtres du lieu, en réponse à la demande du prince de Condé, possesseur et seigneur du château de Breteuil, rédigèrent en 1574 un mémoire qui a été imprimé et analysé plusieurs fois, entre autres dans la notice de Bonamy. Dans ce mémoire, ils concluent des vestiges importants de ruines romaines et de monnaies gauloises, découvertes chaque jour sur ce territoire, ainsi que de la tradition conservée parmi les habitants, que le *Bratuspantium* de César était situé dans un endroit nommé, dès cette époque et depuis, *Bransuspans*. Si cette dénomination n'était pas le résultat de l'assertion des erudits du XVIe siècle et de leurs successeurs, qui ont pu rendre populaire une opinion toute scientifique, la question ne laisserait plus d'incertitude. Mais rien ne prouve qu'il n'en ait pas été ainsi; et malgré les nombreuses recherches dont cette localité a été le sujet, il serait encore utile de vérifier, sur les plus anciens plans-terriers, si quelque lieu dit n'aurait pas conservé cette dénomination, et de voir dans le cartulaire de l'abbaye de Notre-Dame de Breteuil, abbaye dont l'origine remonte au moins au XIe siècle, s'il ne s'y trouverait pas quelque dénomination plus ou moins analogue.

Quant à la ressemblance qu'on a cru reconnaître entre les deux noms de Breteuil et de Bratuspance, elle me paraît bien peu fondée.

Plusieurs mémoires importants ont été publiés en faveur de chacune des deux attributions. Scaliger, A. L'Oisel, Cluvier, Sanson, Adr. de Valois, plusieurs éditeurs de César, entre autres Clarcke et Oudendorp, dom Grenier, M. Walckenaer[1], se sont prononcés pour

---

1. Scaliger, *Notit. Galliæ*. — L'Oisel, *Beauvais, ou Mémoires du pays*, etc., p. 32-34. — Cluvier, *Germ. cisrhenana*, l. II, sur la carte

l'identité de *Cæsaromagus* et de *Bratuspantium* entre eux et avec la ville actuelle de Beauvais.

Presque tous les autres érudits ou géographes ont, au contraire, adopté et soutenu la situation de *Bratuspantium* sur le territoire de Breteuil, en y comprenant plus particulièrement le bourg de Vendeuil à l'ouest de Beauvoir, dans un vallon borné par les coteaux de Caply, de Calmont, et le mont Catelet, sur lesquels s'étendent les vestiges des ruines romaines.

P. Louvet[1], a, des premiers, énoncé l'opinion que *Bratuspantium* était Breteuil, tant à cause de ses ruines considérables que par une certaine analogie qu'il indiquait entre les deux noms, en montrant une prétendue transformation de *Bratuspantuéil* en Breteuil.

Le P. Mabillon partageait la même conviction[2]; — Bonamy en a fait le sujet d'un mémoire lu à l'Académie des inscriptions en 1756[3].

D'Anville[4], après avoir hésité, s'est décidé pour Breteuil. Dom Grenier[5] et plusieurs écrivains modernes ont adopté la même opinion. Cambry, préfet du département de l'Oise, qui avait fait faire des fouilles dans les environs de Breteuil, publié et figuré les principaux objets qu'on y avait découverts[6], a conclu de l'importance de ces vestiges l'existence de *Bratuspantium* sur ce territoire.

M. d'Allonville[7] a invoqué, en outre, à l'appui de cette attribution, la marche de César, ses campements, les circonstances géographiques et les traditions locales.

M. l'abbé Devic[8], qui défend cette attribution, a réuni le plus complétement tous les arguments et les descriptions propres à la

---

plutôt que dans le texte. — Sanson, *Remarques sur la carte de l'anc. Gaule*, 2e édit., 1652. — Valois, *Notit. Gall.*, p. 113. Valois condamne vivement l'attribution à Breteuil : *Qui Bratuspantium putant esse Britolium, refelli non merentur.* — Dom Grenier, *Introd. à l'hist. gén. de Picardie* (XLI et XLIII.). — Dom Porcheron avait composé en 1683 une dissertation dans laquelle il soutenait la même opinion. (Mss. de dom Grenier). — Walckenaer, *Géogr. a.w. des Gaules*, t. I, p. 423.

1. *Hist. et Antiq. du diocèse de Beauvais*, 1635, t. I, p. 24 et 567.
2. *Annal. Bened.*, t. IV, p. 353.
3. *Conjectures sur la position de deux anciennes villes des Gaules.* (*Mém. de l'Acad. des inscr. et belles lettres*, éd. in-4, t. XXVIII, p. 463. 1761.)
4. *Notice de l'anc. Gaule*, p. 172.
5. *Introd. à l'hist. gén. de Picardie*, c. XLI et XLIII.
6. *Descr. du département de l'Oise*, 1803, 2 vol. in-8 et atlas, t. I, p. 216.
7. *Dissert. sur les camps romains du département de la Somme*, 1828, in-4, p. 145.
— En 1821 fut publiée une histoire de Breteuil (1 vol. in-8) par un pépiniériste de ce bourg, nommé P. Mouret, qui a réuni différents témoignages en faveur de l'identité des lieux avec *Bratuspantium*.
8. *Dissertation et notice sur l'ancienne ville gauloise du Beauvoisis, nommée par César, dans ses Commentaires, Bratuspantium.* Paris, 1843, in-8, avec le plan le plus détaillé de l'ensemble des ruines gallo-romaines du territoire de Caply, Vendeuil et lieux voisins.

corroborer, quoiqu'il ait combattu les opinions de M. d'Allonville sur l'emplacement de la plupart des camps romains du dép. de la Somme.

M. Labourt [1] distingue *Bratuspantium* de *Cæsaromagus* et le rapporte plutôt à Breteuil.

M. l'abbé Barraud [2] a ajouté plusieurs arguments à ceux qui avaient été présentés pour la vallée de Saint-Denis près Breteuil, et entre autres le très-grand nombre de monnaies gauloises [3] et les haches en silex qu'on y a découvertes, indépendamment de ruines romaines considérables qui s'étendent sur un espace d'environ 600 arpents.

M. Graves [4], après avoir soigneusement examiné les différents arguments à l'appui de chaque opinion, ne trouve pas assez de certitude pour se prononcer en faveur de l'une ou de l'autre.

M. Ed. Quesnet, a renouvelé, en 1849 (*Bullet. Soc. ant. de Picard.*, t. III, p. 411), une ancienne hypothèse qui plaçait *Bratuspantium* à Grattepanche, dans le diocèse d'Amiens et à 3 lieues de cette ville ; il a surtout eu égard à une certaine similitude de noms et à cette considération que la population des *Bellovaci*, plus considérable que celle des *Ambiani*, peut permettre de supposer une plus grande extension de leur territoire sur ceux des peuples voisins.

C'est dans un autre lieu du même nom, à Grattepance, près Ferrières, au S. de Montdidier, que M. de Beauvillé place *Bratuspantium*. Cette hypothèse serait bien plus admissible, puisque cette localité, où l'on a découvert quelques monnaies romaines, était sur la limite des deux diocèses, quoique dépendant de celui d'Amiens [5].

Si, d'une part, César n'a point appliqué au seul *Oppidum* des *Bellovaci* qu'il cite la qualification de *Civitas*, (ce qui eût résolu la difficulté en identifiant *Bratuspantium* avec *Cæsaromagus*, dont le nom serait plus moderne), si les découvertes d'antiquités romaines dans les territoires de Vendeuil et de Breteuil démontrent incontestablement l'existence, sur ce point, d'une station romaine importante, qui a évidemment succédé, comme cela est arrivé si fréquemment à un

---

1. *Essai historique sur les villes de Picardie.* (*Soc. ant. de Picardie*, IV, 1841, p. 192.)

2. *Recherches relatives à la situation géogr. de Bratuspantium*, par M. l'abbé Barraud. (*Bullet. monum.*, t. XI, 1845, p. 31).

3. Les monnaies gauloises de cette localité, figurées d'abord par Montfaucon, ont été depuis figurées ou décrites en plus grand nombre, par MM. Lelewell, Duchalais, de Barthélemy et en dernier lieu (1858), par M. le D. Voillemier, dans son savant *Essai sur les monnaies de Beauvais*. — M. de Saulcy possède aussi une très-riche collection de ces monnaies gauloises de Vendeuil.

4. *Notice archéol. sur le département de l'Oise*, 2e édit., 1856, p. 85. La 1re édition est de 1839. — M. Graves a aussi publié dans le *Bulletin monumental*, t. VI, une carte des voies romaines du département de l'Oise.

5. *Histoire de Montdidier* (3 vol. in-4, 1857), t. I, p. 23 à 32. Il faut lire dans cet ouvrage, l'un des plus remarquables dont l'histoire d'une ville ait été le sujet, les motifs de l'opinion de l'auteur, que M. Peigné Delacourt a aussi adoptée. (*Suppl. aux rech. sur Noviodunum*, 1859).

établissement gaulois; d'une autre part, on n'y reconnaît qu'imparfaitement les vestiges d'un *Oppidum* gaulois, à moins qu'on ne le place sur le mont Catelet. La tradition locale du nom de *Bratuspant*, aurait peut-être une source plutôt d'érudition que vraiment populaire, puisque jusqu'ici on ne peut la faire remonter au delà du XVI° siècle.

Toutefois, à l'appui de l'opinion, la plus probable, selon moi, qui distingue *Bratuspantium* de *Cæsaromagus* et qui place cet *Oppidum* dans le territoire dont Vendeuil et Breteuil dépendaient, j'indiquerai deux arguments fournis par la géographie ecclésiastique et dont il n'a pas encore été tenu compte, dans l'examen de cette question.

L'un des trois Archidiaconés entre lesquels le diocèse de Beauvais était divisé de temps immémorial, portait le nom d'Archidiaconé de Breteuil ou du Beauvoisis. Or, on sait que les territoires archidiaconaux avaient le plus habituellement pour chef-lieu la localité la plus anciennement renommée de la circonscription, quand ce n'était pas la plus importante.

En outre, l'un des *pagi* les plus connus dès avant le IX° siècle dans le territoire de la *Civitas* et du diocèse de Beauvais, fut le *pagus Vindoilisus*, le Vendeuillois ou Vendelois, dont le chef-lieu était Vendeuil. Il faisait partie du cinquième *Missaticum*, inscrit dans le Capitulaire de l'année 853, au même degré d'importance que les *pagi Belvacensis*, *Vircasinus*, *Silvanectensis*. Or, cette localité était la plus importante et la plus centrale des trois ou quatre dont le sol était recouvert par les ruines gallo-romaines attribuées à l'emplacement de *Bratuspantium*.

Le *pagus Vindoilisus* et le Doyenné rural de Breteuil, portion notable de l'Archidiaconé du même nom, se correspondaient à peu près. Ils indiquent, l'un et l'autre, l'importance et l'ancienneté de la division territoriale qui comprenait l'emplacement probable de *Bratuspantium*, importance égale à celle des *pagi* et des divisions ecclésiastiques, aussi anciennes, du Rossontois (p. *Rossontensis*) et du Chambliois (p. *Camliacensis*), qui font partie du même diocèse.

On peut en conclure, ce me semble, que s'il reste quelque incertitude sur l'identité de *Bratuspantium* avec Breteuil et Vendeuil, il n'en peut exister sur l'antiquité et sur l'importance de ces deux localités pendant les périodes gauloise, gallo-romaine et dans le moyen âge, au double point de vue des divisions politiques et ecclésiastiques. On doit aussi ne pas oublier que Grattepance, près Ferrières, située sur la limite du Doyenné de Breteuil, a pu jadis en faire partie.

4° — La quatrième question de géographie historique à examiner dans l'étude comparée de la *Civitas* et du diocèse de Beauvais, est la plus importante et heureusement une de celles qui, dans cette partie de la seconde Belgique, présentent en général le plus d'éléments d'examen utile. Il s'agit des anciennes sous-divisions politiques, ou *pagi*, du territoire gallo-romain qui est représenté par le diocèse de Beauvais, depuis le IV° siècle.

Pagi de la Civitas des Bellovaci.

En se bornant aux limites connues et constantes de l'ancien diocèse de Beauvais, sans tenir compte d'une extension plus grande de la *Civitas*, dont nous avons vu l'extrême incertitude, on peut y reconnaître, pendant toute la durée du moyen âge et même pendant le VIe, le VIIe et le VIIIe siècle, quatre territoires principaux, savoir :

Le *pagus Bellovacensis* ou *Belvacensis* proprement dit ;

Le *pagus Rossontensis* ;

Le *pagus Vindoilisus* ;

Le *pagus Camliacensis.*

A ces quatre territoires, dont la situation et les rapports avec les subdivisions ecclésiastiques peuvent être aisément constatés, se joignent, avec moins de certitude, une très-petite partie du *pagus Vilcassinus* ou Vexin français, sur ses frontières les plus vagues, et quelques portions de régions naturelles partagées avec des diocèses voisins et qui ne paraissent pas avoir eu, dans les textes, la qualification de *pagi*, quoique dans les désignations vulgaires elles soient habituellement indiquées sous le nom plus vague et plus général de *pays*. Tels sont : le *Bracium*, ou le *Bray*, ou *pays de Bray* ; le *Telle*, ou *forêt*, ou *pays de Telle* ; le *Hez*, ou *forêt de Hez*.

Examinons successivement chacune de ces divisions territoriales en elles-mêmes et dans leurs relations avec les territoires ecclésiastiques.

Pagus Bellovacensis, Belvacensis, Belloacensis, Bellovagensis, Belviacensis, Belviciacensis, Belvacinus, Belvacinius ; le Beauvoisis ou Beauvaisis. — Sous ce nom on a compris tantôt le territoire entier de la *Civitas*, du diocèse, et même le comté, plus moderne, de Beauvais ; tantôt une portion déterminée du diocèse, distincte des autres territoires ci-dessus indiqués.

C'est dans ce premier sens, le sens le plus général, que l'*Ager Bellovacorum* est indiqué dans les sources géographiques de l'antiquité. C'est avec la même signification que le *Bellovacum Solum* est mentionné au IVe siècle par le rhéteur Eumène (*Panégyr. Constantii*, c. XXI), lorsqu'il parle des colonies germaniques que l'empereur Constance introduisit sur les parties désertes des territoires *Tricassinus, Ambianensis, Bellovacus* et *Lingonicus.*

C'est encore sans doute dans ce sens général que les *Bellovaci* figurent dans un des *Missatica* du Capitulaire de l'an 823, au même titre que les *Suessiones*, les *Silvanectes*, les *Laudunenses* et autres peuples des grandes Cités de la seconde Belgique. Mais c'est évidemment avec une signification plus restreinte que le *pagus Belvacensis* est mentionné dans le Capitulaire de 853, puisque le même *Missaticum* contient, en outre, les *pagi Vircasinus* et *Vindoilisus*[1] et que celui-ci formait déjà une portion du diocèse de Beauvais.

---

1. Baluze, *Capitul.*, éd. de 1677, t. II, col. 69.

Cette distinction me semble d'autant plus nécessaire qu'elle permet d'expliquer certaines anomalies, plus embarrassantes en apparence qu'en réalité, et qu'elle confirme entièrement, comme nous allons le voir, les accords des deux géographies politique et ecclésiastique.

M. Guérard [1] avait compris le *pagus Belvacensis* dans le petit nombre des anciennes divisions territoriales dont il a retracé avec quelques détails l'étendue et les limites. S'appuyant sur plusieurs passages du *Polyptique d'Irminon*, qu'il a publié avec un savoir si sûr et si profond, ainsi que sur plusieurs diplômes du VIe au XIe siècle, il a indiqué les anciennes localités frontières, signalées dans ces textes, comme étant situées dans le *pagus Belvacensis*. Vers le N., vers l'E. et le S. E., ces localités extrêmes du *pagus* au moyen âge coïncident parfaitement avec les limites du diocèse et par conséquent avec celles de la *Civitas* antique.

Il ne paraissait pas en être de même vers le S. et vers l'O. M. Guérard indique plusieurs localités du *pagus*, situées à la gauche de l'Oise, qu'on eût pu regarder comme frontière naturelle, tels que S. Pierre de Pontpoint (*Pomponius Fiscus*, a. 861), Fleurines (*Florinæ*, a. 1065), Pont Sainte-Maxence (a. 865), Saint-Maximin (a. 828), Trossy (*Trociacus*, a. 844).

Or, ce que ne remarque pas M. Guérard, c'est que cette extension du *pagus Belvacensis* au delà de l'Oise coïncide entièrement avec une extension analogue du diocèse, dont j'ai précédemment parlé comme d'un fait très-remarquable.

Une autre extension non moins embarrassante, et dont M. Guérard n'a pas non plus indiqué la cause, serait celle que vers le N. O. il aurait fallu attribuer au *pagus Belvacensis* au delà de l'Epte (*Itta*), c'est-à-dire au delà de la limite constante du diocèse dans cette direction.

Cette assertion, contraire aux règles générales de la géographie ecclésiastique dans ses rapports avec la géographie politique, s'appuyait sur une autorité trop respectable et sur des textes trop précis, pour que je ne cherchasse pas à vérifier si les deux textes du VIIe et du IXe siècle, cités par M. Guérard, ne pouvaient pas se prêter à une interprétation différente. C'est en effet ce que je crois avoir constaté.

Dans le plus ancien de ces documents, la *Vie de Saint-Gérald*, abbé de Fly (*Flaviacensis*), écrite vers la fin du VIIe siècle, ou dans le siècle suivant, on lit : *villa Guarandra quæ sita est in confinio Belvacensium, super fluvium Ittam* [2].

Or, en attribuant ici au mot *confinium* le sens de territoire plutôt que celui de voisinage, et en faisant ainsi rentrer dans le *pagus* de Beauvais la localité de Vardes qui était hors du diocèse et sur l'autre rive de l'Epte, M. Guérard me semble avoir fait une application excessive de la signification générale du terme *fines* et de ses dérivés qui, dans César et d'autres écrivains de l'antiquité, expriment plus habituellement, en effet, le sens de territoire que celui de frontière.

---

1. *Polyptique d'Irminon.* — *Prolégomènes*, t. I, p. 104.
2. D. Bouquet, t. III, p. 550.

Le second texte emprunté à un diplôme très-connu de Charles le Chauve, donné en 862 pour fixer l'emploi des biens de l'abbaye de Saint-Denis, selon les différents besoins des moines, fait ainsi mention d'une des propriétés de l'abbaye :

In Avisnis colonia ex Ferrariis in pago Belloacinse mansum unum [1].

Il me paraît plus naturel d'appliquer cette indication du *pagus Belloacinsis* à *Ferrariis* (Ferrières), lieu situé en effet dans le Beauvoisis et dans le diocèse de Beauvais, qu'à la métairie d'*Avisnæ* (Avesnes) qui en était une dépendance située hors des limites du diocèse et du *pagus*.

Ce double exemple me paraît très-propre à démontrer avec quelle circonspection doivent être étudiés les témoignages qui sont contraires aux règles générales, et combien les relations de la géographie ecclésiastique avec la géographie politique offrent de ressources pour l'étude de la géographie historique comparée.

On en peut voir encore une application dans quelques autres circonstances de la topographie du *pagus Belvacensis* mis en rapport avec le diocèse.

M. Guérard, dans le même ouvrage, remarque avec raison, mais aussi avec surprise, que vers le S. O. la limite de l'ancien Beauvoisis n'est pas suffisamment indiquée, et l'on serait donc, à ce qu'il semble, dit-il, en droit de conclure que le *pagus Belvacensis* ne s'étendait guère vers le S. O., au delà de l'Avelon et du Thérain et qu'il s'arrêtait dans cette direction beaucoup en deçà des bornes du diocèse de Beauvais : alors cette partie du diocèse restée hors du *pagus* aurait dû être occupée par le pays de Telle et par le pays de Chambly.

Or, cette distinction parfaitement exacte, signalée par M. Guérard, avait une cause toute naturelle et qui offre une nouvelle preuve de l'accord des deux géographies. C'est que les portions considérables du territoire rapportées avec certitude au *pagus Belvacensis*, dépendaient des deux Archidiaconés dits de Beauvais (ou de Bray) et de Beauvoisis (ou de Bretenil) : tandis que les parties méridionales, dont la coïncidence avec le *pagus* est fort incertaine, faisaient, au contraire, partie du *pagus Camliacensis*, représenté à peu près complètement par le grand Archidiaconé de Clermont.

Cette coïncidence générale, si frappante, permet aussi de remarquer que les deux plus petits *pagi*, *Vindoilensis* et *Rossontensis*, quoique nominativement distincts du *pagus* principal *Belvacensis*, dès le IXᵉ siècle et même antérieurement, n'en étaient pas moins partie intégrante de ce vaste territoire politique, comme les deux Doyennés ruraux de Breteuil (ou de Vendeuil) et de Ressons, dépendaient de l'Archidiaconé de Beauvoisis (ou de Breteuil).

C'est ainsi qu'il me semble possible d'expliquer fort naturellement cette circonstance réelle, quoique embarrassante sur le simple énoncé de M. Guérard, « que le *pagus Belvacensis* des temps mérovingiens

---

1. D. Bouquet, t. VIII, p. 580.

et carlovingiens ne représente ni le Beauvoisis moderne ni l'ancien diocèse de Beauvais. »

Le Beauvoisis moderne a souvent été pris dans une plus grande extension et quelques textes le représentent comme coïncidant avec l'ancien comté de Beauvais.

Le *comitatus Belvacensis* figure dans l'histoire féodale dès le IX° siècle (en 822), et peut-être même dès le VIII° siècle sous le règne de Dagobert III. Il est indiqué dans les Capitulaires (l. II, c. XXV) comme soumis à l'administration du *comes Ruodfridus*, avec cinq autres *comitati* : Reims, Châlons, Soissons, Senlis et Laon, compris dans le huitième *Missaticum* du Capitulaire de Louis le Débonnaire. On ne peut douter que ce comté ne représente alors complétement la *Civitas* et le diocèse *Bellovacensis*, aussi bien que dans un Capitulaire postérieur (853), où il figure sous le seul nom de *Belvacense*.

Toutefois, cette conformité a varié, à plus d'une époque. Dès la fin du IX° siècle, ou au X°, le comté de Senlis était uni à celui de Beauvais. Du IX° au XI° siècle, plusieurs localités situées sur les différentes frontières du diocèse de *Beauvais* sont indiquées comme faisant partie du *comitatus Bellovacensis*, telles que vers le S., Pont Sainte-Maxence, à plusieurs lieues des bords de l'Oise; Gerberoy vers l'extrémité N., dans l'Archidiaconé de Bray, et d'autres localités plus centrales.

Plus tard les comtés de Breteuil, de Clermont, de Beaumont ou de Chambly furent détachés de la *Civitas*. Lorsque, vers le commencement du XI° siècle [1], le comté de Beauvais fut concédé aux évêques de ce diocèse par Eudes, comte de Champagne, avec confirmation du roi Robert, titre qu'ils ont toujours conservé, leur autorité féodale, bientôt restreinte, fut loin d'embrasser toute l'étendue primitive de l'évêché, ou du moins elle ne fut effective que pour la ville et ses dépendances, ainsi que pour Gerberoy et un petit nombre de localités. Quant au reste du diocèse, elle fut tout au plus restreinte à des prérogatives purement honorifiques.

Une des premières modifications que paraît avoir subies le comté de Beauvais fut sa délimitation au midi par le cours de l'Oise. Nous avons vu que la *Civitas* et le diocèse dépassaient cette limite naturelle entre Verberie et l'Ile-Adam. Les plus anciennes cartes du Beauvoisis et comté de Beauvais, entre autres celles de Damien de Templeux et des grands Atlas de Mercator, de Hondius et de Blaeu, au commencement du XVII° siècle, lui donnent l'Oise pour limite, hormis entre Beaumont et l'Ile-Adam, où l'on voit encore le comté dépasser cette frontière. Dans des cartes plus récentes du Beauvoisis (entre autres dans celle de 1665) on a reproduit les anciennes limites du diocèse; sur quelques cartes anciennes, le Beauvoisis s'étend un peu moins loin vers le N. que le diocèse.

Pagus Rossontensis, Rossontisse, Rosontisse, Rossontile, Rissontille, Ressontum, Ressomum. — La mention de ce territoire est des

---

1. *Chron. Sigeberti*, a. 1014 : *Comitatus Belvacensis datur Rogerio episcopo.*

plus anciennes et des plus authentiques. C'est à Grégoire de Tours lui-même qu'elle remonte et c'est dans le célèbre traité d'Andelot, contracté en 587 entre Gonthran, Childebert et la reine Brunehaut, traité dont il nous a conservé le texte, que ce *pagus* figure pour la première fois [1].

Des différents territoires et villes indiqués dans ce document, le *Rossontense* est la seule circonscription territoriale dont le nom, la situation, l'étendue aient pu laisser quelque doute. Il se trouve, en effet, réuni à de grandes divisions territoriales, aux *Civitates Carnotensis, Parisiensis, Silvanectum, Meldum* et à quelques autres Cités, ainsi qu'à plusieurs territoires moins importants, mais aussi bien connus, et mentionnés, tous, dès les temps mérovingiens et carlovingiens, comme centres de divisions politiques ou ecclésiastiques; tels sont les *castella Dunum* (Châteaudun) et *Vindocinum* (Vendôme), le *Dunense* (Dunois), le *Vindocinum* (Vendomois) et le *pagus Stampensis* (Estampois), compris, les deux premiers dans la *Civitas* ou le diocèse de Chartres, le troisième dans la *Civitas* ou le diocèse de Sens.

Cette réunion dans le même texte, avec des territoires aussi importants, d'une localité peu connue et présentée néanmoins comme ayant une certaine étendue, est déjà un puissant argument à l'appui de cette importance même. Les termes du traité d'Andelot le démontrent davantage encore :

... Convenit ut Silvanectis domnus Childebertus in integritate teneat, et quantum tertia domni Guntchranni exinde debita competit, de tertia domni Childeberti, quæ est in Rossontensi, domni Guntchranni partibus compensetur.

C'est en échange du tiers du territoire de Senlis (*Silvanectis*), qui jusqu'alors avait fait partie des possessions de Gontran, que Childebert cède le tiers du territoire de Ressons (*Rossontense*), afin de posséder la *Silvanectensis Civitas* dans son intégrité.

Le deux territoires peuvent donc être présumés d'une importance à peu près égale. Or, malgré l'étendue peu considérable de la *Civitas* et du diocèse de Senlis, comment expliquer qu'un territoire à peu près égal et presque aussi important ait laissé aussi peu de traces dans la géographie historique?

Si la géographie politique est impuissante à fournir la moindre donnée positive sur la position et l'étendue de cette division territoriale du VIe siècle, division certainement plus ancienne encore, puisque les Francs ne créaient pas les territoires, mais les conquéraient pour se les partager, la géographie ecclésiastique offre des renseignements plus certains.

En effet, un autre texte un peu plus récent, la *Vie de saint Amand*, écrite par Baudemond, un de ses compagnons et de ses disciples, peu de temps après la mort de cet illustre missionnaire de la Gaule septentrionale et de la Belgique, et évêque de Maestricht, dont les

---

1. Greg. Tur., *Histor. Franc.*, l. IX, c. XX, éd. de la Soc. de l'hist. de Fr., t. III, p. 310.

travaux apostoliques remplissent presque toute la durée du VIIe siècle, offre une seconde mention du *Rossontum*. Cette fois sa situation est nettement fixée dans le diocèse de Beauvais, *in pago Belvacensi*; elle l'est dans la partie de son territoire qui fut le plus généralement et le plus constamment désignée sous le nom de Beauvoisis, et qui comprenait de moindres subdivisions territoriales, telles que le Vendelois et le Rossontois lui-même [1].

Ce témoignage prouve à la fois l'origine antique du lieu et la durée persistante du paganisme dans son territoire. Ce saint évêque régionnaire, suivant la narration de son biographe presque contemporain, détruisit alors dans cette portion du diocèse de Beauvais des vestiges encore persistants d'idolâtrie et particulièrement le culte des arbres. Il contribua à affermir la foi dans cette Chrétienté, qui ne tarda pas à devenir le centre d'une circonscription ecclésiastique, le *Decanatus Rossontensis* [2], dans l'Archidiaconé de Beauvoisis, partie nord-orientale du diocèse de Beauvais et voisine des diocèses d'Amiens, de Noyon et de Senlis.

C'est, en effet, par ces trois témoignages comparés et rapprochés, Grégoire de Tours, la *Vie de saint Amand* et les plus anciens pouillés du diocèse de Beauvais, qu'on peut affirmer, avec un assez grand degré de certitude, que le *Rossontense* du VIe siècle, le *Rossontum* du VIIe et le *Decanatus ruralis* de *Ressomum* des siècles suivants représentent un seul et même territoire.

Telle n'a pas été l'opinion d'Adr. de Valois [3]. Selon lui, les deux localités indiquées par ces deux premiers textes pouvaient se rapporter à deux territoires et même à deux diocèses différents: celui de Grégoire de Tours représenterait Ressons-le-Long dans le diocèse de Soissons, entre cette ville et Vic-sur-Aisne; tandis que la localité signalée par la *Vie de saint Amand* correspondrait nécessairement à une partie du diocèse de Beauvais qui ne peut qu'être Ressons-sur-Matz, parce que le texte indique *Rossontum secus Drondam fluvium*, d'après le nom d'une autre rivière voisine qui traversait le Doyenné de Ressons et celui de Coudun (*de Cosduno*). Valois ne donne aucun motif à l'appui de son opinion, qui a été tantôt adoptée, tantôt rejetée par d'autres écrivains. Sans hésitation, mais sans preuves, M. Guérard [4] a classé le nom du *pagus Rossontensis* dans la *Civitas Belvacensis*, et quoiqu'il n'ait point démontré son opinion, je la regarde comme un appui de plus en faveur de celle que j'adopte.

La coïncidence du territoire politique avec un ancien territoire ecclésiastique, sur lequel se trouve même une localité nommée le *Vieil Ressons* [5], me paraît un argument très-sérieux. Si l'on poussait

1. Bolland., *Vit. SS.*, 6 *febr.* — Ghesquières, *Acta SS. Belgii*, t. III, p. 256. — Saint-Amand, né en 594, mourut en 684.

2. Valois donne à ce Doyenné comme à tous les Doyennés ruraux du diocèse de Beauvais le titre d'*Archidiaconatus*. Nous verrons plus loin les causes de cette erreur.

3. *Notit. Gall.*, p. 480.

4. *Essai*, p. 149.

5. *Chapelle du Vieil Ressons*, pouillé de 1648, p. 53.

plus loin le rapprochement et qu'on cherchât les limites de ce territoire, il conviendrait, je crois, de réunir les deux Doyennés ruraux de Ressons et de Coudun. Représentant l'ensemble du *pagus Rossontensis*, ils formeraient ainsi un territoire plus comparable à celui de Senlis dont l'échange fut conclu entre les rois Francs en 587 [1].

J'ai précédemment indiqué (notes du diocèse de Senlis) les motifs qui ne me semblent pas permettre d'adopter l'opinion exprimée par M. Jacobs dans sa *Géographie de Grégoire de Tours*, p. 125, et qui conduirait à reconnaître le *pagus Rossontensis* dans un passage altéré de Ptolémée, indiquant une localité du nom de *Ratomagus* ou *Rotomagus* dans le territoire des *Silvanectes*. Il me semble impossible d'admettre sans preuves que ce territoire inconnu aurait compris des localités très-différentes, éloignées les unes des autres, sur trois *Civitates* ou diocèses différents, et sans aucunes relations entre elles.

Pagus Vendoilensis, Vendiolinsis, Vindiolinsis, Vendiolisus, Vendoilisum : le Vendelois, ou le Vendeulois.—Ce territoire, situé dans la partie nord-orientale du diocèse, est mentionné pendant le VIII° et le IX° siècle; on peut le considérer comme un démembrement, une subdivision du grand *pagus Bellovacensis*. Il avait cependant assez d'importance pendant le IX° siècle pour figurer au nombre des *Missatica* impériaux, comme nous l'avons déjà vu, au même titre que plusieurs autres grands *pagi*, représentants ou divisions des anciennes *Civitates* gallo-romaines. C'est ainsi que, sous le nom de *Vindoilisus*, il fait partie du cinquième *Missaticum*, mentionné en 853 dans le Capitulaire de Charles le Chauve, avec les *pagi Bellovacensis, Silvanectensis, Vircassinus, Meloiacus et Parisiacus* [2].

Durant le siècle antérieur, il était déjà indiqué dans un acte de donation de l'année 766 en faveur de Fulrad, abbé de Saint-Denis, en même temps que plusieurs des localités qui en faisaient partie et qui prouvent son extension à plus de quatre lieues du chef-lieu.

Les principales de ces localités, celles-là du moins auxquelles on peut appliquer des noms modernes, étaient *Ansoaldi-Villare* (Ansauvillers), *Galneæ* (Gannes), les plus éloignées de Vendeuil vers le S. E. et situées près d'une grande voie romaine; *Tertiniagus* (Tartigny), *Villaris* (Villers-Vicomte). On y voit aussi indiqués *Muntiniagus, Sarodus, Liniuga Villa, Hebriciagus*, dont la concordance avec les lieux modernes est inconnue ou plus incertaine [3].

1. On peut voir dans les pouillés du diocèse de Beauvais, imprimés l'un en 1626, l'autre en 1648, et dans les deux cartes du diocèse, l'étendue et les limites de ces deux Doyennés ruraux, et restituer ainsi l'ancien *Rossontensis pagus*.

2. Baluze, *Capit.*, t. II, col. 69.

3. Mabillon, *De re diplom.*, p. 495. Le *Vindiolensis pagus* de ce texte y est indiqué en même temps que les *pagi Belvacensis* et *Ambianensis*. Les dernières localités indiquées dans cette charte, datée d'*Ansoaldo-Villare*, peuvent se trouver sur d'autres points du diocèse de Beauvais et même dans le diocèse d'Amiens, d'après les termes un peu vagues du texte.

Mais la plus forte présomption de l'origine ancienne de ce territoire repose sur la situation du lieu principal qui lui a donné son nom, Vendeuil, Vaudeuil, Vandueil, Vuandeul, *Vendogilus*, *Vendoilum*, *Vendolium*, au centre des ruines gallo-romaines où tant de géographes et d'érudits ont cru reconnaître la situation de l'*Oppidum* gaulois de *Bratuspantium* mentionné par César. Quelle que soit la plus ou moins grande vraisemblance de ce rapprochement, l'existence des vestiges romains et des monnaies gauloises est incontestable sur une vaste étendue, autour de Vendeuil et de quelques autres lieux voisins de la petite vallée de Saint-Denis, au S. de Breteuil [1].

L'étude de la numismatique gauloise a fourni d'autres arguments à l'appui de l'ancienneté du *pagus Vendoilensis*. Ils ont été surtout présentés avec beaucoup de sagacité par M. Hucher, du Mans [2], et reproduits avec de nouveaux développements par M. le docteur Voillemier, de Senlis [3].

Des monnaies, au type de l'aigle à ailes éployées, présentent la légende *Vandillos*, *Vadnilon*, *Vandiiacon* ou *Vandiialon*, *Vadnaios*, *Admilos*.

Ce nom a rappelé celui du *pagus Vendoilensis* et les monnaies en question lui ont été attribuées. Cependant, ce type n'a point encore été rencontré parmi les nombreuses monnaies découvertes à Vendeuil et aux environs. On y a reconnu un autre type, très-fréquent, qui représente un oiseau la tête penchée et becquetant. Sur ces monnaies on a lu le mot *Vllucci*, avec quelques variantes. M. Ch. Lenormant, qui a éclairé la numismatique gauloise et mérovingienne par plusieurs ingénieuses interprétations, a proposé, avec une grande vraisemblance, d'y reconnaître le nom altéré des *Vellovaci* ou *Bellovaci*. Cette attribution est acceptée aussi, je crois, par M. de Saulcy, qui possède un grand nombre de ces monnaies de Vendeuil. Un autre numismate distingué, M. A. de Barthélemy ne l'admet pas.

Comme on le voit, si les monnaies gauloises abondamment découvertes sur ce territoire, fournissent un témoignage certain de son origine antérieure à la conquête romaine, si la légende *Vllucci* peut représenter *Bellovaci*, on ne peut accepter qu'avec plus d'incertitude l'attribution de *Vandillos*, jusqu'à ce qu'il ait été découvert au moins une monnaie de ce type, sur le territoire des *Bellovaci*. La riche collection de M. le docteur Voillemier, celle de M. l'abbé Barraud et d'autres numismates du pays, n'en ont point encore présenté.

Un autre indice, de nature différente, de l'origine ancienne de *Vendogilus* et du Vendenlois, est l'existence sur son territoire d'un Doyenné rural, celui de Breteuil, sous l'Archidiaconé du même nom, qui paraît correspondre à ce *pagus* plus ancien du *Vendoilis:s*. Le

---

1. Graves, *Statistique du canton de Breteuil*, 1843, et les ouvrages cités précédemment sur la question de *Bratuspantium*.

2. *Revue numismatique*, ann. 1855, t. XX, p. 265.

3. *Essai sur les monnaies de Beauvais*. (*Mém. de la Soc. acad. de l'Oise*, t. III, 1858.)

Doyenné de Breteuil comprenait en partie les cantons de Breteuil, de Froissy et de Saint-Just. Ce rapprochement me paraît plus sûr que celui fourni par la numismatique.

Pagus Camliacensis, Camiliacensis, Camliacus, Cambliacensis, Cameliacensis, Camelecensis; le Chambliais, le Chamblisien. — Ce territoire, situé dans la partie méridionale du diocèse de Beauvais, entre le *pagus Bellovacensis*, proprement dit au N, le *pagus Vilcasinus* à l'O., le *pagus Parisiacus* au S. et le *pagus Silvanectensis* à l'E., correspondait à peu près au comté de Beaumont-sur-Oise, d'origine plus moderne, et plus complétement encore au Doyenné rural du même nom. Si le *pagus Camliacensis* n'est pas cité comme le *pagus Rossontensis*, dont nous venons de parler, dans Grégoire de Tours et au nombre des *Missatica* carlovingiens, il paraît néanmoins avoir une origine aussi ancienne; depuis le commencement du VIIe siècle il figure dans un grand nombre de diplômes authentiques. Les localités indiquées dans ces documents permettent de fixer les limites du *pagus* et de constater ses rapports avec le Doyenné de Beaumont. C'est surtout dans les diplômes et chartes de donations à l'abbaye de Saint-Denis qu'on le voit le plus fréquemment cité ; ce riche monastère y possédait en effet de nombreuses métairies.

La plus ancienne indication se lit dans une charte de l'année 627, contenant une donation faite à cette abbaye d'un bien, indiqué ainsi : *Villa quæ vocatur Matrius quæ est in Opido Camliacense, cum domibus, mancipiis et vineis.... in fundo Magacinse*[1]. Ce lieu, dit *Matrius*, paraît être Méru, vers l'extrémité O. du *pagus*, et l'expression d'*Oppidum*, appliquée au territoire de Chambly, aurait le sens le plus vaste, sens qu'il reçoit fréquemment dans les plus anciens textes, celui du territoire dépendant d'une forteresse, ou centre d'une cité.

Postérieurement à ce titre, diverses localités du *pagus Camliacensis* sont mentionnées dans des chartes se rapportant aux années 635 ; — 640 ; — 690 ; — 692 ; — 697 ; — 726 ; — 751 ; — 775 ; — 799 ; — 820 ; — 844 ; — 852 ; — 860 ; 861 [2].

Les principales localités indiquées sont, outre *Matrius* (Méru) : *Cortiracus* (Crouy); — *Campania villa* (Champaguy entre Beaumont et l'Ile-Adam; — *Ingolinocurtis* (Agincourt); — *Noviliacus* (Neuilly-en-Thelles); — *Gundulfocurtis* (Gaudicourt) ; — *Prisciacus* (Pressy-sur-Oise); — *Nocitus* (Noisy-sur-Oise); — *Tussone-Vallis* (Toussonval, ou

---

1. Cet acte, publié plusieurs fois, l'a été en dernier lieu dans les *Diplomata, Chartæ*, etc. (Éd. de M. Pardessus pour l'Acad. des inscr. T. I, p. 227.)

2. Les actes des périodes merovingienne et carlovingienne, dans lesquels sont indiquées des localités du *pagus Camliacensis*, ont surtout été publiés dans l'*Histoire de l'abbaye de Saint-Denys*, par J. Doublet. (Paris, 1625 in-4; — par Mabillon, *De re diplomatica*, p. 256; — 282; — 472; — 498; — 505; — 529; — 537; — 541; — 569. — Dans les *Chartæ et Diplomata*, éd. de M. Pardessus, 1843. 2 vol. in-f., t. 1, p. 227; — t. II, p. 208; — 227; — 236; — 242; — 419.

Bonqueval ?); — *Baudrinus* (Boran); — *Bordonellum* (Borsel); — *Bagernæ* (Bernes); — *Caugia* (Coyes); — *Lilium* (Le Lis près Royaumont; — *Maurincincocurtis* (*Morancy* près Beaumont; — *Niallæ* (Nesles); *Maf lare* (Maffliers); *Pretarium* (Presles); *Novigentum* (Nogent près l'Ile-Adam), etc. Les limites de ce *pagus* sont soigneusement indiquées dans la carte du comté de Beaumont jointe par M. Douet d'Arcq à ses savantes *Recherches sur les anciens comtes de Beaumont, du XI° au XIII° siècle* [1].

Dans le premier partage de Louis le Débonnaire entre ses fils (a. 837), le *pagus Camalensis*, ou *Camliacensis*, figure près du *pag. Virdomandensis*, ou *Vermandensis* (Baluze, *Capit*, t. I, col. 690). L'importance du chef-lieu de ce *pagus*, auquel il a donné son nom, est suffisamment démontrée par le terme de *Vicus publicus* sous lequel il figure dans le testament de Vandemire et d'Ercamberte, qui se rapporte à l'année 690, et qui offre tant d'indications précieuses pour la topographie du VII° siècle [2]. Dans un diplôme de 877, Chambly est aussi qualifié de *Mallum publicum*, ce qui démontre que deux siècles plus tard son importance n'était point diminuée.

Le *pagus Camliacensis* paraît pour la première fois, avec le titre de *Comitatus*, dans une charte de 844, mais il ne reçoit définitivement cette qualification qu'après la translation du chef-lieu du territoire à Beaumont-sur-Oise, vers le commencement du XI° siècle. Depuis cette époque, ce n'est plus que sous la désignation de comté de Beaumont que le *pagus Camliacensis* paraît dans les textes. Les limites des deux territoires semblent bien être les mêmes. L'un et l'autre s'étendent, en partie, au delà de l'Oise, sur la rive gauche, comme le Doyenné de Beaumont, suivant les limites du diocèse de Beauvais.

Le pays de Telles, dont je vais dire quelques mots, occupait la partie septentrionale du comté; mais ses limites relatives au Chambliais sont très-difficiles à préciser.

Pays de Telles. — Outre ces divisions de la géographie politique ancienne du territoire des Bellovaques, représenté par le diocèse de Beauvais, divisions dont les relations avec la géographie ecclésiastique sont plus certaines, il est encore quelques autres régions, presque aussi anciennement désignées dans les textes, dont les noms ont été conservés dans la géographie moderne, dont les limites étaient plus indécises, et qui n'étaient comprises qu'en partie dans cette circonscription diocésaine. Deux de ces régions naturelles et physiques, remarquées de tout temps par l'effet même de leur caractère extérieur, complétement tranché sur celui des contrées

---

1. Publ. de la Société des antiq. de Picardie, année 1855, in-4. L'histoire du comté de Beaumont-sur-Oise est parfaitement éclaircie à l'aide de nombreux documents originaux insérés dans cet ouvrage. — M. Graves dans son *Precis statistique sur le canton de Neuilly-en-Thelles* (1842), et dans sa *Notice archéol. sur le dépt. de l'Oise* (1856), a aussi donné des indications instructives sur le Chambliais.

2. *Diplomata et Chartæ*, éd. Pardessus, t. II, p. 203.

environnantes, avaient été partagées entre les deux diocèses limitrophes de Beauvais et de Rouen, et très-vraisemblablement plus anciennement encore, entre les deux *Civitates* auxquelles ces diocèses ont succédé.

Ces deux régions étaient le *pays de Telles* et le *pays de Bray*, situés en partie, l'un, et l'autre, dans la portion occidentale du diocèse de Beauvais. Le premier constitue un plateau vers le S., au pied de la haute falaise que le second forme, vers le N. de cette frontière des deux diocèses.

M. A. Le Prévost[1] a exprimé l'opinion que deux contrées et même deux rivières, la Béthune et l'Epte, avaient porté le nom à peu près analogue de *Telles*, et de *Talou*, dans le diocèse de Rouen. L'une de ces contrées, partie du vaste territoire des *Calètes*, était située dans la portion nord-occidentale, vers le Vimeu et le diocèse d'Amiens, l'autre, celle dont il est ici question, et qui faisait vraisemblablement partie du territoire des *Veliocasses*, était au S. du pays de Bray, vers les confins du diocèse de Beauvais, sur lequel il pénétrait.

Le pays de Telles, la forêt de Telles ou de Thelles, *pagus Tell* (a. 709); *pagus Tellao super fluvium Itta* (a. 781). *Pagus Tellao, Talanus, Talogiensis ; — Foreste Tele* (a. 1223). *Foresta de Telis* (a. 1137). — *Foresta de Tilis.* (a. 1140)[2].

Les désignations locales qui rappellent cette région se trouvent des deux côtés de la limite des diocèses de Rouen et de Beauvais. Dans celui-ci, les plus importantes localités du pays de Telles étaient Méru, Neuilly, Crouy, le Fresnoy, toutes indiquées *en Telles*. Elles étaient situées dans la partie septentrionale du comté de Beaumont, ou de l'ancien *pagus Camliacensis*, et du Doyenné rural de Beaumont. La région de Telles s'étendait encore plus au N., puisqu'il paraît que Coudray-St-Germer aurait été désigné au XII° siècle sous le nom de *Mons Thellarum*. Ce lieu était également dans le diocèse de Beauvais, mais il confinait à la forêt de Telles proprement dite, partagée aussi entre ce diocèse et celui de Rouen, et qui s'étendait sur le *pagus Viloassinus*.

Un grand nombre de localités sont mentionnées par les chartes des VIII°, IX° et X° siècles dans les deux divisions territoriales désignées sous un nom à peu près identique, *Tellau*, *Telles*, *Talou*, quoique à une assez grande distance l'une de l'autre et quoique séparées par d'autres régions indiquées aussi dans les textes sous des noms différents[3]. La difficulté de les distinguer et une certaine analogie de nom avec un autre territoire mentionné antérieurement par Frédégaire,

---

1. *Anc. div. terr. de la Normandie*, p. 20 et p. 4.

2. Chartes citées ou publiées par M. Douet d'Arcq, dans ses *Recherches hist. sur les anc. comtes de Beaumont-sur-Oise*, p. II, pr., p. 8.

3. Adr. de Valois, *Notit. Gall.* v°, *Tellau.* p. 547; et M. A. Le Prévost, *Anc. div. terr. de la Norm.* éd. in-4; p. 4 et 20, ont indiqué la plupart des textes originaux dans lesquels figurent des localités du pays de Telles, ou Tellau et de Talou.

ont tout récemment suggéré une interprétation, ingénieuse du moins, et assez vraisemblable, si elle ne peut être encore définitivement adoptée [1].

Le *Ducatus Dentelini* mentionné plusieurs fois par Frédégaire [2], depuis l'année 600 jusqu'à 634, sous les noms de *D. Dentileni, Dentilenus, Denzelini, Denzileni*, et que l'auteur anonyme des *Gesta Dagoberti* nommait *Ducatus Dentilonis* [3], semble avoir compris une partie des territoires situés entre la Seine, l'Oise et l'Océan, suivant les termes mêmes de Frédégaire. Il était sur les limites de la Neustrie et de l'Austrasie, dont les rois se le disputèrent entre eux, jusqu'à Dagobert Ier. De même que la plupart des autres divisions administratives qui furent décorées du titre de *Ducatus* sous les rois Francs, à l'exemple de l'administration romaine antérieure, le *Ducatus Dentelini* ne correspondait à aucune division naturelle, politique ou ecclésiastique; il s'étendait probablement sur plusieurs *Civitates*, ainsi qu'on en voit de nombreux exemples dans Grégoire de Tours, tels que Nicetius, préposé en qualité de Duc à trois *Civitates*, Ennodius à deux, puis à quatre, Lupus à deux et peut-être même à trois, Victorius à sept villes de la Narbonnaise [4], etc.

Ce territoire, dont l'existence aurait été de courte durée, comprendrait, selon M. Jacobs, toutes les localités indiquées par des textes postérieurs comme faisant partie soit du *Talou*, soit du pays de *Telles*.

Si cette explication a l'avantage de présenter une solution sur la situation de l'un des territoires les plus inconnus de la géographie mérovingienne, elle n'est cependant pas sans objections, sans difficultés. C'est ce que l'auteur a très-bien vu lui-même, du moins en partie, tout en la proposant.

Comment en effet comprendre l'existence de dix autres territoires ou *pagi*, indiqués par Frédégaire dans les mêmes limites assignées par lui au duché de Dentelin?

Comment ce nom s'est-il transformé depuis l'année 634, où il paraît pour la dernière fois, en celui de *pagus Tellau*, qu'on voit moins de trente ans plus tard dans les Vies de SS. et les diplômes : en 660 (*Vit. S. Wandregisili, abb. Fontan.*, in *Act. SS. O. S. Ben. Sæc. XI*); — en 672 (*Vit. S. Lamberti*, id. id.); — en 713 (*Chr. Fontan.*); — dans des chartes du VIIIe siècle (a. 709; — a. 750; — a. 751) [5], et dans beaucoup de textes postérieurs?

---

1. C'est M. Jacobs qui a, le premier, énoncé ce rapprochement, en l'appuyant sur tous les arguments qu'il semble possible d'invoquer en sa faveur. (*Géographie de Frédégaire* dans la *Rev. des soc. sav.*, Septembre 1859, p. 322, et tirage à part.)

2. *Fredegarii Chronicum*, c. XX. — XXXVII. — XXXVIII. — LXVI. (Dom. Bouquet. T. II, p. 421, 428, 442.)

3. D. Bouquet. T. II, p. 588.

4. Greg. Tur., *Hist. eccl.*, l. VIII, c. I, VIII; — *id.*, l. II, c. XX; l. IX, c. VI.

5. Mabillon, *De re dipl.*, p. 385 et 482 (le diplôme de Childebert III), a. 709. — *Id.*, p. 490 (dipl. de Pepin, a. 750). — D. Bouquet., tom. II.

Comment surtout expliquer que, dès l'année 596, antérieurement à la première mention du *Ducatus Dentelini*, le *pagus Tellau* aurait été déjà indiqué[1].

Comment et pourquoi ce territoire pénétrait-il si irrégulièrement dans des pays qui étaient eux-mêmes dénommés et délimités, tels que le Bray (*Bracium*), le Vexin (*Veliocassinus*), le Chambliais (p. *Camliacensis*)?

Tout en reconnaissant l'impossibilité de résoudre ces difficultés, et même sans parler de la date de 596, qui ne me semble pas admissible, M. Jacobs n'en paraît pas moins disposé à reconnaître « que ce nom de *Dentelinus* était peut-être celui d'une ancienne tribu gauloise, ou mieux encore un nom ayant dans la langue celtique un sens que nous ne connaissons plus, et s'appliquant à un vaste territoire, sans pour cela avoir désigné une peuplade, de même que *Perticus*, qui est devenu le Perche, désignant, comme l'a fait observer M. Le Prévost, une forêt, et non un peuple. »

Une autre objection, qui n'est pas non plus sans valeur, à l'hypothèse qui considérerait le *Ducatus Dentelini* comme indiquant un nom complétement territorial, ainsi que le propose M. Jacobs, comme une conséquence évidente de la durée de ce nom, et non pas le nom du fonctionnaire chargé de l'administration du territoire, me paraît pouvoir se tirer des récits de Grégoire de Tours, lui-même.

Si l'on y voit en effet le plus souvent ces divisions administratives, indiquées sous le nom des grandes Cités, qui composaient passagèrement les *Ducatus*, on ne voit, du moins le plus généralement, figurer à ce titre que des provinces et des cités connues et importantes. Très-habituellement aussi le Duché est indiqué avec le nom des fonctionnaires : *Victorius, Nicetius, Ennodius, Lucius, Lupus*, etc[2]. On ne voit pas un seul *pagus* d'ordre secondaire décoré d'un semblable titre.

Les variantes de formes du nom *Dentelinus, Dentilenus, Denzelinus, Dentilo*, rappellent aussi plutôt un nom de personne qu'un nom de territoire.

Malgré ces difficultés et ces objections, il n'en reste pas moins établi que le pays ou plutôt les deux pays de Talou et de Tellau, distingués,

---

p. 716. (Charte de Pepin vers 751.) — Pardessus : *Diplomata*, t. II, p. 279. — *Id.*, p. 415. — *Id.*, p. 419.

1. Cette date de 596 ne m'est connue que par une citation de M. Le Prévost (*Anc. div. terr. de la Norm.*, p. 6), qui n'en indique pas la source ; je l'ai retrouvée dans le *Chronicon Fontanellense*, cap. XIII ; (*in Spicileg.*, t. II, éd. in-f., p. 275) ; le *pagus Tellau* y est en effet plusieurs fois indiqué, mais pour une époque plus récente ; il s'agit du règne de Childebert III et non de Childebert II, comme l'avait présumé, à tort, M. Le Prévost.

2. *Hist. eccl.*, l. II, c. XX ; — l. VIII, c. XVIII, — liv. IX, c. VI et VII ; — l. IV, XLVII ; — VI, IV. — IX, XI, XII, XIV, XIX. — *Lupus* était *Dux Campaniae*, et cette province prit dès lors le titre de Duché. Voir l'important ouvrage que vient de publier M. d'Arbois de Jubainville sur l'*Histoire des ducs et des comtes de Champagne.* T. I. 1859.

avec raison selon moi, par M. Le Prévost, occupaient avant le IXe siècle, entre la Bresle, le Therain, l'Oise, la Seine, l'Andelle et la Saanne, un espace comparable, en général, à celui que Frédégaire, au VIIe siècle, assigne au *Ducatus Dentelini*, entre l'Oise, la Seine et l'Océan, comme division administrative passagère sous les Mérovingiens.

Il est aussi présumable que ce *Ducatus* fut établi, vers la fin du VIe siècle, comme ligne défensive entre la Neustrie et l'Austrasie, et qu'il dépendit surtout de la première. Ces rapprochements, indiqués par M. Jacobs, offrent déjà un aperçu heureux et instructif, même en continuant de distinguer le *pagus* devenu comté de *Talou* et plus tard comté d'*Arques*, du *pagus* et de la forêt de *Telles*, situés vers l'autre extrémité du diocèse de Rouen voisine du diocèse de Beauvais.

Pays de Bray. — Le pays de Bray, *Bragum*, *Bracium*, *Bracius*, *Nemus de Brayo*, est une région naturelle plus distincte, beaucoup mieux connue et surtout beaucoup mieux limitée que le pays de Telles et le Talou. Toutefois, il ne constitua jamais ni un *pagus* ni un comté. J'ai indiqué sa situation et ses caractères, en traçant les limites générales du diocèse de Beauvais. Cette contrée naturelle, dont la crête ou falaise du Bray, ou pays du haut Bray, s'étend de l'E. S. E. à l'O. N. O., depuis les bords de l'Oise jusqu'aux environs de Dieppe, entre deux vallées longitudinales qui, des deux côtés, séparent et isolent de la grande plaine crayeuse le massif central plus ancien, séparait la Picardie de la Normandie et dépendait en partie de chacune de ces deux provinces, de même qu'il dépendait en partie du diocèse de Beauvais, en partie du diocèse de Rouen. Il formait dans chacun d'eux une circonscription ecclésiastique désignée par un nom commun : l'Archidiaconé ou le Doyenné rural de Bray.

On ignore si la division de ce territoire remonte jusqu'aux plus anciens temps historiques de la géographie gauloise et gallo-romaine, ou si elle ne date que du partage réglé au Xe siècle entre les rois de France et les ducs de Normandie. Cette dernière opinion est le plus généralement adoptée et repose sur ce que le cours de l'Epte, qui devint alors la ligne de démarcation entre les deux provinces, séparait aussi le Bray picard du Bray normand, et laissait à chacun des deux diocèses un versant de la falaise et une vallée longitudinale. Il paraît aussi à peu près certain que le Bray n'était qu'un démembrement du vaste territoire des *Caletes* qui forma le *pagus Rotomagensis*.

Si cette dernière date était prouvée par quelques témoignages positifs, elle démontrerait que l'origine de l'Archidiaconé de Bray, dans le diocèse de Beauvais, serait postérieure au traité de St-Clair-sur-Epte (911); mais on ne peut jusqu'ici se permettre à cet égard que des hypothèses sans certitude.

Dans le diocèse de Beauvais, les deux Doyennés ruraux de l'Archidiaconé de Bray, le Doyenné de Bray proprement dit et le Doyenné de Montagne, étaient séparés par le Thérain et correspondaient aux deux régions du Bray, la vallée et la crête de la falaise. Le Doyenné dit de Beauvais ne fut ajouté que plus tard à cet Archidiaconé.

On remarque dans les pouillés de ce diocèse que plusieurs localités indiquées comme faisant partie de la région physique du Bray, telles que Saint-Leger, avaient été intercalées dans d'autres Doyennés. L'évêque de Beauvais avait au XIIIᵉ siècle des droits considérables, cédés alors en partie à l'abbaye de Saint-Germer et à d'autres communautés, sur la forêt de Bray, dont une grande portion fut défrichée vers cette époque [1].

Le fief de Gerberoy (*Gerborsdum*), dont les seigneurs étaient, dès la fin du Xᵉ siècle, vidames (*vicedomini*) des évêques, titre que ceux-ci prirent bientôt eux-mêmes, et qui constitua l'une des plus puissantes justices féodales de ce pays au moyen âge, fut une des sources de leur autorité dans cette portion du Bray dont Gerberoy faisait partie.

La constitution physique et géologique du pays de Bray est parfaitement représentée dans la belle carte géologique du département de l'Oise que vient de publier M. G. Passy, d'après les matériaux recueillis par M. Graves et d'après ses propres observations (4 f. in-fol. 1859).

Il reste à signaler un dernier territoire, fort incertain, du diocèse de Beauvais.

Les *Hassi* ou *Bassi*, indiqués par d'Anville sur le territoire des *Bellovaci*, comme étant mentionnés dans quelques éditions de Pline, ont paru à notre grand géographe pouvoir être représentés par la forêt de Hez, ou Haiz (*Heticum*).

M. Walckenaer (*Géog. anc. des Gaules*, II, p. 269), tout en reconnaissant, avec le P. Hardouin, que les noms de *Hassi* ou *Bassi*, qui ne se trouvent point dans les manuscrits, mais seulement dans des éditions de Pline, peuvent fort bien n'être que les dernières syllabes répétées du mot *Bellovaci* et qu'aucun texte du moyen âge n'indique de *pagus* offrant quelque analogie avec le nom de *Hassi*, n'en maintient pas moins provisoirement ce nom parmi les desiderata de la géographie gallo-romaine. Je ne crois pas qu'il y ait aucune relation à établir entre les prétendus *Hassi* de Pline et la forêt de Hez.

Partage du diocèse de Beauvais en Doyennés ruraux et en Archidiaconés.

Le partage du diocèse de Beauvais en neuf Doyennés ruraux est le plus certain et le plus ancien qu'on connaisse. Il est constaté par tous les pouillés, imprimés ou manuscrits, que j'ai pu consulter et dont quelques-uns me paraissent remonter, pour leur rédaction primitive, au moins jusqu'au XIIIᵉ siècle, quoiqu'ils aient été reproduits et remaniés au XVIᵉ et plus tard.

---

1. La partie normande du Bray est indiquée dans plusieurs chartes du IXᵉ siècle, et elle l'est surtout depuis le XIᵉ. Ordéric Vital (*Hist. eccl.*, l. XII) en nomme les habitants *Brasherii*. — Les paroisses du Bray picard, les seules qui se rattachent à cette partie de nos recherches, ont été décrites dans l'ouvrage de M. N. R., de la Mairie : *Recherches hist. sur le Bray normand et le Bray picard*. Gournay, 1852. 2 vol. in-8.

Tous présentent les neuf Doyennés sous les mêmes noms et dans le même ordre. Ces dénominations et cet ordre ont persisté, sans changements, jusqu'en 1790, de même que les limites territoriales de ces petites régions ecclésiastiques.

Les Archidiaconés qui existaient à la même époque sont indiqués à part des Doyennés.

Voici la liste de ces Doyennés ruraux :

1° Dans la première colonne, sous les noms latins, d'après trois pouillés manuscrits de la Bibliothèque impériale et d'après le pouillé imprimé en 1626;

2° Dans la seconde colonne, sous les noms français, d'après cinq ou six autres pouillés ou listes de paroisses, dont quelques-uns remontent jusqu'au XVIᵉ siècle et au delà.

1. *Decanatus de Brayo.....* Doyenné rural du pays de Bray. 45 par.
2. *Dec. de Montana........* Doy. des Montagnes...........
    ou de Montagne........... 50 —
3. *Dec. de Bellomonte......* Doy. de Beaumont............ 44 —
4. *Dec. de Monchiaco......* Doy. de Monchy-le-Châtel..... 49 —
    al. Montiaci, vel Moncoii.
5. *Dec. de Claromonte.....* Doy. de Clermont, ou Clairmont. 34¹ —
6. *Dec. de Ponte..........* Doy. de Pont (St-Maxence)....
    ou des Ponts............. 46 —
7. *Dec. de Cosduno........* Doy. de Coudun .... 35 —
    al. Couduni.
8. *Dec. de Ressone........* Doy. de Ressons.............. 38 —
    al. de Ressomo.
9. *Dec. de Brithulio......* Doy. de Breteuil............. 44 —
    al. de Bruthulio.

Le 10ᵉ Doyenné des listes plus récentes, celui de Beauvais, n'y figure qu'après l'union du Doyenné capitulaire, mentionné plus loin, au titre d'Archidiacre; il comprenait les paroisses de la ville et de la banlieue. Il manque dans la plupart des pouillés.

Les principaux pouillés dans lesquels se trouve la liste des Doyennés sous leur forme ancienne, avec l'énumération des paroisses, et le plus généralement avec les noms des collateurs, sont les suivants :

— Bibl. imp. Mss. de Fontette, t. XXVII. A.
— Mss. latins, anc. fonds. Nº 5199.
— Id., id. Nº 5218.
— *Catalogus Beneficiorum in Civitate et diœcesi Bellovacensi existentium.* Parisiis, 1613.— 1626. — 1681. In-8.

— *Le grand Pouillé des Bénéfices de France.* (Paris, Alliot, 1626. In-8. P. 171. *Beneficia, taxata ad decimam et non taxata.*) Ce pouillé fut dressé en 1591 d'après d'anciens documents par un greffier de la cour ecclésiastique de Beauvais, nommé Pelle. Il paraît avoir eu pour

1. On lit 44 dans la liste publiée par Blaeu. (*Descr. gén. de la France.*)

base les règlements de taxes des décimes apostoliques, fixées à Avignon en 1370 par le pape Urbain V.

La liste avec les noms en français se trouve dans les pouillés suivants:
— Bibl. imp. Mss. latins, anc. fonds. 9364.
— Mss. du fonds St-Germain. 879. *Le pouillier général*. II, f. 504.
— Mss. de Dom Grenier. 79, f. 91. Pouillé dressé en 1740.
— *Almanach de Beauvais* pour les années, 1772, 1773 et 1775.
— Les neuf Doyennés sont indiqués, sans les Archidiaconés, sur la carte du diocèse par N. Sanson (1657 et 1741). Les uns et les autres sont inscrits sur celle de Delisle (1710).

Les noms de ces Doyennés ont tous une origine fort reculée : les deux premiers sont empruntés à deux régions naturelles qui étaient séparées par le Thérain ; les autres sont ceux de localités mentionnées dans les plus anciens titres ; quelques-uns de ces noms remontent au VIᵉ siècle. Les Doyennés se retrouvent presque tous mentionnés dans les titres des cartulaires de la cathédrale de Beauvais dès les XIᵉ, XIIᵉ et XIIIᵉ siècles, antérieurement aux pouillés.

Le *Dec. de Monciaro* paraît en 1130 (Louvet, I, p. 101). Le *Dec. de Colduno* vers 1245 (*N. Gall. christ*, IX, col. 369). Il en est de même des autres. Toutefois, il faut bien distinguer des Doyennés ruraux les Doyennés monastiques, dont on voit de nombreuses indications dans les actes des XIIᵉ et XIIIᵉ siècles [1].

Voici quelques autres indications concernant les Doyennés du diocèse de Beauvais.

En 1405, dans un synode des Doyens ruraux réunis sous la présidence de l'Archidiacre de Beauvais, furent réglés les privilèges des Archidiacres à l'inhumation des Doyens ruraux ; ils furent égalés à ceux que les Doyens avaient eux-mêmes aux obsèques des curés de leurs Doyennés respectifs [2].

Dans cette délibération fut invoquée une enquête faite à ce sujet sous l'épiscopat de Milon de Dormans (1376-1387).

Dans le synode de 1405, on voit une preuve que le titre de Doyen pouvait être attribué à un curé de paroisse différente de celle du chef-lieu nominal du Doyenné : ainsi, un curé d'Haudivillers était depuis plus de trente ans Doyen de Breteuil.

Cet usage existait encore en 1788. On trouve en effet dans le pouillé publié par M. l'abbé Delettre [3], les indications suivantes :

Le Doyen de Bray était curé du St-Quentin des Prés ;
Le Doyen de Montagne était curé de Lihus ;
Le Doyen de Beaumont était curé de ce même lieu ;

---

1. On voit dans le Cartulaire de l'abbaye de Beaupré, analysé par M. Cocheris (*Catal. des mss., concernant la Picardie*, Soc. Ant. de Pic., t. IV, p. 276 à 326) : — les *Dec. de Praieris* (a. 1236) ; — *Dec. de Bosren* (a. 1219) ; — *Dec. de Nongento* (u. 1222) ; — *Dec. de Odorio* (a. 1221).
2. Delettre, *Hist. du dioc. de Beauvais*, t. II, p. 521.
3. *Ibid.*, t. I, p. 87 et suiv.

Le Doyen de Mouchy était curé du Fay-St-Quentin ;
Le Doyen de Clermont était curé du même lieu ;
Le Doyen de Pont était curé de Verderonne ;
Le Doyen de Coudun était curé de Longueil-Ste-Marie ;
Le Doyen de Ressons était curé de Montigny ;
Le Doyen de Breteuil était curé de Sains.

Tous les statuts synodaux du diocèse de Beauvais, promulgués pendant le XVI⁰ et le XVII⁰ siècle et qui le plus souvent sont renouvelés de statuts antérieurs, présentent des instructions sur la conduite, les devoirs, les fonctions et les priviléges des Doyens ruraux [1]. Les statuts rendus en 1554 par l'évêque Odet de Châtillon, qui plus tard abandonna l'Église catholique pour la Réforme, renferment sur les Doyens les prescriptions les plus détaillées. Il en est fait aussi mention dans les synodes des années 1646. — 1663. — 1664. — 1668. — 1675. — 1687. — 1699 [2].

Malgré la certitude et l'ancienneté de cette distinction de neuf Doyennés ruraux, Adr. de Valois [3] a prétendu que le diocèse de Beauvais était partagé en neuf Archidiaconés. Il en donne les noms, qui sont les mêmes et dans le même ordre que ceux des Doyennés. Contrairement à son habitude de critique sûre et consciencieuse, Valois, qui appuie toujours ses assertions sur l'autorité de textes originaux, n'en cite point en preuve d'un fait qui serait unique dans la géographie ecclésiastique de la Gaule, à savoir la division d'un diocèse en un aussi grand nombre d'Archidiaconés sans aucuns Doyennés ruraux. Il ne s'en réfère qu'à l'autorité de L'Oisel (*Oiselius*), son contemporain.

Je crois avoir reconnu la source de cette erreur, qui me paraît évidente. Le savant avocat, Ant. L'Oisel, auteur de l'un des meilleurs et des plus anciens ouvrages sur l'histoire de Beauvais [4], indique, en effet, en ces termes les divisions territoriales du diocèse :

« .... Il y a 370 villages et paroisses, et plusieurs autres qui ont esté érigées depuis : lesquelles sont divisées en neuf *Archediaconez ou Doyennez ruraux*, dont le premier est celui du pays de Bray, possédé par les Anglois lorsqu'ils tenoient la Normandie, et sur eux reconquis par le Roy Philippes-Auguste, en l'an 1202.... »

L'Oisel énumère ensuite, sous leurs noms français, les autres Doyennés dans l'ordre des pouillés, indiqué ci-dessus, et sans

---

1. *Actes de la Prov. eccl. de Reims*, t. III, p. 119 à 149. Voir surtout p. 146 Ces statuts furent aussi publiés à part en 1554 sous le titre de *Constitutiones synodales Civit. et diœces. Belvac.*

2. *Id.*, t. IV, p. 117. — 257. — 260. — 274 — 276. — 354. — 492. — 623. — Les statuts décrétés en 1646 par l'évêque Augustin Potier ont été aussi publiés à part ; il y en a eu plusieurs éditions.

3. *Notit. Gall.* (1675), p. 80.

4. *Beauvais, ou Mémoires des pays, villes, évesché, évesques, comté, comtes, pairrie, commune et personnes de renom de Beauvais et du Beauvoisis.* In-4°. 1617, p. 10.

donner à aucun d'eux d'autre qualification que celle de Doyenné. Il indique le nombre de paroisses, et ce sont ces nombres et ces noms que Valois a textuellement reproduits, en leur donnant une forme latine, mais en supprimant un des deux termes, celui de *Decanatus*.

Cette erreur de Valois a été reproduite plusieurs fois, et entre autres par un des savants de Belgique dont l'érudition était presque comparable à celle de Valois, par le P. Gbesquières, mais uniquement d'après l'autorité de celui-ci [1].

Toutefois, les deux divisions décanale et archidiaconale ont existé simultanément dans le diocèse de Beauvais [2]. On en retrouve les traces dès le xie siècle, mais non point comme Valois l'avait énoncé. Les neuf Doyennés ruraux qu'il donne comme Archidiaconés étaient, de temps immémorial, qualifiés de Doyennés ruraux, tandis que les fonctions archidiaconales sur des territoires distincts, embrassant chacun plusieurs des Doyennés, ne furent confiées aussi anciennement qu'à deux, puis à trois des membres du Chapitre de la cathédrale.

Les divisions archidiaconales ont plus varié que les divisions décanales; nous allons voir comment. Voici d'abord la division qui se présente le plus habituellement et qui est indiquée dans plusieurs pouillés, ou d'après des pouillés, par des historiens du diocèse. La liste suivante est tirée de la taxe des décimes, fixée en 1580 dans l'assemblée du clergé à Moulins, et dont la portion relative au diocèse de Beauvais a été publiée textuellement dans l'ouvrage de Louvet, où elle forme un pouillé très-complet [3].

Elle se retrouve dans le *Catalogus Beneficiorum, in Civit. et diœc. Bellov.*, publié en 1613.

Archidiaconé de Bray; uni, un peu avant 1100, au Décanat du Chapitre de la cathédrale.
    Doyenné de Beauvais.
     —   Bray.
     —   Montagne.
Archidiaconé de Clermont (ou le *Grand Archidiac.*, l'*Archid. de Beauvais*).
    Doyenné de Beaumont.
     —   Moncy-le-Châtel (Mouchy).
     —   Clermont.
Archidiaconé de Breteuil (ou *Archid. de Beauvoisis*).
    Doyenné de Pont-Sainte-Maxence.
     —   Coudun.
     —   Ressons.
     —   Breteuil.

Cette division en trois Archidiaconés a été reproduite dans le pouillé du diocèse de Beauvais publié par Alliot en 1648 (volume contenant

---

1. *Acta. SS. Belgii*, t: IV, p. 256.
2. (a. 114).... *In manu Decani de cujus Archidiaconatu erat.* (Ch. cité par Louvet, t. I, p. 58). — Les statuts d'Hincmar (a. 852), s'appliquent d'ailleurs aux *Decani* de tous les diocèses de Reims.
3. *Histoire et antiquités du païs de Beauvoisis*, 1631, t. I, p. 39 et suiv.

la Province ecclésiastique de Reims) ;— en 1751, par les auteurs de la *N. Gallia christ.*, t. IX, p. 690 ; — en 1755, par dom Vaïssette dans sa *Géographie historique*, t. II, p. 429.

On la retrouve dans les États de paroisses publiés pendant le XVIIIᵉ siècle. M. l'abbé Delettre l'a reproduite dans son *Histoire du diocèse de Beauvais* (t. I, 1842).

Son origine est beaucoup plus ancienne. Elle paraît même être fort antérieure au XIᵉ siècle [1]. Elle est indiquée dans les plus anciens cartulaires de l'Église de Beauvais.

Les noms de ces trois Archidiaconés ont varié, mais non l'étendue de leurs territoires.

On les voit tous trois, dans le pouillé de 1561, dressé sur des documents plus anciens [2], figurer au nombre des six dignitaires du Chapitre :

Decanus..... et Archidiacon. annex.

Archidiaconatus Belv.

Archidiaconatus de Bellovacino.

L'Archidiaconé de Bray ne paraît pas avoir changé de nom ; celui de Clermont paraît avoir été nommé primitivement le Grand Archidiaconé (*Archidiac. major*) ; puis Archid. de Beauvais. C'est ce que l'on voit dans le pouillé de 1561 et ailleurs.

L'Archidiac. de Breteuil fut aussi appelé Archid. de Beauvoisis (*Archid. de Bellovacino*). C'est sous ce nom qu'il figure dans le même pouillé de 1561 ; mais il conserva simultanément, ou reprit peu de temps après, celui de Breteuil, car il est ainsi désigné dans les pouillés et les États du XVIIᵉ et du XVIIIᵉ siècles.

Cependant l'État ecclésiastique de Beauvais pour les années 1772 et 1775 les désigne ainsi :

1° Archidiac. de Bray, uni au Doyenné de l'Égl. cathédrale.

2° Grand Archidiac.

3° Archidiac. de Beauvoisis.

L'un d'eux, réuni aux fonctions de Doyen du Chapitre de la cathédrale vers la fin du XIᵉ siècle, ne figure le plus souvent dans les chartes que sous son titre de Doyen.

La plus ancienne mention que je connaisse des trois Archidiaconés est du milieu du XIᵉ siècle. Elle se trouve dans une donation de l'évêque Drogon, nommé aussi Druon, à l'abbaye de S.-Lucien. Les trois Archidiaconés de cette époque reculée sont ceux de Bray, de Clermont et de Breteuil [3]. Dans la plus grande partie des titres postérieurs on n'en voit figurer que deux parmi les signataires, en même temps que le Doyen du Chapitre. C'est ce qu'on remarque dans

---

1. Telle est aussi l'opinion de M. l'abbé Delettre : *Hist. du dioc. de Beauvais*, t. I, p. 16.

2. *Le Grand pouillé* d'Alliot, 1626, p. 208.

3. Charte publiée par Louvet, *Hist. et antiq. du dioc. de Beauvais*, t. II, p. 190. Drogon, rédacteur de cette charte, fut évêque de 1033 à 1058.

des chartes des années suivantes : 1072, — 1079, — 1097, — 1126, — 1132, — 1148, — 1161, — 1164 ; chartes reproduites par Louvet[1].

Si les trois Archidiacres ne figurent pas habituellement dans les chartes, cela provient surtout de la réunion qui eut lieu en 1099 (ou 1096 selon le *N. Gall. chr.*) des droits et des priviléges inhérents à l'un des anciens territoires archidiaconaux, celui du pays de Bray, au titre de doyen du Chapitre de la cathédrale.

Cette adjonction fut l'une des concessions graves et nombreuses que l'évêque Ansel se vit obligé de faire à son puissant et illustre Chapitre et parmi lesquelles figure le droit d'excommunication[2].

Elle eut pour résultat de placer dans le ressort du Doyen capitulaire non-seulement toutes les paroisses de la ville de Beauvais et de la banlieue, qui constituèrent un des trois Doyennés de l'Archidiaconé de Bray, mais elle permit au Chapitre d'exercer ses nouveaux droits sur un territoire qui formait au moins le tiers du diocèse. Toutefois, le nouveau titulaire, membre du Chapitre, conserva son titre de Doyen comme étant supérieur à ceux des deux autres Archidiacres, et l'Archidiaconé est souvent désigné sous le titre d'*Archidiaconatus Decani*[3], de même que le titulaire est dit : *Decanus Eccl. Belvac., qui est Archidiac. presbyt. Civitatis.*

Les luttes de juridiction se renouvelèrent très-fréquemment pour l'exercice réciproque des droits de l'Évêque et du Chapitre représenté par son Doyen.

Un des articles du compromis qui eut lieu sous l'épiscopat de Philippe de Dreux[4] autorise l'évêque à désigner un *Archidiaconatus Decani*, Doyen rural qui exercerait ses fonctions sur les paroisses en dehors de la ville, et prêterait serment, à la fois, à l'Évêque et au Doyen, tandis que le Doyen-Archidiacre conserverait son autorité exclusive sur celles de la ville. L'official du Chapitre portait le titre de *Vice-Archidiaconus.*

Nous verrons de nombreux exemples d'attributions analogues dans les diocèses de Cologne et de Mayence.

Il est difficile d'expliquer pourquoi, après cette assignation, l'Archidiaconé *Major* ou Archid. de Clermont a pu être désigné sous le nom d'Archid. de Beauvais, *Arch. Belvaci*, tandis que les paroisses de la ville relevaient de l'Archidiaconé de Bray.

Malgré ces difficultés, on peut reconnaître que les trois divisions archidiaconales correspondaient à peu près aux trois grandes régions physiques et politiques dont il a été précédemment question, sans que les noms puissent faire reconnaître des délimitations absolues.

---

1. *Hist. de Beauvais*, t. I, p. 695, 394, 395, 290, 502 Cet historien a inséré dans son récit le texte d'un grand nombre de chartes originales, aujourd'hui inconnues.

2. *N. Gall. christ.*, t IX. *Instr.*, col. 247, — 248, — 249, — 251, — 265.

3. Louvet, *Hist.*, t. I, p. 328 et suiv. — Pouillé d'Alliot, p. de Beauvais, 1648, p. 2. — *N. Gall. chr.*, t. IX, p. 694.

4. Louvet, *ibid.*, p. 330, rapporte une transaction entre l'un des plus illustres évêques du diocèse, Philippe de Dreux (1176-1217), et le Doyen-Archidiacre.

L'Archidiaconé de Bray comprenait la partie de cette même région contenue dans les limites du diocèse de Beauvais. L'Archidiaconé de Breteuil représentait le *pagus Bellovacensis*, ou Beauvoisis proprement dit, dont il portait aussi le nom, en y comprenant le p. *Rossontensis* et le p. *Vindoilisus*, ou Vendeuillois, qui en étaient des subdivisions. Enfin l'Archidiaconé de Clermont qui, outre le *pagus Camliacensis*, ou Chambliois, division considérable sous les deux premières races, et remplacé au XII° siècle par le comté de Beaumont, comprenait les territoires également anciens dont Monchy-le-Châtel et Clermont étaient le centre.

Toutefois les analogies des Doyennés avec les petits *pagi* étaient peut-être encore plus complètes.

Le *pagus Vindoilisus* était représenté par le Doyenné de Breteuil.

Les deux Doyennés de Ressons et de Coudun correspondaient au *pagus Rossontensis*, dont l'existence est constatée dès le VI° siècle.

Le Doyenné de Beaumont embrassait les limites du *pagus Camliacensis* et était lui-même, comme nous l'avons vu, chef-lieu d'un des territoires féodaux les plus importants [1].

Le tableau suivant présente l'état du diocèse de Beauvais, en 1630 [2].

Archidiaconés.	Doyennés.	Collégiales.	Cures.	Vicairies.	Chapellenies.	Abbayes.	Prieurés.	Couvents.
I. BRAY.	Beauvais.....	6	43	0	85	0	0	6
	Bray.........	1	44	8	14	3	2	0
	Montagne.....	0	2	11	6	3	1	0
II. CLERMONT ou BEAUVAIS.	Beaumont....	3	42	11	30	1	10	2
	Mouchy.......	1	49	6	24	3	3	0
	Clermont.....	4	34	1	38	0	8	4
III. BRETEUIL ou BEAUVOISIS.	Pont.........	0	51	2	24	1	13	0
	Coudun.......	1	34	1	26	1	3	0
	Ressons......	0	37	2	14	1	3	0
	Breteuil......	0	44	2	19	2	5	3
3.	10.	16	400	44	280	15	48	15

1. M. Graves (*Statist. du canton de Beauvais*, 1855), qui avait fait du Beauvoisis une étude si approfondie, a signalé aussi ces relations que Dom Grenier avait, le premier, remarquées.

2. *Hist. du diocèse de Beauvais*, par M. l'abbé Delettre, 1842, t. I, p. 82.

Le nombre des paroisses, etc., a varié à différentes époques.

En 1630 : 400 cures, 44 vicairies, 180 chapellenies, 16 collégial 15 abbayes.

En 1643 : 480 cures et succursales, 530 chapelles, 11 Cha 14 abbayes, 92 prieurés, 23 maladreries.

En 1788 : 400 cures, 92 vicariats, 280 chapelles, 16 collégiales, 15 bayes, 15 couvents, 55 prieurés.

Chapitres et Abbayes du diocèse de Beauvais [1].

Chapitres.

Capitulum Belvacense. Chapitre ou collégiale de la cathédrale Beauvais.

Capitula S. Mariæ. — *SS. Laurentii.* — *Nicholai.* — *Bartholomæ* —*Vedasti.* — *Michaelis, in civitate vel diocesi.* Chapitres de Saint Marie (1135), — de S. Laurent, — de S. Nicolas (1078), — de St Barthélemy (1037), — de S. Vaast (1070), — de S. Michel (av. le IXᵉ s.)

Capitulum Gelborodense. Chapitre de Gerberoy (992).

Capitulum de Monciaco. Chapitre de Mouchy.

Capitulum de Merloto. Chapitre de Mello.

Capitulum de Claromonte. Chapitre de Clermont.

Capitulum de Credolio. Chapitre de Creil.

Abbayes.

Abb. S. Luciani Belvacensis, abb. S.-Lucien près Beauvais. VIᵉ s. . . . . , ...
Abb. S. Symphoriani Belvacensis, S.-Symphorien près Beauvais, f. en 1035 . . . . . .
Abb. S. Geremari de Flagiaco, S.-Germer de Flaix, f. en 650 ou 661 . . . .
Ab. S. Mariæ in Britolio, abb. N.-D. de Breteuil, f. en 1030 . . . .

Ordinis S. Benedicti (O. de S.-Benoît.)

Abb. S. Quintini Belvacensis, S.-Quentin-lès-Beauvais, f. en 1064. . . . .
Abb. S. Martini in Bosco (vel Ruricurtensis.), abb. S.-Martin-au-Bois, ou de Ruricourt, f. vers 1100. . . . .

Ordinis S. Augustini (O. de S.-Augustin.)

1. Cette liste a été dressée en 1831 ; elle a été publiée par M. Varin, *Archives administr. de la ville de Reims*, t. II, p. 635, d'après un document officiel du 12 janvier 1331. J'y ai ajouté les noms français, les dates, la situation des abbayes et plusieurs Chapitres omis.

Abb. de Belloprato, Beaupré-sur-Terrain, f. en 1135......................

Abb. de Alneto, Lannoy, ou Aulnoy, f. en 1134-1137, nommée aussi de Briostel..

Abb. de Regalimonte, Royaumont, à 1 l. de Beaumont, f. en 1227 (d'abord nommée Cuymont)........................

Abb. de Frigidomonte, Froidmont, ou Fremont, f. en 1134 .... } Cisterciensis ordinis. (O. de Citeaux.)

Abb. S. Justi, S. Just, à 2 l. de Clermont, entre Beauvais et Compiègne, f. en 1079.....

Abbat. S. Justi prope Belvacum, S.-Just, 1572 .... } Praemonstratensis ordinis. (O. de Prémontré.)

Une seule abbaye de femmes figurait dans le document de 1331; j'en ajoute ci-dessous plusieurs autres, d'après le N. Gall. chr. et d'après l'État des Bénéfices.

Abb. S. Pauli Bellovacensis, S.-Paul en Beauvoisis, f. au XIe siècle, à 1 l. O. de Beauvais........................ } O. de S.-Benoît.

Abb. de Monchiaco petroso, Mouchy-le-Perreux, ou M.-Humières, à 3 l. de Compiègne, f. en 1238....................

Abb. de Pente Monte, ou Partus Mons, Panthemont ou Penthemont, f. en 1218. Red. en prieuré d'hommes près de Beauvais; en 1483, depuis redev. abb. de femmes..... } O. de Citeaux.

Moncellum. Moncel, près Pont-Sainte-Maxence, f. vers 1309.................. } O. de Sainte-Claire.

Sources o. la géographie et de l'histoire ecclésiastiques du diocèse de Beauvais.

Cartes du diocèse.

La carte de la Belgica Secunda de N. Sanson (1661, in-fol.), présente les Archidiaconés et les Doyennés ruraux du diocèse de Beauvais.

Le diocèse de Beauvais est compris dans chacune des deux cartes de la Provincia eccl. Remensis ; — pars septent. — id., pars orientalis, par Nolin, qui font partie du N. Gallia christ., t. IX et X, 1751, in-f. Les divisions territoriales n'y sont point indiquées, non plus que dans les deux cartes suivantes.

Cartes de l'Archev. de Reims par Bailleuil. (T. II, de l'État des Bénéfices par D. Beaunier, 1748.)

Carte hist. et eccl. de la Picardie, par M. P. Roger 1 f. gr. in-f., 1843.

Le diocèse de Beauvais est réuni à celui de Senlis dans les cartes diocésaines de N. Sanson, sous ce titre :

Bellovaci et Silvanectes. — *Les Éveschés de Beauvais et Senlis.* — *Comté et Pairie de Beauvais.* — *Les Bailliages de Beauvais, Clermont et Senlis.* — *Les Élections de Beauvais, Clermont, Senlis Compiègne,* par N. Sanson d'Abbeville, géogr. ord. de S. M. — 1 f. in-fol. Paris, 1657.

Id., 1665 (édit. de Mariette). — 1666. — 1667. — 1741 (édit. de Robert.)

La carte la meilleure et la plus complète de ce diocèse est celle de de L'Isle, intitulée :

Carte du diocèse de Beauvais, dressée sur les mémoires de M. Le Scel-lier, conseiller du Roy, secrétaire de la Cour, par Guillaume de L'Isle, de l'Acad. roy. des sciences. Paris et Beauvais, 1710, gr. in-fol. — On y voit très-nettement indiquées les divisions archidiaconales et décanales. Je n'en connais qu'une seule édition.

A ces cartes diocésaines il faut ajouter les cartes suivantes qui ne concernent que le Beauvoisis, au point de vue politique.

Cartes du Beauvoisis.

Description du Beauvoisis (sic)*, dessigné par Damien de Temple ux, escuier, Sr de Frestoy.* S. d., mais de la fin du XVIe siècle, ou du commencement du XVIIe. Jean Le Clerc excudit. 1 f. pet. in-fol. A la partie supérieure de la carte, vers la gauche, on lit :

« Le pais de Beauuoisis se peult ainsi dire à cause de la quantité de belles vallées qui s'y trouvent, entre lesquelles la vallée de Beauvais et celle de Cleremont. Les principales villes sont plaisantes et spacieuses, accompagnées de belles maisons, oultre celles qui se trouvent par les campaignes. Et est le dict Beauvoisis borné de quatre rivières, scavoir, Oyse, Seinne, Ette et Aronde ; en y com- prenant le Vexin pour estre ressortissant de la ville de Beauvais, à cause du présidial qui a esté érigé. Et faict le dict pais de Beauvoisis partie du gouvernement de l'Isle de France. Dessigné par Da- mien, etc. »

Le cartouche qui renferme cette inscription est en style de la Re- naissance.

— *Id.,* Paris, Le Clerc.

— *Comitatus Bellovacum.* Vernaculé *Beauvais.* — Amstelodami, apud G. et J. Blaeu. 1 f. in-fol. (Atlas de Blaeu.)

La gravure, les lettres et l'échelle sont différentes de la carte de Damien de Templeux ; mais elle me paraît avoir été copiée sur celle- ci, dont on a seulement augmenté les dimensions. Le cartouche de l'inscription est ovale ; à gauche vers le bas de la carte est figuré un personnage debout, tenant une toise verticale sur laquelle on lit : *Mil- liaria Gallica communia.*

— *Beauvoisis.* — *Comitatus Bellovacium.* — Amstelod. — Judoc. Hondius, excudit. 1 f. in-fol. L'écu de France dans une couronne est au- dessous d'un cartouche carré. Un compas ouvert dans le bas à gauche.

— *Id.,* dans l'Atlas de Mercator et de Hondius, dont la dédicace est de 1609.

— La même, sans le nom de Hondius, dans l'édit. qu'il donna en 1609, à Amsterdam, de l'Atlas de Mercator.

Elle se trouve aussi dans le *Theatrum universæ Galliæ* de J. Jansson, publié à Amsterdam en 1633, in-fol.

Ces deux cartes sont sur la même échelle que les précédentes.

— *Carte du Beauvoisis.* A Paris, chez N. Langlois, 1665. 1 f. in-fol. (gravure et cartouche différents).

— *Comté de Beauvais*, par Nicolas Sanson. Paris, 1657.—*Id.*, 1665. — *Id.*, 1667. 1 f. in-fol.

— *Comté de Beauvais*, par De L'Isle. Paris, 1710, in-fol.

Le Beauvaisis figure dans la plupart des cartes de Picardie et aussi dans celles de l'Isle de France et de la Généralité de Paris. (Cartes de Jaillot et de De L'Isle.) Voir les notes des diocèses de Paris, de Soissons, de Noyon, de Senlis et d'Amiens.

Pouillés.

Le nombre des pouillés du diocèse de Beauvais est considérable; j'en ai déjà indiqué les plus importants, en parlant des divisions en Doyennés et Archidiaconés. Les plus anciens, ceux qui ont été rédigés en latin, présentent isolément chacune de ces circonscriptions. Dans les plus modernes rédigés en français, les Doyennés sont ordinairement distribués dans chacun des Archidiaconés. Il en a été publié plusieurs suivant l'un et l'autre système.

Louvet [1] (t. I, p. 268, et dans d'autres passages) fait mention « des anciens Pouliers et Registres des Bénéfices de l'évesché de Beauvais, ainsi que de plusieurs anciens cayers, tiltres, cartulaires du Beauvaisis, surtout des cartulaires de S.-Pierre, obituaires de S.-Lucien et d'autres églises et abbayes, » desquels il a extrait les nombreuses chartes qui sont intercalées dans son récit.

T. I, p. 106 : il parle d'une taxe établie, *secundum antiqua Registra.*

— *Id.*, p. 124 : *Libri antiqui beneficiorum.*

— *Id.*, p. 335 : il cite les *Registres du Chapitre*, etc.

Louvet a publié (t. I, p. 41 à 144) un véritable pouillé, le plus authentique de tous ceux qui ont été rédigés en français. Sans altérer les documents originaux qui ont servi de base à son travail, il rappelle plusieurs autres documents antérieurs de même nature et, en particulier, un règlement des Taxes de décimes apostoliques, fixées à Avignon en 1379 par le pape Urbain V. Il les publie textuellement (p. 35) et les complète par d'autres règlements du xve et du xvie siècle, émanés aussi du souverain pontife et fixant les décimes royaux à levor sur les bénéfices ecclésiastiques. Le pouillé publié par Louvet est, suivant ses expressions : *un extrait du département* (des décimes) *fait en l'Assemblée du clergé à Moulins en l'an* 1580, *sur lequel on a imposé jusques en l'an* 1622.

Ce pouillé est complet; les taxes papale, royale et les patrons

---

1. *Hist. et antiq. du pays de Beauvaisis*, 1630-35, 2 vol. in-8°.

(ou collateurs) sont indiqués pour chacune des paroisses, qui sont distribuées suivant l'ordre des Doyennés ruraux.

— Un autre pouillé, également précieux, dont l'origine me paraît, au moins, aussi ancienne et qui est rédigé entièrement en latin, est le pouillé inséré par Alliot dans le *Grand Pouillé des Bénéfices de la France* (1626, in-8, p. 171 à 215), sous ce titre:

Beneficia in civitate et diocesi Belvacensi existentia, taxata ad decimam et non etiam taxata.

La rédaction dernière est postérieure à l'année 1569, ainsi que l'atteste un passage (p. 202) dans lequel le greffier de la Cour ecclésiastique de Beauvais, nommé Pelle, certifie avoir enregistré au pouillé une chapelle nouvellement fondée par le Doyen de l'Église de Beauvais, dans la paroisse de Vendeuil. Mais il est évident que l'ensemble de ce document a une origine plus ancienne, ou tout au moins a été rédigé sur des documents bien antérieurs au XVIᵉ siècle.

C'est ce qu'indique cet autre passage, p. 184 : « Capella de Liz valet X « l. Episcopus debet conferre, secundum *Antiquum Registrum*, sed de « novo per inquestam de voluntate Episcopi Capitulum Belvac. pleno « jure confert. » Ce même passage se trouve en d'autres termes dans le pouillé publié par Louvet, que j'ai cité ci-dessus et qui est néanmoins essentiellement différent. Le montant des taxes n'est pas généralement indiqué dans le pouillé imprimé en 1626, comme dans le pouillé de 1580.

— Le pouillé ms. de la Bibl. imp., nᵒ 5218 (in-4 pap.), écrit au commencement du XVIIᵉ siècle, 1 vol. in-fol. p. 97 : *Liste des Bénéfices du diocèse de Beauvais*, me paraît être identique avec celui du greffier Pelle. L'assiette des décimes du diocèse nécessitait de temps en temps une révision des listes de tous les établissements ecclésiastiques. — C'est ce même pouillé, sauf quelques modifications, qui a été publié en 1613 d'abord, sous ce titre : *Catalogus Benefic. in Civit. et Dioc. Belvac. existentium*, puis en 1626 et en 1631. Paris, 1 vol. in-8.

— Un dénombrement du diocèse présenté au roi par l'évêque Jean de Bar en 1465, l'année même de sa nomination, est indiqué par Louvet (t. II, p. 298). Si ce manuscrit se retrouvait dans les archives ecclésiastiques de Beauvais, ce serait un document statistique à date certaine, utile à consulter et à comparer aux pouillés imprimés.

— C'est dans un système et d'après des éléments différents de ceux indiqués ci-dessus que fut rédigé le pouillé des *Bénéfices du diocèse de Beauvais*, inséré dans le *Pouillé général de l'Archevêché de Reims* publié à Paris en 1648 (in-4), par le libraire G. Alliot, d'après les mémoires dressés dans tout le royaume conformément aux instructions de l'assemblée du clergé tenue à Mantes en 1641.

Dans ce pouillé les paroisses des Doyennés sont distribuées selon l'ordre des Archidiaconés. On y trouve l'indication des collateurs, quelquefois celle des patrons, mais sans nulle mention de revenus. Il y a des chapitres distincts pour les abbayes, les prieurés, les maladreries,

et dès listes particulières des bénéfices dépendant des abbayes de
S.-Lucien et de S.-Quentin de Beauvais et du Chapitre de Gerberoy.

— Trois autres pouillés mss. existent à la Bibl. imp.; savoir : n° 9364
de l'ancien fonds latin ; — le pouillé inséré dans le t. XVII, A, de la
collection des pouillés mss. recueillis par Fontette; — le n° 879, fonds
S. G., t. II, f. 504; mais ils n'ajoutent rien à ceux qui viennent d'être
indiqués.

— Un ms. du xvii° siècle de la Bibl. Mazarine, n° 2372, déjà signalé
par M. Cocheris (Catal. des mss. sur la Picardie, n° 164), contient,
outre de nombreux documents sur les abbayes et les églises, une
liste des cures des Doyennés de ce diocèse, p. 157 à 171.

— Le pouillé de 1740, qui fait partie de la collection de dom Grenier,
t. LXXVIII, f. 251 (ancien 12° paquet, 5° liasse) présente sur autant de
colonnes distinctes les renseignements suivants : paroisses et ha-
meaux ; — patrons ou collateurs ; — communiants ; — Doyennés dont
dépendent les paroisses ; — revenus. Si tous ces renseignements y
étaient complets, ce serait une statistique précieuse du diocèse de
Beauvais au xviii° siècle.

— C'est à cette même époque et un peu plus tard qu'ont été insérées
dans l'*Almanach de Beauvais et du Beauvaisis*, surtout pour les années 1772, 1773 et 1775, des sortes de pouillés incomplets, ou des listes
des paroisses du diocèse distribuées selon l'ordre des Doyennés ruraux. Les volumes des années 1765 à 1771 contiennent des États ecclésiastiques de chaque ville et des éphémérides historiques.

— Le plus complet de ces pouillés du xviii° siècle est aussi le plus
moderne ; il a été inséré par M. l'abbé Deleure, vicaire général de
l'évêché, dans son *Histoire du diocèse de Beauvais*, t. I (1842), p. 87
à 107. Les noms des collateurs et les taxes des bénéfices n'y ont pas
été reproduits. Peu d'années après la rédaction de cette liste, qui est
sans doute la dernière dressée pour l'ancien diocèse de Beauvais,
bénéfices et collateurs devaient disparaître à jamais.

*Sources de la géographie et de l'histoire ecclésiastiques du diocèse
de Beauvais, autres que les Pouillés et les cartes.*

Les ouvrages propres à éclairer l'histoire générale de ce diocèse
et celle de ses établissements religieux, sont nombreux, variés, et
généralement dignes d'une étude sérieuse, quoique avec des mérites
différents. Malgré le nombre de ceux qui ont été publiés, il en reste
encore presque autant d'inédits ; et ce sont, pour la plupart, des ouvrages de longue haleine, résultat de recherches sérieuses et longtemps prolongées dans les archives ecclésiastiques avant leur dis-
persion.

Le département de l'Oise qui comprend, avec le diocèse de Noyon, la plus grande partie de l'ancien Beauvaisis, a été aussi le sujet des travaux de statistique les plus complets, les plus exacts et les plus consciencieux (ceux de M. Graves) qu'on ait entrepris dans cette voie de recherches.

Ayant fait autrefois partie, en même temps, de la Picardie, comme ancienne province, et de l'Isle de France, comme Généralité et administration politique, le diocèse de Beauvais tient aussi une place importante dans les ouvrages historiques dont ces deux pays ont été l'objet.

Mais il est indispensable de se borner ici aux travaux qui concernent le plus directement le sujet de nos recherches. Je n'indiquerai pas de nouveau les ouvrages et dissertations, cités précédemment, sur des questions spéciales de géographie ou d'archéologie, tels que ceux relatifs au *Belgium*, à *Bratuspantium*, au grand Vicariat de Pontoise, et quelques autres d'un intérêt plus secondaire.

Au point de vue de l'histoire et de la topographie ecclésiastiques qui nous occupent plus spécialement, il convient donc de signaler d'abord les recueils généraux.

— *V. Gallia christ.*, t. II (1656), p. 370-406 : *Bellovacenses Episcopi et Comites, pares Franciæ.*

— *N. Gall. christ.*, t. IX (1751), col. 691 à 857. *Instrum.*, col. 239 à 280.

— D. Beaunier : *État des bénéfices.* Éd. de 1743, t. II, p. 613 à 624.

— Adr. de Valois : *Notit. Gall.* (1675). V. *Cæsaromagus.*

— *Libertates, immunitates et privilegia insignis Ecclesiæ cathedralis Bellovacensis*, 1614, in-8. Ce recueil est indiqué par Fontette (*Bibl. hist.*, n. 9674). Je ne le connais pas.

— Le plus ancien ouvrage sur Beauvais est plus curieux qu'utile : *Description du Beauvaisis*, par Jacques Grevin, médecin de Clermont ; à Paris, 1558, in-8.

Cette description est en vers ; elle se trouve dans le même volume qui contient *les Regrets de Charles d'Autriche*, etc. — Il en a été donné une édition à Beauvais en 1762, in-8.

— L'ouvrage qui peut fournir le plus de renseignements utiles sur l'histoire et la géographie ecclésiastiques de ce diocèse, est celui de P. Louvet. Il en existe plusieurs éditions.

Histoire de la ville ou cité de Beauvais et antiquitez du pais de Beauvaisis. Livre I, par Me Pierre Louvet, avocat en parlement et au bailliage et siége présidial de Beauvais ; Paris, 1609. — Rouen, 1614, in-8. La Ire partie est plus particulièrement consacrée à l'histoire ecclésiastique ; la IIe partie, publiée en 1614, contient plutôt l'histoire civile.

C'est surtout le premier de ces deux volumes qui fut remanié et considérablement augmenté dans l'ouvrage que P. Louvet publia un peu plus tard sous ce double titre :

Histoire et antiquitez du pais de Beauvaisis, t. I, 1631.

Histoire et antiquitez du diocèse de Beauvais, Beauvais, 1635; t. II. 2 vol. in-8 de 878 et 706 pages.

Cet ouvrage est principalement recommandable par le très-grand nombre de titres originaux qui s'y trouvent entremêlés aux récits et aux descriptions. Ces chartes étaient extraites des cartulaires de l'évêché, du Chapitre et des abbayes du diocèse. La plupart n'ont point été publiées ailleurs, et même on ne connaît plus quelques-uns des cartulaires d'où elles sont tirées. — L'auteur, né en 1569, est mort en 1646. — Il a aussi publié :

Nomenclator et chronologia rerum ecclesiasticarum diœcesis Belvacensis. Parisiis, 1613, in-8.

Coutumes de divers Bailliages, observées en Beauvaisis. Beauvais, 1616, in-4.

Ancienne remarque de la Noblesse Beauvaisienne et de plusieurs familles de France, 1er livre. Beauvais, 1640, in-8 (non terminé).

— L'ouvrage suivant est presque aussi important.

Beauvais, ou Mémoires des pays, villes, évesché, évesques, comté, comtes, pairrie, communes et personnes de renom de Beauvais en Beauvoisis, par M. Ant. L'Oisel[1], advocat au parlement. Paris, 1617, in-4, 367 pages.

L'auteur de cet ouvrage est plus célèbre et plus éclairé que P. Louvet. Son livre est écrit avec plus de critique et contient aussi un certain nombre de documents originaux, placés en preuves à la fin. Il était l'avocat des évêques de Beauvais. Né en 1536, il mourut en 1617. — Quoique cet ouvrage ait été publié après la 1re édition de l'*Histoire* de P. Louvet, il n'y en est point fait mention; de son côté, Louvet, dans sa seconde édition, ne cite point L'Oisel. Il devait exister une certaine rivalité entre ces deux historiens du Beauvaisis.

— *Supplément à l'Histoire du Beauvaisis,* par Denys Simon, conseiller au présidial de Beauvais. Paris, 1704, in-12.

Addition à l'Histoire du Beauvaisis, par le même. Paris, 1706, in-12.

Les ouvrages de Louvet, de L'Oisel et de Simon sont également indispensables à l'étude de l'Histoire ecclésiastique du diocèse de Beauvais.

— De tous les travaux historiques publiés récemment sur le pays correspondant au diocèse de Bauvais, celui qui en embrasse le plus complétement l'histoire ecclésiastique, dans toute l'étendue de son ancien territoire, est l'ouvrage suivant :

---

1. Le nom de cet illustre avocat est plus ordinairement écrit *Loisel,* ou *Loysel;* mais dans les titres des premières éditions de ses ouvrages il est écrit L'Oisel.

Histoire du diocèse de Beauvais depuis son établissement au III° *siècle jusqu'au 2 septembre* 1792, par l'abbé Delettre, vicaire général, doyen du Chapitre. Beauvais, 1842-1843; 3 vol. in-8.

C'est un ouvrage consciencieusement écrit d'après l'étude des sources et des travaux antérieurs. Il présente, suivant l'ordre chronologique, les biographies très-complètes des quatre-vingt-douze évêques qui se sont succédé sur le siége de Beauvais depuis S. Lucien jusqu'à Fr.-Jos. de La Rochefoucauld.

— Les deux ouvrages suivants, qui se font suite l'un à l'autre, ont un rapport beaucoup plus éloigné avec l'objet de mes recherches et concernent plutôt l'histoire politique. On peut reprocher au premier, dont l'auteur est mort fort jeune en laissant son livre inachevé, de nombreuses inexactitudes et peu d'impartialité.

Histoire politique, morale et religieuse de Beauvais, par Édouard de La Fontaine. Beauvais, 1840; 2 vol. in-8.

Cette histoire s'arrête à la fin du XIII° siècle.

Histoire de la ville de Beauvais depuis le XIV° *siècle,* par C. L. Doyen, pour faire suite à l'*Histoire politique, morale et religieuse* de M. E. de La Fontaine. Beauvais, 1842; 2 vol. in-8. Cette suite est bien supérieure à l'ouvrage qu'elle continue.

— La ville de Beauvais a été le sujet de plusieurs autres publications, parmi lesquelles on peut citer :

Notice historique et descriptive de l'église cathédrale de Saint-Pierre de Beauvais, par A. P. M. Gilbert. Beauvais, 1829; br. in-8.

Coup d'œil historique sur la ville de Beauvais, par M. Ernest Breton. Paris, 1841; br. in-8.

Notice sur la ville et le canton de Beauvais, par M. Tremblay. Beauvais, 1815; 1 vol. in-8.

Histoire de Beauvais et de Clermont, par M. Ch. Louandre, dans l'*Histoire des villes de France,* par M. Guilbert; t. II, 1845.

— Les ouvrages suivants, de M. Woillez et de M. Voillemier, concernant l'ensemble du diocèse, offrent beaucoup d'intérêt, les uns et les autres. Le premier est fort important pour l'histoire de l'architecture religieuse dans le nord de la France.

Archéologie des monuments religieux de l'ancien Beauvaisis pendant la métamorphose romane, par M. Woillez. Paris, 1839-1856; in-fol., 129 pl., avec une carte archéologique indiquant les abbayes et les prieurés.

Description de la cathédrale de Beauvais, par M. Woillez; 1 vol. in-fol. et aussi éd. in-4. Fig.

M. Woillez s'est aussi occupé d'une publication des sceaux du Beauvaisis, dont il existe des spécimens dans les archives du département de l'Oise.

Essai sur les monnaies de Beauvais depuis la période gauloise jusqu'à nos jours, par M. Voillemier. Beauvais, 1850 ; 10 pl. (Extrait des Mém. de la Soc. archéol. du dép. de l'Oise, t. III.)

Le Mémoire suivant est un utile complément de cet important mémoire.
Description d'une découverte de monnaies des évéques de Beauvais, par M. Ponthieux. Beauvais, 1859 ; br. in-8.

— Les portions du département de l'Oise qui dépendaient de l'ancien diocèse de Beauvais sont décrites dans deux ouvrages que j'ai plusieurs fois cités.

Description du département de l'Oise, par Cambry. Beauvais, 1803 ; 2 vol. in-8 et atlas in-fol.

Précis historique sur les cantons du département de l'Oise, par M. Graves (secrétaire général de cette préfecture). 34 volumes in-8.
Cet ouvrage, l'un des plus complets et des plus considérables qui aient été publiés sur aucun département, a été commencé en 1826 et terminé en 1856. La description de chacun des trente-quatre cantons forme une monographie publiée successivement chaque année dans l'Annuaire départemental. De 1826 à 1843, il en a paru vingt-neuf. Plusieurs annuaires contiennent chacun deux cantons. Après une suspension de six ans, cinq autres ont paru depuis 1850.
Ce même travail, non moins utile pour l'étude de l'histoire de l'archéologie que pour celle de l'histoire naturelle et des nombreux documents de la statistique générale, a été complété par une *Notice archéologique sur le département de l'Oise*, comprenant la liste et le plus souvent la description des monuments et des vestiges de toutes les époques dont on a constaté l'existence dans l'étendue de ce département. La 1re édition a paru en 1839. La seconde, beaucoup plus détaillée, est de 1856. Beauvais, in-8, 458 p.

Un *Essai sur la topographie géognostique du département de l'Oise* (1847), et un *Catalogue des plantes observées dans le département de l'Oise* (1857), complètent la série de travaux publiés par M. Graves sur ce département, avec un dévouement si éclairé et si infatigable, pendant plus de trente ans.

Entre autres histoires intéressantes pour l'étude du diocèse de Beauvais, on peut citer :

Histoire du château et de la ville de Gerberoy, de siècle en siècle, par Jean Pillet, chanoine de Gerberoy. Rouen et Beauvais, 1879 ; in-4.

Recherches historiques et critiques sur les anciens comtes de Beau-

né comme lui à Beauvais, où il mourut un peu plus tard, en 1699, a continué et annoté sa grande Histoire, et a pareillement laissé inédits des travaux presque aussi considérables. Fontette les a indiqués (*Bibl. hist.*, n° 34904) sous le titre de : *Mémoires sur l'histoire ecclésiastique et civile de la ville et du diocèse de Beauvais.* Ils ont été signalés sous le titre de *Recherches sur le Beauvoisis*, par feu M. Dupont-White[1]. Cet ouvrage, dit-il, forme de volumineux manuscrits pleins de documents curieux, de pièces inédites, d'appréciations aussi justes qu'approfondies. Il fait partie de la riche bibliothèque formée par feu M. Borel de Bretizel au château de Bachivillers, et conservée aussi par sa famille, comme celle de M. Le Caron. Selon Fontette, ces Mémoires, fort étendus et intéressants, étaient aussi passés entre les mains de MM. Danse, Borel et Bucquet, ainsi qu'une correspondance fort étendue de l'auteur avec Mabillon, Ruinart, Montfaucon, Baluze et d'autres savants contemporains. Il légua ses travaux historiques à son neveu Simon Tiersonnier, conseiller au présidial de Beauvais, qui les continua, mais ne les publia pas non plus. Les manuscrits de Tiersonnier sont conservés dans la bibliothèque de M. Borel de Bretizel. M. E. de Vadancourt, mort vers 1844, s'était occupé de rédiger une analyse des manuscrits d'Ét. de Nully, qui formait quatre volumes in-fol.

Un autre magistrat de Beauvais, M. Le Mareschal de Frécourt, avocat du roi au présidial, avait recueilli et analysé, vers le commencement du XVIII° siècle, les *Délibérations de l'hôtel de ville de Beauvais*, de 1402 à 1756. Fontette, qui fait connaître ce travail (*Bibl. hist.*, n° 34900), ajoute qu'il était passé entre les mains de M. Bucquet, gendre de M. Le Mareschal, procureur du roi à Beauvais.

Trois chanoines de Beauvais, Augustin Lecat, Pierre Gallopin et J. B. de Nully, frère d'Étienne, ont aussi, pendant le XVII° siècle continué d'ajouter, sous des points de vue différents, des matériaux utiles aux monuments élevés par leurs prédécesseurs à l'histoire du Beauvaisis. Lecat a laissé des *Mémoires sur les évêques et comtes de Beauvais* (1 vol. in-4, bibliothèque de M. Le Caron, qui les a beaucoup augmentés par ses annotations). Le chanoine Gallopin s'occupa surtout de recherches généalogiques, et J. B. de Nully continua jusqu'en 1708 le journal commencé par son père, Georges de Nully, en 1645.

En effet, le manuscrit original existe encore dans la bibliothèque Le Caron, et une copie, en un gros volume in-4, dans celle de M. Le Mareschal.

C'est en s'aidant du secours de ces matériaux manuscrits considérables, rassemblés et rédigés avec tant de patience et de savoir pendant plus d'un siècle, que trois autres érudits de la ville de Beauvais qui en avaient recueilli et partagé la possession, comme succession de famille, formèrent, pendant la seconde moitié du XVIII° siècle, l

---

1. *Mém. de la Soc. de l'Oise*, t. I, p. 21.

rojet de publier enfin une histoire générale du Beauvaisis. Ils auraient complété les travaux antérieurs par les résultats de leurs propres recherches.

Ces trois nouveaux associés pour un travail historique qu'il ne leur a pas été donné, davantage, de conduire à bonne fin, étaient :

M. G. C. Danse, chanoine de Beauvais, né en 1725, mort en 1806, petit-neveu de l'abbé Dubos;

M. L. J. B. Bucquet, procureur du roi au présidial de Beauvais, né en 1731, mort en 1801, auteur de plusieurs ouvrages de législation;

M. E. L. Borel, lieutenant général civil et criminel du bailliage de Beauvais, président du présidial, né en 1720, mort en 1797.

Ces trois savants beauvaisiens s'étaient partagé la besogne. Le premier avait surtout adopté l'étude des établissements et des monuments religieux, et celle des documents originaux qui pouvaient en éclaircir l'histoire et les questions archéologiques qui s'y rattachaient.

MM. Bucquet et Borel s'étaient plus particulièrement réservé les matières concernant les institutions civiles et l'histoire politique, tout en s'occupant avec le même zèle de l'étude des antiquités locales.

Ce concours si louable d'efforts désintéressés n'a cependant point eu plus de résultats que ceux de leurs prédécesseurs : la Révolution donna une direction différente, ou fut une entrave aux travaux des trois collaborateurs, qui moururent successivement de 1797 à 1806. Outre leurs annotations aux grandes histoires d'Hermant, de Lecat, de Nully, dont ils avaient rédigé de nouveau les deux premiers livres s'étendant jusqu'au milieu du XIᵉ siècle, sous le titre d'*Histoire du Beauvoisis, avec notes critiques et historiques* (1 vol. gr. in-fol., bibl. Le Caron), ils ont laissé deux ou trois mémoires d'archéologie gallo-romaine sur *Bratuspantium, Litanobriga, Curmiliaca* et *Petromantalum*[1].

Leurs manuscrits et les écrits antérieurs qu'ils avaient annotés ont été conservés précieusement; il faudrait aujourd'hui pouvoir les rendre utiles par la publicité, et compléter ainsi les ouvrages de L'Oisel de Louvet, de Simon et les histoires publiées de nos jours.

Quelques-uns existent dans la bibliothèque formée, au château de Bachivillers, par M. Borel de Bretizel; entre autres les Mémoires d'Et. de Nully et la copie, en quatre volumes in-fol. par le même chanoine, de nombreuses pièces ayant appartenu aux archives du Chapitre de la cathédrale. Un bien plus grand nombre se trouve dans celle de feu M. Le Caron de Troussures, mort en 1821, président du tribunal civil de Beauvais, et conservée par sa famille après lui. Neveu

---

1. Fontette, *Bibl. hist. de la France*, n° 34905. — M. Dupont-White, *Mém. de la Soc. acad. de l'Oise*, t. I. — M. Le Mareschal, Extr. d'un mém. sur les documents hist. relatifs au Beauvaisis (*Bull. de la Soc. des Antiq. de Picardie*, t. I, 1841, p. 34.)

Si l'on en juge par quelques lettres publiées dans ce recueil, et surtout par une lettre intéressante de l'abbé Danse, ces travaux présenteraient des renseignements fort utiles sur plusieurs questions d'archéologie qui sont encore étudiées aujourd'hui.

du chanoine Danse, parent par alliance de l'abbé Dubos, gendre
de M. Le Mareschal de Frécourt, M. Le Caron possédait les plus importants de ces manuscrits historiques, et, en outre, une portion très-
notable de la bibliothèque du Chapitre de Beauvais, qu'il avait preser-
vée de la destruction en 1793. Plusieurs de ces manuscrits ont été en
partie copiés et analysés par le bibliothécaire-archiviste de la Société
académique de l'Oise, M. Fabignon, mort en 1855. Les travaux et extraits qu'il a laissés ont été indiqués dans une notice sur sa vie par
M. Delacour[1]. Il est à désirer que tous ces documents, si précieux
pour l'histoire du diocèse de Beauvais, prennent définitivement place
dans quelque dépôt public où ils n'auraient plus à craindre une dis-
persion nouvelle.

Aux travaux historiques inédits concernant l'histoire du diocèse
de Beauvais, et qui ont été ci-dessus indiqués, on peut ajouter une
Histoire de l'abbaye royale de Saint-Lucien, près la ville de Beau-
vais, ms du XVIIe siècle, conservé à la Bibl impér., fonds Saint-
Germ. fr., n° 1871, ainsi qu'un grand nombre de pièces originales
signalées par M. Cocheris. (*Cat. des mss. sur la Picardie,* Ire partie,
1853, n°° 157 à 183.)

---

1. *Mém, de la Soc. acad. de l'Oise,* t. II, p. 619.

X. DIOCÈSE D'AMIENS.

CIVITAS AMBIANENSIUM.

(IIIᵉ siècle.)

2 ARCHIDIACONÉS; 17, PUIS 19, PUIS 21, PUIS 23, PUIS 26 DOYENNÉS RURAUX.

	Part. cent., orient. et sud-orient. du dioc. d'Amiens.	Picardie. — L'Amiénois. Pagus et comitatus Ambianensis.	Les Doyennés de Montdidier et de Roye faisaient partie du Santerre (Sanctera, Sana-terra).	
I. ARCHIDIACONATUS AMBIANENSIS, vel MAJOR ARCHID. Archidiac. d'Amiens, ou Grand Archid. ARCHIPRESBYTERATUS ECCLES. CATH. AMBIAN. Archiprêtré de la cathédrale.				Cb.-l. du dép. de la Somme.
1. DECANATUS DE MAILLIACO, vel DE MAILLACO. Doyenné de Mailly.	N. 31 par.			Canton d'Acheux, arr. de Doullens (Somme).
2. — DE FOLLIACO, DE FOILLOY, FOLLIACENSIS. Fouilloy, Foulloy.	E. 30 par.			Canton de Corbie, arr. d'Amiens (Somme).
3. — DE ENCRA, al. DE INCRA, DE ANCORA; postea DE ALBERTIS. Ancre, nommé depuis Albert. Saint-Germain d'Encre.	N.E. 37 par. 10 secours.			Albert. Ch.-l. de cant. de l'arr. de Péronne (Somme), entre Corbie et Péronne.
4. — MONTIS DESIDERII. Montdidier, Mondidier.	S.S.E. 29 par. 6 sec.			Ch.-l. d'arr. du dép. de la Somme.
5. — ROYENSIS IN VILLA, al. DE ROYEN-IN-VILLA. Roye.	S.E.			Ch.-l. de canton de l'arr. de Montdidier (Somme).
6. — DE CONTEYO, al. DE CONTAIO. Conty.	S. 32 par. 6 sec.			Ch.-l. de cant. de l'arr. d'Amiens (Somme).
7. — PINKONII, al. DE PINCONIO, DE PINQUINIACO. Picquigny.	O.N.O. 21 par. 1 sec.			Ch.-l. de cant. de l'arr. d'Amiens (Somme).
8. — DE VINACURTI, al. DE AVENEI CURIA. Vinacourt, Vighacour, Vinacour.	N. 28 par. 1 sec.			Vignacourt. Cant. de Picquigny (Somme).

9. DECANATUS DE LE- HUNO, al. DE LEUNO. Doyenné de Lihons, Lihons, Lions en Santerre.	E. 32 par. 2 sec.	*Picardie. — L'Amiénois. Pagus et comitatus Ambianensis.*	Canton de Chaul- nes, arr. de Pé- ronne (Somme).
10. — DE DULLENDIO, DE DOMINCO, al. DE DUR- LENDIO. Doullens, Dourlens.	N. 28 par. 4 sec.		Ch.-l. d'arr. du dép. de la Som- me.
11. — DE PICOYO, al. DE PISCEYO, al. de PIS- SEYO. Poix.	S.O. 29 par. 3 sec.		Ch.-l. de cant. de l'arr. d'Amiens (Somme).
12. — DE ROBORETO, al. DE ROBERETO. Rouvroy, Rouvrois.	E.S.E. 31 par. 2 sec.	*Le Doy. de Lihons s'étendait sur le Santerre.*	Rouvray, entre Lihons et Roye.
13. — DE MOROLIO. Moreuil (rarement nommé Mozeul).	S.S.E. 33 par. 3 sec.		Ch.-l. de cant. de l'arr. de Mont- didier (Somme).
14. — DE AVENISCURTI. Avenescourt, ou D'A- venescourt (Doy. plus moderne). Un autre Doyenné, celui de Grandvil- lers, figure aussi dans les pouillés les plus modernes où manque le Doy. de Roye.			Davenescourt, ar- rond. et c. de Montdidier.
II. ARCHIDIACONATUS PON- TINENSIS, al. PONTIVEN- SIS. Archidiaconé de Pon- thieu (Pontieu).	Partie occ. et nord- occ. du dioc.	Le Ponthieu. (*Pagus et co- mitatus Pon- ticus, Pon- tivus, Ponti- vensis, Pon- tinensis.*)	
15. DECANATUS MONSTE- ROLII, MONSTROLII. Doyenné de Mon- treuil, Monstreuil.	N.N.O. 33 par.	Entre les ri- vières de Somme et de Canche.	Ch.-l. d'arr. du départ. du Pas- de-Calais.
16. — DE RUA. Rue.	O.N.O. 37 par.		Ch.-l. de canton de l'arr. d'Abbe- ville (Somme).
17. — SANCTI RICHARII. Saint-Riquier.	N.N.O. 58 par.	*Picardie.*	Canton d'Ailly-le- Haut-Clocher, ar- rondiss. d'Abbe- ville (Somme).
18. — DE HAREINS, al. DE ARENIS. Ayraines.	O.N.O. 59 par.		Airaines, canton de Molliens-Vi- dame, arr. d'A- miens (Somme).

19. DECANATUS ABBATIS-VILLE. Doyenné d'Abbeville.	O.N.O. 38 par.	Le Vimeu, ou Vimeux,	Ch.-L d'arr. du dép. de la Somme.
20. — DE ARBOREA, vel DE ARBORAITA. L'Arbroye, La Broye, Labroye.	N.N.O. 68 par.	partie du Ponthieu. (*Pagus Vinimacus,*	La Broye, sur l'Authie.
21. — DE GAMACHIIS, al. DE GAMACHIIA. Gamaches.	O. 67 par.	*Vinemagus.*) Entre la mer, les riv. de	Ch.-l. de cant. de l'arr. d'Abbeville (Somme).
22. — DE AUSOMONTE, vel DE AUSEMONTE, DOYEMONT. Oisemont, Ausmont.	O. 65 par.	Somme et de Bresle.	Ch.-l. de cant. de l'arr. d'Amiens (Somme).

(Picardie.)

Les Doyennés suivants de l'Archidiac. de Ponthieu ne se trouvent que dans les pouillés du XVIII° siècle : ils furent démembrés des Doy. plus anciens :

23. DECANATUS DE ALCIACO. Auxy-le-Château. Démembré du Doy. de Labroye.	N.....		Ch.-l. de cant. de l'arr. de Saint-Paul (Pas-de-Calais).
24. — DE HOMEYO. Hornoy, Homoy.	O.S.O.		Arrond. d'Amiens (Somme).
25. — DE MONTIBUS. Mons - en - Vimeu, près Boubers.	O.....		Canton de S.-Valery-sur-Somme.
26. — S. VALERICI. S.-Valery.	O.....		Ch.-l. de canton de l'arr. d'Abbeville (Somme).

(Picardie.)

Le diocèse d'Amiens, situé à l'extrémité occidentale de la Province ecclésiastique de Reims, en était l'un des plus considérables ; il avait une étendue moyenne de vingt lieues sur seize. Borné vers l'ouest par le littoral de l'Océan, il était, avant 1559, limité au nord, à l'est et au sud, par d'autres diocèses de la même Province, savoir : au nord, par les diocèses de Térouanne et d'Arras, au nord-est, par celui de Cambrai, à l'est, par celui de Noyon, au sud, par celui de Beauvais ; au sud-ouest seulement, il confinait à la seconde Lyonnaise par le diocèse de Rouen. Après l'érection des nouveaux diocèses, au XVI° siècle, il fut borné au nord et au nord-est par l'archevêché de Cambrai et par ses suffragants, détachés de l'archevêché de Reims.

Ces limites correspondaient parfaitement à celles de la *Civitas* gallo-romaine des *Ambiani*, entourée, suivant le même ordre, par les *Morini*, les *Atrebates*, les *Cameracenses* (partie des *Nervii*), les *Veromandui*, les *Bellovaci*, dépendant tous de la *Belgica secunda*, et par les *Caleti* de la *Lugdunensis secunda*.

Les sources grecques et romaines, les plus anciennes, ne montrent ici aucune différence, pour les dénominations et les circonscriptions, avec la *Notitia imperii* du ɪvᵉ siècle. Il n'est pas nécessaire, comme l'ont fait D'Anville et M. Walckenaër, de ne considérer que comme une indication approximative les termes de César (l. II, c. xv): *Ambianorum fines Nervii attingebant*, puisque les *Cameracenses* dépendaient en partie de ce territoire. L'antiquité des *Ambiani*, aussi reculée que celle d'aucune autre tribu belge, est prouvée par Pline (l. V, c. ɪɪɪ) et par Solin (c. xLɪɪɪ), qui les indiquent au nombre des tribus émigrées dans l'Asie Mineure.

Quoique leur territoire fût plus étendu que ceux des *Bellovaci* et des *Suessiones*, les *Ambiani* ne fournirent à la première confédération belge contre César qu'un bien moindre contingent, seulement 10 000 hommes, tandis que les *Bellovaci* en envoyèrent 60 000 et les *Suessiones* 50 000 (Cæs., l. II, c. ɪv). Peut-être faut-il en conclure que, sous la dénomination d'*Ambiani*, César ne comprenait pas les habitants de la partie occidentale, qui fut désignée, quelques siècles plus tard, sous le nom de Ponthieu (*Pontium*, *Ponticus*, *Pontivus pagus*, *provincia Pontiva*) et toujours distincte de l'*Ambianensis pagus*, même dans plusieurs éditions de la *Notitia provinciarum*. Nous verrons que ces deux grands territoires de la *Civitas* des *Ambiani* furent, en effet, représentés par les deux Archidiaconés du diocèse d'Amiens.

Aucune difficulté sérieuse ne se présente au sujet de la capitale de la *Civitas* des *Ambiani*, qui devint le siège de l'évêché d'Amiens [1]. Nous avons vu, dans l'examen de la géographie ecclésiastique du diocèse de Vermand, ou de Saint-Quentin, combien est peu fondée l'hypothèse qui attribue à cette dernière ville le nom de *Samarobriva*, capitale incontestable des *Ambiani*. Les textes les plus positifs de César (l. V, c. XXIV, XXXII, XLVI), de Cicéron (*Epist.*, l. VII, XVI), de Ptolémée, l'Itinéraire, la Table Théodosienne et les voies romaines dont l'existence a été constatée sur ce territoire, démontrent, avec la plus complète certitude, l'identité d'Amiens et de *Samarobriva*, qui, dès le ɪvᵉ siècle, avait pris le nom du peuple, comme tant d'autres villes de la Gaule.

Il ne peut y avoir plus d'embarras pour les subdivisions territoriales de la *Civitas* et leurs rapports avec celles du diocèse. C'est ce que va démontrer leur examen comparatif.

Pagi de la Civitas des Ambiani.

Trois territoires distincts sont indiqués par les textes du moyen âge comme faisant partie de la contrée comprise dans l'étendue du diocèse d'Amiens. Ce sont le *pagus Ambianensis* (l'Amiénois), le *pagus Pontivus* (le Ponthieu), et le *pagus Vinemacus* (le Vimeu), indiqués tous trois dans un capitulaire de Charles le Chauve, en 853. Il

---

1. On a soutenu que le siége de l'évêché d'Amiens, jusqu'en 613, avait été primitivement dans un lieu nommé *Abladenna*, et plus tard Saint-Acheul, à la porte d'Amiens, où fut en effet la plus ancienne église du diocèse. Cette question, fort douteuse, a été surtout soulevée à l'occasion des reliques de saint Firmin, premier évêque, découvertes alors par l'évêque *Salvius* (S. Sauve). Elle est sans importance au point de vue de la géographie ecclésiastique.

faut y ajouter une partie de la contrée désignée dès le VIII° siècle sous le nom de *Sanaterra* (Santerre), plaine fertile qui s'étendait aussi sur les diocèses de Noyon et de Saint-Quentin.

M. Guerard (*Essai*, p. 149) indique les noms de deux autres territoires dans la *Civitas Ambianensis*, savoir : le *pagus Condatensis* et le *finis Cartensis*, je n'ai pu en reconnaître la situation. Ce dernier est cité, vers 660, dans la charte de fondation de l'abbaye de Corbie. (*N. Gall. chr.*, t. IX, *Instr.*, col. 281.)

Il est probable cependant que le *pagus Condatensis* correspond au Doyenné de Conty (*Decanatus de Contayo*), dans l'Archid. d'Amiens.

Pagus Ambianensis[1]. Prise dans le sens le plus général, cette dénomination géographique représente l'ensemble de la *Civitas* des *Ambiani* et du diocèse qui lui a succédé. Telle est aussi la signification de l'*Ambianum solum* du Panégyrique de Constance par Eumène, placé au même rang que le *solum Bellovacum*, *Tricassinum*, et *Lingonicum* correspondant à chacune des *Civitates* ainsi dénommées.

Toutefois, le plus habituellement, les textes du moyen âge ne désignent par les mots *pagus Ambianensis* qu'une partie de l'ancien territoire des *Ambiani*, la portion orientale du diocèse d'Amiens, qui ne comprenait ni le Ponthieu ni le Vimeu, et qui était exactement représentée par le grand Archidiaconé, ou Archidiaconé d'Amiens. Cette distinction est des plus évidentes dans plusieurs documents du IX° siècle. En 837, on voit indiqués dans l'acte de partage des États de Louis le Débonnaire entre ses fils, comme étant attribués à Pépin d'Aquitaine, de nombreux *pagi*, dont quatre seulement sont dénommés. Parmi ceux-ci figurent les *pagi Ambianensis et Pontivus usque ad mare*[2]. Les autres territoires des Belgiques et des Germanies y sont partagés entre les royaumes de Bavière et d'Alamanie.

Dans le capitulaire promulgué par Charles le Chauve en l'année 853 (*apud Silvacum*)[3], qui donne l'indication des territoires assignés à l'inspection des *missi dominici*, le sixième *Missaticum* réunit en cet ordre les *pagi* suivants :

Rotmense, Tellau, Vitnau, Pontiu, Ambianense.

On reconnaît le Roumois, le pays de Talou, le Vimeu, le Ponthieu et l'Amiénois, dépendant des deux diocèses limitrophes, Rouen et Amiens.

Ces documents, ainsi que beaucoup d'autres, montrent donc le

1. Voir sur les *Ambiani*, Valois, *Notit. Gall.*, p. 15 et 455 ; D'Anville, *Notice de la Gaule*, p. 62 et 574 ; Walckenaer, *Geogr. anc. des Gaules*, t. I, p. 429.

2. Baluze, *Capitul.*, 1re édit., 1677, t. I, col. 690 ; D. Bouquet, t. VI, p. 413. — Dans le capitulaire de 823, le *pagus Ambianensis* figure seul ; mais il ne faudrait pas en conclure que le *Pontivus* et le *Vinemacus* ne fussent pas dès lors distincts, car on les trouve indiqués dans des textes plus anciens : le *pagus Ambianensis* paraît être pris ici dans le sens le plus étendu, comme plusieurs autres grands *pagi* ou *Civitates* : *Noviomensis, Tarvanensis, Cameracensis*.

3. Baluze, *Capitul.*, t. II, col. 69.

pagus. Ambianensis dans son acception la plus étroite; celle qui correspondait au grand Archidiaconé. Le plus souvent aussi, lorsqu'il est indiqué sans opposition au *pagus Pontivus*, il conserve la même signification restreinte.

In pago Ambianensi, in Sanaterra (VIIIe siècle) [1].

Corbeia in pago Ambianensi (a. 662). Ch. de fondation de l'abbaye de Corbie [2].

Malgré cette distinction du diocèse en trois *pagi*, la situation des deux *pagi Pontivus* et *Vinemacus* dans le territoire des *Ambiani* ne peut être douteuse; les villes principales en sont indiquées comme étant *in Ambianis*. Le bourg d'Aoust, près la ville d'Eu, est désigné dans la vie de S. Sauve, *Augusta villa Ambianorum in pago Vinemaco*.

Restreint ainsi au grand Archidiaconé, le *pagus Ambianensis* lui correspond complétement, et l'on peut en voir les principales limites indiquées, quoique indirectement, dans l'acte de fondation de l'abbaye de Corbie en 680, cité ci-dessus.

Quoique borné à l'étendue du grand Archidiaconé, et par conséquent bien moins vaste que le diocèse, l'Amiénois du moyen âge était cependant encore plus considérable que l'Amiénois des temps modernes, puisqu'il comprenait le Santerre et les territoires ou Doyennés ruraux de Montdidier et de Roye formant sa partie orientale et situés hors du bailliage d'Amiens, qui répondait à l'Amiénois moderne, tandis que l'ancien Amiénois représentait plutôt le comté.

Le Ponthieu. *Pagus Pontivus; Pontium; Pontioum; Ponticum; provincia Pontica; pag. Pontinensis.*

Le Ponthieu ou Pontieu[1], séparé du Boulonnais au nord par la Canche, de la Normandie au sud par la Bresle, et limité à l'ouest par la mer, était divisé en deux parties par la Somme, qui le traverse du S. E. au N. O. La portion septentrionale, entre la Somme et la Canche, formait le Ponthieu proprement dit, dont Abbeville était la capitale, et les villes principales : Montreuil, Rue, le Crotoy, Crécy, Saint-Valery. La portion méridionale, entre la Somme et la Bresle, formait le Vimeu (*Vinemacus, Vimacensis pagus*), dont Saint-Valery, Eu et Gamaches étaient les lieux les plus importants. L'étendue de ce territoire, dont l'ensemble correspondait parfaitement à l'Archidiaconé du même nom, avait seize à dix-huit lieues du nord au sud, dix à douze de l'est à l'ouest.

Le Ponthieu est un des territoires anciens de la Gaule, autres que les *Civitates* elles-mêmes, dont la mention remonte le plus loin et qui sont des plus incontestables. On donne plusieurs origines à son nom. On l'attribue soit à la grande quantité de ponts, *Pontes, Pontium*, construits dans les parties basses et marécageuses de cette portion de

1. Mabillon, *De re diplom.*, p. 408; — *Cartul. S. Bertini*, p. 128.
2. *Ant. Conc. Gall.*, t. I, p. 500.—*N. Gall. chr.*, t. IX, *Instr.*, col. 281.
3. L'usage a prévalu d'écrire *Ponthieu* le nom de cette petite province; la forme ancienne *Pontieu* me semblerait plus vraie.

la Picardie; soit à sa situation littorale (*Ponticus, ad Pontum*), suivant dom Grenier; soit à quelque établissement d'origine ancienne qui aurait succédé aux *Pontes* de l'*Itinéraire*, tels que Pont-Asselanne, selon Cluvier (*Germ. ant.*, II, p. 116), ou, selon Wastelain, Pont-Acoline (Pont à Collines), qui paraît être le même lieu, ou Ponches, Ponces, situé de même sur le bord de l'Authie, selon D'Anville, ou bien Nempont, situé un peu plus à l'ouest; et même le *portus Itius*, suivant un écrivain moderne, M. Morel de Campenelles. (*Mém. de la Soc. d'Abbeville*, t. II.)

La première de ces opinions me paraît la plus probable et s'appuie sur la forme la plus anciennement connue. C'est dans l'*Itinéraire d'Antonin*, sur la voie romaine de *Samarobriva* (Amiens) à *Gesoriacum* (Boulogne) qu'on trouve la première trace de l'origine antique du nom de Ponthieu, sous la désignation du lieu indiqué *Pontibus*. Diverses rédactions de la *Notitia provinciarum*, dont plusieurs remontent au moins au IXe siècle, et qui n'ont sans doute fait que reproduire un texte antérieur, font une mention plus positive encore d'un territoire correspondant au Ponthieu. Il est indiqué sous le nom de *Pontium* et de *Ponticum* [1].

Ces textes de la Notice paraissent à tort identifier ce territoire avec la *Civitas Morinorum* ou *Tarvanna* (le diocèse de Térouanne), de même que par une confusion analogue on voit au VIIe siècle l'indication du *pagus Pontivus* comme dépendant de la *Neustria*; mais l'incertitude qui résulte de cette mention n'est-elle pas une preuve de son antiquité et de son importance? N'indiquerait-elle pas que ce territoire fut disputé entre les *Morini* et les *Ambiani* auxquels il est resté définitivement acquis?

Après l'*Itinéraire* et la *Notitia*, plusieurs documents signalent l'existence du Ponthieu sous des noms à peu près identiques.

VIIe siècle. *In pago Pontivo, venerunt ad ducem quemdam illic residentem.... nomine Haymonem* (*Vit. S. Judoci* in *Vit. SS. ord. S. Ben. sæc. II*, p. 566; — D. Bouquet, III, p. 520. S. Josse est mort en 665 ou 668; sa Vie a été écrite au VIIIe siècle).

Ce texte fait connaître qu'au VIIe siècle le *pagus Pontivus* avait déjà assez d'importance pour être le séjour d'un fonctionnaire ou gouverneur, décoré du titre de *dux*. — Le duc Haymon est indiqué dans les deux Vies de S. Josse et de S. Fursy; et dans la première son successeur a le même titre de *dux*. C'est sans doute à ces mêmes fonctions, d'origine probablement romaine, conservées sous les premiers rois francs, que doit se rapporter le titre de *dux Franciæ maritimæ, seu ponticæ*, donné antérieurement à Alcaire, fils de Ragnacaire roi de Cambrai (Iperius, *Chr. S. Bertini*).

---

1. *Civ. Morinum, id est Ponticum* (dans 4 mss. de la Bibl. imp., dont 3 du Xe siècle). — *Morinum, id est Pontium* (dans 2 mss. du IXe siècle). — *Morinum Tarvanna, Pontium* (1 ms. du Xe siècle). — *Civitas Morinorum, id est Ponticum* (dans 3 mss. du XIIe, du XIVe et du XVe siècle).—*Civitas Morinum, id est Ponticum* (1 ms. du XVe siècle). (Guérard, *Essai*, p. 12.) Une partie de ces variantes sont aussi indiquées dans Duchesne (*Hist. Franc.*, t. I), et dans D. Bouquet (t. I).

A ces premiers ducs de Ponthieu, qui remontent aux VI° et VII° siècles, et dont cinq au moins sont connus, succédèrent des comtes, *Pontivorum et Monsterolii comites*, dont l'histoire ne commence à s'éclaircir qu'à partir du XI° siècle. Bientôt le titre de comté fut attribué à ce territoire, et depuis le IX° ou le X° siècle leur puissance ne cessa de s'accroître ; elle s'étendit même passagèrement jusque sur les comtés de Boulogne, ou de Térouanne et de S.-Pol. Si les rédactions de la *Notitia* dans lesquelles le p. *Pontivus* est attribué aux *Morini* n'étaient pas, en partie, antérieures au X° siècle. on pourrait peut-être entrevoir dans ces empiétements du comté de Ponthieu sur la contrée des *Morini* la cause de l'attribution erronée dont il vient d'être question.

Un passage de la *Chronique de S. Bertin*, par Iperius, montre, d'après le récit d'événements du IX° siècle écrit au XIV°, une tradition analogue, au sujet des invasions des Normands dans cette partie de la seconde Belgique : *Ambianum, Cameracum, Teruanam, terrasque Pontivorum, Menapiorum*, etc. (*Chr. S. Bert.*, in Nov. Thes. anecd., III, col. 528).

In pagum Pontivum antiquis plenum nemoribus, desertum et invium.... (*Vit. S. Fursii*, D. Bouquet, III, p. 539).

On voit par ce passage de la Vie de S. Fursy, qu'une partie du p. *Pontivus* était encore couverte de forêts au VII° siècle.

....Tunc et Pontivus meruit splendescere pagus (*Vita S. Richarii*, auct. Ingelramno. Vie dédiée à Fulbert; in Vit. SS. ord. S. Ben. sœc. II, p. 203).

....Pontiva regio (*Mirac. S. Richarii*, id., p. 218).

....Veniens in pagum Pontivum, in villam Majoc.... in domo Haimonis ducis (*Mirac. S. Fursii*, écr. vers le VII° siècle, id., p. 310).

Dans ces Vies et récits des miracles de S. Riquier et de S. Fursy, les *pagi Pontivus* et *Ambianensis* sont plusieurs fois indiqués, chacun isolément (id., p. 223, 225, 311).

Criscecum villam in Pontio (*App. ad Chr. Fredegarii*, in Duchesne, t. I, p. 768).

An. 862.... *In pago Pontiu censum de Platislis et Anguillis Somnensibus* (Mabil., *De re dipl.*, p. 538).

Nous avons déjà constaté la mention du Ponthieu dans le partage des États de Louis le Débonnaire en 837 : *Pontivus usque ad mare*, et en 853, dans un capitulaire de Charles le Chauve, la distinction du Ponthieu (*Pontiu*), du Vimeu (*Vitnau*), et de l'Amiénois (*Ambianense*).

....In villa Centula (S.-Riquier) *provinciæ Pontivæ* (Alcuin, *Vit. S. Richarii*, in D. Bouquet, III, p. 514).

En 867. *In pago Pontivo villæ Hrosam, Agrauna et Bladulfi villa* (*Vit. S. Wandreg. abb. Font.*, in Vit. SS. ord. S. Ben., II, 553-555).

X° siècle. *Pontiva provincia. Pontiva patria* (*Chr. Centulense*, in D. Bouquet, VIII, p. 274).

1075. *In Pontivorio territorio* (*N. Gall. chr.*, IX, *Instr.*, col. 192).

XII° siècle. *Pontif* (Robert-Wace, *Roman de Rou*, v. 11 497).

Depuis le XI° siècle, le comté de Ponthieu est très-fréquemment cité dans les documents originaux. La monnaie des comtes (*Pontivi*, ou *Pontii*, ou *Pontivensis moneta*), frappée le plus généralement à Abbeville, jouissait d'un grand crédit pendant le moyen âge.

En résumé, le *pagus Pontivensis*, l'un des plus anciennement connus, très-peuplé dès l'époque romaine, ainsi qu'on en peut juger par les vestiges nombreux d'établissements et de noms de cette période, distingué dès le VIe siècle par le gouvernement d'un duc et plus tard constitué en comté qui a eu une grande durée et une grande célébrité, représentait près de la moitié du diocèse d'Amiens; il correspondait complétement à l'une de ses deux subdivisions Archidiaconales [1].

Le Vimeu, ou Vimeux. *Pagus Vinemacus*, ou *Vinimacus*, ou *Vinemagus.*— *Pagus Vinemanus*. (Ch. de fond. du monast. de Leuconaus, ou St-Valery, commencement du VIIe s^e.) — *Pagus Vinemacensis* (VIIe s^e.). — *Pagus Vinnoensis*, VIIe siècle, avant 658. (*Vit. S. Gertrudis*, in Vit. SS. O. S. B., II, 472.) — *Vinemacus pagus*. (*Vit. S. Lupi episc. Senon.*; D. Bouquet, III, 491.) — *Vimocense territorium*. (D. Bouquet, ibid.) — *Vimmacus pagus* (*Vit. S. Salvii episc. Ambian.*; D. Bouquet, III, 621.) — *Pagus Vinemanus*, a. 675. — *Pagus Vimnao*, a. 751 ou 752. (*Præc. Pippini*[1]; Diplom. et chart. ed. Champollion, p. 79.) — *In pago Vinnau*, a. 775. (Mab, *De re dipl.*, p. 498.) — *Vitnau*. (Capit. ap. Silvacum; a. 853, in Bal. Capit., t. II, col. 69) — *Pagus Vinnianus*. (Charte de Charles le Chauve pour l'église de Rouen.) — *Pagus Vimmacus*. (Chron. Centul.; D. Bouquet, VIII, 273.) — *Vimnau*. (Chron. Fontanell.) — *Vitmau Comitatus*, a. 883. (Ann. Fuld.) — *Vimiacus pagus*. (Ann. S. Bertini.) *Pagus Vimnacensis*, ou *Vitmacensis super Sommam*. (Martyr. d'Usuard et d'Addon.) — *Vimou*, XIIe s^e. (Rob. Wace, Roman de Rou, v. 11497.) — *Vimeyum, Vymeum*. (An. 1108, Chron. Centul.) — *Vimocense territorium*. (Girald Cambr., a. 1190.)

Le Vimeu est cité dans de nombreux documents postérieurs au XIIe siècle.

Quoique moins important que le Ponthieu, dont il dépendait et dont il formait la partie méridionale, sur la rive gauche de la Somme, entre cette rivière et la Bresle, ce territoire est mentionné presque aussi anciennement et souvent simultanément : *Vimmacum et Pontivum provincias* (Chr. Centul., a. 881, in D. Bouquet, VIII, 273). L'origine de son nom paraît être évidemment celui de la petite rivière de Visme, ou Vimeuse (*Vimina*), qui prend sa source au village du même nom et se jette dans la Bresle (*Brisella, Auva, Augia, Aucia*), un peu au-dessus de Gamaches : *in pago Vimnau, super fluvio Vimina*. (Chron. Fontanell., c. VII.) Limitrophe du diocèse de Rouen, dont il n'était séparé que par le cours de la Bresle, et du comté de Talou, qui paraît s'être étendu momentanément sur son territoire, le Vimeu est, en effet, indiqué dans un document du

---

1. Voir plus loin, aux Sources, les principaux écrits relatifs à l'histoire du Ponthieu et du Vimeu.

2. Plusieurs localités du Vimeu sont indiquées dans ce diplôme de Pépin, confirmant de nombreuses donations à l'abbaye de S.-Denis, et qui a été souvent reproduit. L'original est conservé aux Archives de l'Empire.

vii° siècle comme étant un *pagus* de la Neustrie. Mais cette désignation pourrait aussi ne résulter que de l'application passagère du
nom de Neustrie au pays s'étendant jusqu'à l'embouchure de la
Somme.

(Vers 614.) *Rex Clotharius.... virum Dei Lupum episcopum re-
trusit exilio in pago quodam Neustriæ nuncupante Vinemaco, tra-
ditum duci pagano, nomine Bosoni Landegisilo; quem ille direxit
in villa quæ dicitur Andesagina super fluvium Auciam, ubi erant
templa fanatica a decurionibus culta. (Vita S. Lupi episc. Senon.,
iu D. Bouquet, III, p. 491.)*

Le lieu désigné dans cette Vie de S. Loup, écrite dès le vii° siècle,
est Ansenne-sur-Bresle. Les traces de paganisme toléré et publique-
ment pratiqué, l'administration d'un duc dans ce territoire comme
dans le Ponthieu proprement dit, et l'attribution du Vimeu à la Neustrie, sont trois faits qui donnent à ce document authentique une
grande importance.

Le *pagus Vinemacus* est aussi indiqué comme faisant partie de la
Neustrie dans la Vie de S. Sauve, évêque d'Amiens, à peu près contemporain de S. Loup. La ville d'Eu et le bourg d'Aouste (*villa Augusta,
in pago Vinmaco* (*Vit. S. Salvii Amb. ep.*), qui existait dès l'époque
romaine dans son voisinage, près de l'embouchure de la Bresle sur la
frontière du diocèse de Rouen, dépendaient cependant, sans le moindre doute, du diocèse d'Amiens.

La présomption contraire ne pourrait s'appliquer qu'à la portion de la
ville d'Eu, située sur la rive gauche de la rivière, limitrophe des deux
diocèses. On distingue en effet sur les anciennes cartes de Picardie
la ville d'Eu picarde et la ville d'Eu normande. (Voir entre autres
la carte de Nolin, 1694.) Ce partage d'une ville en deux territoires
de peuples différents, par le cours d'une rivière, est une circonstance
dont les exemples sont nombreux et démontrent la rigueur des limites
naturelles dans les divisions topographiques des *Civitates* et des diocèses [1].

L'étendue du comté de Vimeu ou de Saint-Valery n'a pas toujours
été la même que celle de la petite région ainsi dénommée; il s'est confondu avec le comté d'Eu, et peut-être a-t-il passagèrement embrassé
une partie du comté de Talou. Mais le Vimeu proprement dit, tel

---

1. Les limites entre le pays des *Ambiani* et celui des *Caletes*, entre les diocèses d'Amiens et de Rouen, ou plutôt entre la Picardie et
la Normandie, ont été souvent étudiées et discutées. En général, le
cours de la Bresle est considéré comme formant cette limite. Il reste
cependant quelque incertitude. Toutefois, l'extension des *Caletes* jusqu'à la Somme me paraît très-douteuse. Peut-être les deux rives de la
Brésle leur ont-elles appartenu. Entre les historiens de Picardie, qui
ont examiné plus récemment cette question, on peut consulter M. Fer-
nel (*Mém. de la Soc. des Ant. de Picardie*, t. II); et M. Darsy (*id.*,
t. XIII, p. 111). — D. Duplessis, MM. Le Prevost, Marcelin Le Bœuf et
plusieurs autres historiens et géographes de la Haute Normandie
ont aussi présenté des réflexions à ce sujet, qui a été pareillement
examiné par dom Grenier.

qu'il est indiqué sur les anciennes cartes de la Picardie, représente complétement le *Vinemacus pagus* du VIIᵉ siècle et du moyen âge; il a toujours eu S.-Valery, l'antique *Leuconaus*, pour chef-lieu.

Quant aux rapports de ce territoire avec les subdivisions ecclésiastiques, il n'a point, comme le Ponthieu dont il dépendait, constitué d'Archidiaconé particulier, et il a toujours fait partie de celui-ci. Trop vaste pour ne former qu'un seul Doyenné rural, il fut divisé en trois, dès les plus anciens partages du diocèse : les Doyennés de Gamaches, d'Oisémont et d'Airaines. Mais celui de Gamaches seul était entièrement compris dans les anciennes limites du Vimeu.

La prévôté de Vimeu avait une coutume spéciale. (Voir l'ouvrage de M. Bouthors : *Les coutumes locales du Bailliage d'Amiens.*)

Le *Marquenterre.* — *Mareskienne-Terre* (XIIᵉ et XIIIᵉ sᵉˢ). — *Mareskinterre* (1221-1254). — *Mareskenter* (1307). — *Mareschine-terra* (scean de 1328 ; Ord. des R. de Fr., t. X, p. 80).

La partie basse et marécageuse du Ponthieu, ou le *Plat pays*, entre l'embouchure de la Somme et l'Authie, entre Montreuil et Le Crotoy, avait aussi reçu, pendant le moyen âge, une dénomination particulière, mais moins ancienne, d'un usage moins général et comprenant un territoire moins étendu que le Vimeu.

Le Marquenterre, dont la ville principale était Rue, sur la Maye, ne constituait point seul de Doyenné rural, mais formait la plus grande partie de celui de Rue. Ce territoire avait, dès la fin du XIIᵉ siècle, une charte communale, et au XVIᵉ une coutume particulière.

Le *Santerre.* — *Sana-terra* (IXᵉ sᵉ). — *Santeriense solum* (XIIIᵉ sᵉ; Guill. le Breton). — *Sanguis-tersus.* — *Sangters* (XIVᵉ sᵉ et plus tard). Vers l'extrémité sud orientale du diocèse et du grand Archidiaconé d'Amiens, le plateau fertile si connu sous le nom de Santerre, entre Montdidier, Roye et Péronne, se partage entre plusieurs diocèses. J'ai indiqué précédemment, dans les notes du diocèse de Noyon, la portion que celui-ci en comprenait. C'étaient principalement les Doyennés ruraux de Montdidier et de Roye en totalité, et celui d'Encre en partie, qui faisaient partie du Santerre dans le diocèse d'Amiens, tout en dépendant du grand *pagus Ambianensis*, ou Amiénois.

Anno 883. *In pago Ambianensi in Sana-terra* (Guérard, Cartul. de S.-Bertin, p. 128.)

Telles sont les principales divisions territoriales de la *Civitas* et du diocèse d'Amiens. J'ai déjà indiqué deux questions de topographie historique, concernant sa partie littorale, qui ont excité de vives controverses, et ne sont pas plus résolues qu'au XVIᵉ siècle, époque où elles

---

1. On trouvera, sur le Ponthieu et ses dépendances, des renseignements très-intéressants dans l'excellente *Histoire d'Abbeville et du Comté de Ponthieu*, par M. F. C. Louandre (Abbeville, 1844, 2ᵉ édit., 2 vol. in-8), et dans les consciencieuses *Notices historiques, topographiques et archéologiques sur l'arrondissement d'Abbeville*, par M. E. Prarond (Abb., 1854-1856, 2 vol. in-12, t. I et II). Voy. ci-après, à l'article *Sources historiques*, l'indication des écrits de MM. Darsy, Ravin, Lefils et autres, sur le même pays, ainsi que des ouvrages plus anciens du P. Ignace, de Devérité et du P. Daire.

ecclésiastique dont l'évêché d'Amiens faisait partie, et par conséquent aux Archidiaconés et Doyennés ruraux de ce diocèse, quoiqu'ils n'y soient pas indiqués nominativement.

En 985, les deux Archidiaconés du diocèse d'Amiens figurent dans une charte publiée par M. Guérard (*Polyptique d'Irminon.*, texte, app. p. 340).

En 1066, deux Archidiacres sont signataires d'un acte en faveur de l'abbaye de Corbie: l'un, le grand Archidiacre, a aussi le titre de Trésorier; l'autre, l'Archidiacre de Ponthieu (*A. Pontivensis*), est en même temps *Præpositus* [1].

En 1067, une charte de l'évêque Gui est souscrite *consensu Archidiaconorum Joannis et Balduini* [2].

Une charte de Raoul, comte d'Amiens, de l'année 1069 [3], mentionne deux Archidiacres d'Amiens, dont l'un a aussi le titre de prévôt (*Præpositus*) du Chapitre.

Les deux Archidiacres continuent de figurer dans des chartes des années 1073, — 1095, — 1105, — 1115, — 1131, — 1145, — 1146, — 1149, — 1185, — 1192 [4].

Ce sont toujours les *Archidiaconi Ambianensis* et *Pontivensis*, mentionnés tantôt simultanément, tantôt isolément.

Dans un document, probablement du viiie siècle, mais dont la date certaine m'est inconnue, il est fait mention d'un *Corepiscopus Pontivensis*. C'est un argument de plus à l'appui de la grande ancienneté de la subdivision ecclésiastique du Ponthieu.

Les Archidiacres du diocèse d'Amiens avaient leur sceau particulier. Avant 1058, il est fait mention de celui de l'Archidiacre Foulque [5].

Le sceau de l'Archidiacre du Ponthieu est indiqué en 1207 par M. N. de Wailly, dans ses savants *Éléments de paléographie* (t. II, p. 224). Dès le commencement du xiiie siècle, au plus tard, tous les Archidiacres usaient d'un sceau particulier.

Entre autres priviléges dont jouissait l'Archidiacre d'Amiens (*urbis Archidiaconus*) au xiie siècle (1144-1164), figuraient des droits sur les péages [6].

Doyennés ruraux. — Quoique les listes qu'on possède des Doyennés ruraux du diocèse d'Amiens ne remontent pas plus haut que le xiiie siècle, elles ne constatent en aucune façon leur origine, mais

---

1. N. *Gall. chr.*, IX, *Instr.*, col. 289.

2. *Chron. Centul.*, l. IV, c. 22, *Spicileg.*, t. II, p. 345.

3. Duchesne, *Hist. de la maison de Guines*, pr., p. 316. — Dom Bouquet, XI, p. 433.

4. N. *Gall. chr.*, IX, *Instr.*, col. 292, — 295, — 301, — 305, — 308, — 309, — 310, — 311, — 314, — 323. — *Actes de la Prov. ecclés. de Reims*, t. II, p. 127, 162. — *Spicil.*, t. II, col. 497. — Mabillon, *De re diplom.*, p. 598 (an. 1115). — *Hist. du duché de Valois*, t. III, pr., p. CLXX (an. 1192).

5. *Mém. de la Soc. des Antiq. de Picardie*, t. XV.

6. Aug. Thierry, *Recueil de monuments inédits sur l'Histoire du Tiers-État*, t. I, p. 86.

seulement un état de choses existant antérieurement et dont on voit les traces dans des chartes plus anciennes.

Quatre Doyens sont indiqués dans un document de l'année 1105 (Miræus, *Opera dipl.*, t. IV, p. 353 et 354).

Le Doyen d'Abbeville figure en 1192 (*N. Gall. chr.*, t. IX, *Instr.*, col. 331). Il est plusieurs fois indiqué pendant le xiii⁰ siècle (*Hist. ecclés. d'Abbeville et de l'Archid. de Ponthieu*, par le P. Ignace, 1646, in-4).

Le Doyen de la Chrétienté de Montdidier est mentionné dans des titres des années 1217, — 1230, — 1237 (Daire, *Hist. ecclés. de la ville et du Doyenné de Montdidier*, 1765, in-12, p. 139, etc.)

On trouve les Doyennés de Poix, de Gamaches et de Labroye indiqués aussi durant le xiii⁰ siècle. Dès le xii⁰ siècle (Robert Wace), au xiii⁰ (Ph. Mouskès), et plus tard, le Doy. de Poix formait, ainsi que le comté du même nom, un petit territoire dont les habitants sont nommés *Pohiers*.

Les Doyens des Chrétientés du diocèse d'Amiens sont mentionnés sous ce titre, ou sous celui d'Archiprêtres, dans plusieurs cartulaires.

On lit dans les Statuts synodaux d'Amiens promulgués en 1454 par l'évêque Jean Avantage : *Præcipimus omnibus Archipresbyteris ut in ecclesiis suorum Archipresbyteratuum visitationes fieri faciant (Actes de la Prov. ecclés. de Reims*, t. II, p. 685).

La liste des Doyennés ruraux du diocèse d'Amiens la plus ancienne et la plus authentique, avec le pouillé à peu près contemporain, puisqu'elle se trouve dans un ms. original à date certaine, est celle qui fait partie du *Dénombrement du Temporel de l'évêché d'Amiens, en* 1301[1].

Quoique cette liste ne soit point un pouillé, mais seulement un état de certains droits à exercer par l'évêque sur les Doyens ruraux, elle ne prouve pas moins l'existence, en 1301, des dix-sept Chrétientés rurales qui y sont énumérées. On y trouve, de moins que dans les anciens pouillés, les Doyennés d'Encre et de Roye, dans l'Archidiaconé d'Amiens, et ceux de Saint-Riquier et d'Airaines dans l'Archidiaconé de Ponthieu. Trois des noms des Doyennés mentionnés, le sont sous la forme française : Viuacourt, Mailli et Oysemont.

ARCHIDIACONÉ D'AMIENS.

Decanus *de Piceyo*.
— *de Foilliaco*.
— *de Lihuno*.
— *de Pinkonyo*.
— *de Vinacourt*.
— *de Mailli*.
— *de Conteyo*.
— *de Roboreto*.
— *Montis desiderii*.

Decanus *de Morolio*.
— *de Dullendio*.

ARCHIDIACONÉ DE PONTHIEU.

Decanus *de Arborea*.
— *de Monsterolo*.
— *de Abbatisvilla*.
— *d'Oysemont*.
— *de Gamachiis*.
— *de Rua*.

Ce n'est que depuis la fin du xiii⁰, ou le commencement du xiv⁰ siè-

---

1. *Dénombrement du Temporel de l'évêché d'Amiens, en* 1301, publié et annoté par M. J. Garnier. Amiens, 1859, in-8, p. 79. (Extr. des

cle, qu'on reconnaît, par des pouillés authentiques, l'organisation Décanale complète du diocèse d'Amiens. Mais qu'on ne l'oublie pas : ce n'est point une origine, c'est seulement une trace d'existence. Les indications partielles de Doyennés ruraux, à dates plus anciennes, dont je n'ai cité qu'un petit nombre et dont on trouve d'autres indices dans les ouvrages du P. Daire, sur plusieurs de ces Doyennés tels que ceux de Doulens, de Conty, de Picquigny et quelques autres, mais surtout le règlement de l'archevêque Hincmar, au IXᵉ siècle, pour tous les diocèses de la Province ecclésiastique de Reims, ne laissent pas de doutes à cet égard.

Les pouillés du diocèse d'Amiens, dont le nombre est considérable, puisque j'en connais au moins vingt, tant imprimés que manuscrits, se partagent en deux catégories :

1°. Les pouillés dans lesquels les subdivisions Décanales ne s'élèvent pas au delà de 19, 20 ou 21;

2°. ceux où ce nombre s'élève à 26.

Les premiers sont antérieurs au XVIIᵉ siècle ; les seconds n'ont été rédigés que dans la seconde moitié de ce même siècle, et plus tard, lorsque plusieurs Doyennés anciens furent subdivisés, et donnèrent naissance à des Doyennés nouveaux.

Quant aux Archidiaconés, nous avons vu que leur nombre de deux est toujours demeuré invariable ; et comme ils représentent deux grandes régions politiques d'une antiquité reculée, on peut les considérer comme un bon exemple de deux des plus anciennes divisions ecclésiastiques de la France.

I. Du pouillé le plus anciennement rédigé et qui est antérieur au XIVᵉ siècle, il existe plusieurs copies des plus authentiques, et de diverses époques, surtout à la Bibliothèque impériale.

On le trouve à cette Bibliothèque dans le manuscrit 5199 de l'ancien fonds latin, sous le titre de *Pluvier des Bénéfices d'Amiens;* cette copie est datée de 1590, mais sa conformité parfaite avec d'autres, d'une origine plus ancienne, en démontre l'identité et la contemporanéité.

Le manuscrit 5215, du même fonds, intitulé : *Cartulaires ou états des Bénéfices d'Amiens, Beauvais*, etc., présente (p. 1 à 21) les mêmes Doyennés au même nombre de vingt et un, dans le même ordre, et avec la forme latine et ancienne des noms de lieux. C'est, à peu près, la reproduction du pouillé qui était conservé dans les

Mém. de la Soc. des Antiq. de Picardie, t. XVII). Ce précieux manuscrit, qui consiste en un rouleau (*rotulus*) de parchemin, long de quatre mètres et demi, avait fait primitivement partie des archives de l'évêché; il a été acheté en 1843 par la ville d'Amiens et est conservé aujourd'hui dans la bibliothèque communale. Il est intitulé en tête de l'original : *Hi sunt redditus et census domini episcopi Ambian.* Cet évêque était Guillaume de Mâcon. On a aussi désigné ce document sous le titre de : *Terrier de l'évêché d'Amiens.* Il dut en être donné une expédition à la Chambre des comptes, en 1302.

archives de l'évêché d'Amiens, à la suite du cartulaire A, dont il occupait les vingt-quatre derniers feuillets, et qui existe encore aujourd'hui à Amiens. Il porte la date de l'année 1301, comme le *Rotulus* publié tout récemment, par M. Garnier, sous le titre de *Dénombrement du Temporel de l'évêché d'Amiens, en 1301.* Il fut aussi rédigé sous l'épiscopat de Guillaume de Mâcon.

Parmi les copies de pouillés d'Amiens, conservées dans la collection des manuscrits de dom Grenier sur la Picardie[1], il s'en trouve deux qui sont aussi du même type, et paraissent provenir d'une source commune. L'un (f° 64 à 85) est la copie de celui qui était annexé au cartulaire A de l'évêché. L'autre (f° 12 à 28) n'en diffère que par quelques variantes dans la forme des noms latins; ce qui suffit cependant pour montrer qu'ils sont la reproduction d'originaux différents. Les autres pouillés de cette collection appartiennent à la rédaction postérieure.

C'est ce même pouillé primitif qui a été publié en 1626, dans le *Grand Pouillé des Bénéfices de la France* (Paris, Alliot; in-8, p. 123 à 169). Les noms latins n'y ont été conservés que dans les titres des Archidiaconés et des Doyennés ruraux. L'indication des collateurs et patrons est aussi en latin; mais les noms des paroisses sont en français.

Voici (A) le tableau des divisions ecclésiastiques, en 1301, d'après la copie de D. Grenier (*loc. cit.*, f° 64 à 85), que j'ai vérifiée sur le cartulaire original, avec les variantes de deux autres copies : — B. Dom Grenier, id., f° 12 à 28. — C. pouillé imprimé en 1626.

Les noms des Doyennés dans le pouillé du manuscrit n° 5218 sont identiques à ceux du pouillé imprimé. Les noms des paroisses y sont pareillement en français. Le pouillé 5199 présente aussi, pour les noms des Doyennés, les plus grands rapports avec ce même pouillé imprimé.

ARCHIDIACONATUS AMBIANENSIS.

A.	B.	C.
Decanatus de Mailliaco.	*De Maillaco.*	*De Maillaco.*
— de Foilloy.	*Folliacensis.*	de Foulloy.
— de Encra.	Id.	Id.
— Montis desiderii.	Id.	Id.
— Royensis villa.	de Roye in villa.	Royen in villa.
— de Conteyo.	de Conteio.	de Contayo.
— Pinkonii.	Pinconii.	de Pinconio.
— Vinacurtis.	Id.	de Vinacurte.
— de Lehuno.	Id.	Id.
— de Dullendio.	Id.	de Dulendio.
— de Piceyo.	de Piceyo.	de Pisceyo.
— de Roboreto.	Id.	Id.
— Morolii.	de Morolio.	de Morolio.

---

1. Ancien paquet XII, 5e liasse, n° 1, f° 12 à 25 et f° 64 à 85.

ARCHIDIACONATUS PONTIVENSIS, VEL PONTINENSIS.

Decanatus Monsteroli.	Monstrolii.	Monsterolii.
— de Ruå.	Id.	Id.
— Sancti Richarii.	Id.	Id.
— de Harenis.	Id.	Id.
— Abbatis ville.	Id.	Id.
— de Arboreå.	Id.	Id.
— de Gamachiis.	de Gamacheiå	de Gamachiis.
— de Ausomonte.	de Ausomonte.	de Ausomont.

Ce pouillé a été aussi reproduit dans *le Pouillier général des Év. de France* (Bibl. imp. ms. du fonds S.-Germain, n° 879, t. II) ; mais les noms latins, traduits en français, ont été fréquemment ou altérés, ou présentés sous une forme ancienne ; c'est ainsi que l'Archidiaconé de Ponthieu (*Pontinensis*, plus habituellement que *Pontivensis*) a été traduit *A. de Pontineux*, le Doyenné de *Roboreto* (de Rouvroy) a été traduit : *D. de Roboret*, forme qui se trouve aussi dans le pouillé 5199 ; le *D. de Dullendio* (de Doullens ou Dourlens) a été traduit : *D. du Leude* ou de *Dulen*, ou *Chrétienté de Dullen*.

En résumé, pour l'état le plus ancien des divisions ecclésiastiques du diocèse d'Amiens, on possède d'excellents et de nombreux matériaux. Le pouillé original dont il existe plusieurs copies, les unes du XIVᵉ, la plupart du XVIᵉ siècle, et qui a été imprimé par Alliot en 1626, remonte à l'année 1301. L'original paraît être celui qui fait partie d'un précieux ms. du XIVᵉ siècle (petit in-fol. sur vélin), cité sous le titre de Cartulaire A, qui a existé autrefois aux archives de l'évêché, et que dom Grenier a bien connu, puisqu'il en a fait une copie que j'ai déjà citée. Ce pouillé fut signalé par M. Bouthors en 1848, à l'attention de la Société des Antiquaires de Picardie, et M. Garnier en prépare la publication [1]. Ayant consulté en 1859 les pouillés de la bibliothèque d'Amiens, grâce à l'obligeance du savant bibliothécaire de cette ville, j'ai pu constater les rapports intimes de plusieurs d'entre eux avec plusieurs pouillés que j'avais examinés à la Bibliothèque impériale, soit dans les mss. de dom Grenier (XIIᵉ paquet, 5ᵉ liasse, fol. 64 à 85, peut-être aussi fol. 12 à 28, dans

---

1. *Bull. Soc. Antiq. Pic.*, t. III, p. 286 ; — *Mém.*, t. XVII, p. 118. On reconnaît qu'à la rédaction primitive du pouillé, qui remonte au commencement du XIVᵉ siècle, ont été faites de nombreuses additions soit pour les personnes, soit pour quelques changements dans les établissements religieux. — A la fin du pouillé on lit cette liste de Doyennés dont l'ordre diffère peu de celui du texte même : *Procurationes domini episcopi in diocesi Amb. de anno CCC primo. Decanatus Vinacurtie.* — *D. Dullendii.* — *D. Pinkonii.* — *D. de Malliaco.* — *D. de Picsyo.* — *D. de Harrenis.* — *D. de Oysemont.* — *D. de Gamachiis.* — *D. Abbatis villæ.* — *D. de Rua.* — *D. de Monsterolo.* — *D. de Arborea.* — *D. S. Richarii.* — *D. Foilliacensis.* — *D. de Encra.* — *D. de Lehuno.* — *D. de Roboreto.* — *D. Montisdesiderii.* — *D. de Morolio.*

le classement actuel, t. 78), et que celui-ci indique comme une copie du Cartulaire A des anciennes archives de l'évêché d'Amiens; soit dans plusieurs autres mss., savoir : 5199 de l'ancien fonds latin intitulé : *Pluvier des bénéfices d'Amiens* (XVIe siècle, le même qui a été publié par Alliot, et un autre pouillé d'Amiens qui se trouve dans ce même vol.); — 5535 (in-8) intitulé : *Obituarium Eccl. Ambianensis et Polypticum Eccl. Amb.* (XVIe siècle; la liste des bénéfices est à la suite de l'Obituaire); — 5218 : *Polypt. dioc. Amb.* (XVIIe siècle, fol. 1 à 20); — 5525 : *Catalogue des Bénéfices et Archidiaconats de la ville d'Amiens et du comté de Ponthieu* (XVIe siècle).

Il n'existe entre ces différents pouillés que de très-faibles différences, soit dans la forme des noms de lieux, soit dans l'ordre des Doyennés. Dans le pouillé n° 5535, sont indiqués 19 Doy. ruraux; — dans le n° 5218, 20, et (p. 5) 21; — dans le p° 5199, on en voit 21, ainsi que dans les deux copies de dom Grenier. Les 19 Doyennés sont indiqués dans un synode d'Amiens de 1586 (*Actes de l'Égl. d'Amiens*, t. I, p. 197). Il me paraît évident que ces pouillés ont tous eu une source commune et que les modifications fort légères, apportées depuis la fin du XIIIe siècle jusque vers le milieu du XVIIe, ont été introduites dans les copies successives d'un même pouillé rédigé primitivement en latin.

II. C'est, en général, à un système différent que se rapporte une série de pouillés du diocèse d'Amiens non moins nombreux et plus variés. Ce sont les pouillés rédigés en français, quelques-uns avant, mais la plupart après l'augmentation du nombre des Doyennés ruraux. Les premiers se rapprochent davantage du plan des pouillés primitifs : tel est celui imprimé par Alliot dans le *Pouillé général de France, Archev. de Rheims* (1648, in-4), et qui n'a encore que 21 Doyennés.

Douze pouillés, au moins, se rapportent à cette seconde série. Je citerai, entre autres, plusieurs des listes, partielles ou complètes, recueillies par dom Grenier (*loc. cit.*, fol. 86 à 103, 42 à 38), d'après deux mss. de Saint-Germain des Prés, l'un intitulé : *Dénombrement des archevêchés et évêchés de France, avec la taxe imposée sur eux en 1516*, t. III, fol. 227; l'autre : *Pouillé général des archev. de France*, t. II, fol. 421. Ce dernier recueil existe encore à la Bibliothèque imp., fonds S.-Germ., n° 879. Le pouillé d'Amiens est dans le t. II, fol. 421, mais il est généralement rédigé avec peu de soin.

Les pouillés mss. les plus importants de cette série sont :

1°. Celui conservé dans la Bibl. communale d'Amiens (n°s 513 et 514, 2 vol. in-4), évidemment du XVIIe siècle, et intitulé : Registre-pouillé des paroisses du dioc. d'Amiens, dressé de 1642 à 1695 par l'évêque Henri Feydeau de Brou. Les indications à remplir, suivant un modèle imprimé, étaient les suivantes : patron, Seigneur, décimateur, revenus, canonicats, revenus de la fabrique, réparations, ornements, curés. M. Garnier l'a signalé, le premier, dans son *Catalogue des mss. de la Bibl. d'Amiens*, 1843, p. 44.

2°. Le pouillé complet dont une copie existe dans les mss. de D. Grenier, paquet XII, 5e liasse (ou t. 78, fol. 1 à 11), sous ce titre : *Catalogue des paroisses du diocèse; catal. des curés, etc., avec les paroisses, les cures et le nombre des feux et des habitants.* Il n'est pas daté, mais il paraît être une copie abrégée de celui de la bibliothèque d'Amiens en deux volumes, ou de celui de l'évêché en un volume in-4. Il contient, comme lui, 23 Doyennés et est, par conséquent, antérieur à la création des Doyennés d'Hornoy, de S.-Valéry et de Mons. Les paroisses sont disposées dans chaque Doyenné à peu près suivant l'ordre alphabétique. Le nombre des feux et des habitants y est pareillement indiqué.

3°. Un pouillé du xviiiᵉ siècle (1 vol. in-4 de 50 p.), que M. Garnier m'a communiqué et dont il espérait le don à la bibliothèque d'Amiens, comprend 25 Doyennés, avec l'indication des cures, leur valeur, les noms des présentateurs, des collateurs et des titulaires.

4°. *Pouillé, ou dénombrement des paroisses du diocèse d'Amiens* dressé en 1736 (biblioth. de l'évêché d'Amiens), analogue au précédent.

5°. Un pouillé qui fait partie des portefeuilles de Fontette, t. XXVII, n° 18 (Bibl. imp.). On y trouve les 21 Doyennés ruraux disposés dans l'ordre des anciens pouillés latins.

6°. Expilly (*Dictionn. géogr. de la France*) a publié la liste des paroisses du dioc. d'Amiens, distribuées suivant les Doyennés.

7°. La Bibliothèque de la ville de Paris possédait un pouillé d'Amiens (mss. n° 385). Il est indiqué dans la Bibl. hist. de Fontette (t. IV, p. 232); je l'ai vainement cherché.

8°. Plusieurs des *Almanachs historiques et géographiques de la Picardie* (1753-1786) présentent l'état du diocèse d'Amiens. Celui de l'année 1754 contient la liste de 26 Doyennés ruraux par ordre alphabétique, avec les noms des Doyens. On voit qu'aucun d'eux n'était curé du chef-lieu de Doyenné dont il était titulaire.

La liste des huit anciens Doyennés ruraux ou de Chrétienté, et des paroisses de chacun d'eux dans l'Archidiaconé de Ponthieu, est insérée dans l'*Hist. ecclés. d'Abbeville* par le P. Ignace (1646).

Les listes des paroisses des Doyennés de Doullens, de Montdidier et d'Encre se trouvent dans les histoires de ces Doyennés publiées par le P. Daire; celles des Doyennés de Conty, Poix, Corbie, Fouilloy, Picquigny, Moreuil, Mailly, Libons, Avenescourt, Roye et Rouvroy, dans les histoires inédites de ces Doyennés par le même auteur, que possède la bibliothèque de la ville d'Amiens.

Dans la plupart des pouillés modernes rédigés en français depuis la seconde moitié du xviiiᵉ siècle, jusqu'en 1790, mais non dans celui imprimé en 1648, la liste des Doyennés est disposée suivant l'ordre alphabétique. En voici, d'après le mss. de la Bibl. d'Amiens en deux volumes, rédigé vers 1692, le tableau le plus complet.

ARCHIDIACONÉ D'AMIENS.

Doyennés ruraux.

1. Conty.
2. Davenescourt.
3. Doullens.
4. Encre.
5. Fouilloy.
6. Grandvilliers.
7. Lihons.
8. Mailly.
9. Montdidier.
10. Moreuil.
11. Picquigny.
12. Poix.
13. Rouvroy.
14. Vinacourt.

ARCHIDIACONÉ DE PONTHIEU.

Doyennés ruraux.

15. Abbeville.	21. [Mons].
16. Auxy-le-Château.	22. Montreuil.
17. L'Abroye.	23. Oisemont.
18. Airaines.	24. Rue.
19. Gamaches.	25. Saint-Riquier.
20. Hornoy].	26. [Saint-Valery].

Les Doyennés nouveaux que présente cette liste, ainsique les aures pouillés de la même époque, [et surtout celui de 1754 (*Alm. de Pic.*), sont les D. de Grandvilliers et d'Avenescourt ou Davenescourt, dans l'Archidiaconé d'Amiens. Ils avaient été créés durant le xviiᵉ siècle (1639 et 1644) aux dépens des Doyennés de Poix et de Montdidier. L'Archidiaconé de Ponthieu en contient quatre nouveaux, créés seulement vers la fin du xviiᵉ siècle, ceux d'Auxy, d'Hornoy, de Mons et de Saint-Valery ¹, formés aux dépens de Doyennés plus anciens, comme il a été indiqué dans le tableau placé en tête de ce diocèse. Mais, quoique inscrits dans les tables de ce pouillé, ces Doyennés ne figurent pas dans le texte, parce qu'ils sont, en effet, postérieurs à sa rédaction. Le Doyenné ancien de *Royen si villa*, de l'Archidiaconé d'Amiens, dans les anciens pouillés, a disparu.

Le plus récent de ces Doyennés est celui de Mons, qui ne figure pas encore dans le *Dénombrement* de 1736.

Le Doyenné d'Encre est indiqué quelquefois de Saint-Germain d'Encre, ou d'Albert; celui de Lihons est aussi nommé de Lehun; celui de L'Abroye (*de Arborea*) est désigné à tort D. de Broy, dans le pouillé de 1648.

La division ecclésiastique par Doyennés ruraux était si ancienne et d'un usage si général dans la portion de la Picardie qui comprenait le diocèse d'Amiens, qu'elle était devenue, en grande partie, celle de la juridiction financière des Élections de la Généralité d'Amiens.

L'Élection d'Amiens, celles de Doulens et d'Abbeville réunies, ou de Ponthieu, étaient divisées par *Doyennés*, qui correspondaient tous aux Doyennés ruraux. C'est, du moins, selon cet ordre que sont indiquées les communes, dans le *Dénombrement du royaume*, par Saugrain. (Éd. in-12 de 1709, t. I, p. 49 et 61. — Éd. in-4 de 1720, p. 37.)

L'importance et l'ancienneté relatives des Doyennés sont peut-être indiquées par leur ordre de distribution dans les plus anciens pouillés. Cet ordre est demeuré, à très-peu près, constant depuis la fin du xiiiᵉ siècle jusque vers la fin du xviiᵉ.

---

1. Le Doyenné de Saint-Valery fut créé aux dépens de celui de Gamaches, et les autres de l'Archidiaconé de Ponthieu aux dépens de ceux d'Airaines et d'Oisemont. Le nombre de vingt-six Doyennés est indiqué dans le *Mém. sur la Généralité d'Amiens*, rédigé vers 1698 par l'intendant M. Bignon.

État ecclésiastique du diocèse d'Amiens. — Collégiales et Abbayes.

Suivant le Pouillé d'Alliot, impr. en 1648, le diocèse renfermait 777 cures et 460 chapelles, 18 abbayes, 25 prieurés (ce nombre était probablement supérieur, comme on le voit, au XVIII° siècle), 20 maladreries.

Vers le milieu du XVIII° siècle, d'après dom Vaissette (*Géogr.*, II), et Expilly (*Dict.*, t. I), le diocèse d'Amiens contenait 776 ou 780 paroisses et 100 ou 103, ou 107 annexes ou secours, 12 ou 14 collégiales, en comprenant la cathédrale ; 20 abbayes d'hommes, 6 de femmes, 66 prieurés conventuels ; 26 communautés d'hommes, 22 de femmes, 6 commanderies. — Suivant le *N. Gall. christ.* (t. X, 1751, col. 1149), on comptait alors dans le diocèse d'Amiens 26 Doyennés ruraux, 731 paroisses, 100 annexes, 57 prieurés, 15 collégiales, 25 abbayes.

On peut voir dans le tableau, en tête de ce diocèse, la distribution des paroisses dans chaque Doyenné.

Collégiales.

Collégiale de la cathédrale (*Capitul. Ambianense*). — De Saint-Firmin d'Amiens. — De Saint-Nicolas d'Amiens. — De Saint-Florent de Roye(*C. Royense*). — De Saint-Walfran d'Abbeville(*C. Abbatisvilla*). — De Saint-Firmin de Montreuil. — De Notre-Dame de Noyelles. — De Longpré(*C. de Longoprato*). — De Saint-Mathieu de Fouilloy (*C. Folliacense*). — De Saint-Mathieu de Picquigny (*C. Pinconiense*). — De Gamaches (*C. de Gamachiis*). — De Vignacourt (*C. de Vinacurte*).

Abbayes.
O. de Saint-Benoît. H.

Abb. S. Petri de Corbeia (S.-Pierre de Corbie), à 4 l. d'Amiens; fondée vers 657 ou 662 ; l'une des plus célèbres abbayes de France.

— *De Sta Maria Foresti Monasterii* (Forest-Montier), à 3 lieues 1/2 d'Abbeville ; fondée en 640 ou 675.

— *De S. Fusciano ad Nemora, vel in Nemore* (Saint-Fuscien-aux-Bois-lès-Amiens), à 2 lieues de cette ville ; fondée en 880, rétablie en 1105.

— *De S. Judoco, vel Judoci cella super mare* (Saint-Josse-sur-mer, en Ponthieu), à 2 lieues de Montreuil, sur les limites des diocèses d'Amiens et de Boulogne ; fondée vers 793.

— *De S. Salvio, vel de Monasteriolo super mare* (Saint-Sauve de Montreuil-sur-mer); fondée vers 792.

— *S. Vedasti de Morolio* (Saint-Vast de Moreuil), en Santerre, entre Corbie et Montdidier ; fondée en 1109.

— *S. Richarii de Pontivio, vel Centula* (Saint-Riquier en Ponthieu, primitivement Centule), à 2 lieues d'Abbeville ; fondée de 625 à 640.

— S. *Walarici ad mare*, *seu Vimacensis*, *seu Leuconaus* (Saint-Valery en Vimeu), à 4 lieues d'Abbeville; fondée de 614 à 627, rétablie à la fin du x° siècle.

O. de Saint-Benoît. F.

Abb. S. Austrebertæ apud Monstrolium ad mare (Sainte-Austreberte de Montreuil); fondée vers 1050.

— *De Bertolcurti* (Bertaucourt), à 5 lieues d'Abbeville; fondée en 1093.

— S. *Michaelis de Durland*, *vel de Dulendio*, XII° s° (Saint-Michel de Doullens), à 5 lieues d'Amiens.

O. de Cîteaux. H.

Abb. de Caro-Campo (Cercamps ou Cherchamp en Arteis); fondée en 1140.

— *De Garda*, *vel de Gardo* (le Gard-sur-Somme), à une 1/2 lieue E. de Picquigny; fondée en 1137.

— *De Loco-Dei* (Lieu-Dieu), à Beauchamps; fondée en 1190 ou 1191.

— *De Valloriis*, *seu de l'allolia*, *seu de Balancia* (Valloires), près Hesdin; fondée en 1138.

O. de Cîteaux. F.

Abb. de Hispania (Espagne); fondée en 1178, puis transférée à Abbeville.

— *De Paraclito* (Paraclet); fondée en 1218, transférée à Amiens.

— *De Wallencuria*, *seu de Bellacurti* (Villencourt, près Auxy-le-Château-en-Ponthieu); fondée vers la fin du XI° s°., puis transférée à Abbeville.

O. de Saint-Augustin. H.

Abb. de S. Acheolo (Saint-Acheul). près d'Amiens; d'abord collégiale, au VII° s°, puis en 1085, puis abb. au XII° s°.

— *De Claro-Fageto*, *seu Flayetum* (Clair-Faux), près de Doullens, à 5 lieues d'Amiens, entre Amiens et Arras; fondée en 1140.

— S. *Martini de Gemellis* (Saint-Martin-aux-Jumeaux, à Amiens); d'abord collégiale, puis érigée en abbaye en 1145, unie à l'évéché en 1565.

— S. *Mariæ de Visignolio* (Sainte-Marie de Visigneul ou Visignol).

O. de Prémontré. H.

Abb. S. Andreæ in nemore (Saint-André-aux-Bois), à 2 lieues de Hesdin et de Montreuil; fondée en 1163.

— S. *Judoci in nemore*, *vel Domni Martini* (Dommartin, autrement Saint-Josse-aux-Bois); fondée en 1159.

— S. *Joannis in Ambianis* (Saint-Jean-lez-Amiens); fondée en 1125.

— *S. Petri de Selincuria, vel de Selincurti* (Saint-Pierre-lez-Sellincourt); fondée en 1131.

— *De Siriaco in pratis* (Saint-Sery-aux-Prés), près Blangy, entre Aumale et Eu; fondée en 1127.

Sources de la géographie et de l'histoire ecclésiastiques du diocèse d'Amiens.

Cartes.

La Picardie comprenait, en totalité ou en partie, sept diocèses: Soissons. — Noyon. — Senlis. — Beauvais. — Amiens. — Laon et Boulogne.

Dans les notes du Diocèse de Noyon (p. 279), j'ai déjà réuni l'indication des principales cartes, qui peuvent être utilement consultées pour l'étude de la Topographie ancienne de la Picardie en général; je me borne à rappeler ici les plus importantes : celle de Jolivet (1560); — celles des Atlas de Mercator, d'Ortelius, de Hondius, de Blaeu, aux XVI⁰ et XVII⁰ siècles; — celles de N. Sanson (1648-1651-1667-1671); — de Jaillot, en 2 feuilles (1681, et surtout celles de 1708 et 1733); — de B. Nolin (1694-1699-1712-1777); — de N. Defer (1709 et 1710); — de Desnos (1762); — de G. Delisle (1702-1704-1712); — de Buache (1745); — de R. de Vaugondy (1753).

Les divisions territoriales politiques sont marquées sur la plupart de ces cartes.

Les divisions ecclésiastiques du diocèse d'Amiens se trouvent sur les cartes suivantes.

Belgica Secunda, Province de Rheims, par N. Sanson. Paris, 1661. 1 feuille in-fol. Les noms des vingt-deux Doyennés ruraux de la division la plus ancienne y sont indiqués.

La carte des parties septentrionale et occidentale de la même Province ecclésiastique, par Nolin, jointe au *N. Gallia christiana*, tome X, 1751, ne contient, au contraire, comme toutes celles de ce recueil, que les indications des abbayes du diocèse d'Amiens et nullement les subdivisions Archidiaconales et Décanales, qui sont sur les deux cartes du diocèse, par N. Sanson.

Carte du diocèse d'Amiens en deux feuilles, par N. Sanson, publiée sous ces titres :

Ambiani. — Archidiaconé d'Amiens, de l'Evesché d'Amiens, où sont les Bailliage et Eslection d'Amiens, en partie Prévosté et Eslection de Montdidier, Eslection de Doulens, en partie, etc. Paris, 1656, une feuille in-fol. — *Id.*, édit. de 1667; une feuille.

Britanni. — Archidiaconé de Ponthieu, dans l'Evesché d'Amiens, où sont les Comté, Seneschaussée et Eslection de Ponthieu, partie du Bailliage et Eslection d'Amiens et de l'Eslection de Doulens, etc. Paris, 1656, une feuille in-fol. — *Id.*, édit. de 1579.

Il doit exister une édition de ces deux cartes, publiée en 1742, par Robert.

Les nouveaux Doyennés ne sont pas indiqués sur les cartes de Sanson.

Je ne connais aucune autre carte du diocèse d'Amiens où aient été reportées les limites des subdivisions ecclésiastiques. La carte historique et ecclésiastique de la Picardie. par M. Roger (1843), ne contient que les limites des diocèses et les noms des abbayes.

Tout récemment (1858-59), une carte ms. de cet évêché, présentant l'état antérieur à 1789, mis en rapport avec l'état actuel, a été offerte par l'auteur, M. Lipsin, de Boulogne, à la Société des Antiquaires de Picardie.

Pouillés.

J'ai indiqué précédemment, à l'article des Archidiaconés et des Doyennés ruraux, les principaux pouillés du diocèse d'Amiens, manuscrits ou imprimés, complets ou partiels. J'en connais plus de vingt, se rapportant à deux types différents : les uns, rédigés principalement en latin, qui ont eu pour base le pouillé de 1301, et ne s'en écartant que par de faibles modifications dans le nombre des paroisses et des Doyennés ; les autres, rédigés en français et présentant tantôt la traduction plus ou moins fidèle des pouillés primitifs, tantôt une rédaction différente, une distribution presque constante des Doyennés par ordre alphabétique et contenant les nouveaux Doyennés qui furent ajoutés à la fin du xvue siècle et pendant le xviiie à la division primitive.

Un pouillé général du diocèse d'Amiens avait été préparé et annoncé en 1765, par le P. Daire, auteur d'ouvrages importants sur l'histoire et la géographie de cette portion de la Picardie. Ce pouillé devait être accompagné de notices historiques sur chaque paroisse, église, abbaye, et sur les villages remarquables par quelques souvenirs historiques. L'auteur aurait imité l'Histoire du diocèse de Paris par l'abbé Lebeuf[1].

On peut regarder comme des portions de ce grand ouvrage, les volumes qu'il publia sur les Doyennés de Montdidier (1765, in-12), de Doullens, de Grandvilliers et d'Encre (1784), ainsi que les histoires restées manuscrites de plusieurs autres Doyennés ruraux et que j'ai indiquées précédemment. Les notices très-instructives, insérées par le même écrivain dans l'Almanach de Picardie, qu'il rédigea depuis 1753 jusqu'à 1759, se rattachaient sans doute aussi au même travail.

Tout récemment (1859), un ecclésiastique, auteur de plusieurs mémoires historiques, M. Decagny, a annoncé à la Société des Antiquaires de Picardie qu'il préparait un pouillé général de l'ancien diocèse d'Amiens. La base de son travail serait un pouillé manuscrit du milieu du xviie siècle. C'est très-vraisemblablement la copie d'un de ceux que possède la bibliothèque de la ville ou celle de l'évêché d'Amiens.

De son côté, M. Garnier se propose de compléter la publication récente du Rotulus, contenant le Dénombrement du Temporel de l'évêché, en 1301, par celle du pouillé original dont la rédaction remonte à la même époque.

Ce sera un travail très-utile à la géographie ecclésiastique de la Picardie, surtout si ce pouillé rédigé sur la même base que celui publié en 1626, contient avec plus d'exactitude les indications et les rappro-

---

1. Préf. de l'Hist. eccl. de la ville et du Doyenné de Montdidier.

chements topographiques qui manquent toujours dans les éditions de pouillés imprimées par Alliot.

Sources de l'histoire et de la géographie ecclésiastiques du diocèse d'Amiens, autres que les cartes et les pouillés.

Documents manuscrits.

La Picardie, et en particulier le diocèse d'Amiens, qui n'ont point encore d'histoire générale et détaillée, conforme au plan des grandes histoires de plusieurs autres provinces publiées par les Bénédictins, possède cependant des trésors véritables de documents, ainsi que des travaux d'érudition historique ou géographique auxquels rien n'est supérieur dans aucune autre partie de la France, et qui sont vraiment dignes de la patrie de Du Cange et de dom Bouquet.

Ces collections inappréciables, si habituellement consultées par les érudits modernes, ont été citées déjà plusieurs fois dans cet ouvrage; ce sont celles de Du Cange et de dom Grenier, conservées l'une et l'autre dans des dépôts publics de Paris. La première, formée pendant la seconde moitié du XVII° siècle, est conservée en partie à la Bibliothèque impériale, en partie à celle de l'Arsenal; elle est, à beaucoup près, la moins considérable. A des travaux uniquement relatifs à la Picardie elle réunit de plus nombreux matériaux recueillis et utilisés, seulement en partie, par quelques savantes dissertations de l'auteur sur des questions variées de l'histoire et de la géographie de la France au moyen âge. Du Cange avait publié, de son vivant, tant et de si savants, de si admirables ouvrages, qu'on n'est pas moins étonné de ceux qu'il n'eut pas le temps de terminer.

L'autre collection, formée un siècle plus tard, de documents originaux de toute sorte, ou d'écrits de seconde main, mais tous exclusivement concernant la Picardie, est celle que dom Grenier recueillit et mit en ordre pendant la seconde moitié du XVIII° siècle. Elle présentait, dès lors, le fruit des recherches et des travaux commencés dans le même but d'une histoire générale de la Picardie, vers 1740, par dom Mongé, supérieur de l'abbaye de Corbie et historiographe de la province, qui mourut vers 1747, et par dom Caffiaux auquel dom Grenier survécut seul en 1777. Cette collection, qui n'a gardé que le nom de D. Grenier, est conservée à la Bibliothèque impériale où elle forme plus de deux cents volumes in-folio, distribués primitivement en trente paquets et chacun en de nombreuses liasses; elle est uniquement relative à la Picardie [1].

---

1. Entre autres sources de renseignements sur ces deux collections, on peut consulter les mémoires suivants :
Notice sur la vie et les ouvrages de Du Fresne, sieur Du Cange, et Appendice indiquant ses œuvres imprimées et mss., par M. Hardouin (*Mém. de la Soc. des Ant. de Pic.*, t. II, p. 128 à 170); — deux notices beaucoup plus anciennes du Du Fresne d'Aubigny, petit-neveu de Du Cange, et du professeur Duval (*Journal des savants*, 1752), ainsi

Parmi les manuscrits de Du Cange concernant la Picardie, on remarque d'abord un Plan ou Dessin, très-complet, de l'histoire de cette province, imprimé déjà dans le *Journal des savants* (1749, p. 833); — de nombreux extraits de cartulaires, d'obituaires, d'inventaires de titres d'abbayes, d'églises collégiales, de registres civils destinés à servir de *preuves* à l'*Histoire de Picardie*. — Une histoire des comtés d'Amiens publiée en 1840, par M. Hardouin, sous le titre d'*Histoire de l'état de la ville d'Amiens et de ses comtes*[1]. — Une histoire des comtes de Ponthieu et des vicomtes d'Abbeville; — des mémoires pour l'histoire des évêques d'Amiens; — des matériaux pour un Nobiliaire de Picardie; — de nombreuses annotations sur l'ouvrage des *Antiquités d'Amiens* par de La Morlière, etc.

La partie des manuscrits conservée à la bibliothèque de l'Arsenal consiste surtout en un exemplaire de l'histoire inachevée des évêques d'Amiens (*Hist.*, n° 236); — en une histoire du comté d'Amiens (*id.*, n° 237) et en un recueil d'extraits, en cinq volumes in-folio, contenant un martyrologe du diocèse, des inventaires de titres, de cartulaires et d'histoires d'abbayes, plusieurs généalogies, des épitaphes, en un mot une grande variété de documents divers sur l'histoire religieuse et civile de la Picardie.

— La collection de dom Grenier est beaucoup trop considérable et trop exclusivement relative à la Picardie pour qu'il soit possible d'en donner ici une analyse. Voici cependant quelques-uns des manuscrits les plus importants pour l'histoire du diocèse d'Amiens.

Un inventaire détaillé, mais incomplet, de cette collection se trouve dans les 8e, 9e et 10e liasses du 16e paquet, sous le titre de *Catalogue alphabétique des ouvrages, extraits, ou pièces, tant imprimés que manuscrits, que les historiens de Picardie ont entre les mains*. Des plans généraux très-détaillés de l'histoire de Picardie rédigés par dom Caffiaux se trouvent dans la 1re liasse du 27e paquet.

Mémoires chronologiques qui peuvent servir à l'histoire ecclésiastique et civile du diocèse d'Amiens, extraits de plusieurs au-

---

qu'un mémoire intéressant de M. Feugère intitulé *Étude sur la vie et les ouvrages de Du Cange.* Paris, 1852, in-8.

— *Pouillé des manuscrits composant la collection de dom Grenier sur la Picardie, à la Bibliothèque du roi,* par M. Ch. Dufour. (*Mém. de la Soc. des Antiq. de Pic.*, t. II, p. 385 à 474.)

Cette liste, qui m'a été fort utile pour mes premières recherches dans cette collection, mériterait d'être complétée par l'impression des tables détaillées et des plans généraux de l'histoire de Picardie, rédigés par D. Grenier lui-même (16e et 27e paquets). M. Damiens, ancien professeur de l'Université, prépare une liste complète des mss. de D. Grenier.

1. Un membre distingué de la Société des Antiq. de Picardie, qui avait déjà publié en 1840 l'*Histoire des comtes d'Amiens*, M. Hardouin, fut chargé par cette compagnie, en 1850, de faire dans les autres manuscrits de Du Cange un choix de ceux qui mériteraient le plus d'être publiés.

leurs et d'anciens manuscrits, par Decourt. 2 vol. in-folio (1er paquet, 1re et 2e liasses). Ces mémoires ont été rédigés pendant le XVIIe siècle. Il en existe une copie dans la Bibliothèque communale d'Amiens.

— Une copie de l'*Histoire des comtes d'Amiens*, de Du Cange, avec une critique accompagnée de preuves, par dom Grenier (1er paquet, 3e liasse).

— *Notes critiques de dom Mongé sur le même ouvrage* (15e paquet, 7e liasse).

— *Histoire de Montdidier, inventaires de titres, ordonnances* et autres pièces concernant cette ville (2e paquet, 3e liasse).

— *Histoire de Montdidier*, écrite en 1743, par M. Seillier (14e paquet, 3e liasse). Autres documents concernant cette même ville (16e paquet, 4e liasse).

— *Pièces relatives à plusieurs communes de Picardie* (4e paquet, 2e et 3e liasses).

— *Pièces concernant l'histoire de l'abbaye de Corbie.*
Documents nombreux et variés parmi lesquels le *Nécrologe* et un recueil de documents ou preuves de l'histoire de cette abbaye.
Une *Histoire des abbés.*
Des *Extraits de cartulaires.*
Une *Histoire de la ville et comté de Corbie*, par dom Grenier, en 3 vol. (4e paquet, 5e liasse; 5e paquet et 7e paquet, 5e liasse).
Un *Pouillé de l'Abbaye.*
Biographie des premiers abbés.
Table des pièces justificatives de l'hist. de Corbie (8e paquet, 1re, 2e et 3e liasses; 10e paquet, 1re liasse; 13e paquet, 5e liasse; 15e paquet, 6e liasse; 16e paquet, 7e liasse; 22e paquet, 2e liasse).

— *Chronique du pays et comté de Ponthieu* (6e paquet, 3e liasse).

— *Extraits des cartulaires du pays de Picquigny*, au XIIIe siècle (7e paquet, 3e liasse).

— *Extraits des cartulaires de l'abb. de Saint-Valéry* (7e paquet, 4e liasse).

— *Mém. sur le Vimeu et le Ponthieu* (7e paquet, 7e liasse).

— *Dictionnaire latin-français des noms de villages de Picardie* (7e paquet, 7e liasse).

— *Table alphabétique des lieux de Picardie* et projet de carte topograph. (16e paquet, 1re liasse). Dans le 21e paquet, liasses 1 à 6, se trouve une description par ordre alphabétique de nombreuses localités de Picardie.

— *Notes et extraits concernant l'histoire d'Amiens* (10e paquet, 7e liasse).

— *Pouillés du diocèse d'Amiens et d'autres diocèses,* — pouillés de leurs abbayes (12e paquet, 5e liasse).

— *Extr. d'un obituaire de l'égl. d'Amiens*, XIIe et XIIIe siècles (14e paquet, 13e liasse).

— *Mém. pour l'hist. génér. de la prov. de Picardie et l'histoire de l'Amiénois* (14e paquet, 1re liasse).

— *Extr. du cartulaire des relig. Célestins d'Amiens* (14e paquet, 3e liasse).

— *Biographie des abbés de Saint-Riquier* (14e paquet, 5e liasse).

— *Extraits du plus ancien cartulaire de l'évêché d'Amiens* (14e paquet, 7e liasse).

— *Mém. pour servir à l'hist. ecclésiastique et civile de Saint-Valery-sur-Somme.* — *Histoire des seigneurs de Saint-Valery.* Copie du livre aux chartes de cette ville (16e paquet, 2e liasse).

— *Collections de chartes* concernant diverses villes de Picardie (16e paquet, 5e liasse).

— *Annales de l'ordre de Saint-Benoît;* extr. relatifs à l'histoire religieuse de Picardie (16e paquet, 6e liasse).

— *Mémoires divers pour l'hist. civ. d'Amiens* (16e paquet, 7e liasse).

— Une collection fort importante, qui se compose de 21 volumes in-fol., forme le 17e paquet en entier comprenant de nombreuses liasses. Elle est très-connue sous le nom de collection de M. de L'Éperon et est intitulée : *Recueil de mémoires historiques et topographiques sur la Picardie* [1].

Hist. de l'Amiénois et du Ponthieu (2e liasse).
Hist. de l'Élection de Montdidier (3e liasse).
Hist. de cette ville (17e liasse).
Histoire des vidames de Laon, d'Amiens et de Picquigny (6e liasse).
Hist. de la Picardie en général, par M. de L'Éperon (7e, 8e et 9e liasses).
Biographie des grands hommes de Picardie (10e liasse).
Mém. sur le pays de Ponthieu au diocése d'Amiens (11e liasse).
Mém. hist. concernant Amiens et d'autres villes de Picardie (12e liasse).
Pouillé général de Picardie (20e liasse).

— Les 18e et 19e paquets contiennent surtout des généalogies, des dépouillements d'historiens, des glossaires picards, etc.

— Dans le 20e paquet, 1re liasse, au milieu d'extraits de documents sur des usages singuliers et superstitieux de la Picardie, sujet auquel sont aussi presque entièrement consacrées les pièces du 24e paquet, se trouvent une description de l'*Église d'Amiens;* des *Statuta synodalia* du Chapitre et un recueil d'épitaphes.

C'est dans la 2e et la 3e liasse de ce 20e paquet que sont comprises plusieurs des parties de l'*Histoire de Picardie* rédigée par D. Grenier, et entre autres l'*Introduction à l'hist. gén. de Pic.*, publiée en 1849 par la Soc. des Antiq. de Pic. (1 vol. in-4o en 2 livraisons).

L'*Histoire de la Picardie en général* forme 6 cahiers, et l'*Histoire de la cité d'Amiens*, 2 cahiers; elle est accompagnée d'une *Biographie des grands hommes* de cette ville. D'autres portions concernent les diocèses de Beauvais, Boulogne, Noyon, Senlis, Soissons, Laon, Térouanne, Vermand ou Saint-Quentin.

— *Description de la ville de Montreuil et de ses comtes* (21e paquet, 4e liasse).

1. Voir, sur cette collection, le P. Daire dans son *Hist. de Montdidier*, p. 312.

— *Chronique du Ponthieu*, par Rumet (ms. très-connu) ; — *Mém. sur le Ponthieu*, par Dorgnies Defresne ; — *Notes sur les comtes de Ponthieu*. — Chartes concernant le Ponthieu (21e paquet, 5e liasse).

— *Matériaux pour l'histoire du Vimeu.*— *Catalogue des comtes de Vimeu* (21e paquet, 7e liasse).

— Le 22e paquet contient des parties de l'histoire de Picardie rédigées par dom Grenier, entre autres une *Histoire d'Amiens et de ses comtes.*

— Le 23e paquet est presque entièrement composé de *Recherches historiques* et de *pièces justificatives sur Laon et le Laonois.*

— *Chartes et autres documents concernant le Ponthieu* (24e paquet, 3e liasse).

— *Collection de chartes relatives à la Picardie*, copiées la plupart sur les originaux, par dom Grenier (26e paquet, 1re, 2e et 3e liasses ; — 27e paquet, 4e liasse ; — 28e paquet, 3e liasse ; — 30e paquet, 1re, 2e et 4e liasses).

— *Inventaire de tous les cartulaires du Chapitre d'Amiens.* — *Pouillé d'archives.* — *Catalogue des principaux actes extraits du registre des archives de l'hôtel de ville d'Amiens* (27e paquet, 2e liasse).

Cette énumération, fort incomplète, des principaux éléments de la collection de D. Grenier, qui concerne surtout le diocèse d'Amiens, n'en donnerait qu'une idée très-insuffisante. Elle présente, en outre, des matériaux du plus haut prix sur plusieurs autres diocèses de la Picardie, et j'ai indiqué quelques-uns des principaux.

Après les collections de Du Cange et de D. Grenier, on doit considérer les Archives départementales de la Somme comme une des sources les plus riches en documents originaux sur l'histoire ecclésiastique du diocèse d'Amiens [1].

La portion la plus importante provient des anciennes archives de l'Évêché et du Chapitre de la Cathédrale ; les chartes, qui y sont en fort grand nombre, avaient été classées, peu de temps avant la Révolution, par Lemoine.

Le cartulaire du Chapitre a été conservé intégralement, il ne forme pas moins de sept volumes originaux, in-4, rédigés pendant les XIIIe, XIVe et XVIe siècles, et accompagnés d'excellents *index*, rédigés par le même archiviste. C'est le recueil le plus précieux pour l'histoire ecclésiastique de ce diocèse. Les archives de l'ancienne Officialité sont conservées au palais de justice d'Amiens, et complètent l'histoire de l'administration épiscopale et capitulaire.

---

1. *Tableau des Archives départementales*, Paris, 1848. in-4, p. 12. — *Catalogue général des cartulaires des Archives départementales*, Paris, 1847, in-4, p. 12. — *Rapport sur les Archives du département de la Somme*, par M. H. Hardouin. (*Mém. de la Soc. des Ant. de Pic.*, t. I, p. 229.)

On conserve aussi dans les archives de la Préfecture d'Amiens des pièces nombreuses concernant les collégiales de Saint-Florent de Roye et de Saint-Martin de Picquigny, les abbayes de Corbie, de Saint-Jean d'Amiens, de Saint-Fuscien, de Notre-Dame du Gard, et quelques fragments moins importants, relatifs à d'autres établissements religieux du diocèse, ainsi que d'autres documents plus nombreux concernant les propriétés et les familles de la féodalité de Picardie.

Les cartulaires les plus intéressants, après celui du Chapitre de la Cathédrale, sont ceux de Saint-Martin-aux-Jumeaux (O. S. A.), de la fin du XIIIᵉ siècle, 1 vol. in-4; — de l'abbaye de Valoires en Ponthieu (O. C.), XIIᵉ et XIIIᵉ siècles, 1 vol. in-fol.; cet intéressant cartulaire a été analysé par M. Bouthors (*Mém. de la Soc. des Ant. de Pic.*, II, 181); — de Saint-Acheul, copie collationnée en 1308; et une collection de chartes originales de la même abbaye (du XIIᵉ au XVᵉ siècle), rassemblées en 1700, et formant une sorte de cartulaire; — une copie faite au XVIIIᵉ siècle, en 2 vol. in-fol., des titres originaux de l'abbaye Notre-Dame du Gard.

On y conserve aussi un recueil composé de chartes relatives au Ponthieu [1].

Les archives municipales de la ville d'Amiens sont également fort importantes, mais surtout au point de vue de l'histoire communale et politique. On y trouve une série précieuse de registres aux chartes, aux délibérations, et un très-grand nombre de pièces originales isolées. Elles ont été soigneusement étudiées et dépouillées pour le *Recueil des monuments inédits de l'Histoire du Tiers État*, ouvrage qui, suivant le plan de son illustre auteur, M. Aug. Thierry, devait embrasser la France entière et qui ne comprend que les institutions de la ville d'Amiens. C'est un nouvel honneur pour cette ville d'avoir fourni, la première, les éléments de l'histoire approfondie du Tiers État qui sert d'introduction à ce grand recueil [2].

La Bibliothèque communale d'Amiens possède plusieurs mss. intéressants pour l'histoire ecclésiastique du diocèse. On en peut voir la liste dans le *Catalogue descriptif et raisonné des mss.* de cette bibliothèque, soigneusement rédigé et publié en 1843 par M. Garnier. J'ai déjà cité de ce dépôt public plusieurs pouillés; le dénombrement du Temporel de l'Évêché en 1301; les manuscrits du P. Daire. La Bibliothèque d'Amiens possède plusieurs recueils mss. de statuts de la Province ec-

---

1. Les cartulaires des abbayes de Selincourt et de Berthaucourt, les chartriers de Picquigny et de Royes ont été aussi conservés.

2. 3 vol. in-4. Paris, 1840-1856. (Collect. de documents inédits sur l'Histoire de France.)

— Les archives municipales ont aussi fourni à M. Bouthors une partie des éléments de son savant ouvrage sur les Coutumes locales du Bailliage d'Amiens.

— Sur les archives de l'Hôtel de ville d'Amiens, ou plutôt sur une partie des registres aux échevinages qui y sont conservés, on peut voir un rapport de M. H. Dusevel. (*Mém. de la Soc. des Ant. de Pic.*, t. II, p. 83.)

rique des plus riches, mais surtout au point de vue de l'histoire politique.

Les Archives et la Bibliothèque municipale d'Abbeville renferment de nombreux documents concernant l'histoire de cette ville et du Ponthieu; ils sont plutôt relatifs à l'histoire civile et ont déjà été fort habilement mis en œuvre par MM. Louandre père et fils.

La Bibliothèque particulière de M. Delignières de Bommy, à Abbeville, était renommée par le grand nombre d'ouvrages et de documents, imprimés ou manuscrits, relatifs à l'histoire du Ponthieu. Elle a été recueillie et est aujourd'hui conservée dans la même ville, par son neveu, M. de Saint-Amand.

Une des histoires mss. les plus importantes pour cette partie du diocèse est la *Chronique du pays et comté de Ponthieu*, par Nicolas Rumet, lieutenant général de Montreuil et intendant d'Amiens, au XVIe siècle. L'une des copies fait partie de la collection de dom Grenier.

On connaît aussi l'*Histoire des anciens comtes de Ponthieu*, par Formentin, avocat à Abbeville (écrite vers 1749).

Autres sources de la géographie et de l'histoire du diocèse d'Amiens.

Ouvrages imprimés.

Nous indiquerons successivement : quelques ouvrages sur l'histoire de Picardie en général ; les principaux écrits sur l'histoire du diocèse et sur celle des principales villes et des établissements ecclésiastiques.

Essai bibliographique sur la Picardie, ou plan d'une bibliothèque spéciale composée d'imprimés entièrement relatifs à cette province, par M. Charles Dufour (*Mém. de la Soc. des Antiquaires de Picardie,* t. X (1850), p. 475 à 594, et t. XIV (1856), p. 531 à 637). Cette IIe partie, qui comprend les nos 354 à 815, est entièrement relative à Abbeville.

Cet ouvrage présente l'indication détaillée et très-exacte d'un nombre fort considérable de pièces imprimées, relatives à toutes les branches de la statistique, de l'administration et de l'histoire locales. On y trouve une énumération des recueils périodiques, des annuaires, des mémoires de Sociétés savantes de la Picardie, et particulièrement du département de la Somme; les premiers livres imprimés dans le pays; les livres de liturgie, à l'usage des sept diocèses de Picardie.

Le plan de l'auteur est celui-ci : 1. De la Picardie en général ; — 2. et 3. Département de la Somme en général, de ses villes et communes ; — 4 et 5. Département de l'Oise, de ses villes et communes ; — 6. et 7. Département de l'Aisne, de ses villes et communes ; — 8. Département du Pas-de-Calais : des villes et communes de ce département qui dépendaient de la Picardie. De ces huit chapitres, les deux premiers sont publiés en totalité, et le 3e en partie.

— *Introduction à l'histoire générale de la province de Picardie,* par D. Grenier, publiée par la Soc. des Ant. de Picardie. Amiens, 1849 et années suivantes. 1 vol. in-4.

— *Essai sur l'histoire générale de Picardie* (par Deverité, avocat), Abbeville, 1770, 2 vol. in-12. — *Id. Supplément* (par le même). Amiens et Abbeville, 1774. In-12.

— *Essai sur l'origine des villes de Picardie*, par M. L. A. Labourt. Mém. couronné par la Société des Antiquaires de Picardie, et publié en 1840, dans le tome IV de ses Mémoires.

— *Archives de Picardie* (par MM. H. Dusevel et de Lafons de Melicocq). Amiens, 1841-1842. 2 vol. in-8.

— *Archives historiques et ecclésiastiques de la Picardie et de l'Artois*, par M. P. Roger. Amiens, 1842-1843. 2 vol. in-8, fig.

— *Bibliothèque historique, monumentale, ecclésiastique et littéraire de la Picardie et de l'Artois*, par M. P. Roger. Amiens, 1844. In-8.

— *La Picardie, Revue historique et littér.*, publiée à Amiens depuis 1855, par M. Le Noël-Herouart. in-8°.

— *La province de Picardie*, par MM. Ch. Louandre, Bourquelot, H. Martin, Pillon, L. Renier, Dusevel et Labourt. (*Histoire des villes de France*, par M. A. Guilbert, t. II. Paris, 1845. In-8.)

— *Voyages pittoresques et romantiques dans l'ancienne France*, par MM. Taylor, Ch. Nodier et Alph. de Cailleux. — *Picardie*. Paris, Didot, 1835-1845. 3 vol. in-fol., avec planches nombreuses de monuments ; publ. en 136 livraisons. La rédaction du texte est due en grande partie, si je ne me trompe, à M. De Gaule.

— On pourrait citer beaucoup d'autres travaux historiques sur la Picardie en général, tels que le chapitre de la Géographie de Blaëu, consacré à cette province : *France*, t. I (xvii° siècle) ; — celui de la *Descr. hist. et géogr. de la France*, par l'abbé de Longuerue, in-f°, 1719. — Le rapport de l'intendant Bignon sur la Picardie, en 1698, publié partiellement en 1717 par Boulainvilliers (*État de la France*, t. II) ; — Piganiol, *N. descr. de la France*, t. II (1753) ; — Expilly, *Dict. de la Fr.*, t. V, 1768. — *Almanach hist. et géogr. de la Picardie*. Amiens, 1753-1790. 35 vol. in-12.

Les indications suivantes sont plus particulièrement relatives à l'histoire ecclésiastique du diocèse d'Amiens, de ses villes et de ses établissements religieux.

— *V. Gallia christiana*, t. II (1656), p. 90.

— *N. Gallia christiana*, t. X (1751), col. 1146-1377, et t. IX (1751), *Instr.*, col. 281 à 360.

— *État des Bénéfices*, etc., par D. Beaunier. Éd. de 1743, t. II, p. 639.

— *Histoire des évêques d'Amiens*, par M. J. B. M. D. S. (Maurice de Sachy). Abbeville, 1770. In-12.

— *Topographia Breviarii Ambianensis.* Amiens, in-12, 1752.

— *Actes de l'Église d'Amiens,* ou *Recueil de tous les documents relatifs à la discipline du diocèse, de l'an 811 à l'an 1848;* avec une notice sur tous les évêques d'Amiens; publiés par Mgr Jéan-Marie Mioland, évêque d'Amiens. Amiens, 1848-1849. 2 vol. in-8.

Ce recueil réunit, outre les actes des synodes déjà publiés dans l'*Amplissima collectio,* t. VII, par D. Martenne et Durand, et dans les *Actes de la Province ecclésiastique de Reims,* plusieurs synodes inédits. Les statuts les plus importants sont ceux des évêques Bernard de Chevenost, en 1411 ; — Jean Avantage, en 1454 ; — François de Pisseleu, en 1546 ; — Geoffroy de La Martonie, en 1586 ; — François Faure, en 1655. Il est question, dans tous ces statuts, des obligations des *Decani rurales,* ou *Dec. Christianitatis,* ou *Archipresbyteri.*

Les 19 anciens Doyennés sont mentionnés dans le synode de 1586, d'après un ms. de la Bibliothèque publ. d'Amiens (*Actes,* t. I, p. 197).

— Il n'est pas de sources plus riches pour l'histoire ecclésiastique que les Vies des saints. Plusieurs de celles qui se rapportent au diocèse d'Amiens ont un grand prix. Telles sont : les vies de S. Firmin, de S. Fuscien, de S. Gration, de S. Valery, de S. Riquier ; la plupart ont déjà été publiées dans les *Vitæ SS.* de l'ordre de S.-Benoît. Un savant ecclésiastique du diocèse d'Amiens, M. l'abbé Corblet, en prépare depuis quelques années une collection complète. L'*Histoire de S. Firmin,* l'apôtre des *Ambiani,* a été publiée récemment (1860) par M. Salmon.

Un écueil dangereux, dans ces publications, me paraît être la tendance de faire remonter l'établissement du christianisme, dans les régions septentrionales de la Gaule, plusieurs siècles avant l'époque où les témoignages authentiques l'indiquent avec une certitude historique.

— Deux grands recueils des plus importants pour l'histoire des institutions de la portion de la Picardie qui comprenait le diocèse d'Amiens, sont : 1° l'ouvrage de M. Aug. Thierry, et 2° celui de M. Bouthors.

1° *Recueil des monuments inédits de l'histoire du Tiers État.* 1re série : *Chartes, coutumes, actes municipaux, statuts des corporations d'arts et métiers des villes et communes de France.* — *Région du nord.* T. I (1850), contenant les pièces relatives à l'histoire de la ville d'Amiens, depuis l'an 1057.... jusqu'au XVe siècle.—T. II (1855), depuis le XVe siècle jusqu'au XVIIe.—T. III, depuis le XVIIe siècle jusqu'en 1789. Le IIIe volume contient aussi l'Histoire municipale de Corbie et de quelques autres bourgs de l'Amiénois. J'ai déjà rappelé la savante introduction sur l'histoire du Tiers État, ouvrage capital, dont cette vaste publication a fourni les éléments à l'illustre écrivain que la France a perdu. Dans les recherches infinies, nécessitées par cet ouvrage qui fait partie de la Collection des monuments inédits sur l'Histoire de France, M. A. Thierry a eu pour collaborateurs MM. Félix Bourquelot et Charles Louandre. Il serait fort désirable qu'on publiât une table sommaire des milliers de titres dont les copies ont été adressées, pendant plus de vingt ans, au ministère de l'instruction publique, pour la composition de ce grand recueil, qui probablement restera toujours inachevé.

2° *Coutumes locales du bailliage d'Amiens, rédigées en 1507, et publiées d'après les mss. originaux, par M. Bouthors, greffier en chef de la cour d'appel d'Amiens.* 2 vol. in-4. Amiens, 1842-1853 (avec une *Esquisse féodale du comté d'Amiens au XII° siècle*). Cet ouvrage capital fait partie des publications de la Société des Antiq. de Picardie.

— *Les Antiquitez de la ville d'Amiens; et le Recueil de plusieurs nobles et illustres maisons vivantes et esteintes en l'estendue du diocèse d'Amiens,* par M. Adr. de La Morlière, chan° de l'église cathédrale d'Amiens. 3° édit., déd. au Roy. Amiens, 1642, 1 vol. in-fol. en 2 part. de 409 et 441 p. Le premier volume est divisé en trois livres. L'histoire des monuments religieux est dans le I°', et l'histoire des évêques dans le II°. Les deux premières éditions avaient été publiées sous ces titres : *Brief estat des Antiquitez et choses remarquables de la ville d'Amiens. — Catalogue des evêques d'Amiens,* 1621-1622-1624. 2 vol. in-8.— *Antiquitez et choses remarquables de la ville d'Amiens,* 1627, in-4. — Le *Nobiliaire du diocèse d'Amiens,* dont ce même historien est auteur, a été publié plusieurs fois, en 1630 et 1642, soit à la suite des *Antiquités,* soit isolément sous le titre de *Recueil de plusieurs nobles et illustres maisons,* etc. (in-4). Cet ouvrage avait précédé les trois *Nobiliaires* de Picardie, par H. Jouvet (1680), in-4; par Haudicquer de Blancourt (1693), in-4 ; par N. de Rousseville (1717), in-fol.

— *Histoire de l'état de la ville d'Amiens et de ses comtes, avec un recueil de plusieurs titres concernant l'histoire de cette ville, qui n'ont pas encore esté publiez,* par Ch. du Fresne, sieur Du Cange. — *Ouvrage inédit publié d'après le texte du ms. original de la Bibl. roy., précédé d'une notice* (par M. H. Hardouin). Amiens, 1840, in-8.

— *Manuscrits de Pagès, marchand d'Amiens, écrits à la fin du XVII° et au commencement du XVIII° siècle, sur Amiens et la Picardie, mis en ordre et publiés par Louis Douchet, membre de la Société des Antiq. de Picardie.* Amiens, t. I, II, III et IV, 1856-1860. 4 vol. in-12. Dans le premier volume se trouve, entre autres renseignements curieux, une description des églises d'Amiens et des établissements religieux du diocèse; mais il n'y a rien de relatif à la géographie ecclésiastique.

— *Histoire de la ville d'Amiens depuis son origine jusqu'à présent, ouvrage enrichi de cartes, de plans et de différentes gravures,* par le Rév. P. Daire, célestin. Paris, 1757, 2 vol. in-4. La vie des évêques est dans le tome II, qui contient aussi les pièces justificatives. J'ai cité précédemment du même écrivain, l'*Histoire de la ville et du Doyenné de Montdidier* (1765, in-12), et celle de plusieurs autres Doyennés du diocèse d'Amiens, de *Doullens,* de *Grandvillers* et d'*Encre* (1784, in-12). Je possède un exemplaire du premier de ces ouvrages, avec de nombreuses additions autographes de l'auteur.

Le P. Daire inséra dans l'Almanach de Picardie, qu'il rédigeait, plusieurs notices historiques et archéologiques sur des villes et des établissements ecclésiastiques du diocèse. Il est aussi l'auteur d'une Histoire littéraire de la ville d'Amiens (in-4, 1782), et d'un Tableau hist. des Sciences, etc., dans la Picardie (in-12, 1768).

— *Histoire de la ville d'Amiens, depuis les Gaulois jusqu'à nos jours*, par M. H. Dusevel. 1re édit. Amiens, 1832, 2 vol. in-8. Fig. — 2e édition. Amiens, 1848. 1 vol. in-8. Fig.

M. H. Dusevel est auteur d'un grand nombre de mémoires intéressants sur différents sujets concernant la ville d'Amiens et le département de la Somme. Les principaux sont les suivants :

Monuments anciens et modernes de la ville d'Amiens, dessinés par MM. Duthoit. Amiens (s. d.), gr. in-4, 50 pl.

Description historique et pittoresque du département de la Somme, suivie d'une biographie des hommes célèbres de ce département ; en collaboration avec M. P. A. Scribe. Amiens, 1836-1844, 2 vol. in-8, 22 pl.

Essai sur l'histoire du département de la Somme, 1827. In-8.

Lettres sur le département de la Somme, 1828. — 3e éd. Amiens, 1840. In-8.

Le Département de la Somme, ses monuments anciens et modernes, ses grands hommes et ses souvenirs historiques, ouvrage illustré de dessins, par M. Duthoit. Amiens, in-8 (non terminé).

Notice historique et descriptive de l'église cathédrale d'Amiens. 3 éditions. 1re, 1830 ; — 2e, 1846 ; — 3e, 1853, in-8, pl.

M. H. Dusevel a aussi publié dans différents recueils des descriptions de plusieurs villes et de monuments civils et religieux du diocèse. — M. E. Dusevel, son frère, est auteur de *Mémoires sur les anc. monuments de l'arrondissem. de Doullens.* Amiens, 1831, in-8.

— *Dict. stat. et topographie des communes du département de la Somme*, 1840, in-8. — *Géographie hist. et stat. du dép. de la Somme*, Amiens. 1 vol. in-12.

— *Mémoire sur les monuments religieux et historiques du département de la Somme*, par M. J. Garnier. Amiens, 1839, in-8. (Extr. des *Mémoires* de l'Académie d'Amiens.)

— *Études archéologiques sur les monuments religieux de la Picardie…, du Xe au XVIe siècle*, par M. E. Woillez. (Mém. de la Soc. des Ant. de Picardie, t. VI, p. 213 à 495.)

— *Essai historique sur les arts du dessin en Picardie, depuis l'époque romaine jusqu'au XVIe siècle*, par M. le D. Rigollot. (Mém. Soc. des Ant. de Pic., t. III, p. 275-470.)

— *Description de l'Église cathédrale d'Amiens*, par Maurice Rivoire. Amiens, 1806, in-8. On y trouve, p. 215 à 238, un tableau chronologique des évêques d'Amiens, avec une courte notice historique sur chacun d'eux, d'après le *Gallia christiana*. M. Rivoire était aussi rédacteur de l'*Annuaire* statistique de la Somme.

— *Description hist. de l'église cathédra'e de N.-D. d'Amiens*, par M. Gilbert. 1834. 1 vol in-8. Fig.

— On trouve dans les *Mémoires* et les *Bulletins* de la Soc. des Ant. de Picardie plusieurs notices sur différentes parties de l'architecture, des sculptures, des peintures de la cathédrale ; sur les portails, sur les sculptures du chœur, sur celles des stalles, sur les peintures des sibylles, etc. [1].

— *Inventaire du trésor de la cathédrale d'Amiens*, par M. J. Garnier. (Mém. Soc. Antiq. de Pic. t. X, p. 229-391.)

Entre autres histoires de villes et d'établissements ecclésiastiques, on peut consulter les suivantes.

— *Description hist. de l'Église de l'ancienne abbaye royale de S.-Riquier, en Ponthieu, et not. sur l'Égl. de St.-Wulfran d'Abbeville*, par M. Gilbert. Amiens, 1836, in-8.

— *Chronicon Centulense, sive S. Richarii (ab Hariulfo)*. Précieuse chronique de l'abb. de S.-Riquier, impr. dans le *Spicilegium* de d'Achéry. (Éd. in f., t. II, p. 291-356.)

— *Notice hist. sur la commune de Corbie*, par M. Bouthors. (Mém. Soc. Ant. de Pic., t. II, p. 295-358.)

— *Sur l'ancienne communauté des Augustins d'Amiens*, par M. Guérard. (*Id.*, t. I, p. 153-214.)

— *L'Église Saint-Germain d'Amiens*, par M. l'abbé Corblet. Amiens, 1854, in-12.

— *Histoire de l'Église Saint-Germain d'Amiens*, par M Guérard. Ouvrage publié en 1860, après la mort de l'auteur, par la Soc. des Ant. de Picardie. (Mém., t. XVII, p. 429 à 778.)

— *Histoire de la ville de Roye*, par M. Grégoire d'Essigny. 1818, in-8. — *Église de Roye*, par M. de La Fons. 1844, in-8.

— *Histoire de la ville de Montdidier*, par M. V. de Beauvillé. (Paris, 1858, 3 vol. in-4, avec cartes et pl.) Peu d'histoires locales ont donné lieu à un ouvrage aussi considérable et rédigé avec un aussi grand soin. — L'auteur vient de publier un *Recueil de documents inédits* ... (*d'après les titres originaux conservés dans son cabinet*) qui renferme beaucoup de pièces originales importantes pour l'histoire de Picardie, et surtout pour l'histoire d'Amiens. 1 vol. in-4. Paris, 1860.

---

1. La Soc. des Antiquaires de Picardie, depuis son origine en 1836, a publié 18 volumes in-8 de *Mémoires*, 6 vol. in-8 de *Bulletins* et 4 vol. in-4 de *Documents*. Ces recueils sont des plus intéressants pour l'étude de l'histoire et de l'archéologie du diocèse d'Amiens.

— *Picquigny et ses seigneurs, Vidames d'Amiens*, par M. Darsy. Amiens, 1860, 1 vol. in-8.

Les ouvrages suivants sont plus particulièrement relatifs à la partie occidentale du diocèse d'Amiens, qui comprenait le Ponthieu et le Vimeu.

— *Britannia, ou Recherche de l'antiquité d'Abbeville*, par N. Sanson d'Abbeville. Paris, 1636, in-8[1].

— *L'Histoire ecclésiastique de la ville d'Abbeville et de l'Archidiaconé de Pontieu* (sic), *au diocèse d'Amiens*, par le P. Ignace Joseph de Jésus-Maria, carme déchaussé[2]. Paris, 1646, in-4 de 529 p.

— *Histoire généalogique des comtes de Pontieu et des maieurs d'Abbeville, depuis l'an* 1083 *jusqu'en* 1657. (Par le même.) Paris, 1657, in-fol. de 869 pages. Cet ouvrage et le précédent sont fort rares et des plus importants pour l'histoire du Ponthieu.

— *Mémoire historique et topographique sur le comté de Ponthieu*, par M. Godard de Beaulieu. (Merc. de Fran. 1740, p. 2370.)

— *Histoire du comté de Ponthieu, de Montreuil, et de la ville d'Abbeville, sa capitale : avec la notice de leurs hommes dignes de mémoire* (par Deverité). Londres et Abbeville, 1767. 2 vol. in-12.

— *Almanach du Ponthieu et d'Abbeville*, 7 vol. in-32, 1765 ; 1776 à 1786. (Plusieurs notices histor. et archéol.)

— *Histoire ancienne et moderne d'Abbeville et de son arrondissement*, par M. F. C. Louandre. Abbeville, 1834-1835. 1 vol. in-8 en 2 livraisons.

— *Histoire d'Abbeville et du comté de Ponthieu jusqu'en* 1789, par le même. Paris et Abbeville, 1844 2 vol. in-8.
Cet ouvrage est l'une des meilleures histoires locales.

— *Recherches sur la topographie du Ponthieu avant le* XIVe *siècle*, par M. Louandre. (Mém. de la Soc. d'émul. d'Abbeville, 1839.)

— *Biographie d'Abbeville et de ses environs*, etc., par le même. Abbeville, 1829, in-8.

— *Notice historique et généalogique sur la branche aînée des ducs et comtes de Ponthieu et sur celle des princes et comtes de Visme* (par M. Schayes). Bruxelles, 1843, in-8.

---

1. Le P. Labbe inséra une réfutation de l'ouvrage de N. Sanson dans ses *Tableaux de la Géogr. royale.* 1646, in-folio.
2. Jacques Sanson, auteur de cet ouvrage, était neveu du grand géographe Nicolas ; il était né en 1596, il est mort en 1665.

— *Notices historiques, topographiques et archéologiques sur l'ar- rondissement d'Abbeville*, par Ernest Prarond. Abbeville, 1354-1856. 2 vol. grand in-12. L'ouvrage doit former 6 volumes. Le II° volume a été publié de nouveau, sans changements, en 1860, sous ce titre : *Le canton de Rue. — Histoire de seize communes.* 1 vol. in-12.

— *Histoire civile, politique et religieuse de Saint-Valery et du comté du Vimeu*, par M. F. Lefils (avec des annotations par M. H. Du- revel). Abbeville, 1858, in-8.

— *Histoire civile, politique et religieuse de la ville de Rue et du pays de Marquenterre*, par M. F. Lefils (avec des annotations, par M. H. Dusevel). Abbeville, 1860, 1 vol. in-12.

— *Gamaches et ses seigneurs*, par M. Darsy (1855-1856, t. XIII et XIV des Mém. de la Soc. des Ant. de Picardie).

— *Description archéologique et historique du canton de Gamaches*, par le même. Amiens, 1858, in-8. (Extr. du t. XV des Mém. de la Soc. des Ant. de Picardie.)

— *Notice sur quelques anciens coins monétaires..., suivie de l'in- dication des principales monnaies du Ponthieu*, par M. De Marsy. Mém. de la Soc. d'Abbeville, t. VII, p. 25 à 79, 2 pl. 1849-1852.)

— *Essai hist. sur les monnaies des comtes de Ponthieu...,* par M. C. Deschamps de Pas. (Mém. Soc. Ant. de Picardie, t. XIII. 1854.)

— *Sigillographie du Ponthieu. Recueil de sceaux concernant Ab- beville et les environs*, par M. E. De Marsy. Abbeville, 1855 et années suiv. In-8.

— Les Mémoires de la Société d'émulation d'Abbeville, qui doivent une si heureuse impulsion à son honorable président, M. Boucher de Perthes, bien connu par plusieurs intéressants ouvrages et surtout par ses recherches sur les plus anciens vestiges de l'industrie humaine, contiennent quelques notices instructives sur l'archéologie et l'his- toire du Ponthieu. Il en a été déjà question dans ces recherches. Ses travaux ne sont cependant pas aussi exclusivement bornés aux études historiques et archéologiques, que ceux de la Société des Antiquaires de Picardie. Celle-ci est l'une des plus actives et des mieux dirigées d'entre les Sociétés de France qui s'occupent de re- cherches historiques.

XI. DIOCÈSE DE TÉROUANNE.

CIVITAS MORINUM, id. ac TARVANNA (TERUANNA).

(F. Vers le commencement du vi⁰ siècle; rétabli en 624. — Supprimé après la destruction de la ville, en 1553, et divisé, en 1559, en trois autres diocèses).

2 ARCHIDIACONÉS; 17, PUIS 21, PUIS 25 ET PEUT-ÊTRE 26 DOYENNÉS RURAUX.

I. ARCHIDIACONATUS MORINENSIS, vel ARTESIÆ, vel FRANCIÆ. Archidiac. d'Artois.	Partie occ. et n.-occ. du diocèse.		
1. DECANATUS CAPITULI MORINENSIS et DEC. CIVITATENSIS, al. DE TARVENNA, TERVANNA, TERUANENSIS Doy. de Térouanne (Téroane, Therouanne).		Térouannais proprem. dit. (*Pag. Taruanensis, Teroanensis.*) Regale de Térouanne.	Cant. d'Aire-sur-la-Lys, arr. de Saint Omer (de-Calais), à et demie au de cette dern ville.
2. DECANATUS, vel CHRISTIANITAS BONONIENSIS, al. BOLONIENSIS. Doyenné de Boulogne.	A l'O. de Térouanne. 37 par.	Boulonnais. (*Pag. et comitatus Bononiensis, vel Boloniensis, Bolonesium; antiq Pag. Gessoriacus.*)	Boulogne-s.-Mer Ch.-l. d'arr. dép. du Pas-de-Calais.
3. — GHISNENSIS, vel DE GHISNA, DE GISNIS (al. DE ARDEA).	N.O. 6 par.	Comté de Guines; haut pays de Guines;	Guines. Chef-lieu de canton de l'arrondissement

Texte vertical (colonnes centrales) :

Térouanne, capit. des Morins, était à peu près au centre, un peu vers le S. du dioc. Son territ. fit, plus tard, partie du nouv. dioc. de St-Omer.

Partie occidentale de l'Artois (*Artesiæ comitatus*). — Le Térouannais (*pagus Taruennensis, vel Tarvannensis, vel Morinensis*). Partie orient. du dioc. — Le Térouannais (*pagus Taruannensis, Teruannensis, vel Morinensis*), partie occidentale du diocèse de Térouanne. Boulonnais (*pagus Bononiensis*), partie occidentale

yenné de Guine| Guisnes, Gisnes), quelquefois nommé Doy. d'Ardres.	*Idem.*		partie du Boulonnais. (*Comitatus Ghisnensis, Gisnensis.*) Entre Boulogne et Calais.	Boulogne (Pas-de-Calais). Ardres. Ch.-l. de cant. de l'arr. de Saint-Omer (Pas-de-Calais).
—ALEKINENSIS, al. LCHENENSIS, DE BILKINIO, DE ALEKIN. lquines (Alkines).	O. 43 par.			Cant. de Lumbres, arr. de St-Omer (Pas-de-Calais).
— DE WITSANTO. issant (Witsant).	N.O. 20 par.			Canton de Marquise, arr. de Boulogne (Pas-de-Calais).
— DE FRENCQ, al. DE FRANCILIACO. rencq.	O.S.O. 31 par.			Frencq, arr. de Montreuil-sur-Mer (Pas-de-Calais).
— FALCOBERGENSIS. auquembergues.	O.47p. le plus voisin de Téroüanne.			Ch.-l. de canton de l'arr. de Saint-Omer (Pas-de-Calais).
— HISDINIENSIS, vel DE HESDINIO. esdin. (Doy capitulaire; plus tard Doy. rural.) a partie du bailliage d'Hesdin, sur la r.g.de la Canche, formait un Doy. du même nom dans le dioc. d'Amiens.	S. 36 par.		Ternois (*Ternesium; pag. Ternensis*); partie du *pagus Tarvanensis.* Comté de St-Pol, en grande partie.	Ch.-l. de canton de l'arr. de Montreuil-sur-Mer (Pas-de-Calais).
—DE ROMNO, BOMMENSIS, DE BALMACO. my (Bommy), près Térouanne).	S. 24 par.			Con de Fauquembergue, arr. de St-Omer (Pas-de-Calais).
—). — LILIERENSIS, vel LILLERIENSIS, DE LISLERIIS, DE LILERTIO,DE HAMO-LILLERIENSI. Lillers.	E.S.E. 9 par.			Ch.-l. de cant. de l'arr. de Béthune (Pas-de-Calais).

(Texte vertical central :) Le Térouennais (*pagus Taruenensis, vel Taruanensis*), part. occid. du dioc. de Térouanne. — Le Boulonnais (*pagus Bononiensis*), part. occid. du dioc. — Le Boulonnais. Partie occidentale de l'Artois (*Artesiæ comitatus*). Part. orient. du dioc. — Partie occidentale de l'Artois (*Artesiæ comitatus*, vel *Morinensis*). Part. orient. du dioc.

DECANATUS MAR-CENSIS, vel DE ERCQ, MERCK, ARCK. ...rck (Marq, Mar-ie). Ce Doy. a été ...ssi nommé Doy. ...e Calais, après ...59.	N. 7 par.		Comté de Guines.		Arrond. de Furnes.
— FURNENSIS. ...rnes.	N.N.E. 20 par.		Furnense Territorium. Furn-Ambacht.		Ch.-l. d'arr. de la prov. de la Flan-dre occid.
— BROBURGENSIS, ...l DE BROBORG, ...e BURBURGO, DE RODBORCH. ...urbourg.	N. 20 par.		Broburgensis comitatus		Ch.-l. de canton de l'arrond. de Dunkerque (N.).
— CASLETENSIS, ...el DE CASTELLO. ...ssel (Castellum ...enapiorum).	E.N.E. 24 par.				Ch.-l. de canton de l'arr. d'Haze-brouck (Nord).
— BERGENSIS, ...el DE BERGIS-S.ᵗ VINOCI. ...rgues-Saint-Wi-och (Bergh, Ber-hes).	N. 32 par.				Ch.-l. de canton de l'arr. de Dun-kerque (Nord). Dunkerque était dans le Doy. de Bergues.
— DIXMUDENSIS, ...el DIXMUNDENSIS, ...E DICASMUTHA, DE ...CHESMUNDA. ...mude, Dixmuude Dixmyden).	N.N.E. 15 par.				
— NOVI-PORTUS, ...el NEO-PORTENSIS, ...ntea DE NOVO-...URGO. ...euport, Neupoort. Ces deux Doy. (24 ...t 25) paraissent ...voir été réunis.	N. 7 par.				Arrond. de Furnes.
— MINORISVILLÆ. ...erville (Merghem). ...e Doy. manque ...ans le pouillé la-...in, et figure dans ...'acte de partage de ...559.	E. 14 par.				Chef-lieu de can-ton de l'arroti-dissement d'Ha-zebrouck (Nord).

Vertical note (centre column): Partie occidentale du comté de Flandre. — Flandre Wallone (comitatus Flandrensis); partie occidentale; partie occidentale du pag. Mempiscus, territoire des Menapii, dont la plus grande partie composait le diocèse de Tournai. — Flandre Flemingante ou Teutone et petite portion occidentale de la Flandre

Vertical note (right column): Belgique. — Province de la Flandre occidentale.

Le nombre des paroisses est fixé d'après l'acte de partage, de
1559. (A. Le Mire. *Op. dipl.*, IV, 661.)
Les paroisses réunies sont comptées isolément.

1º Doyennés ruraux de l'ancien diocèse de Térouane, d'après
P. Malbrancq (*De Morinis*, t. II, liv. V, c. XXVIII, p. 99; 1639).

Decanatus.		Decanatus.
Moberchfaldium.	14. —	Arkes.
..., seu Audomaropolis.	15. —	Watanum.
...	16. —	Alekina.
...	17. —	S. Wilbrordi pagus, postea Brecburgus.
..., seu Panlopolis.	18. —	Merkium.
..., seu Casletum.	19. —	Wisantum.
...	20. —	Franciliacum, seu Frangi.
...	21. —	Falconberga.
...	22. —	Alciacum in nemore.
...	23. —	Waurantis-Villa.
...	24. —	Hedinum.
...	25. —	Blungiacum.

... par Malbrancq ... cet historien, fait ...
... les Doyennés ruraux du diocèse ...
... ce qui doit rester d'incertain ...

... diocèse de Térouanne en 1559, ...
... dans la 1re colonne du ...
... 661). C'est aussi celui ...
... l'ancien diocèse de Térouanne ...
... publiée à Arras, en 1857, ...
... en 1643, et qui est ...
... présente que 21 Doyennés ...
... de Merville y manquent, ...
... de Dixmude. Une partie des ...
... par Malbrancq, ce qui ...

... général, un Doyenné qui se ...
... *Decanatus Tervanensis*, se ...
... différerait du D. 6 de la ...
... en Ternois. Se confondrait ...
... sa juridiction que la ...
... cependant de l'insert ...

2° — Liste des Doyennés ruraux de l'ancien diocèse de Térouanne antérieurement à la création des nouveaux évêchés en 1559; (d'après le pouillé latin, publié par Alliot en 1648).

Archidiaconatus Franciæ.
Decanatus :

1. — *Boloniensis*. Boulogne.
2. — *Gisnensis*. Guisnes.
3. — *Alkinensis*. Alkines.
4. — *De Wisant*. Wisant.
5. — *De Frencq*. Frencq.
6. — *Falcobergensis*. Fauquem-
bergues.
7. — *De Bommy*. Bommy.
8. — *Lilierensis*. Lillers.
9. — *Ariensis*. Aire.
10. — *Sancti-Pauli*. Saint-Pol.
11. — *Helfault*. Helfaut.
12. — *Audomarensis*. St-Omer.

Archidiaconatus Flandriæ.
Decanatus :

13. — *Balloli*. Ballieul, ou Belle.
14. — *Popringensis*. Poperinghe.
15. — *De Mercq*. Mercq.
16. — *De Bourgbourg*. Bourbourg.
17. — *Furnensis*. Furnes.
18. — *De Arques*. Arques.
19. — *Casletensis*. Cassel.
20. — *Bergensis*. Dergues-St.-Wi-
noch.
21. — { *Dixmudensis*. Dixmude.
{ *Novi-portus*. Nieuport.

3° — Liste des Doyennés ruraux de l'ancien diocèse de Térouanne; d'après le pouillé de Dom Alard Tassard, moine de Saint-Bertin[1].

Ce pouillé a été dressé vers la fin du xv° siècle, copié vers le commencement du xvi°, probablement vers 1512 et certainement avant 1532, époque de la mort du savant bénédictin[1]. C'est le plus complet que je connaisse et le seul où le nombre des Doyennés ruraux soit de vingt-six. Il contient, de plus que le pouillé latin, les Doyennés de Hesdin, d'Ypres, de Messines et de Merville, qui ne dépendaient point de la France. On y voit, de plus que dans le tableau général, le Doyenné de Mes-ines qui a existé momentanément et aussi nommé D. de Warneston; ainsi que les Doyennés de Hesdin, d'Ypres et de Merville. Le Doyenné d'Arques y est subordonné à l'Archidiaconé de Flandres, tandis que je l'ai placé dans celui de France, en ayant égard à sa situation entre ceux de Saint-Omer et d'Helfaut qui faisaient, tous deux, partie de l'Archidiaconé de France. Les Doyennés de Dixmude et de Nieuport, réunis dans le pouillé latin, sont distincts dans celui-ci.

I. ARCHIDIACONÉ DE FRANCE.
Doyennés ruraux :

1. *Boullongne*.
2. *Ghines*.
3. *Alquines*.
4. *Wissant*.
5. *Frencq*.
6. *Faucomberg*.
7. *Hesdin*.
8. *Bomy*.
9. *Lillers*.
10. *Aire*.
11. *Saint-Pol*.
12. *Helfault*.
13. *Saint-Omer*.

1 Ce pouillé, dont il sera question plus loin dans l'examen comparatif des pouillés, est conservé dans la bibliothèque municipale de Saint-Omer, avec les autres manuscrits de D. Tassard et un grand

II. ARCHIDIACONÉ DE FLANDRES.

Doyennés ruraux :

14. *Ypres.*
15. *Messines.*
16. *Bailleul.*
17. *Poperinghe.*
18. *Mark.*
19. *Bourbourg.*
20. *Furnes.*

21. *Nieuport.*
22. *Merville* [1] ?
23. *Arkes.*
24. *Cassel.*
25. *Bergues.*
26. *Dixmude.*

Dissolution et partage du diocèse de Térouanne.

Le démembrement du diocèse de Térouanne présente, au XVIe siècle, dans l'étude de la géographie ecclésiastique de la France, un fait si capital ; il donna lieu, de la part des puissances ecclésiastiques et politiques, à un développement de précautions si rigoureuses dans le but de sauvegarder les traditions et les priviléges de l'Église, qu'il m'a semblé convenable d'en retracer clairement les résultats. C'est à cet effet que j'ai dressé, d'après les documents originaux, un tableau comparatif de l'état primitif du diocèse de Térouanne, en rapport avec les trois nouveaux diocèses érigés en 1559, aux dépens de son vaste territoire.

Le partage du diocèse de l'antique *Morinie* entre le roi de France et l'empereur d'Allemagne, souverain des Pays-Bas, comte de Flandres et d'Artois, ne fut, il est vrai, qu'une partie de la révolution fondamentale qu'eut alors à subir l'organisation ecclésiastique des anciens évêchés de Reims, de Cambrai, d'Arras, de Tournai, de Térouanne, de Liége et d'Utrecht ; mais elle fut assez complète et assez distincte pour qu'on puisse l'étudier isolément.

Les documents qui constatent ces grandes modifications territoriales sont nombreux et tous authentiques. Celui qui se rapporte spécialement au diocèse de Térouanne est distinct des actes officiels qui constituèrent les trois grands archevêchés de la Germanie-Inférieure, ou de la Gaule-Belgique : Malines, Cambrai et Utrecht. Il est daté de la même année, 1559, et fut confirmé par les mêmes papes, Paul IV et Pie IV. Il ne pourvut d'abord qu'au partage de l'ancien diocèse de Térouanne. Cette pièce officielle, émanant du pouvoir civil, est connue sous le titre suivant : *Partition de l'Évêché, Diocèse, Église et Chapitre de Terrouane, accordée entre les députés des Roys Catholique et Très-Chrétien, assemblés dans la ville d'Aire,* (conformément au traité de Cateau-Cambrésis, 3 avril 1559) [2].

---

nombre de manuscrits précieux provenant aussi de l'abbaye de Saint-Bertin. Je dois cette liste à l'obligeance de M. Haigneré, archiviste de la ville de Boulogne.— Il existe à Arras un pouillé de Térouanne, peut-être plus ancien ; mais je n'ai pu le consulter, non plus que celui qui est conservé dans un dépôt public de Bruges. Je les présume être, l'un et l'autre, à peu près conformes au pouillé de dom Tassard.

1. Le n° 22 reproduit le Doyenné de Messines qui figure déjà sous le n° 15. Je l'ai remplacé par celui de Merville indiqué par Malbrancq.

2. Miræus, *Opera dipl.*, t. IV, p. 661 à 679. On connaît plusieurs copies contemporaines de ce document.

La division de l'évêché n'eut d'abord lieu qu'en deux portions; l'une,
correspondant à l'ancien Archidiaconé de Flandres, était attribuée au
diocèse qui serait érigé dans le pays du roi Catholique (Pays-Bas) et
comprenait 17 Doyennés ruraux, avec leurs paroisses. L'autre, représentant l'ancien Archidiaconé d'Artois, attribuée au diocèse qui serait
érigé, « ez pays du roy Très-Chrétien » (France), comprenait les 8 ou 9
autres Doyennés de l'ancien évêché. Le partage s'opéra aussi pour les
villes, châteaux, villages, districts, « pour tous lieux ecclésiastiques,
séculiers et réguliers, les abbayes, terres, fiefs, dixmes et tous autres
droits. » Ce fut un peu plus tard (1562) que les deux diocèses d'Ypres
et de Saint-Omer furent créés distinctement pour les Pays-Bas, et
plus tardivement encore (1566) celui de Boulogne pour la France.
C'est ce partage complet que représente le tableau qui figure ci-après.

La ville de Térouanne, cette forteresse française avancée au milieu
des territoires du roi d'Espagne, et dont la possession fut si longtemps disputée, avait été prise après un siége mémorable, et détruite
de fond en comble par l'armée de Charles-Quint, en 1553. Le clergé,
dont la cathédrale avait été rasée, comme les autres églises et tous
les monuments publics, avait obtenu du vainqueur la permission de
quitter librement la vieille cité; mais sans emporter, du moins os-
tensiblement, ses reliques, ses ornements sacrés, non plus que les
titres historiques de ses droits et priviléges anéantis. Il ne les
recouvra en partie qu'un peu plus tard.

Les anciennes et légitimes prétentions de Boulogne au titre de Cité
épiscopale se ranimèrent alors plus vivement; mais cette ville ne
reçut qu'une portion des représentants exilés de l'évêché de Térouanne. Boulogne était française; ce fut sur le territoire du vainqueur que devait s'abriter le principal vestige de l'antique diocèse
des *Morini*. La ville ou plutôt le Chapitre de Saint-Omer donna
en 1554 l'hospitalité aux chanoines de la cathédrale de Térouanne; et
cinq ans plus tard cette ville devint, même avant Boulogne pour la
France, siége d'un évêché nouveau dans les Pays-Bas, honneur
qu'elle ne tarda pas à partager avec la ville d'Ypres.

De nombreuses difficultés se présentaient dans la distribution des
anciens droits, possessions, titres et revenus de l'évêché de Térouanne entre les nouveaux diocèses. Elles furent discutées et réglées; dans une assemblée qui se tint à Aire le 1er juin 1559, entre
les députés du roi de France et du roi d'Espagne, en présence d'un
envoyé de l'archevêque de Reims. La confirmation de ces changements dans l'ordre ecclésiastique de la Province de Reims donna
lieu, de la part de la cour de Rome, à une instruction approfondie
qui embrassa l'ensemble des modifications résultant de la création
de tous les nouveaux évêchés des Pays-Bas [1].

---

1. Entre autres documents officiels, concernant la création des
nouveaux évêchés, on peut consulter les procès-verbaux authentiques, rédigés sous la présidence du célèbre docteur de Louvain Son-
nius, représentant de Philippe II à la cour de Rome et depuis
évêque de Bois-le-Duc et d'Anvers. (Miræus, *Opera dipl.*, t. III, p. 515
à 556.)

Voici les principales conditions du traité d'Aire. [1]

« L'Evêché, Dignitéz et Offices seront divisez en deux portions de « l'Evêché et Diocèse de Terrouane.

« Au Diocèse qui sera érigé au pays du Roy Catholique appartien- « dront les paroisses et cures qui s'ensuivent.

« [En l'Archidiaconé de Flandres] :

« *Doyenné d'Ypres*, avec 22 paroisses qui sont dénommées. — *Doy. de Baillœul*, avec 15 paroisses ; — *Doy. de Poperinghe*, avec 13 paroisses ; — *Doy. de Bourbourgh*, avec 20 paroisses ; — *Doy. de Furnes*, avec 20 paroisses ; — *Doy. de Cassel*, avec 24 paroisses ; — *Doy. de Berghes*, avec 30 paroisses ; — *Doy. de Dixmude*, avec 15 paroisses ; — *Doy. de Nieuport*, avec 7 paroisses ; — *Doy. de Merville*, avec 14 paroisses ; — *Doy. de Hesdin*, (en partie) avec 3 paroisses ; — *Doy. de Lillers*, avec 9 paroisses ; - *Doy. d'Aire*, avec 9 paroisses ; — *Doy. d'Helfaut*, avec 4 paroisses ; — ¡*Doy. de Saint-Omer*, avec 16 paroisses ; — *Doy. d'Arques*, avec 11 paroisses ; — *Doy. de Marcque*, avec 7 paroisses. (En totalité 17 Doyennés ruraux.)

« Au Diocèse qui sera érigé au pays du Roy Très-Chrétien, appar- « tiendront les paroisses et cures qui s'ensuivent.

« En l'Archidiaconé d'Artois : *Doyenné de Boulogne*, avec 37 paroisses ; — *Doy. d'Ardres ou de Guines*, avec 6 paroisses ; — *Doy. de Alquines*, avec 43 paroisses ; — *Doy. de Vissant*, avec 20 paroisses ; — *Doy. de Frencq*, avec 31 paroisses ; — *Doy. de Fauquembergue*, avec 46 paroisses ; — *Doy. de Hesdin*, avec 37 paroisses ; — *Doy. de Bomy*, avec 24 paroisses. » (En totalité 8 Doyennés ruraux.)

Ce traité procède ensuite à la partition des dignités.

« Doyenné. — Le revenu du Doyenné de l'Église de Terrouane sera divisé par moitié, tant et jusqu'à ce que ladite division se pourra faire.

« Archidiaconats. — Il est accordé qu'au lieu des Archidiaconats de Flandres et d'Artois qui étaient en l'Église de T., seront erigez en chaque pays des Roys Catholique et Très-Chrétien deux Archidiaconats, selon la limitation des diocèses ; et sera fait récompense de l'Archidiaconat d'Artois qui sera au pays du Roy Très-Chrétien, de 20 florins par an ; sauf que les trois premières années, il n'en pourra rien demander. »

Puis il est pourvu au partage des revenus de la Chantrerie, — de la Trésorerie, — de l'Escoterie, — de la Pénitenciairie, des Canonicats et Prébendes.

Suivent la déclaration des Abbayes, Prieurés et Chapitres en la visition (*sic*) de l'évêque, du côté du Roy Catholique, d'une part, et du Roy Très-Chrétien d'une autre part ; la partition des terres, fiefs et dixmes de l'évêché ; la division des prelats (abbes) qui sont hors du diocèse de T, La partition des collations, revenus et dixmes du Chapitre de T. - Les département et division des rentes de la bourse de la Cotidienne, de la bourse du Cellier, de la bourse du Luquet ; —

. Miræus, *Opera dipl.*, t. IV, p. 661 à 679.

de la Fabrique de l'Église, — de la Fabrique des enfants de chœur et de tous les autres droits et revenus de l'Église et du Chapitre.

Tous ces partages étaient faits en conséquence des termes du traité de Cateau-Cambrésis (3 avril 1559), confirmant un partage provisoire antérieur[1] : « Là s'accorderont (les députés) par ensemble du moyen « qu'ils devront tenir pour faire égal département et division de toute « la rendue de la table, tant épiscopale que capitulaire, et générale- « ment de tous les biens et revenus appartenant à l'Évêché, Chapitre « et Église dudit Terrouane, où qu'ils soient assis, et des dignités, « offices, prebendes et autres bénéfices, des droits tant de collation « que autres, et aussi de tout le diocèse, pour attribuer la moitié à « l'évêché qui s'érigera au pays du Roy Très-Chrétien, soit à Bou- « logne ou ailleurs, où bon lui semblera, et l'autre moitié à l'Evêché « qui s'érigera à Saint-Omer ou autres villes et pays du Roy Catho- « lique, que bon lui semblera aussi ; et porteront les uns et les autres « la moitié des charges, suivant la division que les commissaires en « feront. »

Un peu plus tard, en 1560, le pape Pie IV confirma ou compléta l'œu- vre de son prédécesseur Paul IV, en divisant, à la demande de Phi- lippe II, la partie du diocèse de Térouanne qui dépendait des Pays- Bas, en deux diocèses au lieu d'un seul, comme l'avait d'abord fixé le traité de Cateau-Cambrésis ; les partages des paroisses entre les Doyen- nés ruraux subirent quelques changements. Voici, d'après les deux bulles pontificales[2], l'attribution définitive entre les deux nouveaux évêchés.

DIOCÈSE D'YPRES. — *Archipresbyteratus Civitatensis* ; 6 paroisses. — *Decanatus Warnestonensis*, 24 paroisses. — *Dec. Balliolensis*, 13 paroisses. — *Dec. Poperingensis*, 19 paroisses. — *Dec. Furnensis*, 21 paroisses. — *Dec. Casletensis*, 20 paroisses. — *Dec. Winochy-Ber- gensis*, 29 paroisses. — *Dec. Dixmudensis*, 16 paroisses. — *Dec. de Nieuport*, 8 paroisses.

Les droits et juridiction de l'Archidiaconat de Flandres étaient attribués à l'évêché d'Ypres avec une partie des canonicats et des préhendes de la cathédrale de T.; la collégiale Saint-Martin de Furnes et 3000 ducats d'or pour la Mense et autres priviléges épiscopaux.

DIOCÈSE DE SAINT-OMER. — *Archipresbyteratus Civitatensis*, 7 pa- roisses. — *Decanatus Helfaut*, 13 paroisses. — *Dec. Ariensis*, 13 paroisses. — *Dec. Lilleriensis*, 9 paroisses. — *Dec. d'Arques*, 12 pa- roisses. — *Dec. de Marcque*, 7 paroisses. — *Dec. Minoris-villæ* (Merville), 10 paroisses. — *Dec. de Borboch*, 24 paroisses. — *Dec. Casletensis* Cassel en partie), 9 paroisses.

L'Archidiaconat d'Artois, du diocèse de Térouanne était attribué à l'évêché de Saint-Omer, avec les mêmes droits et la même juridiction.

---

1. Dumont, *Recueil des Traités de paix*, etc. Amst. 1720, in-f°, t. II, p. 287.
2. Miræus, *Opera dipl.*, t. II, p. 1077 à 1086, et p. 1298 à 1305.— *Id.* p. 1102 à 1104 : Bulle de Pie V pour la création de l'évêché de Bou- logne.

DIOCÈSE DE BOULOGNE. Constitué plus tardivement, en 1566, sur le territoire français. Cet évêché, le seul des trois qui pût invoquer une existence et des traditions anciennes, n'eut d'autre privilège qu'une plus vaste circonscription et l'avantage, vivement disputé, de succéder à une collégiale illustre, celle de Notre-Dame de Boulogne, alors convertie en cathédrale sous la même invocation.

Une révolution aussi profonde, qui blessait tant d'intérêts, qui troublait tant d'habitudes, qui suscitait ou réveillait tant de rivalités, ne pouvait pas s'opérer sans de grands embarras de plus d'une sorte. L'événement en lui-même, c'est-à-dire l'anéantissement complet d'une ville antique, siéga d'un vaste et puissant évêché, devait être la source de difficultés inouies. Si le vainqueur de Térouanne voulait sauver des rigueurs de sa politique impitoyable, qui prétendait détruire jusqu'au nom des *Morini*[1], les choses et les personnes de la religion, il était dominé par les conséquences inévitables de l'exécution des ordres qu'il avait donnés. La destruction des églises et des autres édifices consacrés au culte en avait entraîné le pillage.

Les habitants des Flandres et des pays voisins, qui depuis longtemps tremblaient devant les remparts de Térouanne, s'étaient empressés d'accourir pour se mêler aux vainqueurs et participer à une destruction qui fut rapide et totale. On s'en partagea les dépouilles, on conserva des vestiges des monuments comme souvenirs mémorables, ainsi qu'on le fit à Paris, en 1789, des débris de la Bastille. Sculptures, bas-reliefs, pavés gravés et sculptés, cloches, ornements de toute sorte, furent dispersés; un petit nombre seulement fut transporté peu à peu dans les cathédrales des nouveaux évêchés. On sait que telle est, entre beaucoup d'autres, l'origine, dans l'église de N.-D. de Saint-Omer, d'une statue colossale représentant J.-C. assis et bénissant, accosté des deux figures agenouillées, représentant la Ste Vierge et S. Jean; très-beau monument du XIIIe siècle, connu sous le nom de *Grand Dieu de Térouanne*; ainsi que de quelques autres sculptures qui avaient fait partie du grand portail de la cathédrale détruite. Telle aussi a paru à quelques antiquaires être l'origine des pavés à figures symboliques conservés dans la même église.

Un décret du 10 juillet 1553 avait attribué le grand portail de Térouanne au Chapitre de Saint-Omer, qui venait d'achever son église et qui s'était associé, dans un esprit antifrançais, au triomphe de Charles-Quint. Mais ce portail du XIIIe siècle, n'ayant pu s'adapter à l'église de Saint-Omer, le Chapitre se borna à faire enlever les plus belles sculptures désignées sous les noms du *Jugement*, du *Salvator* et de *Moïse*, *imagines lapideæ magni portalis*, dans lesquelles on reconnaît en partie les statues ci-dessus indiquées[2].

---

1. Rien n'est plus connu que l'inscription, placée, dit-on, par les ordres de Charles-Quint sur les ruines de Térouanne, et qui, suivant l'usage des chronogrammes très-fréquents du XVIe siècle, rappelle la date de sa destruction: DeLetIs MorInIs (MDLIII : 1553.) Sanderus, *Fland. ill.*, t. II, 385.

2. *Bulletin de la Société des Antiquaires de la Morinie*, t. I, p. 117.

D'autres débris des édifices religieux de Térouanne furent dispersés dans les villes de Cassel, d'Aire, d'Arras et d'autres villes environnantes.

Quant aux objets mobiliers les plus précieux des églises, ils durent tomber immédiatement entre les mains de la soldatesque et des pillards. Plusieurs documents contemporains, négligés par les historiens modernes, donnent sur ce sujet les détails les plus positifs [1].

Un décret rendu à Bruxelles, au nom de Charles-Quint, le 13 juillet 1553, peu de jours après la prise de Térouanne, qui avait eu lieu le 15 juin précédent, enjoint aux gouverneurs, baillis, mayeurs et autres officiers de Flandres et d'Artois, de faire recueillir ces objets précieux dispersés par le pillage.

« Comme de la part de vénérables, nos chers et bien aimez les Ar-
« chidiacre, Trésorier et aultres chanoines de l'église cathédrale de
« Thérouanne, noz subjects, et quy tousjour ont persisté en nostre
« obéissance, estans et residens présentement en nos pays de par-
« deçà, nous at (*sic*) été remonstré que à la prise et sacq de la ville
« et forteresse du dict Thérouanne, la ditte église cathédrale at (*sic*)
« non seulement esté abbattue et démolie, mais entièrement pillée
« et spoliée des vénérables corps saincts, reliquaires, chappes, orne-
« ments, tapisseries, letraiges, livres, comptes, registres et tous au-
« tres meubles.

« Ce que, selon droit et raison et avecq usance de bonne et ancienne
« guerre, faire ne se devoit, d'aultant que c'estoient et sont choses
« dédiées à l'honneur de Dieu et son service, lesquelles ne se doibvent
« plus applicquer à humain et prophane usage.... »

1852. **Mémoire de M. Deschamps de Pas**, d'après les registres capitulaires, sur le transport à Saint-Omer du portail de la cathédrale de Térouanne. Ce monument est figuré dans la *Statistique mon. du Pas-de-Calais*, in-4°, 9e et 10e liv. 1858. Sous les pieds du Christ est figurée une ville, avec plusieurs édifices religieux et des fortifications, peut-être de la ville de Térouanne.

Voir aussi : M. Vitet, Rapport sur une inspection des monuments dans le Nord de la France, 1830. — M. Hédouin : *Souvenirs historiques de Saint-Omer*. — M. Vallet : *Atlas descriptif de la cathédrale de Saint-Omer*, sur d'autres parties de ces débris et sur leur origine.

Les dalles du XIIIe siècle, représentant des figures de chevaliers, d'animaux et d'autres objets étranges, qu'on voit dans l'église de Saint-Omer ont été figurées en partie et décrites par M. Hermand, dans les *Mémoires de la Société des Antiquaires de la Morinie*. t. V, p. 75, et par M. Deschamps de Pas dans les *Annales arch.* de M. Didron. On en retrouve d'analogues dans plusieurs autres églises du même pays, avec la même tradition, entre autres à Blaringhem. (Mém. de M. Rouyer, *Mém. Soc. des Ant. de Mor.*, t. VI.) M. Hermand combat là tradition qui les regarde comme provenant de Térouanne et qui paraît cependant vraisemblable.

1. Miræus, *Opera dipl.*, t. III, p. 232 à 238. Ces pièces ont été tirées par A. Le Mire des archives de la cathédrale d'Ypres.

« Et pour ce que les supplians ont fait diligence de recouvrer quel-
« ques petites parties, afin d'orner l'église et faire le service divin,
« en tel lieu où que les vouldrons transférer, et désire oient bien,
« lesdits suppliants, d'en recouvrer le plus qu'il sera possible, à la fin
« dessus dicte, ce qu'ils ne sauront faire sans nottre grâce et provi-
« sion.... A cette cause, voulant la ditte église de Thérouanne estre
« réintegrée, et les dicts meubles et biens sacrez estre restituez...,
« si avant qu'ils soient en estre et recouvrables, pour s'en servir en
« tel lieu où ferons transférer et remettre l'église et le siége épis-
« copal. »

Suit l'ordre de faire publier « à cry publicq et d'expressemment
« ordonner et commander à tous, de quelque estat ou condition
« qu'ils saient, ajants des dits vénérables corps saints, reliquiaires,
« vaisseaulx d'or ou d'argent, calices, croix, tapisséries, livres,
« registres, letraiges, cartulaires, comptes, ou autres meubles
« dedices (sic); et puis (pris) à la dite église où ailleurs, soit qu'ils
« les ayent pris eulx-mêmes audit sacq, ou qu'ils les ayent acquis
« et rachaptez des mains de nos soldats ou d'autres.... Qu'ils les
« ayent incontinent et promptement à rapporter ou renvocier, aux
« despens desdits suppliants, à la maison prépositurale de Saint-
« Omer, et où aulcuns desdits suppliants seront prests à payer le port
« ou voiture, et donner salaire gratieux pour la garde et peine de ceulx
« qui ainsy les rendront.... »

Si non, le juge du lieu en déterminera et remboursera aux détenteurs
ce qu'ils auront payé aux soldats ou autres. Ceux qui auront retenu,
ou caché, ou recelé des objets ayant appartenu à ladite église, en seront châtiés.

A l'appui de cette circulaire, et à la même date de 1553, le cardinal-
légat du pape auprès de Charles-Quint, sollicité par l'ancien Chapitre,
en adressa une semblable à tous les fonctionnaires ecclésiastiques,
leur enjoignant, sous peine d'excommunication, de faciliter la resti-
tution de ces objets précieux, livres, registres, chartes, titres de
propriété, de toute sorte, reliques, ornements divers, etc., sous-
traits à l'église de Térouanne.

Ce furent surtout les membres du Chapitre, restés sous l'autorité de
Charles-Quint, qui s'efforcèrent de recouvrer le plus qu'il leur fut
possible des objets pillés. C'est ce qui est confirmé par une note
du xvi° siècle jointe à un précieux manuscrit du xv°, le grand Bré-
viaire des évêques de Térouanne sauvé alors de la destruction et devenu, après de nombreuses vicissitudes, la propriété d'un avocat et
antiquaire distingué de Boulogne, M Hedouin [1].

Un sujet de recherches digne d'entrer dans le cadre des intéressants
travaux de la Société des Antiquaires de la Morinie serait de constater,
autant que possible, la destinée des documents originaux de l'évêché
de Térouanne. En conséquence du décret de Charles-Quint, la plus

---

1. *Mém. de la Soc. d'agr. sc. et arts de Boulogne*, 2° série, vol. de
1840, p. 88.

grande partie des titres, des archives ecclésiastiques, furent sauvés et transferés surtout à Ypres et à Saint-Omer. D'Ypres, ils ont passé à Bruges, après la réunion des deux évêchés, et c'est, en effet, dans cette dernière ville qu'on retrouve les principaux titres authentiques de l'administration episcopale et canonicale de Térouanne avant le XVI° siècle. C'est à Bruges qu'existent le principal cartulaire et l'un des plus anciens pouillés de cet évêché, ainsi que de nombreux registres capitulaires et des recueils de pièces d'histoire ecclésiastique. Ils sont beaucoup moins nombreux à Saint-Omer; quelques-uns a peine sont, indiqués soit dans le *Catal. des mss. de la Bibliothèque de Saint-Omer*, par M. Piers (1840, in-8), bibliothèque à laquelle les manuscrits de St-Bertin donnent une si grande valeur, soit dans le catalogue analytique d'une partie des archives de cette ville, très-soigneusement rédigé par M. Vallet de Viriville, sous le titre d'*Essai sur les Archives hist. du Chapitre de l'Église cathédr. de St-Omer* (1844, in-8.) On retrouve néanmoins dans les archives communales de Saint-Omer plus de pièces concernant Térouanne qu'il n'en a été signalé.

L'évêché de Boulogne dut aussi avoir sa part de titres, en vertu des termes ci-dessus rapportés, pour ce qui intéressait la partie française de l'évêché de Térouanne ; le partage semblait devoir être égal, ainsi que l'avait été le démembrement du Chapitre. Mais, soit qu'il n'en ait point été ainsi, soit que les documents provenant de Térouanne aient été moins bien conservés à Boulogne qu'à Ypres et à Bruges, c'est beaucoup plutôt au Chapitre de Notre-Dame, antérieurement à l'érection du nouvel évêché, ou à son administration postérieure, que se rapportent les titres ecclésiastiques conservés dans les archives et dans la bibliothèque de la ville de Boulogne et signalés par M. Haigneré, archiviste, et par M. Gerard, bibliothécaire de cette ville. — Les Archives d'Arras doivent aussi posséder quelques titres de Térouanne.

L'une des plus grandes difficultés résultant de la destruction du siége épiscopal de Térouanne fut le sort de l'ancien clergé, ainsi que le règlement des nouvelles juridictions ecclésiastiques. Les diocèses qui furent substitués à l'ancien évêché, ne furent définitivement organisés que plusieurs années après la destruction de Térouanne. Il y eut une période de transition pendant laquelle le Chapitre de la cathédrale, qui s'était nécessairement divisé entre les deux souverains sur les États desquels s'étendait le territoire de la Cité des *Morini*, eut un rôle délicat à remplir. Il s'était réfugié d'abord dans les deux principales villes des deux puissances, Boulogne et Saint-Omer. Mais déjà ces villes avaient un clergé auquel les nouveaux venus portaient ombrage, en même temps que la répartition des droits et prérogatives entre les membres de l'ancien Chapitre cathédral, composé de 35 chanoines et des dignitaires, était difficile. Les principaux actes de cette époque de transition précédant l'exécution du traité de Cateau-Cambrésis (1559), ont été conserves, et il n'est pas sans intérêt d'en donner ici un aperçu.

Les membres de la collégiale qu'on pouvait appeler du parti français avaient trouvé, les premiers, un refuge, d'abord dans l'abbaye de Samer, puis dans la collégiale de N.-D. à Boulogne; les autres hésitèrent un peu plus longtemps. Les deux documents suivants exposent clairement l'état des choses.

Année 1553. Supplique des chanoines de Térouanne à l'Empereur, pour obtenir un nouvel évêque et un lieu propre à célébrer les offices divins. — Réponse de la reine Marie de Hongrie, gouvernante du Pays-Bas [1].

« A l'Empereur. Remonstrent en toute humilité voz très-humbles
« orateurs et chapellains, les archidiacre, tresorier, penitencier et
« autres chanoines de Therouenne, subjetz de Vostre Majé et residens
« par deçà et pour la plus grande partie en vostre ville de S. Omer,
« comme tost après la ruine et démolition de l'Eglise dudict Thé ont
« supplié Vostre Majé, leur nommer un evesque, vers lequel ils s'ad-
« dresseroient pour estre assistes; et avecq ce leur octroyer lieu et au-
« tre église pour faire célebrer le Saint Service divin et acquicter l'in-
« tention de leurs fondateurs et bienfaiteurs.

« Et soubz cest espoir ont faict tous debvoirs et diligence extrême,
« à leurs grands frais et despens, de recouvrer et racheter de plusieurs
« et diverses personnes, aulcuns ornemens, calices, chappes, casules,
« tuniques, graduels, antiphoniers et autres choses nécessaires audit
« divin office, quy avoient été pris et pilliez au sacq de la ville dudict
« Thé.

« Et pour ce que vos dicts orateurs et subjects ont entendu que
« leurs confrères chanoines, tenant partye du Roi de France et natifs
« de son royaume, mainctenant que l'abbé de Valoir[2], frère du dernier
« evesque trespassé, est esvesque, ajant commis son vicariat et officiers à
« Boulloingne et que lesdits chanoines ont à présent lieu et eglise en
« laditte ville de Boulloigne, diocèse dudict Therouanne, où font et
« celebrent ledict office divin, et tiennent leur Chapitre, ainsy qu'ils
« souloient faire en l'église dud. The., auparavant la ruine d'icelle.

« Ce qui pourroit cy-après tourner grandement au préjudice de la
« haulteur et prééminence de Vostre d. Maj. au grand dommage et pré-
« judice de vostre pays d'Arthois et en partie de Flandres, où les biens
« de la d. église sont pour la pluspart gisans, lesquels ils vouldroient
« tirer hors desdicts pays et les appliquer audict Boulloigne hors l'obéis-
« sance de vostre d. Maj., soubz coleur que les biens suyvent l'Eglise.
« Ce que cesserait, sy lesdicts supplians avoient quelque église en
« vosd. pays. Pour à laquelle chose obvier, supplient Vostre d. Mai.
« leur donner et octroier lieu et église où puissent désormais (Sal-
« tem par provision) faire celebrer led. saint service divin et prier Dieu
« pour leurs fundateurs (sic), et Vostre Eminente Majesté.

« Enfin d'oster occasion auxdicts de France, de tirer lesd. biens et
« subjects de V. d. Maj. hors de l'obéissance et ressort d'icelle ; et
« pour ce faire leur accorder et octroyer main-levée des biens et reve-

---

1. Mir. *Op. dipl.*, t. III, p. 234.
2. Antoine de Créquy, abbé de Valoir (*B. M. V. de Vallorits*), nommé par le Roi de France évêque de Térouanne, était mort peu de temps avant le siége; Charles-Quint, de son côté, désigna Guillaume de Poitiers, à la même dignité, qu'il n'exerça pas.

« nuz que ladite église a en vos dicts pays de Flandres et Arthois. Et
« fera vostre d. Majesté bien, et œuvre charitable. »

La gouvernante des Pays-Bas autorisa par simple apostille, du
8 février 1553. (V. S.), et par provision jusqu'à décision ultérieure
de l'Empereur, les chanoines pétitionnaires à demeurer et célébrer le
service divin dans l'église collégiale de Saint-Omer, ou autre qu'ils
trouveront plus convenable.

Le 24 avril suivant (1554) intervint un décret du Conseil du Roy
siégeant à Bruxelles, qui déclarait que les chanoines de Térouanne
réfugiés à Saint-Omer (*Canonici Morinenses imperiali Majestati
subditi*), représentaient seuls l'ancienne collégiale de la cathédrale
détruite, et qui les autorisait à en administrer les biens[1]. Ce document fait connaître que déjà Charles-Quint avait désigné pour
nouvel évêque, d'abord nominativement, non de Saint-Omer, mais
encore de tout le diocèse de Térouanne (*in futurum Morinensem
antistitem*), son prédicateur Guillaume de Poitiers, ancien Archidiacre
de Liége et de Térouanne. L'Empereur faisant droit aux réclamations
des chanoines réfugiés à Saint-Omer, à la tête desquels était l'Archidiacre d'Artois, Philippe Nigry (Le Noir), déclare : « que les dicts re-
« monstrans collégialement assemblez et nulz autres, en leur lieu
« capitulaire aud. S. Omer, soient le Chapitre de lad. église cathé-
« drale de Thérouenne, et qu'ils pourront faire et célébrer toutes....
« - délibérations..., décrets et autres actes que l'on est accoutumé faire
« passer et conclure collégialement.... Lesquels actes.... seront désor-
« mais estimez comme.... faicts par les Doyen et Chapitre de Thé-
« rouenne.... Sans qu'il soit permis....à aulcuns juges, tant ecclésias-
« tiques que seculiers..., d'y juger.... au contraire. »

La même ordonnance déclare nuls tous actes concernant les biens
de ladite église situés dans les territoires de l'Empereur, faits par les
prétendus doyen et autres chanoines réfugiés en France (à Boulogne).

Toutefois, la rivalité entre les deux partis du Chapitre de Térouanne
n'était pas le seul embarras de cette situation transitoire. Il résul-
tait en outre des relations à établir avec les membres des collégiales
de Saint-Omer et de Boulogne auprès desquelles l'ancien Chapitre
épiscopal avait trouvé refuge.

Ces relations, pour ce qui concernait la collégiale de Saint-Omer
furent réglées solennellement par une convention du 25 mai 1554[2].
Rien n'est omis dans ce document fort étendu, qui mériterait d'être
reproduit ici intégralement. Chacune des parties, le Chapitre de
Térouanne et celui de Saint-Omer, y prend alternativement la parole,
expose les faits, l'hospitalité demandée et accordée, les droits et prérogatives réciproques, ainsi que les rangs et la participation dans les

---

1. Mir. *Op. dipl.*, t. III, p. 235.
2. Mir. *Op. dipl.*, t. III, p. 236. Ce document est intitulé : *Concor-
dia inita anno 1554, inter canonicos cathed. eccl. B. M. V. Morinensis, et collegiatæ B. M. V. Audomarensis, super celebratione
divinorum officiorum, ordine sedendi in choro et in ecclesia Au-
domarensi.*

cérémonies religieuses et la distinction dans le lieu et le temps des délibérations des deux Chapitres. Les chanoines de Térouanne (*Morini*), rappellent qu'ils sont parvenus à sauver à grands frais et avec grande peine des mains des soldats et d'autres une partie des objets pieux enlevés pendant le pillage de la cathédrale[1]. Entre autres engagements, les chanoines de Térouanne prennent celui de se conformer en tous points, pour le chant et et la célébration des offices, aux rites, aux usages et même au dialecte (*tam in accentu, quam in pronuntiatione*), de la collégiale de Saint-Omer.— L'évêque des *Morini* occupera, selon la coutume des églises cathédrales, la place la plus voisine du grand autel, avant à sa droite l'Archidiacre d'Artois et à sa gauche l'Archidiacre de Flandres. Le prévôt du Chapitre de Saint Omer conservera la sienne au côté droit le plus élevé, suivant son antique usage.—Les délits commis, dans l'enceinte réservée du Chapitre, par des membres de l'ancienne cathédrale, seront jugés par le prévôt du Chapitre de Saint-Omer. — Enfin on se jure, de part et d'autre, par une charte, confraternité bonne et loyale. Ce fut après ces préliminaires qu'eut lieu l'admission officielle et solennelle des chanoines réfugiés. Ceux-ci entrèrent processionnellement dans l'enceinte du Chapitre de Saint-Omer, portant une statue de la Vierge, en argent doré, qu'ils avaient sauvée du pillage, ainsi que plusieurs reliquaires. Les chanoines de Saint-Omer étaient allés au-devant d'eux. On se répéta réciproquement les engagements pris. Les abbés des principales abbayes, le gouverneur de la province, le mayeur de Saint-Omer, les autres fonctionnaires civils et ecclésiastiques, avec une foule considérable, assistaient à cette cérémonie.

Les deux collégiales, ainsi réunies, demeurèrent en cet état pendant plusieurs années jusqu'à la création définitive de l'évêché de Saint-Omer, qui n'eut lieu qu'en 1559 et 1560. Les chanoines de Térouanne furent transférés à Ypres dans l'église abbatiale de St-Martin, en 1562, alors que le territoire dépendant des Pays-Bas fut divisé en deux diocèses, l'un pour l'Artois, l'autre pour la Flandre.

Quant à la portion française de l'ancien évêché, les faits, plus simples en apparence et d'une réalisation plus facile, demeurèrent cependant plus longtemps dans un état provisoire, et ce ne fut qu'en *1566*, c'est-à-dire plus de douze ans après la destruction de Térouanne,

---

1. On peut se faire une idée des objets précieux de la cathédrale de Térouanne que le pillage dispersa, par un inventaire du Trésor qui avait été dressé en 1472, ainsi que par un autre inventaire rédigé en 1563 à Saint-Omer, des ornements rachetés du pillage par les chanoines.

Bull. de la Soc. des Ant. de Morinie, 26e livr., 1858, p. 533. *Rap.* de M. A. Le Grand, *sur un manuscrit de l'ancien Chap. de l'égl. N.-D. de Thérouanne.* — Id. 33e livraison, 1860, p. 783. — Sanderus (*Flandria illustrata*, t. VIII, p. 396), signale parmi les objets précieux, arrachés au pillage et conservés, au XVIIIe siècle, dans le trésor de Saint-Martin d'Ypres, une magnifique chape de l'antipape Clément VII, donnée par lui à la cathédrale de Térouanne dont il avait été évêque, de 1360 à 1370.

que l'évêché de Boulogne fut créé, ou plutôt rétabli par le pape Paul V, sur les demandes instantes de Charles IX. Les dissensions politiques et religieuses qui résultèrent de l'introduction du protestantisme en troublèrent et ensanglantèrent les premières années, jusqu'en 1570.

Ainsi que le constatent les documents concernant l'église de Boulogne [1], la partie française du Chapitre se réfugia dans cette ville, avec l'autorisation du cardinal de Lorraine, archevêque de Reims, qui manda à l'abbé et au Chapitre de Samer (*S. Ulmari*), de donner l'hospitalité et d'ouvrir l'église de leur couvent aux exilés, jusqu'à ce qu'il en eût été décidé autrement par le souverain pontife. Un décret d'Henri II (juillet 1553) promit à ces mêmes chanoines la première abbaye qui deviendrait vacante. Mais ce projet tarda à se réaliser; et de l'abbaye de Samer, les chanoines de Térouanne passèrent dans la collégiale de Notre-Dame de Boulogne (janv. 1557), d'après l'ordre du roi Henri II et de l'archevêque de Reims. Les rapports entre les deux collégiales furent assez difficiles. Quoique le traité de Cateau-Cambrésis eût fixé, cette même année, l'érection d'un évêché à Boulogne pour la portion du diocèse de Térouanne appartenant au roi de France, et quoique le souverain pontife n'eût laissé sous la juridiction de l'archevêque de Reims que cette seule portion de l'ancien évêché, ce ne fut cependant que plusieurs années après (en mars 1566) que celui de Boulogne fut définitivement constitué.

La circulaire de l'empereur Charles-Quint, que j'ai rapportée plus haut, se trouve encore dans plusieurs archives du nord de la France et de la Belgique. M. Lafons de Mélicocq, qui a fait connaître tant de documents intéressants, conservés dans ces dépôts, a publié récemment ce même placard (*Bull. Soc. Ant. Mor.*, 27e-28e livr., 1858, p. 598), d'après un exemplaire des archives de Lille. Il ne paraît pas avoir connu celui qu'avait mis au jour A. Le Mire, qui n'en diffère que par quelques variantes d'orthographe.

Le tableau suivant présente l'ensemble du partage et des divisions ecclésiastiques du territoire de Térouanne, tel qu'il fut successivement opéré, par le grand acte de partition et par différents actes subséquents.

---

1. *N. Gall. chr.*, t. X, col. 1572; t. IX, *Instr.*, col. 420. — Miræus, *Op. dipl.*, t. II, p. 1102.

N. B. La fin du diocèse de Térouanne et les autres diocèses des Belgiques, qui sont entièrement imprimés, paraîtront dans l'Annuaire de 1863.   J. D.

Décembre 1861

TABLE ALPHABÉTIQUE

DES ANNUAIRES

DE LA SOCIÉTÉ DE L'HISTOIRE DE FRANCE, COMPRENANT LES TITRES DES ARTICLES ET LES NOMS DES AUTEURS.

NOTA BENE. On trouvera un relevé méthodique des articles en consultant la présente table aux mots *Astronomie, Beaux-arts, Chronologie, Géographie civile, Géographie ecclésiastique, Histoire, Littérature* et *Météorologie.*

Les chiffres arabes renvoient aux pages, e les chiffres romains aux volumes. (I désigne l'Annuaire de 1837; II celui de 1838, etc.)

France (Du nom de) et des différents pays auxquels il fut appliqué, par M. B. Guérard, XIII, p. 152.

FRÉVILLE (DE). *Voy.* Divisions financières, Grands fiefs.

Géographie civile. *Voy.* Bailliages, Divisions financières, France, Grands fiefs, Monnaie, Normandie, Pairies, Palais, Parlements, Pays d'États, Provinces.

Géographie ecclesiastique. *Voy.* Archevêchés, Évêchés, Monastères, Topographie.

GÉRAUD. *Voy.* Charte française, Glossaire, Parlements.

Glossaire des dates, par M. Géraud, VII, p. 96. *Cf.* Fêtes, Saints.

Glossaire des dates (Courtes additions au), par M. de Wailly, XVI, p. 28.

GORRÉ. *Voy.* Bailliages.

Gouvernements depuis 1793, par M. Taillandier, VIII, p. 71.

Grands feudataires (Liste chronologique des), XIX, 83 ; XX, p. 15; table alphabétique générale, XX, p. 319.

Grands fiefs de la couronne (Liste des), par M. de Fréville, III, p. 81.

Grêle ou grésil (Nombre des jours de), XVI, p. 3.

GUADET. *Voy.* Palais.

GUÉRARD (B.). *Voy.* Annuaires, Embaumement, France, Provinces, Relevé, Religieux.

GUÉRARD (F. M.). *Voy.* Ambassadeurs, Congrès, Ministres.

Hébreux (Calendrier des). *Voy.* Chronologie.

Hégire (Calendrier de l'). *Voy.* Chronologie.

Histoire. *Voy.* Ambassadeurs, Anciens registres, Annuaires, Archevêques, Chronologie ministérielle, Comité de salut public, Congrès, Consuls, Convention, Directeurs, Embaumement, Éphémérides, États généraux, Gouvernements, Grands feudataires, Manuscrits, Ministres, Musée, Naissances, Ouvrages, Papes, Religieux, Sceaux, Sociétés littéraires, Souverains, Théâtres, Travaux.

Instruments de musique en usage dans le moyen âge, par M. Bottéo de Toulmon, III, p. 186.

Israélites (Fêtes religieuses des), par M. Duchesne, IX, p. 3.

Jardinage. *Voy.* Calendrier pour les travaux du jardinage.

TABLE DES MATIÈRES

CONTENUES

DANS L'ANNUAIRE DE 1862.

————————

Paris. — Imprimerie de Ch. Lahure et Cⁱᵉ, rue de Fleurus, !